中国社会科学院文库
国际问题研究系列
The Selected Works of CASS
International Studies

中国社会科学院创新工程学术出版资助项目

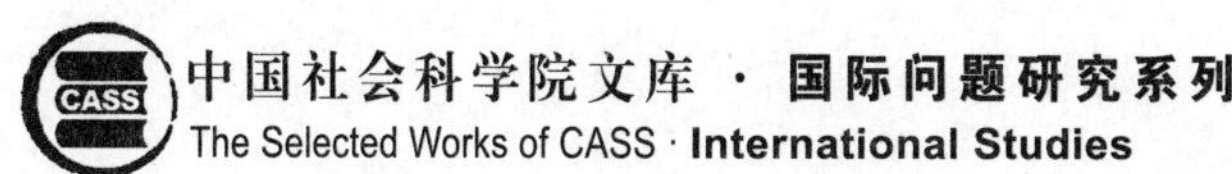

金砖国家研究：理论与议题

THE BRICS STUDIES: Theories and Issues

徐秀军 等著

中国社会科学出版社

图书在版编目(CIP)数据

金砖国家研究：理论与议题/徐秀军等著．—北京：中国社会科学出版社，2016.8

ISBN 978－7－5161－8810－1

Ⅰ.①金…　Ⅱ.①徐…　Ⅲ.①世界经济—经济发展—研究
Ⅳ.①F113.4

中国版本图书馆 CIP 数据核字(2016)第 205149 号

出 版 人　赵剑英
责任编辑　王　茵
责任校对　张依婧
责任印制　王　超

出　　版　中国社会科学出版社
社　　址　北京鼓楼西大街甲 158 号
邮　　编　100720
网　　址　http://www.csspw.cn
发 行 部　010－84083685
门 市 部　010－84029450
经　　销　新华书店及其他书店

印　　刷　北京君升印刷有限公司
装　　订　廊坊市广阳区广增装订厂
版　　次　2016 年 8 月第 1 版
印　　次　2016 年 8 月第 1 次印刷

开　　本　710×1000　1/16
印　　张　25
字　　数　422 千字
定　　价　89.00 元

凡购买中国社会科学出版社图书，如有质量问题请与本社营销中心联系调换
电话：010－84083683

《中国社会科学院文库》出版说明

《中国社会科学院文库》（全称为《中国社会科学院重点研究课题成果文库》）是中国社会科学院组织出版的系列学术丛书。组织出版《中国社会科学院文库》，是我院进一步加强课题成果管理和学术成果出版的规范化、制度化建设的重要举措。

建院以来，我院广大科研人员坚持以马克思主义为指导，在中国特色社会主义理论和实践的双重探索中做出了重要贡献，在推进马克思主义理论创新、为建设中国特色社会主义提供智力支持和各学科基础建设方面，推出了大量的研究成果，其中每年完成的专著类成果就有三四百种之多。从现在起，我们经过一定的鉴定、结项、评审程序，逐年从中选出一批通过各类别课题研究工作而完成的具有较高学术水平和一定代表性的著作，编入《中国社会科学院文库》集中出版。我们希望这能够从一个侧面展示我院整体科研状况和学术成就，同时为优秀学术成果的面世创造更好的条件。

《中国社会科学院文库》分设马克思主义研究、文学语言研究、历史考古研究、哲学宗教研究、经济研究、法学社会学研究、国际问题研究七个系列，选收范围包括专著、研究报告集、学术资料、古籍整理、译著、工具书等。

中国社会科学院科研局

2006 年 11 月

序

理解国际秩序和金砖国家合作

张宇燕

思考现在的全球秩序与过去有无不同，可能首先要看那些影响全球秩序的基本变量是否发生了变化。在我看来，有三个基本事实并没有发生改变：一是世界大战打不起来。由于世界主要国家都是核大国，因此大国间通过战争来解决争端的可能性降得越来越低。二是各国的相互依存度非常之高，而且越来越高的可能性很大，以至于闭关锁国的代价巨大。三是不存在世界政府。国际政治多极化趋势仍在继续，同时全球又需要各类公共产品。这三个基础性变量或基本事实，决定了国家间博弈的主要途径是通过确立国际规则或秩序来维护和拓展自身利益，同时还必须兼顾他人的利益。

“秩序”实际上就是一套规则。国家之间的“游戏”都是在特定的国际规则下“玩”的。比赛的胜负取决于选手的实力，这话对，但不够完整。从某种意义上讲，比赛胜负也取决于规则。举个例子：100 米赛跑，世界上恐怕没人跑得比牙买加人博尔特快；但如果修改一下规则，比如跑到 50 米时必须停下来解两道数学题，答对后再接着跑，那比赛结果就完全不一样了。尽管这是一个极端的例子，但它表明了这样一种情形：在很多情况下是规则决定比赛的胜负，或者说，实力如果没有规则作后盾，其效果至少是要大打折扣的。

规则的一个重要特征是绝大多数都具有“非中性”，也就是说，同样的规则对不同国家意味着不同的事情。这预示着未来全球秩序来自各国尤其是各大国或国家集团之间围绕规则制定而进行的博弈。谁都想让最终建立起来的国际规则对自己更有利，因为只要大家都接受对我更为有利的规则，比赛我就赢了，至少我能占据优势了。由此引出的进一步的问题就是：决定一国在国际规则制定过程中影响力大小的关键因素是什么？我给出的答案是：一国的物质力量，特别是经济产出总量和贸易总量，以及与此密切相关的军事实力。

引发全球秩序变迁的基本变量或事实，在于大国之间力量对比的此消彼长。美国和欧盟是当今世界两个产出最大的经济体，这为它们主导国际规则制定提供了物质基础。在过去30年间，由于经济增长速度和国家规模上的差异，主要新兴经济体尤其是中国，在经济规模方面迅速赶超。尽管经济实力和规则制定影响力之间存在时滞，但未来世界秩序因新兴经济体迅速壮大而有所调整甚至深刻变化，已是不争的事实。如果我们接受力量对比变化导致国际秩序变迁这一逻辑，那么讨论未来国际秩序问题也就转换成了大国经济长期增长问题。

决定大国经济长期增长绩效的因素大致有六个，分别为技术进步、人口数量和质量、资源禀赋、市场规模、制度、货币流通域。技术进步除了通常理解的创新外，还包括引进模仿、消化吸收。人口数量多是成为大国的必要条件之一。人口质量主要指人力资本状况，特别是国民受教育程度和工作态度。丰富的资源能源对经济长期增长是福音，但在现实世界中也是一把双刃剑，运用的好坏，则主要取决于制度基础设施状况，后者主要指对财产权的保护强度和对契约的尊重程度，以及所处的国际制度环境。市场规模的意义在于影响分工和专业化程度，并进而作用于劳动生产率的提高。货币流通域指的是一国货币在全球交易中被使用的广泛程度，主要指在计价、结算和储备过程中所占的比重。美元空前规模的国际化使美国成为前一轮全球化的最大受益者。

考虑到前面提到的三个未变的基本事实，当今全球秩序的主导力量，也就是以美国为首的发达国家既得利益集团，在面对力量对比持续改变的现实与未来趋势面前，可选择的应对策略恐怕只有一种：创立于己有利的国际规则从而对新兴大国形成新的竞争优势。以《跨太平洋伙伴关系协定》（TPP）和《跨大西洋贸易与投资协定》（TTIP）为代表的发达国家的这种努力，构成再全球化的重要组成部分。

以金砖国家为代表的新兴大国试图改变非中性国际制度的进程已经开始。围绕在国际货币基金组织和世界银行的投票权与份额改革便是一个典型事例。金砖国家新开发银行的建立也带有与发达国家主导的国际金融体系竞争的色彩。既得利益的改变从来都是艰难的。更高水平的、同时非中性色彩更为浓烈的新国际规则，也迫使新兴大国深入思考如何与现行的和未来的全球秩序共存。对于金砖国家而言，构建一个与西方发达国家平行且竞争的体系绝非恰当的选项，因为一个开放的国际贸易体系是大家都需要的，或许处于目前发展阶段的中国更需要它。

在全球秩序转型期，金砖国家自身也是引起全球秩序转型的主要变量之一。金砖国家经济政治体量巨大且发展极快，已经对既定国际格局产生冲击并“威胁”到以美国为首的既得利益国家集团的利益，从而成为后者重点防范的对象，尤其是来自国际规则的现实或潜在约束。为此，金砖国家特别需要利用好金砖国家合作机制来应对和分散这些压力。这就意味着要坚定地深化金砖国家各领域合作，要更多地促进新兴经济体和发展中国家的整体崛起。

整体看，金砖国家是现行国际规则的接受者。随着实力增强，金砖国家自然会寻求推动国际规则中性化改革。同时要看到，国际制度变迁是一个长期过程。对非中性国际秩序进行革命性的改变既不现实也无必要。未来十年金砖国家需要和能够做的，在于利用机遇和联合其他主要新兴经济体，对现有非中性的国际规则进行局部改良，循序渐进，以求集细流而成江河之功效。

对于金砖国家这样的新兴大国，多承担一些国际责任，不仅必要，而且应该。金砖国家承担国际责任需要依据以下三个原则：其一是责任必须与权利相对应；其二是必须符合国情，从自身能力和需求出发；其三是要处理好短期利益与长期利益、局部利益与整体利益的关系。

（作者系中国社会科学院世界经济与政治研究所研究员、所长）

目　　录

导　论

理论篇

议题篇

国别篇

导　论

第一章

金砖国家研究：学术理路与前沿问题

自金砖国家概念提出以来，金砖国家的发展与合作日益呈现诸多新的变化与特征，相关研究随之逐步朝着多层次、多元化、系统性的方向发展，研究对象、研究视角、研究方法、研究路径和研究层次逐步演化和拓展，并使金砖国家研究日益成为一个跨学科的新兴研究领域。展望未来，关于金砖国家的发展与合作动力、定位、性质、开放性以及合作功能等问题的探讨与争论，将有助于人们更为深入地认识和理解金砖国家的现实与未来，并为金砖国家研究的理论创新提供新的素材和突破口。

2001 年，吉姆·奥尼尔（Jim O'Neill）提出“金砖四国”（BRIC）概念。[①] 此后，这一概念受到国际社会的广泛关注，越来越多的学者开始将金砖国家放在一起加以研究。2009 年，巴西、俄罗斯、印度和中国领导人在俄罗斯叶卡捷琳堡举行首次会晤后，金砖国家相互之间以及对外合作逐步成为其中的重要议题，金砖国家研究也随之日益丰富和深入。目前，金砖国家相关研究涉及的领域十分广泛，学科交叉的特点也尤为显著，这为金砖国家研究的学理探讨提供了丰富的素材。为了较为清晰地展现近 15 年学界关于金砖国家发展与合作问题的研究概况并推进下一步的研究，下面将在回顾金砖国家发展与合作进展的基础上，从研究对象、研究视角、研究方法、研究路径和研究层次的演化和拓展角度探讨金砖国家研究的学术理路，并提出基于学术观点争鸣的研究热点和前沿问题。

---

① Jim O'Neill，“Building Better Global Economic BRICs”，*Global Economics Paper*，No. 66，New York：Goldman Sachs，2001.

一　金砖国家发展与合作的新趋势

一般认为，金砖国家能够走到一起缘于五国巨大的发展潜力以及相互之间共同的利益诉求。尽管金砖国家的历史、文化和社会制度不尽相同，但五国都是具有巨大发展潜力和活力的新兴市场国家，是全球经济体系中的新生力量，也是国际政治经济新秩序的积极建设者。在很多重大国际和地区问题上，金砖国家有着相同或相似的看法，都致力于推动世界经济增长、完善全球经济治理、推动国际关系民主化和维护世界和平。金砖国家合作机制建立以来，五国在贸易、投资、金融、发展和人文交流等领域务实合作方面取得了一系列成果，不断推进金砖国家合作机制化迈向新的阶段。但与此同时，金砖国家的发展与合作也面临新的问题与挑战。

（一）经济实力整体上继续提升，但经济增长出现分化

作为全球新兴经济体的代表，金砖国家的崛起得到国际社会的广泛关注。尽管崛起意味着包括经济、政治、军事、科技、文化等实力在内的国家综合实力的全面提升，但金砖国家的崛起尤其表现为经济规模的迅速扩大，整体经济实力不断增加。根据国际货币基金组织（IMF）数据，2000年金砖国家按市场汇率计算的国内生产总值（GDP）为2.72万亿美元，2015年这一指标达到16.48万亿美元，为2000年的6.1倍；相应的，金砖国家的GDP占全球的份额也由8.2%提高至22.5%。同期，按购买力平价（PPP）计算的GDP占全球份额由18.7%提高至30.8%（见表1－1）。

表1－1　**金砖国家经济总量变化**

年份	按市场汇率计算的GDP		按PPP计算的GDP	
	规模（亿美元）	占全球份额（%）	规模（亿美元）	占全球份额（%）
2000	27229	8.2	91709	18.7
2005	50350	10.7	145641	21.8
2010	117676	18.0	238925	27.1
2015	164838	22.5	349911	30.8

资料来源：IMF，WEO，2016年4月。

但也应该注意到，金砖国家经济增速总体持续放缓，这成为相互合作保持强劲动力的掣肘因素。IMF 数据显示，2015 年金砖国家的 GDP 增长率约为 4.8%，而 2007 年这一数据超过 11%。[①] 在经济增速整体放缓的同时，五国经济增速也出现了分化。根据 IMF 数据，2015 年印度、中国和南非的经济增长率分别为 7.3%、6.9% 和 1.3%，而巴西和俄罗斯的经济增长率则分别为 -3.8% 和 -3.7%。[②] 尽管俄罗斯的经济增速大幅下滑与其所遭受的经济制裁不无联系，但经济增速事实上的分化无疑将加大五国政策目标的分歧，相互之间的经济协调难度也会随之加大。在此背景下，一些认为金砖开始褪色、金砖国家是金和砖的组合体等“唱衰金砖”的观点逐渐有了市场。

（二）务实合作取得新的突破，但深入合作的挑战日益加大

作为一个整体，金砖国家已发展成为以首脑峰会为中心、涵盖不同领域的多层次合作机制，相互合作不断深入。这主要表现在领导人会晤取得了一系列成果，并推进金砖国家合作更加务实上（见表 1 -2）。回顾历届金砖国家领导人会晤的主要成果，不难发现，金砖国家合作越来越注重规划和落实。自 2012 年第四次领导人会晤起，五国对外发表宣言的同时还制订了行动计划。这既为下一步合作指明了方向，也为审视合作成效提供了依据。值得提出的是，2013 年金砖国家领导人决定设立金砖国家新开发银行和应急储备机制后，经过两年时间的筹备，新开发银行于 2015 年 7 月正式开业，应急储备安排协议也正式启动。这意味着金砖国家合作开始迈向实体化。

表 1 -2　　**历届金砖国家领导人会晤主要成果**

届次	时间	地点	主要成果
一	2009 年 6 月	叶卡捷琳堡	发表《金砖国家领导人叶卡捷琳堡会晤联合声明》，核准了《金砖国家关于全球粮食安全的联合声明》
二	2010 年 4 月	巴西利亚	发表《金砖国家领导人第二次正式会晤联合声明》，举办了企业家论坛、银行联合体、合作社论坛、智库会议等配套活动

① 金砖国家 GDP 增长率根据五国按照购买力平价（PPP）计算的现价 GDP 总量加权计算，数据来自 IMF - WEO 数据库。

② IMF, *World Economic Outlook: Too Slow for Too Long*, April, 2016.

续表

届次	时间	地点	主要成果
三	2011 年 9 月	三亚	发表《三亚宣言》，签署《金砖国家银行合作机制金融合作框架协议》
四	2012 年 4 月	新德里	发表《德里宣言》及其行动计划，签署《金砖国家银行合作机制多边本币授信总协议》和《多边信用证保兑服务协议》，探讨了成立新开发银行的可能性
五	2013 年 3 月	德班	发表《德班宣言》及行动计划，发布《金砖国家贸易投资合作框架》，建立了金砖国家工商理事会和智库理事会，决定设立金砖国家新开发银行和应急储备机制
六	2014 年 7 月	福塔莱萨	发表《福塔莱萨宣言》及其行动计划，签署成立金砖国家开发银行协议、应急储备安排协议以及《金砖国家银行合作机制创新合作协议》《金砖国家出口信贷保险机构技术合作谅解备忘录》等重要文件
七	2015 年 7 月	乌法	发表《乌法宣言》，制定了《金砖国家经济伙伴战略》，通过《金砖国家电子商务合作框架》，签署《金砖国家应急储备安排中央银行间协议》，新开发银行理事会召开首次会议

资料来源：根据中国外交部网站资料整理。

不可否认，如同很多国际谈判和合作机制在“早期收获”后进展放缓一样，随着时间的推移和合作的深入，金砖国家在新的合作领域取得重大突破的难度也会相对增加。金砖国家合作议题十分广泛，在一些有着共同利益和需求、容易达成共识的合作领域已取得非常重要的进展。而那些进展缓慢的合作领域，往往包含分歧相对较大、难以推进的议题。与此同时，外部世界一些新的不利因素正在干扰金砖国家的发展与合作进程。这主要体现在：一方面，由于一些既得利益国家和国家集团的阻挠，金砖国家在全球治理中的地位和作用难以有效发挥，例如，IMF 和世界银行治理改革方案迟迟得不到执行，这在很大程度上制约了金砖国家的国际话语权；另一方面，以美国为代表的发达经济体主导的跨太平洋伙伴关系协定（TPP）和跨大西洋贸易与投资协定（TTIP）等新的大型排他性经贸协定将金砖国家排除在外，将给金砖国家的经贸发展带来负面影响。

通过考察金砖国家的发展与合作现状可见，一些积极因素和不利因素同时存在。正因如此，人们对金砖国家的认识和评价也日益出现分化。乐观者依旧肯定金砖国家巨大的发展和合作潜力以及在国际社会上发挥的积极作用；悲观者则往往聚焦于金砖国家之间的差异与分歧以及发展与合作面临的诸多问题与挑战。从研究者的角度来看，令人欣喜的是，有增无减的争议使更多学者加入金砖国家问题的研究与讨论当中，并由此带来了金砖国家研究的议题和方法的多样化，从而推进金砖国家研究呈现一些新的动向。

二　金砖国家研究的学术理路

关于金砖国家研究，以2009年巴西、俄罗斯、印度和中国领导人在俄罗斯叶卡捷琳堡举行首次会晤为界，前后大致可以划分为两个阶段。第一阶段的研究主要将金砖国家作为新兴市场的代表探讨其发展问题，是将四个各具特色的单个国家放在一起研究；而第二阶段的研究则拓展到将金砖国家作为新兴国家的代表探讨其合作问题，是将拥有共同利益与诉求的五个国家合在一起研究。研究范围的不断扩大，为金砖国家研究的学理探讨提供了更为丰富的素材。由于金砖国家研究尚未成为一个学科，下面将结合国内外金砖国家研究发展的现实，并从总体上勾勒出其发展脉络。回顾近15年来学界关于金砖国家发展与合作问题的研究，其进展主要体现在研究对象、研究视角、研究方法、研究路径和研究层次的演化和拓展上。

（一）研究对象：从“国别研究”“跨区域合作”到“全球治理”

金砖国家研究始于国别研究，并且直到如今国别研究仍是这一领域研究的重要组成部分。金砖国家作为一种国家类别，国别研究议题主要集中在国别比较研究上，将金砖国家之间以及金砖国家与其他经济体加以比较，找出它们的异同点并为其长期以来突出的经济表现寻求解释。在奥尼尔提出“金砖四国”概念后，越来越多的学者注意到金砖国家在国际经济与政治领域中所发挥的日益重要的作用，金砖国家概念下的国别研究至今仍是金砖国家问题研究中起着基础性作用的组成部分之一。这些研究既涉及金砖国家的经济增长与发展议题，① 也涉及五国的对外经济交往及其影响。② 其中，很多研究侧重于金砖

① Leslie Elliott Armijo, “The BRICs Countries (Brazil, Russia, India, and China) as Analytical Category: Mirage or Insight?” *Asian Perspective*, Vol. 31, No. 4, 2007, pp. 7 – 42；林跃勤：《金砖四国：经济转型与持续增长》，《经济学动态》2010年第10期；P. Carmody, “Another BRIC in the Wall? South Africa's Development Impact and Contradictory Rise in Africa and Beyond”, *The European Journal of Development Research*, Vol. 24, No. 2, 2012, pp. 223 – 235。

② 桑百川、郑伟、谭辉：《金砖国家服务贸易发展比较研究》，《经济学家》2014年第3期；欧阳峣：《“金砖四国”崛起的大国效应》，《大国经济研究》2010年第2辑。

国家之间以及金砖国家与其他国家之间经济、社会等领域的比较。[①] 2006年金砖四国外长首次会晤后，从“跨区域合作”视角来探讨金砖国家合作的研究逐步增多，其中既包括从实践角度对金砖国家合作的基础、动力和前景进行的分析，也包括从理论上对这种新型合作模式的检视和探讨。[②] 随着2008年国际金融危机后对全球治理问题的关注加大以及金砖国家领导人会晤机制的建立，从全球视角分析金砖国家合作对全球治理和世界秩序影响的论著随之日益兴盛，并成为金砖国家研究的热点问题之一。[③]

（二）研究视角：从“经济学”到“国际政治经济学”

作为新兴市场经济体，金砖国家首先在经济学界受到广泛关注，早期的金砖国家研究成果也几乎都来自经济学研究领域的专家和学者。除了奥尼尔及其高盛团队，一些国内外经济学家从经济学视角分析了金砖国家的价值、影响与挑战。[④] 金砖国家领导人会晤机制创立后，“金砖四国”实现了从一个经济学概念向一个对话与合作平台的实质性转化。这种新型合作模式的产生引发了许多仅用纯粹经济学理论难以阐释的理论与现实问题，从而使得学界对金砖国家研究的视角不断拓展，一些国际战略、国际政治、国际关系、外交学等领域的研究者开始关注金砖国家研究，并探讨金

① 陈佳贵：《金砖四国发展模式比较》，《瞭望》2010年第3期；V. Nadkarni and N. C. Noonan, *Emerging Powers in a Comparative Perspective: The Political and Economic Rise of the BRIC Countries*, New York & London: Bloomsbury Academic, 2013；Uwe Becker (ed.), *The BRICs and Emerging Economies in Comparative Perspective: Political Economy, Liberalisation and Institutional Change*, London & New York: Routledge, 2014。

② 卢锋、李远芳、杨业伟：《“金砖五国”的合作背景和前景》，《国际政治研究》2011年第2期；杨洁勉：《金砖国家合作的宗旨、精神和机制建设》，《当代世界》2011年第5期；汪巍：《金砖国家多边经济合作的新趋势》，《亚太经济》2012年第2期。

③ 相关研究成果见黄仁伟《金砖国家崛起与全球治理体系》，《当代世界》2011年第5期；黄仁伟《全球经济治理机制变革与金砖国家崛起的新机遇》，《国际关系研究》2013年第1期；庞中英、王瑞平《从战略高度认识金砖国家合作与完善全球经济治理之间的关系》，《当代世界》2013年第4期；樊勇明《全球治理新格局中的金砖合作》，《国际展望》2014年第4期；Sijbren de Jong, et al., *New Players, New Game? The Impact of Emerging Economies on Global Governance*, Amsterdam: Amsterdam University Press, 2012。

④ Stefano Pelle, *Understanding Emerging Markets - Building Business Bric by Brick*, London: Sage Publications, 2007；李扬主编：《“金砖四国”与国际转型》，社会科学文献出版社2011年版；张燕生：《金砖国家在均衡全球经济发展中的责任》，《经济》2011年第5期；李向阳：《金砖国家经济面临的共同机遇与挑战》，《求是》2011年第8期。

砖国家合作的机制建设和战略作用。[①] 近年来，两股研究力量的交汇与融合趋势明显，国际政治经济学视域下的金砖国家研究随之兴起，相关研究成果深入探讨了金砖国家对国际关系和世界秩序转型以及国际政治经济学议题与范式变化的影响。[②]

（三）研究领域：从“投资领域”到“多领域研究”

金砖国家概念的提出，缘于四个新兴市场国家较好的经济增长表现并拥有较大的经济增长潜力，从而成为投资前景广阔的市场。[③] 作为新兴市场与发展中经济体的代表，金砖国家的投资市场备受关注。究其原因，不仅是因为金砖国家能够提供巨大的投资回报，也在于对金砖国家的投资研究能够为投资其他新兴市场提供重要启示。[④] 这种将金砖国家作为一个投资概念的传统，在专注于投资研究的学者以及从事投资分析的经济学家那里得以延续。随着研究的深入，研究领域和议题不断拓展。在贸易领域，研究议题包括金砖国家经贸合作机制、贸易便利化、贸易发展前景以及建立自贸区的可行性分析等；[⑤] 在货币金融合作，研究议题涉及金砖国家金

---

① 例如，杨鲁慧：《金砖国家：机制·特质·转型》，《理论视野》2011 年第 11 期；Smith, J. A.，“BRIC becomes BRICS：Emerging Regional Powers? Changes on the Geopolitical Chessboard”，*Global Research*，January 16，2011；赵可金：《中国国际战略中的金砖国家合作》，《国际观察》2014 年第 3 期。

② See：Dina Jaccob，*Emerging Economies and Transformation of International Relations：Evidence from the BRICS Members*，Berlin：LAP LAMBERT Academic Publishing，2013；Vai lo Lo and Mary Hiscock，*The Rise of the BRICS in the Global Political Economy：Changing Paradigms?* Cheltenham & Northampton：Edward Elgar Pub，2014；Li，Xing（ed.），*The BRICS and Beyond：The International Political Economy of the Emergence of a New World Order*，London：Ashgate Publishing，2014；王正毅：《从 IPE 的角度来研究金砖国家合作》，复旦大学“西方制裁俄罗斯及其对金砖合作的影响”学术研讨会上的发言，2015 年 1 月 22 日。

③ Goldman Sachs（ed.），*BRICs and Beyond*，London：Goldman Sachs，2007.

④ 张勇：《“金砖四国”的改革与发展模式比较——基于投资与制度视角的实证分析》，《经济与管理研究》2008 年第 12 期；Lawrence Wegeman Jr.，*BRIC，An Investment Tool*，Pittsburgh：Dorrance Publishing Co. Inc.，2009；Julian Marr and Cherry Reynard，*Investing in Emerging Markets：The BRIC Economies and Beyond*，Chichester and West Sussex：John Wiley & Sons，2010；Svetlana Borodina and Oleg Shvyrkov，*Investing in BRIC Countries：Evaluating Risk and Governance in Brazil，Russia，India，and China*，New York：McGraw – Hill Education，2010。

⑤ 例如，蔡春林：《金砖四国经贸合作机制研究》，中国财政经济出版社 2009 年版；刘军梅等：《金砖国家研究丛书——贸易便利化：金砖国家合作的共识》，上海人民出版社 2014 年版；薛荣久：《“金砖国家”货物贸易特点与合作发展愿景》，《国际贸易》2012 年第 7 期；刘文革、王文晓：《建立金砖自贸区可行性及经济效应分析》，《国际经贸探索》2014 年第 6 期；等等。

融发展以及金融与货币合作等；① 在能源领域，研究议题包括金砖国家能源消费、合作机制与政策等；② 在政治安全领域，研究议题涉及地缘政治与军事安全以及金砖国家合作对国际安全格局的影响等。③ 此外，一些新兴领域不断涌现，例如创新发展、腐败问题、网络治理等。④

（四）研究路径：从"政策研究""战略分析"到"学理探讨"

金砖国家的政策研究主要分为两个方面：一是企业层面的投资与经营决策研究，二是政府层面的对外政策研究。在企业层面，相关研究侧重于分析金砖国家的发展现状、营商环境、经营与投资机会等，并为企业决策提供支持；⑤ 在政府层面，研究者则主要来自金砖国家政府部门及其支持的研究机构，相关研究侧重于对金砖国家的合作现状、问题与潜力分析，并在此基础上提出深化与拓展金砖国家合作的政策建议。金砖国家合作进程启动后，一些政策研究的议题开始上升到战略层面加以探讨，战略分析随之成为新的关注点。这方面的研究既有来自金砖国家的学者，主要从战略层面探讨金砖国家发展与合作问题；也有美欧等发达国家的学者，主要

---

① 例如，N. Mwase and Y. Yang，"BRIC's Philosophies for Development Financing and Their Implications for LICs"，*IMF Working Paper*，WP/12/74，Washington D. C.：IMF，2012；陈雨露：《"金砖国家"的经济和金融发展：一个比较性概览——金砖国家金融发展的特征与趋势（上）》，《金融博览》2012 年第 5 期；陈雨露：《"金砖国家"的经济和金融发展：一个比较性概览——金砖国家金融发展的特征与趋势（下）》，《金融博览》2012 年第 6 期；桑百川、刘洋、郑伟：《金砖国家金融合作：现状、问题及前景展望》，《国际贸易》2012 年第 12 期；黄凌云、黄秀霞：《"金砖五国"金融合作对五国及全球经济的影响研究——基于 GTAP 模型的实证模拟》，《经济学家》2012 年第 4 期；刘文革、林跃勤：《金砖国家货币合作之路》，《资本市场》2013 年第 1 期；等等。

② 例如，李治国、杜秀娥：《"金砖国家"清洁能源利用及能源消费结构的实证分析》，《亚太经济》2012 年第 3 期；曹广喜：《"金砖四国"的碳排放、能源消费和经济增长》，《亚太经济》2011 年第 6 期；赵庆寺：《金砖国家能源合作的问题与路径》，《国际问题研究》2013 年第 5 期；刘文革、王磊：《金砖国家能源合作机理及政策路径分析》，《经济社会体制比较》2013 年第 1 期；等等。

③ Kwang Ho Chun，*The BRICs Superpower Challenge：Foreign and Security Policy Analysis*，London：Ashgate Publishing，2013.

④ 例如，J. E. Cassiolato and V. Vitorino，*BRICS and Development Alternatives：Innovation Systems and Policies*，London and New York：Anthem Press，2009；宁优俊：《腐败与经济增长双高之谜——对"金砖四国"实证分析》，《中国市场》2011 年第 5 期；沈逸：《全球网络空间治理与金砖国家合作》，《国际观察》2014 年第 4 期；等等。

⑤ Xinhua and Wikipedia，*BRICS：A Guide to Doing Business in Brazil，Russia，India，China and South Africa*，Intercultural Publishing，2012；Renata La Rovere（eds.），*Entrepreneurship in BRICS：Policy and Research to Support Entrepreneurs*，Springer International Publishing Switzerland，2015.

分析金砖国家在区域和全球层面上的战略影响。近年来，还有一支研究力量，它们尝试对金砖国家的发展与合作问题进行理论上的解释，并试图由此推进理论上的进步与创新，这方面的努力包括从国家权力、共同利益、身份认同、制度非中性、政治博弈等角度和理论框架解释金砖国家合作的动因和机制建设的前景等。①

（五）研究层次：从"器物层面"到"制度与观念层面"

关于金砖国家研究层次的演进，若将其划分为几个横断面或静态的角度来考察，可通过器物、制度、观念三个层面加以描述。但从历史或动态的角度来看，学界对金砖国家议题的关注，显示出从器物层面向更高层面发展的趋势。当前，那种强调金砖国家的投资价值和经济实力变化的研究依然存在，并构成了金砖国家研究的主要支撑力量；但随着金砖国家积极参与国际规则制定，关于金砖国家合作对自身身份认同、国际制度和规则，甚至国际合作观念创新的研究反映出一种新的趋势。相关研究既包括金砖国家合作的制度分析以及金砖国家对国际制度与规则的塑造，也包括金砖国家对国际合作和全球治理模式和理念的创新以及国际秩序的塑造。②

总之，金砖国家发展与合作研究在十余年中不断发展演进，从主要基于单一维度的研究逐步向多层次、多元化、系统性的研究发展，并使金砖国家研究日益成为一个跨学科的新兴研究领域。

三 当前学术争论的主要议题

近年来，金砖国家经济表现有所分化，人们对金砖国家的未来发展随

---

① 例如：Samuel Twum Kwakye, *The BRICS States and the Responsibility to Protect Norm: Dynamics of State Power and Self - Interest*, Berlin: LAP LAMBERT Academic Publishing, 2014; Fabiano Mielniczuk, "BRICS in the Contemporary World: Changing Identities, Converging Interests", *Third World Quarterly*, Vol. 34, No. 6, 2013, pp. 1075 - 1090；徐秀军：《制度非中性与金砖国家合作》，《世界经济与政治》2013 年第 6 期；高尚涛：《实践理论与实践模式：中国参与金砖国家机制进程分析》，《外交评论（外交学院学报）》2015 年第 1 期；周方银：《金砖合作机制能走多远？——对国家博弈过程与利益基础的分析》，《人民论坛·学术前沿》2014 年第 22 期。

② 例如，王厚双、关昊、黄金宇：《金砖国家合作机制对全球经济治理体系与机制创新的影响》，《亚太经济》2015 年第 3 期；樊勇明、贺平：《"包容性竞争"理念与金砖银行》，《国际观察》2015 年第 2 期；Oliver Stuenkel, *The BRICS and the Future of Global Order*, Lexington: Lexington Books, 2015；等等。

之出现分歧。同时，随着研究队伍的不断壮大以及研究的日益深入，学界对金砖国家合作现状与前景的认识也逐渐多样化，甚至在对一些问题的看法上出现截然相反的观点。关于金砖国家的未来发展趋势，目前学界的争论主要集中在以下五个方面。

（一）金砖国家发展与合作动力：弱化还是强化？

近年来，包括金砖国家在内的新兴经济体经济发展总体持续放缓，支撑其增长的一些重要因素已发生周期性改变，包括以较低利率为特征的信贷周期、以较高价格为特征的大宗商品繁荣周期、以规模巨大为特征的投资周期、以释放经济潜能为特征的改革周期以及以多边主义为特征的全球开放周期都在发生调整。[①] 金砖国家经济增速持续下滑并且出现分化，加之地缘政治因素的负面影响，“金砖褪色”“金砖衰退”“脆弱五国”等唱衰金砖的论调日益增多。尽管这些论调过于悲观，但客观地看，消极与积极因素的同时存在必然会对金砖国家未来的发展与合作产生正面或负面的影响。

在经济发展上，一方面，支撑金砖国家增长的长期因素发生了周期性改变，金砖国家经济总体放缓将很可能是中长期趋势，这势必削弱金砖国家合作的基础与动力；另一方面，五个金砖国家都启动了新一轮的改革规划，内容涵盖结构调整升级、推动工业增长和改善营商环境等，改革所释放出来的“红利”将为它们继续保持目前的中高速可持续增长局面提供支持。总体来看，金砖国家仍保持相对发达经济体较高的增速，同时在人口、资源和市场等方面的优势仍将支撑金砖国家的长期发展，经济增速的放缓反而增强了相互合作的必要性和重要性，并将在参与全球治理和着力推动相互间务实合作两个维度不断强化。

在相互合作上，金砖国家国情不同，地理分布也较为分散，加之经济增长速度的分化，五国对合作的利益诉求存在差异，金砖国家合作在各国政策的优先程度排序因此也不尽相同。在五国中，俄罗斯将欧亚联盟和金砖国家作为对外经济合作的两个优先领域；印度希望将金砖国家合作作为发挥大国作用的平台，但也将金砖国家合作作为发展对美关系的筹码；南

① Anders Aslund, “Why Growth in Emerging Economies Is Likely to Fall”, *Peterson Institute for International Economics Working Paper*, No. 13 - 10, November 2013.

非也希望借金砖国家合作提升国际影响力，促进经济发展，但受国内政治影响，对金砖国家合作推进力度有限；巴西的政策重点在于南美区域合作，金砖国家合作并非对外经济合作的优先目标。同时，金砖国家合作涉及的议题十分广泛，在一些容易达成共识的领域已取得重要进展，剩下的议题分歧相对较大，面临的障碍也较多。因此，如何挖掘共同利益，调和相互分歧，挖掘新的发展潜力，是五国推进合作过程中面临的重大课题。

（二）金砖国家定位：经济伙伴还是政治盟友？

从现实来看，金砖国家在政治制度、宗教文化、军事安全等领域存在很多的矛盾与分歧。一些学者据此认为，金砖国家合作应定位于建立伙伴关系，并且主要基于经济合作关系，而更深层次的政治合作既不现实也不必要。[①] 并且在事实上，经济合作一直是金砖国家的优先议题，也是取得进展最大的领域。在乌法会晤期间，金砖国家领导人通过了《金砖国家经济伙伴战略》，全面规划了金砖国家“一体化大市场、多层次大流通、陆海空大联通、文化大交流”的互联互通发展格局，进一步夯实了金砖国家经济伙伴关系。

与此同时，五国领导人也在致力于推进构建全方位的伙伴关系。在2015年金砖国家领导人第七次会晤上，中国国家主席习近平深入阐述了金砖国家伙伴关系的内涵，并将其概括为以下四个方面：维护世界和平的伙伴关系、促进共同发展的伙伴关系、弘扬多元文明的伙伴关系和加强全球经济治理的伙伴关系。[②] 而对于俄罗斯而言，尤其是在经历乌克兰危机之后，俄罗斯更看重金砖国家机制的政治与战略作用，并希望依托这一平台，应对来自美欧等西方国家的威胁与压力，缓解当前经济、政治与安全领域面临的困境，并以此维护世界重要一极的国际地位。对于其他金砖国家而言，为了保障合作的稳定性和可持续性，并且要在国际社会发挥更大作用，也希望建立起事实上的经济集团或盟友关系，相互支持。

值得注意的是，近年来，全球经济和政治问题的联动性趋势日益增强，经济问题的背后很难排除一些政治上的考量。在此背景下，即便是金

① Michael A. Glosny, “China and the BRICs: A Real (but Limited) Partnership in a Unipolar World”, *Polity*, Vol. 42, No. 1, 2010, pp. 100 – 129.

② 习近平：《共建伙伴关系　共创美好未来——在金砖国家领导人第七次会晤上的讲话》，《人民日报》2015年7月10日第3版。

砖国家将合作定位在经济领域，但随着合作的深入，其在政治上的溢出效应将在所难免。为此，有学者将金砖国家作为一个经济和政治联盟加以考察。[①] 作为全球重要的地区大国，五个金砖国家除了致力于实现经济的崛起和国际经济地位的提升，也都拥有维持或成为政治大国的抱负。尽管在全球大国之间总体维持和平以及部分金砖国家仍存在政治竞争的情况下建立传统意义上的政治盟友关系难度较大，但将政治与安全议题纳入金砖国家合作框架似乎是深化合作的一种趋势。

（三）金砖国家机制：非正式还是正式？

第二次世界大战后，以美国为代表的发达经济体建立起来的联合国、国际货币基金组织、世界银行和世界贸易组织等国际机制，都是拥有固定办公场所和独立运行机制的正式机构。由于拥有明确的章程和规范以及对成员具有较强的约束力，正式机构往往能够发挥更大的影响力。也正是由于这些机构的存在，西方国家的霸权地位和既得利益才得以维护。而与此同时，亚太经济合作组织（APEC）、二十国集团（G20）和金砖国家合作机制等非正式论坛机制也先后涌现出来。这从另一个侧面说明了原有的国际经济政治机制存在很多缺陷，难以解决国际社会面临的新问题，同时也表明了当前的国际经济政治体系仍处在调整、变革和转型进程中而远未定型。在国际力量对比变动不居之时，很难有哪一个国家能够完全主导建立一个新的正式的全球性国际组织。

为此，关于金砖国家的机制化前景，一直存在两种不同的观点。一种认为金砖国家应该保持当前非正式论坛形式，并成为一个“松而不散”的经济合作机制或经济利益共同体。究其原因，一方面在于金砖国家还不具备成立正式机制的基础，当前的重点是找到可以实现务实合作的领域，并推进合作取得进展，如果没有实质性合作作为支撑，过早驶入机制化轨道反而可能成为一种约束或障碍；另一方面在于现有的合作框架可以满足金砖国家在各个层级上的对话与协商，并且非正式论坛更加灵活，有利于增加各国政策调整的空间。另一种观点则认为金砖国家应致力于建立正式组织，这主要基于非正式论坛较为松散，约束力较小，不仅影响决策效率，

① Rich Marino, *The Future BRICS: A Synergistic Economic Alliance or Business as Usual?* Hampshire and New York: Palgrave Macmillan, 2014.

也影响决策的执行力度。目前，金砖国家已经成立了新开发银行和应急储备安排，这为金砖国家合作机制化奠定了基础，积累了经验。因此，在以领导人会晤机制为核心、以部长级会晤和专门高官会为支撑、以智库年会等二轨会议为辅助的制度性合作框架下，设立秘书处既非难事，对于促进相互合作和扩大国际影响力也尤为必要。

由此可见，正式机制和非正式机制各有利弊，具体到金砖国家合作，需要五国审慎抉择。因此，在将来一段时间内，围绕金砖国家合作机制要不要制定组织章程并设立秘书处，如果设立，何时设立以及如何制定相应规则等方面的争论仍将继续。

（四）金砖国家成员身份：开放还是封闭?

金砖国家合作机制成立以来，一直坚持开放和包容原则处理与其他国家之间的关系。这主要表现在以下两个方面：一是吸收南非加入金砖国家合作机制并由此实现了成立以来的第一次扩员。2010 年 11 月，南非在二十国集团首尔峰会上申请加入"金砖四国"（BRIC）。2010 年 12 月，四国经商议决定吸收南非为正式成员，"金砖四国"由此更名为"金砖国家"（BRICS）。

二是金砖国家创造并拓展了"金砖国家 +"的互惠合作模式。近年来，金砖国家坚持开放和包容原则，不断拓展与更多国家和地区之间的互惠合作，并在此过程中探索了一种以金砖国家为核心的"金砖国家 +"的合作模式。2013 年 3 月，金砖国家领导人在第五次会晤之后同 15 个非洲国家的领导人举行主题为"释放非洲潜力：金砖国家和非洲在基础设施领域合作"对话会，共同探讨了双方开放合作的实现路径。2014 年 7 月，金砖国家领导人同拉美国家领导人围绕"包容性增长的可持续解决方案"主题举行对话会，为实现金砖国家和拉美两个大市场之间的对接搭建了平台。2015 年 7 月，金砖国家领导人同上海合作组织成员国和观察员国、欧亚经济联盟及受邀国领导人和国际组织负责人举行对话会，并将金砖国家与外部世界的互惠合作延伸到欧亚大陆成员。

尽管如此，金砖国家的开放性仍受到质疑。这些质疑主要表现在成员标准的不透明以及停止接受新成员的加入而使之成为一个排他性的机制上。继南非加入后，墨西哥、埃及等国亦有意申请加入"金砖国家"。关于"金砖国家"未来的扩员问题，一种思路是维持现有规模，一段时间内不再吸纳新成员，有意加入者可以先成为观察员。原因在于，吸纳新的成员可能会带来相应的整合困难，相互之间的政策和利益协调难度也将加大。另一种思路是要适时扩大规模，因为只有把小团体做大、拉入更多的发展中国家，才能在国际舞台上发出更有力的声音。孰优孰劣，难以取舍，并且制定吸纳新成员的合适标准和规则也并非易事。

（五）金砖国家合作功能：建设性还是替代性？

金砖国家是现有国际经济政治秩序的建设者还是挑战者，一直是一个富有争议的话题。尤其是在金砖国家成立新开发银行和建立应急储备安排以来，这一争论更加激烈。为了满足金砖国家以及其他新兴市场和发展中国家的基础设施建设、可持续发展项目的资金需求，2014 年 7 月金砖国家领导人签署成立金砖国家新开发银行协议，并确定新开发银行法定资本 1000 亿美元，总部设于中国上海。2015 年 7 月，金砖国家新开发银行正式宣布开业。与此同时，五国领导人还签署了建立初始资金规模为 1000 亿美元的应急储备安排协议，顺利完成各国国内核准程序，并正式生效。对于金砖国家而言，成立新开发银行旨在弥补全球基础设施建设和可持续发展领域的资金缺口，而建立应急储备安排旨在通过货币互换提供流动性以应对实际及潜在的短期收支失衡压力，加强全球金融安全网，因此两者是作为全球发展领域的多边和区域性金融机制的补充，并非挑战或企图根本性改变现有国际货币金融体系。但也不乏有人认为这是金砖国家挑战现有国际货币金融体系并作为谋求替代现有国际机制的尝试和努力。在更为广泛的国际经济政治体系变革方面，很多学者认识到金砖国家在解决现有国际体系不公平、不合理方面发挥了补充性和建设性的作用，而非对抗发达国家及其主导的国际体系；① 而另一些学者则认为金砖国家正在构建与现有体系相平行的体系，从而在根本上改变现有的国际体系结构。② 此外，也有学者认为金砖国家合作只是权宜之计，难以形成一个团结的整体在世界舞台上发挥重要作用。③

---

① 朱杰进：《金砖国家合作机制的转型》，《国际观察》2014 年第 3 期；张海冰：《世界经济格局调整中的金砖国家合作》，《国际展望》2014 年第 5 期。

② See：General L. Ivashov，“BRICs and the Mission of Reconfiguring the World：An Alternative World Order?” *The 4th Media*，June 17，2011；Cedric de Coning（eds.），*The BRICS and Coexistence：An Alternative Vision of World Order*，Oxon and New York：Routledge，2014.

③ Beausang – Hunter，F. A.，*Globalization and the BRICs：Why the BRICs Will Not Rule the World For Long*，Hampshire & New York：Palgrave Macmillan，2012.

金砖国家的崛起将不可避免地从各个领域改变国际社会各种力量之间的均衡。作为维护世界秩序最重要的因素和法则，均势的打破将会导致其他大国采取一系列应对措施，直到达成新的平衡。沿着这一逻辑，金砖国家的崛起之路也即开启世界秩序的转型或重建之路。在贸易、投资、货币金融等领域，无论是新兴市场与发展中国家，还是发达经济体，都在致力于建立一种反映自身利益诉求的新的规则体系。但不可忽视的是，发达经济体仍然在未来世界经济秩序构建中起主导作用。对于仍处于崛起进程中的金砖国家来说，这既是重塑世界经济秩序的前提也是制约因素。基于此，金砖国家对世界经济秩序的重塑路径反映在制度变革上包含两种形式：一是改良性的制度变革，例如推进国际货币基金组织、世界银行等机构的治理改革；二是建设性的制度补充，也即通过建立新的机制和机构来发挥自身的作用和影响力。由此，从金砖国家的视角来看，未来的世界经济秩序将朝着两个方向发展：一是现有世界经济秩序的升级版；二是建立与现有世界经济秩序的平行秩序。但是，无论是哪种情景的最终出现都面临来自金砖国家内部和外部的巨大挑战，并将取决于金砖国家之间以及金砖国家与现有秩序的主导国之间的政治博弈。

四 小结

作为国际社会中的新兴力量，金砖国家在经济发展和对外合作方面拥有很多共同的基础、特征和诉求，但也存在很多差异。可以说，金砖国家就是一个和而不同的共同体。正因如此，作为一个新的研究对象，金砖国家引发学界的广泛争议和分歧，在金砖国家发展与合作所面临的新形势下更是如此。从一定意义上讲，也正是这些难以弥合的争议，显示了金砖国家研究的巨大价值与魅力，并吸引了不同学科的研究者加入金砖国家研究的队伍之中。

关于金砖国家的研究主要涉及三个学科领域：一是发展经济学，二是国际/世界经济学，三是国际关系学。但在研究对象、视角、方法、路径和层次上，金砖国家研究一直处于不断拓展和深化的进程之中，并取得了很多具有重大推动作用的进展。现有研究的一个重要贡献是促进了这些学科之间的相互借鉴与融合，并形成联结国家经济发展—对外经济行为—国际结构变迁之间的纽带，这构成了金砖国家研究的整体发展脉络。经过约

15 年的研究积累，学界已构建了一个较为全面的金砖国家研究体系。

而对于未来的金砖国家研究，同以往一样，那些广为关注的热点问题往往都是富于争议的问题。当前，学界对于金砖国家发展与合作动力、金砖国家的定位、金砖国家机制的性质、金砖国家的开放性、金砖国家合作的功能等问题的认识仍莫衷一是。毫无疑问，对于这些问题的探讨与争论，不仅能够使人们更为深入地认识和理解金砖国家的现实与未来，更能够带来不同学科、不同领域的研究者对现有理论与方法的重新审视，并为金砖国家研究的理论创新提供新的素材和突破口。

总之，随着全球经济和金砖国家经济的深刻调整，包括中国在内的金砖国家与以美国为代表的发达经济体之间的经济实力将呈现新的格局，新的国际经济政治环境将为金砖国家发展与合作增加许多新的挑战和一些不确定因素。同时，很多新情况、新问题、新领域、新倡议不断涌现，金砖国家合作面临的挑战以及解决途径还有很多值得研究的空间。同时，在理论上构建解释金砖国家合作兴起与发展的框架还有待学界的进一步努力。

理论篇

第二章

制度非中性与金砖国家合作

从本质的意义上讲，国际制度所反映的是国际行为体的利益博弈与诉求。由于制度的非中性，全球治理被打上了非中性的烙印。而现行最主要的、影响力最大的全球治理机制都是在发达国家的主导下建立的，并且在事实上，发达经济体是现行全球治理的既得利益者，分享全球治理最大份额的收益。金砖国家及其建立的合作机制势必会改变当今世界这种不公平、不合理的利益分配格局，减少全球治理非中性带来的不利影响，并使得传统上依靠一个霸权国或少数大国组成的霸权国集团难以支撑日益变换的世界政治经济体系，从而推动世界格局从传统的统治与服从的强权型特征向符合时代特征的平等参与和互利共赢的民主型特征转化。随着金砖国家经济实力的不断提升、合作机制化进程的不断推进以及对“BRICS + N”等新的开放合作模式的积极探索，金砖国家在全球治理领域必将扮演更加重要的角色，并成为建立公正、合理的国际政治经济新秩序以及创造持久和平与普遍繁荣的新世界的重要推动力。

2009 年 6 月，巴西、俄罗斯、印度和中国领导人在俄罗斯叶卡捷琳堡举行了首次会晤，并确定了每年一次的定期会晤机制，从而使“金砖四国”（BRICs）① 实现了从一个经济学概念向一个国际对话与合作平台的实质性转化。在其后不到两年的时间里，金砖四国进行了成立以来的第一次扩员，吸纳非洲第一大经济体南非为正式成员，金砖四国随即变为“金砖

---

① Jim O'Neill, “Building Better Global Economic BRICs”, *Global Economics Paper*, No. 66, New York: Goldman Sachs, 2001.

国家”（BRICS）。南非的加入，使金砖国家成为一个更具代表性的新兴经济体合作机制。从地域构成来看，金砖国家五个成员来自世界五大洲中的亚洲、欧洲、非洲和美洲；从人口规模来看，金砖国家的总人口为发展中国家的50%以上；从国土面积来看，金砖国家的总领土面积约为发展中国家的40%；从经济规模来看，金砖国家按市场汇率计量的名义国内生产总值（GDP）约为发展中国家的60%。[①] 金砖国家的崛起意味着包括经济、政治和文化等方面在内的综合国力的提升，标志着金砖国家在全球事务中的作用逐渐从边缘移向中心。更重要的是，金砖国家的崛起将会推动不合理的国际社会利益分配格局和一些不合理的国际规则发生改变。

在《历史研究》一书中，阿诺德·汤因比（Arnold J. Toynbee）使用一个简单却有解释力的模型讨论了文明的生长与衰落问题，即“挑战—应战”的历史思考模型。[②] 我们从这一模型得到的启示是，文明、国家或者制度的发展与进步是在不断应对外来挑战的过程中完成的。金砖国家的崛起以及金砖国家合作机制的形成正是应对当今世界格局中各种挑战的结果，是这一模型在当今世界又一生动的例证。作为国际体系的后来者，新兴国家在很多领域都处于相对不利的位置，使得当今世界格局成为其发展与进步的外部挑战。但正是由于这些挑战的持续存在，金砖国家才拥有了共同的应对战略，金砖国家合作成为应对这些共同挑战的重要手段之一。并且，在应对这些挑战的过程中，金砖国家实现了群体性崛起并携手走到了一起。

毫无疑问，金砖国家合作机制的形成与发展对于加强五国之间的经贸合作与政策协调具有十分重要的意义。但是，国际社会对于金砖国家合作机制的现状与未来的认识和评价不一。一些乐观的分析家认为，在国家层面，金砖国家投资潜力大、经济发展前景广阔，这为金砖国家合作打下了坚实的基础；[③] 在国际层面，金砖国家正在打破少数国家长期垄断全球经济事务的不公平局面，反映出国际社会的发展和进步，因而具有强大的生

---

① 根据世界银行数据库2011年统计数据计算，http：//data. worldbank. org. cn。

② 阿诺德·汤因比：《历史研究》，曹未风等译，上海人民出版社1966年版，第74—98页。

③ Goldman Sachs, ed., *BRICs and Beyond*, London: Goldman Sachs, 2007; Leslie Elliott Armijo, "The BRICs Countries (Brazil, Russia, India, and China) as Analytical Category: Mirage or Insight?" *Asian Perspective*, Vol. 31, No. 4, 2007, pp. 7-42.

命力。[①] 而一些持悲观论调的学者则强调五国在政治制度、经济规模、经济结构和文化传统等方面存在差异，难以形成一个团结的整体。[②] 其中，美国著名学者约瑟夫·奈（Joseph S. Nye）曾多次撰文指出，金砖国家之所以难以形成一个紧密的联盟，其原因在于五国之间尚不存在减少分歧与差异的“黏合剂”。[③] 这些论争和分歧所折射出来的一个焦点问题是，如何评价金砖国家崛起过程中建立起来的多边合作机制及其对当今世界所产生的深远影响。这一问题不仅涉及对金砖国家现状与未来的客观分析，更引发了我们在新的时代背景下对全球治理机制变迁的理性思考。

在一些以权力为基础的（power - based）传统理论中，世界格局被刻画成国家之间的实力对比以及由此确定的国家在国际体系中的排列次序。[④] 并且，由于美国在第二次世界大战后取代大英帝国一跃成为超级大国，确立了其全球霸权地位，促使一些学者建构“霸权稳定论”和“霸权合作模式”为所谓的“美国治下的和平”（Pax Americana）寻找理论支持。[⑤] 其中，查尔斯·金德尔伯格（Charles P. Kindleberger）以公共产品理论为基础，首先提出国际经济体系的稳定运转需要由某个霸权国家来承担“公共成本”。[⑥] 按照这种逻辑推演下去，对于一个开放和自由的世界经济来说，需要有一个居于全球霸主地位的强国进行主宰和治理，以维持国际经济体系的稳定和发展。在一定的历史时期，这些理论为国际社会的现实提供了简练的解释，但是，自 20 世纪 70 年代以来，美国的全球霸权地位一直处

---

① Jack A. Smith, “BRIC Becomes BRICS: Emerging Regional Powers? Changes on the Geopolitical Chessboard”, *Global Research*, January 16, 2011; General L. Ivashov, “BRICS and the Mission of Reconfiguring the World: An Alternative World Order?” *The 4th Media*, June 17, 2011.

② Theodor Tudoroiu, “Conceptualizing BRICS: OPEC as a Mirror”, *Asian Journal of Political Science*, Vol. 20, No. 1, 2012, pp. 23 - 45; Ruchir Sharma, “Broken BRICs: Why the Rest Stopped Rising”, *Foreign Affairs*, Vol. 91, No. 6, 2012, pp. 2 - 7.

③ Joseph S. Nye, “What’s in a BRIC?” *Project Syndicate*, May 10, 2010; Joseph S. Nye, “BRICS without Mortar”, *Project Syndicate*, April 3, 2013.

④ Hans J. Morgenthau, *Politics among Nations: The Struggle for Power and Peace*, New York: Knopf, 1949; Kenneth N. Waltz, *Theory of International Politics*, Reading: Addison Wesley, 1979.

⑤ Robert O. Keohane, “The Theory of Hegemonic Stability and Changes in International Economic Regimes, 1967 - 1977”, in Robert O. Keohane, *International Institutions and State Power: Essays in International Relations Theory*, Boulder: Westview Press, 1989, pp. 74 - 100.

⑥ Charles P. Kindleberger, *The World in Depression*, 1929 - 1939, Berkeley: University of California Press, 1973.

于衰落的进程之中。[①] 尽管关于美国霸权衰落的论争持续不断，但其实力的相对下滑已是不争的事实。国际货币基金组织（IMF）数据显示，2012年美国按市场汇率计量的GDP占全球的份额已从1985年的35%下降到22%左右。[②] 因此，这种依托霸权国建立起来的全球经济治理的等级结构日益受到各种挑战：一方面，随着一批新兴经济体的崛起，霸权国在经济实力上的绝对优势地位受到挑战；另一方面，随着相对实力的减弱，霸权国掌控国际制度的能力逐渐下降，维持既有制度的成本日益加大。这些挑战使传统意义上的权力理论的局限性日益凸显，从而需要对世界格局的未来走向重新进行思考，并对金砖国家这种新兴国家之间跨区域的全球治理机制的兴起提供新的理论解释和评价。

在一个日益制度化的相互依赖的世界，国际制度深嵌于国际社会之中，国家行为常常受到国际制度的约束。但从更为本质的意义上讲，国际制度所反映的是国际行为体的利益博弈与诉求。如果将世界格局界定为世界上各国或国家集团经过博弈形成的相对稳定或均衡的权利和利益关系，那么国家或国家集团在世界格局中的地位与作用就是通过相互之间的权利和利益关系反映出来，并通过改变这种权利与利益关系得以改变。以此为逻辑起点，本章试图从制度与利益的视角对金砖国家的现实与未来进行审视。

一　多层次的金砖国家合作机制

当今世界，尤其是在2008年国际金融危机后，世界经济与政治加快了调整与变革的步伐。在这场调整过程中，尽管发达国家仍然主导当前国际秩序，但种种迹象表明，世界政治、经济重心已开始向新兴国家转移。作为全球治理机制中的新生力量，金砖国家合作机制已成为五国应对全球问题的重要协商与对话平台，并在全球治理中具有不可忽视的影响力。从金砖国家合作机制的发展历程来看，在短短几年时间里，机制化进程不断取得新的进展。

① Immanuel Wallerstein, *The Decline of American Power: The U. S. in a Chaotic World*, New York, London: The New Press, 2003.

② IMF, WEO database, CD version, May 2013.

（一）金砖国家双边和多边合作机制

当前，金砖国家合作方式和途径种类多样，既有在全球性国际组织和机构中的合作，也有在多边协调机制框架内实现优势互补和争取共同利益，同时通过区域、跨区域以及双边合作的方式加强彼此之间政治、经济和贸易联系，从而共同构筑了切实有效的机制化合作网络。

第一，金砖国家不断拓展双边合作渠道，相互之间的伙伴关系得到不断发展。据初步统计，1993—2013 年，金砖国家之间共建立了八对伙伴关系，并且部分国家之间的伙伴关系还得到了进一步提升。例如，中国与俄罗斯、中国与南非、俄罗斯与南非等双边伙伴关系均在原来的基础上逐步得以深化，并建立了全面战略伙伴关系。

第二，在传统全球政治和经济结构中，金砖国家通过相互合作与支持，不断提升在国际政治、经济事务中的影响力和话语权。长期以来，金砖国家积极支持联合国在促进国际和平与合作上的中心地位，并在联合国体系框架内致力于发展彼此之间的合作与交流关系。金砖国家均为联合国成员，并且依托世界贸易组织、国际货币基金组织、国际开发协会、国际复兴开发银行（世界银行）、世界卫生组织、国际原子能机构和世界贸易组织等同联合国建立联系的政府间机构就相关领域展开合作，对处理和应对全球问题发挥了重要作用。

第三，金砖国家根据自身特点建立和加入了各种形式的多边协调与对话机制。除了金砖国家协调机制外，七十七国集团（G77）、二十国集团（G20）和发展中五国也是金砖国家开展合作与协调的重要平台。近年来，金砖国家内部也建立了一些议题导向的协调机制。例如，在气候变化议题上，巴西、中国、印度和南非组成“基础四国”；在地区安全和能源议题上，中国、印度和俄罗斯建立三方首脑会晤机制；在贸易和发展等议题上，印度、巴西和南非成立印度、巴西和南非对话论坛等。这些多边协调与对话机制为加强金砖国家合作以及提升发展中国家在世界政治、经济中的地位创造了新的平台。

（二）金砖国家合作的机制化进程

金砖国家作为一个整体，从一个投资领域的概念发展成为在当今国际舞台上发挥重要作用的新兴经济体多边合作机制经历了一个渐进发展的过程。在机制化进程中，金砖国家之间的合作不断深化，机制建设不断完善，目前已从单一层次的外长会议发展成以首脑会晤为中心、涵盖不同领域的多层次合作机制。

第一，建立金砖国家外长会晤机制。2006 年 9 月，在俄罗斯的倡议下，巴西、中国、印度和俄罗斯外长在联合国大会期间举行了首次会晤，并确定此后每年依例举行。2008 年 5 月，四国外长在俄罗斯举行首次联合国大会场合之外的会晤，并发表联合公报。2011 年 9 月，扩员后的金砖国家外长首次齐聚纽约，在利比亚冲突、叙利亚冲突、巴以冲突、国际金融体系改革、气候变化、可持续发展、反恐等当今国际社会中的热点和重点问题上交换了看法和意见。2008 年金砖国家外长会晤机制的建立，加强了彼此之间的务实合作和国际协调，更为重要的是，它酝酿和推动了金砖国家领导人会晤机制的形成。

第二，建立金砖国家领导人会晤机制。2009 年 6 月，巴西、中国、印度和俄罗斯四国领导人在俄罗斯叶卡捷琳堡举行了首次会晤，讨论了国际形势、G20 领导人峰会、国际金融机构改革、粮食安全、能源安全、气候变化、金砖国家对话合作未来发展方向等问题并发表《“金砖四国”领导人俄罗斯叶卡捷琳堡会晤联合声明》。金砖四国首次领导人会晤的成功举行标志着金砖国家合作机制的初步形成。至 2013 年，金砖国家领导人已举办第一轮的五次会晤，五次会晤中，五国领导人提出了一系列加强金砖国家合作与协调的具体举措，推动了金砖国家之间的务实合作，并对金砖国家的定位和未来合作进行了规划，不断推动金砖国家这一新的对话与合作机制日益走向成熟。

第三，建立多层次协商与交流机制。除了外长会晤机制，金砖国家在领导人会晤机制的总体架构下，还建立了定期举行安全事务高级代表会议、专业部长会晤、协调人会议以及常驻多边机构使节不定期沟通等多层次合作机制。在领导人会晤期间，金砖国家相关部门和团体还举办了企业家论坛、银行联合体、合作社论坛、智库会议、金融论坛、工商论坛和经贸部长会议等多种形式的配套活动，为金砖国家加强各领域的合作与交流搭建了平台。

第四，金砖国家实现第一次扩员。金砖国家合作机制建立后，其巨大的发展潜力受到国际社会尤其是一些新兴国家的广泛关注。2010 年 11 月，在韩国首尔举行的 G20 领导人会议期间，南非正式提出希望加入金砖国家合作机制。2010 年 12 月，巴西、中国、印度和俄罗斯四国一致决定吸收南非作为正式成员加入金砖国家合作机制，金砖国家由此实现了成立以来的第一次扩员。金砖国家的扩大，一方面表明了金砖国家的吸引力和生命力，另一方面也表明金砖国家机制化进程既朝着深度也朝着广度的方向发展。①

总之，金砖国家合作的机制化进程体现出渐进发展、多层架构和非正式性等特点，合作机制整体松而不散、决策灵活、注重实效。尽管金砖国家合作机制的发展和完善还会受到一些内外因素的影响和干扰，并且这些因素增加了金砖国家之间建立紧密高效的合作机制的难度和复杂性，但目前来看，推动金砖国家合作机制发展的积极因素多于消极因素，金砖国家合作机制化进程将在未来几年内得到进一步发展。金砖国家"开放、团结、互助"的合作原则，"循序渐进、积极务实"的合作方式以及"包容的、非对抗性的"合作态度表现出强大的吸引力和生命力，为未来金砖国家合作机制的成长创造了许多积极因素，必将推动金砖国家机制成为在未来全球治理中发挥更大作用和影响力的新型合作机制。

二　国际制度的非中性与金砖国家的利益诉求

在全球治理领域，《联合国宪章》、布雷顿森林体系的经济金融规则等当前国际社会主要国际规则均是在发达国家主导下制定的，它们牢牢掌握一些主要国际机构的控制权。由于制度的非中性特征，这些规则与机构成为发达国家实现自身利益的重要途径和工具。而金砖国家的机制化进程及在国际社会中地位与作用的提升，势必会改变当今世界这种不公平、不合理的利益分配格局，减少全球治理非中性带来的不利影响，并使得传统上依靠一个霸权国或少数大国组成的霸权国集团难以支撑日益变换的世界政治经济体系，从而推动世界格局从传统的统治与服从的强权型特征向符合时代特征的平等参与和互利共赢的民主型特征转化。

① Padraig Carmody, "Another BRIC in the Wall? South Africa's Developmental Impact and Contradictory Rise in Africa and Beyond", *European Journal of Development Research*, Vol. 24, No. 2, 2012, pp. 223 – 241; Jack A. Smith, "BRIC Becomes BRICS: Changes on the Geopolitical Chessboard", *Foreign Policy Journal*, January 21, 2011, http://www.foreignpolicyjournal.com/2011/01/21/bric-becomes-brics-changes-on-the-geopolitical-chessboard/.

（一）从制度的非中性到全球治理的非中性

关于制度，道格拉斯·诺斯（Douglass C. North）将其定义为“博弈规则”，它是“为决定人们的相互关系而人为设定的一些制约”。[①] 它既包括正式规则，如宪法和法律、产权制度和合同，也包括非正式规则，如规范、行为准则和习俗等。从最基本的意义上讲，制度指的是一套规则体系。所谓制度非中性，是指“同一制度对不同人意味着不同的事情，在同一制度下不同的人或人群所获得的往往是各异的东西，而那些已经从既定制度中，或可能从未来某种制度安排中获益的个人或集团，无疑会竭力去维护或争取之”。[②] 换言之，制度背后反映的是权利和利益的不平衡分配。对此，我们可以从以下两个方面加以理解：一方面，对于整个社会而言，某种制度对于不同的人或人群带来的潜在收益或损失不同，有的群体和个人从这种制度中受益，有的却可能遭受损失；另一方面，对于受益或受损群体和个人而言，即使同为受益或受损者，其所获得的利益或所遭受的损失却不相同。并且，在人类社会，制度非中性是普遍存在的，不仅对于社会群体和国家内部，对于国际社会亦是如此。尽管多数国际制度的建立都得到了参与国的认可，并且形式上各参与国在制度面前都拥有平等的地位，但从制度的内容来看，每项规则以及据此所做的决策和所采取的行动对不同的参与国通常意味着不同的收益和损失。

在经济全球化时代，国际结构有别于民族国家之间依存度相对较低的时期，它不是国家之间绝对实力的简单相加和相对实力的机械分布，而是以一种极其复杂的国际社会网络反映出来，而这种网络的载体就是各种不同形式和功能的国际制度。关于国际制度，斯蒂芬·克拉斯纳（Stephen D. Krasner）曾给它下了一个比较全面的定义，他认为国际制度是指在一个特定的国际关系领域中由围绕行为体预期形成的或隐含或明确的原则、规范、规则和决策程序体系。[③] 其中，原则是指对事实因果关系和诚实的

---

① 道格拉斯·C. 诺斯：《制度、制度变迁与经济绩效》，刘守英译，上海三联书店 1994 年版，第 3 页。

② 张宇燕：《利益集团与制度非中性》，《改革》1994 年第 2 期，第 98 页。

③ Stephen D. Krasner, "Structural Causes and Regime Consequences: Regimes as Intervening Variables", in Stephen D. Krasner, ed., *International Regimes*, Ithaca: Cornell University Press, 1983, p. 2.

信仰，规范是指以权利和义务的方式确立的行为标准，规则是指对行动的专门规定和禁止指令，决策程序是指做出决定和执行集体选择政策的实践。这些原则、规范、规则和决策程序体系都可能引起国家主权的让渡、国家自主权的侵害以及国家行为的限制等情势的发生，并因此给民族国家的利益带来不同的挑战。

随着全球化的深入发展，人类社会面临越来越多的全球问题，这些问题打破了国家之间的界限，并且单凭任何一国的力量都无法妥善解决，需要世界各国携手共同面对。在此背景下，全球治理应运而生。所谓全球治理，是指各国政府、国际组织以及各国公民为最大限度地增加共同利益而进行的民主协商与合作，其核心内容应为健全与发展维护全人类安全、和平、发展、福利、平等和人权的国际政治经济新秩序，它包括处理国际政治经济问题的全球规则和制度。① 因此，国际制度与全球治理具有不可割裂的联系。尽管国际制度存在诸多合法性缺陷，但在全球化发展过程中，国际制度已成为全球治理的重要载体。② 全球治理正是以共同认可的国际制度框架为基础而进行的协调与合作，其主要依托的是一些正式和非正式规则构成的制度网络。因而全球治理是在由已有各种国际准则、规范和机制组成的国际关系架构下的集体行动。但由于制度具有非中性的性质，因此全球治理行动所遵行的各种机制给不同国家或国家集团带来的实际利益或损失的情况是不相同的，这也就给全球治理打上了非中性的烙印。

（二）全球治理中的既得利益国家集团

在国内社会中，利益集团是指“由一群拥有共同利益的、在社会中占少数的人组成的团体”。③ 利益集团所追求的目标是通过影响国家立法或政府决策形成于己有利的条件，并且还可能通过组织政府或垄断立法机构来实现自身的利益。既得利益集团则是凭借不合法的手段或不合理的制度设计而形成的特殊利益团体，是既得利益者为了维护其既得利益而形成的集团。既得利益集团只代表社会中一部分人的权利和利益，通常与公共利益背道而驰。

---

① 俞可平：《全球治理引论》，载庞中英主编《中国学者看世界·全球治理卷》，新世界出版社2007年版，第24页。

② 叶江：《全球治理与中国的大国战略转型》，时事出版社2010年版，第90页。

③ 张宇燕：《利益集团与制度非中性》，《改革》1994年第2期，第98页。

在国际社会中也存在既得利益国家集团，它们通过制定于己有利的国际规则和规范，建立或垄断国际机构来维护和实现集团成员的利益。既得利益国家集团之所以存在，主要源于以下三个方面的原因：首先，国际社会是一个缺乏中央权威的无政府社会。长期以来，国家之间的竞争所遵循的是弱肉强食的丛林法则（jungle rule），超级大国可以凭借自身强大的综合实力建立符合自己意愿的国际政治经济秩序。其次，国际社会缺少有效的监督和约束机制。在国际社会中，国际制度参与者之间的权利分配实质性的严重失衡限制了制度的有效性，一方面，弱小无权者被强迫接受和服从制度安排；而另一方面，有权有势者却可以无视制度的运行。[①] 由于对强权缺少有效的监督和约束，国际体系的后来者很难挑战既得利益国家集团的权威并纠正业已形成的不公正、不合理的利益分配格局。最后，国际社会公共资源的分配不合理。由于历史原因，既得利益国家集团控制了国际社会中绝大多数的公共资源，包括物质资源的定价权以及国际规则的制定权。

作为一个不合理或不合法的客观存在，既得利益国家集团具有如下三个特征：一是代表性不足。既得利益国家集团只代表小部分国家团体和少数发达国家的利益，不能代表世界各国的共同利益，更不能代表人类社会的公共利益。二是合法性缺失。在获取利益的手段上，既得利益国家集团不是通过平等、公正、合理的途径获取利益，而是依靠绝对的实力优势和垄断地位谋取财富与权力。三是缺乏有效性。在利益分配上，既得利益国家集团对自身权利与利益的维护和追逐加剧了国际社会福利的不平等分配，造成社会资源的不合理配置和浪费，从而造成社会福利的净损失。因此，既得利益国家集团是建立国际政治经济新秩序的最大障碍，这主要表现在：一方面，为了实现自身利益最大化，既得利益国家集团往往为了集团利益或集团成员利益而不顾或者放弃全球和其他国家的利益；另一方面，既得利益国家集团实质上攫取了国际社会的主宰权，拥有占绝对优势的话语权，从而成为国际社会不公平、不稳定的根源。

现行最主要的、影响力最大的全球治理机制都是在发达国家的主导下

① 奥兰·R. 扬：《国际制度的有效性：棘手案例与关键因素》，载詹姆斯·N. 罗西瑙主编《没有政府的治理——世界政治中的秩序与变革》，张胜军、刘小林等译，江西人民出版社 2001 年版，第 208—209 页。

建立的，并且在事实上，发达经济体是现行全球治理的既得利益者，分享全球治理最大份额的收益。在货币金融领域，各国外汇储备除了美元之外，主要就是欧元、日元、英镑等发达国家的货币，发展中国家仍然是现行货币体系下的弱势群体，并且在金融监管上，国际社会对新兴和发展中国家往往附加严厉条件，而对发达国家金融体系往往疏于监管。在贸易领域，由于发达国家均已经过较长期的工业化进程，建立了完善的工业体系，多数商品在对外贸易中占有绝对的竞争优势，而更多的发展中国家由于工业化进程刚刚起步，外国产品的大量涌入无疑会对一些仍处于发展阶段的产业带来巨大冲击，并且在纺织品配额和农产品补贴等具体规则上，也体现了对发达国家利益的维护。在气候变化领域，一些发达国家凭借自身的资金和技术等方面的优势，将气候变化与贸易政策、知识产权联系起来，制定发展中国家难以达到的各种新的国际规则以巩固和发展自身的既得利益。

国际金融危机后，全球治理机制改革的呼声日益高涨，并且一些改革与调整朝着有利于新兴市场与发展中经济体的方向发展。但总体来看，第二次世界大战后形成的国际货币金融和政治安全架构仍未发生根本性变化。由少数西方发达国家组成的既得利益集团，凭借其强大的综合实力，主导并利用现行各种国际规则，保护和扩大其既得利益；美国是这个既得利益国家集团中影响力最大，也最咄咄逼人的力量；确立和实施国际规则的方式明显带有地域性和多样性的特点；广大发展中国家大都是现行不公平国际规则和由发达国家设定的生产方式和生活方式的接受者。①

总之，在建立全球治理机制和执行各种治理规则的过程中，必定使国际社会分化出不同的利益群体。而目前来看，发达国家是现行机制的主要受益者，并且形成了垄断国际权利与利益分配的既得利益国家集团。尽管制度的非中性并不必定不适宜，但如果非中性的制度不能协调和解决利益分配中体现出的不平等、不公平，就会动摇制度的合法性基础，从而引起制度的变迁。

（三）金砖国家在全球治理中的利益诉求

20 世纪 90 年代初，由于冷战的结束，世界逐渐融合成一个统一的大

---

① 张宇燕：《关于世界格局特点及其走势的若干思考》，《国际经济评论》2004 年第 3 期，第 14—15 页。

市场。在此后的十年中，金砖国家参与全球治理的主观诉求并不强烈，因此关于金砖国家在全球治理领域的共同利益，一些学者和分析家认为，作为一个跨区域的新兴经济体群体，很难协调形成共同利益，甚至更多的是矛盾和分歧大于彼此之间的共识。从一定意义上说，尽管这种观点夸大了金砖国家的利益分歧，但也不是毫无道理。

长期以来，由于下列因素的存在，金砖国家能否形成一个利益共同体广受质疑。首先，金砖国家之间的贸易联系还较为松散，相互投资目前仍维持在较低水平，金融合作尚处于起步阶段，投资合作还有待提升。其次，金砖国家之间的政治和价值观念存在较大差异。在金砖国家中，存在不同的社会制度和政权组织形式以及不同的宗教信仰和价值观念，并且民族特性和意识也相差较大。最后，外部环境的制约。在很多领域，金砖国家还要受发达国家的直接或间接影响。西方发达国家长期主导国际经济秩序，对于金砖国家的崛起，难免担心其在全球经济中的领导地位受到挑战，因而不希望看到金砖国家形成一个行动一致的利益共同体。

尽管受到以上因素的影响和干扰，但随着自身因素和客观环境的不断改变，在全球经济治理领域，金砖国家已经具备参与全球治理的基本条件，越来越积极地发出自己的声音，彼此之间拥有的共识也远远多于分歧，并逐步形成一些共同的利益诉求，以求改变长期以来所处的不利地位。金砖国家在全球治理中所处的弱势地位日益凸显其利益的敏感性和脆弱性，从而制约了金砖国家经济的进一步发展。在稳定大宗商品价格、阻止金融监管失效、建立合理汇率机制、打破投资贸易壁垒、促进贸易平衡等诸多方面，金砖国家往往处于弱势地位，甚至常常以“被治理”的角色出现。除此之外，更重要的是，由于全球治理的非中性以及既得利益国家集团对全球治理话语权的控制，金砖国家在国际社会中的地位和作用与自身实力很不匹配。但近年来，随着自身实力的提高和全球利益的不断拓展，金砖国家也开始利用全球治理的平台提出各种全球治理的方案和主张，表达自身利益和维护共同利益成为金砖国家经济发展和实力提升的必然趋势。

首先，金砖国家拥有继续提升经济实力的现实要求。近年来，金砖国家经济发展取得了巨大成就，整体上在世界经济中所占比重不断增加，并且部分金砖国家实现了快速赶超式发展，迅速在世界经济中占据举足轻重的地位。但在人均收入水平方面，仍与发达国家存在较大差距，处于相对落后的位置。2012 年世界银行数据库数据显示，2011 年七国集团（G7）各国人均名义 GDP 都在 3.6 万美元以上，其中加拿大和美国分别达到 5.03 万美元和 4.81 万美元；而金砖国家中，俄罗斯的人均名义 GDP 最高，为 1.30 万美元；印度最低，仅为 1509 美元。[①] 此外，在经济社会总体发展水平方面，金砖国家与发达国家之间的差距仍然较大。2008 年国际金融危机后，金砖国家普遍面临外部经济环境恶化、出口贸易萎缩、经济增长速度放缓等问题，因而在稳定外部环境、促进全球经济复苏、维持经济快速增长等方面具有共同的利益。

其次，金砖国家在应对经济全球化挑战方面拥有利益交汇点。经济全球化的深入发展加速了货物、服务、资本、技术和信息等要素的跨国流动和配置，将世界各国的经济活动紧密地联系在一起。但与此同时，经济全球化也给世界各国带来各种风险和挑战，引发了一系列的全球性问题。例如，一国范围内的经济问题很可能会导致全球性的金融和经济危机，从而让他国经济遭受巨大损失。这对于处于成长阶段的金砖国家而言，由于其国内经济体系还很脆弱，经济政策和制度还不完善，因而更容易受到外部经济的影响和冲击。特别是在当前一些发达国家经济存在严重隐患和危机的情况下，为了缓解其国内经济压力和实现其国内经济目标，这些国家往往会将其国内问题与危机转嫁给应对风险经验还很欠缺的新兴经济体。为了应对这些挑战，金砖国家走到一起可以有效突破单个国家力量的局限性，形成应对全球问题的合力，从而更好地维护自身利益。

最后，金砖国家拥有继续提升国际地位、推动全球治理朝着更加公平与合理的方向发展的共同诉求。在现行的国际政治经济体系中，以美国为首的既得利益国家集团是最主要的受益者，而广大新兴和发展中国家却难以享受公平待遇，无法发挥与自身实力相符的影响力。这主要表现在以下两个方面：一是以金砖国家为代表的新兴和发展中国家在国际货币金融和贸易体系中处于受支配地位；二是以金砖国家为代表的新兴和发展中国家在全球治理机制中的权利与义务不对等。金砖国家在解决各国共同面临的问题上承担了过多责任，而无法享受到应有的权利和发言权。在 2008 年国际金融危机中，金砖国家一方面承担了危机带来的巨大经济灾难，另一方面为全球经济复苏做出了巨大贡献，但仍然无法通过相应的国际机构对

---

① 根据世界银行数据库 2011 年统计数据计算，http：//data. worldbank. org. cn。

以美国为代表的发达国家的经济运行和金融货币政策进行监督和制约。基于此，金砖国家在全球治理改革方面具有许多相近立场并形成诸多共识。

三　包容利益与金砖国家合作

金砖国家所建立的是一种具有当今时代特点的新型伙伴关系，它们并不寻求建立一个反西方的政治联盟。[①] 在2011年4月举行的第三次金砖国家领导人峰会上，五国领导人明确提出金砖国家合作是“包容的、非对抗性的”，金砖国家愿加强同其他国家，特别是新兴国家和发展中国家以及有关国际、区域性组织的联系与合作。[②] 可见，追求包容利益（inclusive interest）是金砖国家领导人在酝酿和推进金砖国家合作过程中所形成的一种共识。

（一）全球经济的非零和博弈与包容利益

博弈（game），可以理解为一种“策略”和“规则”。按照收益（得益）情况划分，博弈分为零和博弈和非零和博弈。在零和博弈中，各博弈方之间的关系是对立的，一方的收益必定来自另一方的损失。而在非零和博弈中，不管其收益是一个非零的常和还是随着各方策略组合的不同而改变，各博弈方都会有收益，并且能够实现各方共赢。在国际社会中，世界各国作为全球经济的博弈方，相互博弈的发展趋势使越来越多的领域不再是我之所得即为你之所失的零和博弈，而是体现出一种可以互利共赢的非零和博弈，往往呈现“一损皆损，一荣皆荣”的局面。究其原因，主要包括以下几个方面。

第一，全球经济的相互依赖加深。资本主义的发展促进了世界市场的形成，生产和消费跨越国界成为世界性的。尤其是20世纪中期以来，经济全球化席卷了所有发达资本主义国家，并日益波及范围更为广泛的发展中国家。全球化的加速发展使得国家之间的经济联系日益紧密，一国仅仅依靠自身力量难以控制本国经济。商品生产离不开他国的原材料，产品行

---

① Zaki Laïdi, “BRICS: Sovereignty Power and Weakness”, *International Politics*, Vol. 49, No. 5, 2012, p. 615.

② 《三亚宣言——金砖国家领导人第三次会晤》，《人民日报》2011年4月15日第3版。

销需要开拓外国市场，扩大投资需要吸纳他国资本，就连国家制定经济政策也离不开他国的配合。全球化成为不可逆转的世界经济发展趋势。在这一进程中，国际经济交往日益扩大，一些国际性的经济管理组织与经济实体不断涌现，地区经济一体化进程呈现良好的发展势头，带动了文化、生活方式、价值观念和意识形态等精神力量的跨国交流、碰撞与融合。全球化的巨大力量使各国经济日益相互依赖，世界政治的性质不断发生变化，人们已进入一个相互依赖的时代，相互依赖已经成为当今时代的基本特征。① 到了20世纪后期，经济全球化真正在全球意义上蓬勃兴起，无论是原料、资本、劳动力，还是信息、管理和组织等均实现了国际化，生产要素跨越国界在全球范围内自由流动，成为关系世界经济格局发展的重要现象。当今世界，以信息技术为核心的高新技术迅猛发展，缩小了世界各国之间的距离，各国和各地区经济相互交织、相互影响，越来越融为一个整体。

第二，全球产业结构的互补性加强。20世纪90年代以来，由于技术进步和国际分工不断深化，新一轮的全球产业转移加速进行，进一步增强了全球经济的互补性。首先，全球产业转移速度加快，规模空前。从全球贸易来看，截至2011年，全球名义货物贸易额达到18.2万亿美元，这一数字为第二次世界大战后初期1948年全球货物贸易额的360多倍，与1991年和2001年相比，分别增长4.2倍和1.9倍。从对外投资来看，全球金融危机前的2007年全球对外直接投资（FDI）流量（流入）达2.0万亿美元，为1990年的9.1倍；存量（流入）为17.9万亿美元，为1990年的7.6倍。② 尽管受2008年全球金融危机的影响，全球贸易与投资合作有所减弱，但到2010年已基本恢复至危机前水平。其次，全球分工基础上的区域性和跨区域产业转移并行，区域内和跨区域产业结构的互补性均得到大幅提升。一方面，区域经济一体化迅猛发展，区域内的资源配置与要素流动加快，诸如欧盟、北美、东亚等区域成为全球产业转移势头最为强劲的区域，不断推动全球产业结构的高级化进程；另一方面，跨区域的经济联系不断加强，促进了产业链条的全球配置和国际分工的高度专业

① Robert O. Keohane and Joseph S. Nye, Jr., *Power and Interdependence: World Politics in Transition*, Beijing: Peking University Press, 2001, p. 3.

② 数据来自联合国贸发会议数据库（UNCTADstat），2012年12月。

化，这主要体现在发达国家与新兴市场国家之间垂直分工上结构互补以及发达国家之间的产业内分工而产生的互补效应。

第三，全球问题的挑战加大。随着科技的进步与工业的发展，人类改造自然的能力不断提高，并因此造就了人类社会日益发达的物质文明和精神文明。但是，这也给人类社会带来许多负面效应。早在一百多年前，恩格斯就警醒人们："我们不要过分陶醉于我们人类对自然界的胜利。对于每一次这样的胜利，自然界都对我们进行报复。"① 最近几十年，自然界对人类的惩罚更是频频出现，一些全球问题对人类社会造成了严重威胁。这些问题都是全球范围内普遍存在的、关系到人类生存与发展的、只有依靠世界各国共同努力才能解决的严峻问题。当今世界，全球问题表现得比以往更加突出，这主要表现为人口爆炸、粮食短缺、能源供应不足、环境破坏、资源枯竭以及大规模经济危机的爆发等。由于这些问题危及全人类的共同利益，并且需要世界各国携手解决，因此从某种意义上说，全球问题的出现增强了世界各国求同存异与和平共处的全球意识，从而在一定程度上改变了各国政治、经济上的对抗思维，催生出更多的合作、妥协和让步。在应对全球问题的过程中，各国自身发展与世界进步逐步融为一体，各国越来越成为不可分割的利益攸关者。

全球经济的相互依赖性、互补性和利益攸关性决定了世界各国对外政策的基调应当是合作，而不是竞争。"竞争可以是建设性的，也可以是破坏性的，即当建设性的时候，竞争也没有合作那样有利。"② 阿尔弗雷德·马歇尔（Alfred Marshall）在半个多世纪前说的这句话对于当今世界而言显得更为贴切。世界各国不仅具有可以携手维护的共同利益，也具有不可割裂的包容利益。所谓包容利益，是指博弈的参与方对自身利益的维护不损害其他各方的利益，甚至有利于其他各方利益的实现，因而与其他各方的利益在本质上是一致的。包容利益既是一种非排他性的利益，又是一种共容利益。对于国家团体或集团来说，包容利益扩大了共同利益的内涵。一方面，国家集团成员与非成员之间不是一种对立和竞争的关系，集团成员对共同利益的追求不以牺牲集团外国家的利益为代价；另一方面，国家集

① 《马克思恩格斯选集》第四卷，人民出版社 1995 年版，第 383 页。

② 阿尔弗雷德·马歇尔：《经济学原理》（上卷），朱志泰译，商务印书馆 1964 年版，第 26—27 页。

团成员与非成员可以形成双赢关系，集团成员共同利益的实现能够为集团外成员获得自身利益创造条件，最终实现利益的共赢。可见，包容利益不仅关注集团成员的共同利益，还将集团外国家的利益纳入考虑范围，从而展现出视野更为广阔的利益关系。对于新兴大国而言，更应寻求一种包容利益。研究表明，新兴大国在全球治理中谋求领导地位的计划包容他国利益和观念是获得他国接受、支持和追随的必要前提。[①] 因此，新兴大国之间的合作机制要想获得成功，包容利益既是必然要求，也是一种现实选择。

（二）包容利益语境下的金砖国家合作

与国际社会中传统意义上的盟国集团不同，金砖国家合作不针对任何其他国家，不是寻求获得排他性的独享利益，不会导致国际社会利益分配的进一步分化。相反，金砖国家合作为的是推动发展中世界更广泛的合作与交流，通过弥补国际社会的制度缺陷来推动全球治理结构的合理转型，从而在根本上消除国际社会各种国家集团和群体之间冲突的根源。这充分展现了金砖国家鲜明的包容性特色。具体来讲，金砖国家合作的包容性主要体现在以下七个方面。

第一，合作主体的多元性。目前，尽管金砖国家只有五个成员国，但它们分别来自亚洲、欧洲、非洲和美洲等不同的区域，并且所有成员国都是在其所在区域发挥重要影响力的大国，最大限度地代表了各区域中其他国家的利益。如果从金砖国家国内结构与特征来看，这种多元性体现得更为深刻。在政治上，五国的国家制度、政治体制、司法体系等都有不同；在经济上，五国的发展模式、经济结构、总体实力与人均收入水平等都存在差异；在文化上，五国的文化传统、风俗习惯、宗教信仰等都不尽相同。金砖国家在成员构成上的兼容并蓄充分体现出五国政府在对外政策上的开放性和非歧视性。因此，金砖国家不是一个狭隘、封闭的利益集团，而是一个跨区域的多元利益共同体。

第二，合作理念的开放性。作为一个新兴经济体之间的协调平台，金砖国家合作机制对新兴和发展中国家秉持一种开放合作的理念。自成立之

① Stefan A. Schirm, "Leaders in Need of Followers: Emerging Powers in Global Governance", *European Journal of International Relations*, Vol. 16, No. 2, 2010, pp. 197 - 221.

时起，金砖国家合作机制就受到其他新兴国家的密切关注，一些国家还表达了加入金砖国家合作机制的意愿。2010 年 12 月，金砖国家实现了第一次扩员，吸纳南非为金砖国家正式成员。这表明金砖国家是一个开放的合作机制，将来仍有可能吸收一些有一定经济实力、人口规模以及地区和全球影响力的新兴国家加入其中，例如建立“BRICS + N”① 的合作模式，从而进一步提升金砖国家的代表性和全球影响力并且更好地促进新兴与发展中国家之间的合作。

第三，合作目标的共赢性。金砖国家合作的共赢目标是金砖国家领导人的基本共识。对此，时任中国国家主席胡锦涛曾明确指出，金砖国家合作的目的是实现“互利共赢、共同发展”；② 习近平主席进一步阐释了“求和平、谋发展、促合作、图共赢”的共同愿望与责任。③ 在这些共识的前提下，金砖国家将继续坚定维护共同利益，加强国际经济金融和发展领域的协调，以增强新兴和发展中国家在全球治理中的地位和作用，从而推动建立公平、公正、包容、有序的国际政治经济新秩序。

第四，合作领域的广泛性。加强在各个领域的务实合作是金砖国家合作的一个基本原则。在贸易与投资领域，金砖国家共同推动全球贸易自由化和投资便利化，反对贸易保护主义和不合理的投资壁垒；在金融与货币领域，共同推动全球金融的有效监管和储备货币的多元化，反对金融利己主义和货币霸权主义；在科学与技术、气候变化等领域，不断推进合作深入发展。在 2013 年金砖国家德班峰会上，五国领导人共同确定了行动计划，合作项目几乎包括政治、经济、文化、科技等关系到五国经济与社会发展的所有领域，并提出公共外交论坛、反腐败合作、国有企业合作等九个可探讨的新合作领域。④

① 这一说法源自笔者参加的 2013 年 4 月在北京举办的第一届金砖国家智库圆桌会议上提出的“BRICS plus”，五国主要讨论人为巴西应用经济研究所所长雷纳托·鲍曼（Renato Coelho Baumann）、俄罗斯科学院经济研究所副所长斯维特拉娜·格林基娜（Svetlana P. Glinkina）、印度发展中国家研究与信息系统研究中心（RIS）主任比瓦吉·达尔（Biswajit Dhar）、中国社会科学院世界经济与政治研究所所长张宇燕和南非国际事务研究所（SAIIA）研究员安娜·阿尔维斯（Ana Cristina D. Alves）。

② 胡锦涛：《展望未来共享繁荣——在金砖国家领导人第三次会晤时的讲话》，《人民日报》2011 年 4 月 15 日第 2 版。

③ 习近平：《携手合作共同发展——在金砖国家领导人第五次会晤时的主旨讲话》，《人民日报》2013 年 3 月 28 日第 2 版。

④ 《金砖国家领导人第五次会晤德班宣言》，《人民日报》2013 年 3 月 28 日第 3 版。

第五，合作形式的多层次性。金砖国家合作形式多样，并初步建立了多层次的合作架构。目前，金砖国家已形成领导人峰会、部长级会议、专家组会议和民间论坛四位一体的立体合作模式。其中部长级会议包括安全事务高级代表会议、外长会议、财长央行行长会议、贸易部长会议、卫生部长会议和农业部长会议等，专家组会议涵盖农业、科技创新和发展银行间金融合作等领域；民间论坛包括工商、城市合作、体育和文化领域的合作与交流。多层次合作为政府、学界、商界和民间提供了有效的沟通渠道，有利于五国关系的整体加强与推进。

第六，合作行动的建设性。对于现行国际政治与经济体系的发展，金砖国家是一支重要的新兴力量，金砖国家合作是一种具有建设性的行动，有利于国际体系朝着更加公正合理的方向迈进。在历史上，西方后起大国往往通过战争和扩张来谋求改变全球利益的重新分配，并以此来改变世界秩序，从而建立和奠定自身的全球霸主地位。与之不同的是，金砖国家并不试图彻底抛弃和颠覆现行国际体系，而是在接受和适应现行国际秩序的前提下，与发达国家一道共同改革和完善国际金融货币体系，促进联合国全面改革及其在应对全球挑战和威胁方面发挥中心作用。金砖国家的合作行动表明，金砖国家是国际体系的改革者，也是建设者。

第七，合作战略的非对抗性。金砖国家合作的一个重要特点是它确立了一种新型的发展伙伴关系和非对抗性的合作战略，因而金砖国家合作机制的形成与国际社会的共同利益是兼容的，而不是冲突和对抗的。金砖国家并非政治和军事同盟，而是为了谋求发展走到一起的合作伙伴，所关注和讨论的问题主要集中于发达国家和发展中国家都普遍关心的发展领域，旨在通过在金砖国家之间、发展中国家内部、发展中国家和发达国家之间建立包容性合作关系，以应对挑战和谋求发展。

金砖国家谋求的利益不是排他性的，而是体现出广泛的包容性。无论是在区域、跨区域和全球层次，金砖国家都不是充当既有国际体系的挑战者，而是全球治理的积极参与者和建设者，既是南南合作的推动力量，也为加强南北对话、协调与合作提供了新的机会。

（三）金砖国家机制在全球治理中的新角色

自从金砖国家合作机制建立以来，国际社会关于金砖国家的性质和定位争议不断，至今仍未形成较为一致的意见。但可以确定的是，在应对全球问题方面，金砖国家在全球治理进程中至少扮演如下三种角色。

一是新兴国家之间的合作机制。长期以来，发达国家不仅主导国际规则，而且通过组建国家集团等形式的合作与结盟来协调彼此之间的立场，以更好地维护其所获取的既得利益。相反，新兴与发展中国家不仅在全球事务上缺少话语权，更重要的是缺少表达自身利益和协调政策行动的机制和平台。金砖国家都是新兴市场国家，作为全球治理变革的重要力量，代表的是新兴和发展中国家的利益。金砖国家合作机制不仅是新兴国家经贸合作与交流的平台，同时也是新兴与发展中国家"用同一个声音说话"和提高在全球治理中话语权的舞台。金砖国家合作机制的初步形成，表明新兴国家在全球治理进程中已不再是"观众"，而是成为全球治理的积极参与者和新的国际规则的塑造者，旨在为新兴和发展中国家在全球政治经济转型和变革时期争取更多的发言权和决策权。

二是跨区域经济治理的协商平台。金砖国家的成员国跨越亚洲、欧洲、非洲和美洲，最大限度地将各个区域紧密地联系在一起。并且值得注意的是，在金砖国家中，巴西、俄罗斯、印度、中国和南非分别是南美洲、原苏联加盟共和国（除俄罗斯外）、南亚、东亚和非洲最大经济体，它们不仅均在各自所在的区域具有非常重要的影响力，而且也代表了这些地区其他国家的利益。金砖国家之间的合作，大大增强了这些区域之间的政治、经贸和文化联系，金砖国家也因此成为国际社会中重要的跨区域协商与合作平台之一。随着金砖国家合作机制日益深入发展，加上五国在区域经济治理中的带头和主导作用，金砖国家将会在跨区域合作和交流方面发挥越来越重要的作用。

三是发展中国家与发达国家之间的沟通桥梁。金砖国家作为发展中国家的中坚力量，一方面代表广大发展中国家的利益，另一方面也是联系发展中国家和发达国家的桥梁和纽带。这种作用尤其体现在由 9 个发达经济体与 11 个新兴经济体组成的 G20 合作框架中。[①] G20 是当前全球经济治理的最高端平台，在应对全球经济危机、全球不平衡问题、全球金融监管和国际货币体系改革等重大问题上发挥了重要的协调作用。但是，绝大多数的发展中国家被排除在 G20 框架之外，即使一些 G20 会议议题涉及发展中

① 关于新兴经济体的界定，参见张宇燕、田丰《新兴经济体的界定及其在世界经济格局中的地位》，《国际经济评论》2010 年第 4 期，第 7—26 页。

国家的利益，它们也不能与发达国家直接展开对话。金砖国家都是G20成员，作为发展中国家的代表，金砖国家能够为强化南北对话和加强发展中国家与发达国家之间的协调与合作提供新的机会。

金砖国家在全球治理中的三种角色不仅将五个金砖国家联系到一起，而且将各个区域、各种不同类型的国家联系到一起。这充分表明金砖国家合作机制是一种开放的利益分享机制，也充分体现出金砖国家合作的纽带作用和包容性。

四　小结

国际制度的非中性导致了国际社会中的利益分配不均，并随之出现了相对有利和相对不利的集团。金砖国家在现有的全球治理机制网络中总体上所拥有的地位与自身实力不相匹配。而改变这种制度非中性带来的不利境况通常有两种途径：一种是改变现有不合理的国际制度，另一种是建立于己有利的新的制度。由于既得利益国家（集团）的存在，作为一种新兴力量，在可预见的未来，金砖国家难以根本改变现有的全球治理规则体系。而通过相互之间的深入合作，建立非中性的新制度平衡现有的全球非中性制度构架，并推动国际制度变迁朝着有利于新兴经济体的方向发展，或许是最为现实和有效的选择。由此可见，金砖国家合作机制只是对现有国际制度的一种有益补充。

金砖国家合作机制的形成与发展，不仅能够推动金砖国家之间的对话与合作，而且为推动发展中国家之间、发展中国家与发达国家之间的协商与对话提供了平台。在金砖国家合作深入发展的过程中，发达国家和其他新兴市场与发展中国家都能从中获益。尽管如此，同样由于金砖国家合作机制的非中性，金砖国家与其他国家从中所获得的绝对收益和相对收益存在差异，甚至会引起两者之间的利益冲突。为此，金砖国家合作不仅要体现金砖国家的利益诉求，也应体现金砖国家的开放性和包容性，最大限度地包容其他国家的利益，推动国际制度体系的渐进变迁，从而尽可能地减少因世界格局的剧烈转换带来的冲击。

当前，金砖国家合作还面临许多考验和挑战，但随着金砖国家经济实力的不断提升、合作机制化进程的不断推进、各项合作议题的进一步规划与落实、“BRICS + N”等新的开放合作模式的积极探索，金砖国家在全球治理领域必将扮演更加重要的角色，从而成为新的世界格局的建设者，成为建立公正、合理的国际政治经济新秩序以及创造持久和平和普遍繁荣的新世界的重要推动力。

第三章

金砖国家合作起源的理论解释

金砖国家合作起源的外生功能因素包括系统外部环境、国际体系权力结构和国际制度环境，外生规范因素有重复合作的报偿文化、完善公正国际规范的意愿，内生功能因素为行为体数目、互补性和国内政治，内生规范因素则是同质性的认知和内生共识。金砖国家对保持报偿结构的判断和对未来影响的认知是将上述影响变量联系起来的两组机制。金砖国家的合作起源于外生背景下的国家能动性和实践，即在国际制度非中性以及金砖国家政治经济崛起的背景下，金砖国家间政治和经济相互依存逐渐增长，国际地位和利益追求的共识超越了国家间同质性差异，进而产生联盟组织的信任，推动金砖国家组织的制度化和机制化发展。

自 2001 年高盛公司首席经济师奥尼尔（Jim O'Neill）首次提出了“金砖四国”（BRIC）概念后，经过几年时间，国际社会已经普遍使用“金砖国家”概念来界定新兴市场国家这一特殊国家群体。2008 年，西方金融危机对全球经济带来系统性危害，客观上推动了金砖国家合作机制的形成和完善。在全球性的金融危机中，新兴国家同样遭受到巨大的经济损失。加之既有国际制度的非中性，新兴经济体国家的存量损失依旧。系统性危机的爆发客观上使新兴国家进一步认识到实现群体内合作、维护自身利益、共同参与全球经济治理的重要意义。金砖国家领导人峰会于 2009 年首次召开，标志着金砖国家合作机制的正式成形，金砖国家机制从此成为全球经济治理的重要平台之一。[①] 近年来，以金砖国家为代表的新兴国家群体逐渐成为国

---

① 《“金砖四国”领导人会晤在叶卡捷琳堡举行》，《人民日报》2009 年 6 月 17 日第 1 版。

际舞台上一支不容忽视的重要力量。“金砖国家”也逐渐将这一名称作为一种身份认同，从一种外在的身份标签转化为一种内生的共识。

金砖国家机制体现出一种国际合作的新形式，一方面，它区别于传统意义上的国际合作模式，表现出了一些独特的制度形式，尤其是金砖国家间存在一定的异质性和竞争性，而并非传统意义上的同质合作模式，对于金砖国家合作的相关质疑也基于此；另一方面，它汇集了多维度的合作动因，也由此引发了我们对合作起源基础理论的深入反思。围绕金砖国家合作的发展历程、特色、属性及金砖国家间合作对于全球治理的意义，学术界均有大量讨论，然而，尚未有系统地从合作起源理论入手的完备解释，也缺乏对金砖国家合作的案例进行理论抽象和总结的成熟研究。① 鉴于此，金砖国家的合作具有哪些新特征；为何金砖国家能够超越彼此差异，形成具有自身特色的合作治理机制；金砖国家合作的起源具有何种理论上的新知识和启示；这些问题构成了本章试图回答的金砖国家合作起源的理论问题。本章遵循从一般到特殊的叙述逻辑，首先回顾传统理论中的合作起源问题，挖掘影响合作的诸多变量及其相应的作用机制，进而剖析金砖国家合作的特殊表现，最后总结金砖国家合作对于一般意义上合作研究的辩证式启发。

一　金砖国家合作起源：理论脉络、变量类型和解释机制

本节通过回顾和整理生物学/人类学、经济学、社会学、心理学和国际关系学科中合作理论分析的基本脉络，尝试寻找合作起源的基本理论元

① 陈进主编：《金砖国家经贸合作发展报告》，对外经贸大学出版社 2013 年版；顾云深主编：《金砖国家研究》，上海人民出版社 2013 年版；林跃勤主编：《金砖国家发展报告》（2011/2012），社会科学文献出版社 2012/2013 年版；李扬主编：《“金砖四国”与国际转型》，社会科学文献出版社 2011 年版；黄仁伟：《金砖国家崛起与全球治理体系》，《当代世界》2011 年第 5 期，第 24—27 页；卢锋等：《金砖五国的合作背景和前景》，《国际政治研究》2011 年第 2 期，第 1—21 页；朱杰进：《金砖国家合作机制的转型》，《国际观察》2014 年第 3 期，第 59—73 页；Kwang Chun, *The BRICs Superpower Challenge: Foreign and Security Policy Analysis*, London: Ashgate Pub Co., 2013; Miles Kahler, "Rising Powers and Global Governance: Negotiating Change in a Resilient Status Quo", *International Affairs*, Vol. 89, No. 3, 2013, pp. 711 - 729; Ramesh Thakur, "How Representative are BRICs", *Third World Quarterly*, Vol. 35, No. 10, 2014, pp. 1791 - 1808; Christian Brütsch and Mihaela Papa, "Deconstructing the BRICs: Bargaining Coalition, Imagined Community, or Geopolitical Fad?" *The Chinese Journal of International Politics*, Vol. 6, No. 3, 2013, pp. 299 - 327。

素，并在此基础上提炼合作起源的基本变量和作用机制，进而为下节对金砖国家合作进行案例研究提供基本理论分析框架。

（一）合作起源的理论

首先，生物学中的合作研究。在生物学中，解释合作起源的理论包括利他主义（出于亲属关系、基于种族同一性、出于互惠交换关系）和以互利共生为代表的利己主义。利他主义认为在交往和进化的过程中，同一性、同情心、成功的文化、规则和制度可以塑造合作；而利己主义则反对这种合作起源于同情心、群体文化的逻辑。从互利共生的利己主义来看，合作是一种有利的“利己策略”，利己主义接近“人人为我、我为人人”的理念，因此，在利己主义者看来，合作博弈选择是受利己的自我利益驱使的。生物学家道金斯（Richard Dawkins）在《自私的基因》中尝试在两种理论路径之间搭起桥梁，将无私利他、谋求合作归因为利己，“在一个成功的基因中可以期待的显著特征是无情的自私。这种基因的自私将经常使得个体自私行为的增加……让我们试着传授慷慨和利他主义，因为我们生来自私”。[①] 此外，生物学也借用了重复博弈、交往理论等其他学科的经典理论，认为利他合作的发起者往往具有一种“高支付”的优势，使其能够更成功地进化。[②] 但是，一些合作的制约因素（比如恐惧等）也具有进化的意义，因此，虽然有利他合作的可能，但如何消除消极情感等不确定性因素也是一项重要的合作起源的议题。[③]

其次，在经济学的合作研究中清楚可见“理”和“情”两个流派的分野。理性选择模型一直是经济学解释合作动因的核心理论。行为体做出合作的理性选择是基于彼此之间存在的“互补性”。从根源上说，事物的可互补性导致群体合作行为的产生。如果可替代的选择不存在，行为体倾向于选择具有互补性的合作伙伴，在这个意义上人类行为都可以溯源到效用最大化的原始动机。情感派批评了经济学里纯粹效用成本导向型的理论分析，开始反思并着手拓展理性的内涵与外延。“人类的理性从来就不是冷

---

① Richard Dawkins, *The Selfish Gene*, 2nd ed., Oxford: Oxford University Press, 1989, p. 4.

② R. D. Alexander, *Biology and Human Affairs*, Seattle: University of Washington Press, 1979; R. D. Alexander, *The Biology of Moral Systems*, Hawthorne, N. Y.: deGruyter, 1987.

③ Shiping Tang, "The Social Evolutionary Psychology of Fear (and Trust): Or Why Is International Cooperation Difficult?" Manuscript, 2011.

酷的、不带情感的理性……人们的心理距离越小，合作发生的概率就越大。”[①] 正如道金斯认为利他也可以利己，不一定有互补获益才有合作。仅仅看到理性，而忽略和否认情感的理论解释作用，可能会导致经济分析偏离事实。实际上，斯密在之前的著作中也强调合作的动力包括同情心，而非单纯的利己思维。[②]

再次，心理学和社会学中的合作研究。心理学和社会学路径重视情感因素对于合作的重要性，包括信任、身份的共同界定和认知及心理意义上群体的归属感等。[③] 具体言之，心理学和社会学的路径将合作的心理基础看作合作起源和形成的先决条件。当然，阿克塞尔罗德（Robert Axelrod）认为，合作并不一定必然建立在信任的基础上，而是对于关系的持续稳定的预期。[④] 但信任的形成依然是合作的重要条件，特别是能够决定合作的持久性和稳定性，只是暂时性、战略性等短期性的合作可以建立在信任缺失的基础之上。[⑤] 在决定合作的微观信任起源的诸多变量中，同质性、交往密度及共同应对外在压力等具有重要作用。比如，相关行为体间同质性的程度越高，就越有可能产生信任；行为体间交往互动密度越大，则越有可能增加行为体间对于相互战略意图的透明度，增加利益的相互依赖度，减少交易成本；而对于共同的外在任务和压力的一致性认识，是产生行为体间相互信任的重要外生条件。

最后，国际关系中对国际合作的研究。国际合作的理论研究，大致经历了两个阶段，第一阶段主要是基于无政府状态的体系压力，强调报偿结构、未来影响及行为体数目对于合作的重要影响，这被称为非集中合作理论。[⑥] 此后，针对这种过于强调无政府体系特征的合作理论，自冷战结束以来，国际合作研究重新正视制度的作用，试图“将制度找回来”，讨论国际制度的独立性和自主性，如从国际法视角的切入，国际制度的理性设

① 汪丁丁：《人类合作秩序的起源与演化》，《社会科学战线》2005 年第 4 期，第 39—47 页。

② 亚当·斯密：《道德情操论》，蒋自强等译，商务印书馆 1997 年版。

③ 尹继武：《社会认知与联盟信任形成》，上海人民出版社 2009 年版，第 101—131 页。

④ 罗伯特·阿克塞尔罗德：《合作的进化》，吴坚忠译，上海人民出版社 2007 年版。

⑤ 郑也夫编：《信任：合作关系的建立与破坏》，中国城市出版社 2003 年版。

⑥ 肯尼思·奥耶编：《无政府状态下的国际合作》，田野、辛平译，上海人民出版社 2010 年版。

计，对于授权、遵约和代理等制度执行环节的讨论，等等。[①] 既有的国际合作理论，主流路径为理性主义对于合作效应的博弈论分析，重点解析合作的效应与成本，以及背叛成本的克服问题，而对于制度本体重要性的强调，则凸显了合作的制度形式的重要意义。

此外，尽管利他合作一直存在，但既有研究的合作类型大多是对抗性的合作，而以金砖国家合作为代表的国际合作研究呈现了功能性和发展性的合作新特性，这是全球化时代国际治理组织形式的一种反映。它体现为合力解决问题，例如，提供全球公共产品，进行全球经济治理、全球环境治理、全球恐怖主义治理等。[②] 发展型合作维持稳定的条件与传统对抗型合作不同。在传统理论中，一般讨论基于规避冲突和风险的合作，形成军事或政治联盟，而忽视了基于获益改善的合作，因此，仅仅盘算一次性的报偿结构，缺乏对合作持续性的考量。后者包括了基于开发合作和应急性合作，从而形成联盟、团体、伙伴关系等，将合作的持续性纳入考虑范围。一旦具有秩序稳定作用的制度达成并被合作方认可，且获益稳定，发展型合作是可以自我实施的（self - enforcement）。但应急性、战略性的联盟则可能在合作任务结束后崩溃，合作持续的基础不复存在，例如，“二十国集团”需要思考在危机过后如何维持活力的问题。[③] 总之，发展型合作关注了合作的可持续性和重复性，在“未来影响”的视角下看待合作，丰富了合作起源研究的理论元素。

（二）金砖国家合作起源解释变量的类型

基于以上论述可以看出，合作起源的各种变量相互交织，在不同的情境和条件下，对合作起源产生影响的途径和机制也存在差异。

第一种分类标准围绕着功能主义与规范主义的分野展开。[④] 基于功能与

① 莉萨·马丁、贝思·西蒙斯编：《国际制度》，黄仁伟等译，上海世纪出版集团 2006 年版；Barbara Koremenos, et al., eds., *The Rational Design of International Institutions*, Cambridge: Cambridge University Press, 2003。

② 约瑟夫·奈、约翰·唐纳胡主编：《全球化世界的治理》，王勇、门洪华等译，世界知识出版社 2003 年版，第 17 页。

③ 任琳：《危机过后，G20 如何把日子过好》，《世界知识》2014 年第 24 期，第 46—47 页。

④ 关于这两类分类标准及其相应的理论讨论，参见 Karl W. Deutsch et al., *Political Community and the North Atlantic Area*, Princeton, New Jersey: Princeton University Press, 1957；秦亚青主编《理性与国际合作：自由主义国际关系理论研究》，世界知识出版社 2008 年版。

规范的角度做出分类，即功能主义的分析变量是基于历史的实践过程，通过系列的国际关系实践（沟通、协商、博弈及战略互动、经济往来等），从而在逐步的合作中达成确定双方战略意图、利益一致性及合作可重复等信念。

与功能主义相对应的就是规范的分析维度，聚焦于行为体及其合作的内在信任、共识及观念的沉淀，规范主义视角下的分析变量具有更多的可持续性和稳定性，着重对应的是合作的可持续性及其预期。功能主义的分析变量并不排斥如下预期，即在多次的正向合作实践后，可能进一步对合作本身产生积极反馈，从而有助于形成一种内在规范，使合作可以自我实施。① 基于进化心理学，在非血缘（同质性甚弱）的个体和群体行为中，利他和互惠也可以产生，合作依然可以达成。② 这种内在的合作规范是对于合作本身价值及其合作机制、方式和途径的肯定。

第二种分类标准讨论的是依据影响合作形成的内生变量和外生变量。③ 在这两种因素分类看来，合作既是行为体之间的政治经济和社会互动的结果，同时也是行为体间共识的主动塑造和安排的结果。传统上我们将外生变量看作独立于国际合作本身、不受合作影响的变量，因此倾向于从功能主义解析其对合作的促进影响；而将内生变量看作合作自身所内在的因素或变量，在此意义上内生因素是合作规范和价值所在。

在外生解释框架下，主要变量为国际制度及国际环境或体系压力等。制度的建立和完善，是减少交易成本、维系更长远的未来影响、增大报偿结构的一种有效方式。而国际权力环境及结构，对于国际合作的形成，具有特定的外在压力作用。上述几类外生变量，对于国际合作起到的是功能主义的促进作用，某种意义上功能主义的外生理论解释模式也符合由点及面的逐步互惠的合作方式。规范主义的外生变量强调的是国际环境和国际制度被塑造成国际公认的行为规范，表现为是否有重复合作的报偿文化、是否建构出公正的国际规范。

---

① 田野：《国际关系中的制度选择：一种交易成本的视角》，上海人民出版社 2006 年版，第 138—149 页。

② 亚历山大·J. 菲尔德：《利他主义倾向：行为科学、进化理论与互惠的起源》，赵培等译，长春出版社 2006 年版；Robert Frank, *Passions within Reason: The Strategic Role of Emotions*, New York: Norton, 1988。

③ 内生和外生变量的区分最早来源于经济学，其标准为是否独立于解释变量。在此，我们主要从金砖国家系统内外的区分，对变量的内生和外生属性进行分类，即金砖系统之外的大体系中的变量是外生变量，而金砖系统内部的变量为内生变量。当然，系统的区分也是相对的。

内生解释强调合作本身对于行为体的吸引力，换言之，这是行为体的内在诉求与共识主导下对国际合作的预期，主要是一种自下而上的合作模式。一般来说，行为体数目越多，合作的形成和维系就越困难，因为增加了交易成本和辨析利益的难度，同时也使得背叛可能性增大，而遭受制裁的机会减少。① 此外，合作的先决条件是行为体之间的政治共识和信任。信任常常取决于同质性，而政治共识则缘于对行为体之间地位、身份和利益的一致性认识。② 金砖国家要求加强发展中国家在既有全球治理结构中的地位、制度中的参与以及话语权的建构，也对全球金融危机都有合作应对、维护一致利益、谋求共存等需求。

基于外生和内生及功能和规范的两类维度划分，我们得出了以下的合作分析变量的类型谱（见表 3 -1）。

表 3 -1　**基于金砖国家合作研究的变量类型**

	功能	规范
外生	系统外部环境、国际体系权力结构、国际制度环境	重复合作的报偿文化、完善公正国际规范的意愿
内生	行为体数目、互补性、国内政治	同质性的认知、内生共识（地位、身份和利益）

资料来源：笔者自制。

依据正统的合作理论理解，外生—功能变量和内生—规范变量是最为重要的。但是，另外一些不常见的变量类型，比如外生—规范和内生—功能分析变量同样也值得注意。外生—规范大多指体系层面的合作规范文化，而内生—功能大多指行为体或行为体之间的合作策略等。③

① 肯尼思·奥耶：《解释无政府状态下的合作：假说与战略》，载肯尼思·奥耶编《无政府状态下的国际合作》，上海人民出版社 2010 年版，第 16—18 页。

② 尹继武：《社会认知与联盟信任形成》，上海人民出版社 2009 年版；Brian C. Rathbun, *Trust in International Cooperation*。

③ 相关研究综述见 Kate O'Neill, Jorg Balsiger and Stacy D. VanDeveer, "Actors, Norms, and Impact: Recent International Cooperation Theory and the Influence of the Agent - Structure Debate", *Annual Review of Political Science*, Vol. 7, 2004, pp. 149 - 175。

（三）金砖国家合作起源的作用机制

将所有影响变量联系起来的是两组作用机制。[①] 具体而言，报偿结构强调的是利益相关性，即行为体能够从合作中获得利益回报，一般可分为经济利益、安全利益或政治利益的回报，取决于合作的性质和领域。未来影响对于自私行为体进行合作是非常重要的，因为单次合作会大大增加背叛的风险；而多次合作的预期，则增加了合作的可能。综上，两种主要的作用机制包括对保持报偿结构[②]的判断和对未来影响的认知（见表3－2）。前者强调外部与内部客观存在是合作的起源；后者则坚持既有的认知结构对合作具有塑造作用。

表3－2　　金砖国家合作起源的作用机制类型

	功能	规范
外生	体系报偿结构（利益的一致性）	外生未来影响（重复合作的存在）
内生	单元报偿结构（利益的一致性）	内生未来影响（认同和共识的存在）

资料来源：笔者自制。

第一，对保持报偿结构的客观判断。报偿结构是指行为体预期未来合作中所获得的奖励是与当下的行为紧密联系起来的，奖励合作的报偿结构能够促进行为体之间的合作。行为体的行动大致可以分为合作与非合作两类。[③] 合作博弈更多关注集体行为过程；非合作博弈则关注个体行为特征。非合作博弈强调个体理性；合作博弈则重视集体共同利益的实现（集体理性）。两种理性都符合报偿结构的逻辑推理。然而现实情境中，两者相互

① 肯尼思·奥耶：《解释无政府状态下的合作：假说与战略》，载肯尼思·奥耶编《无政府状态下的国际合作》，田野、辛平译，上海人民出版社2010年版，第5—16页。本章的作用机制解释，主要借鉴国际合作研究的非集中合作理论即无政府状态体系之下的国际合作对于报偿结构的认知和未来影响的预期。

② 这里主要指新兴国家、发展中国家作为一个群体在全球体系中的报偿结构。

③ 我们在本章中研究合作的起源问题，从理论预设上来说是追溯团体理性的来源。借鉴博弈论中对合作博弈的研究，进一步厘清和丰富合作起源研究的理论框架。一般意义上，博弈包括合作博弈的动因是单一经济理性，然而，现实世界中的合作理性往往拥有更为丰富的内涵，如合作博弈强调团体理性。

混杂无法割裂。在多次博弈和完全竞争的状态下，两者逐渐融合。集体理性也并非一定与个体理性相违背。博弈者的目的都是个人获益，而博弈过程则是寻找最佳的个体获益方式。如果合作博弈比单枪匹马的博弈能够获得更多的收益，那么，合作博弈则成为符合个体理性的更优选择，集体理性（包括利他思维、合作文化等）与个体理性并不矛盾。外生—功能和内生—功能变量都从属于对保持报偿结构的判断机制。

第二，对合作未来影响的基本认知。这主要是针对单次博弈或合作所带来的背叛或消极影响即合作是否可以重复或持续。在无政府状态下，由于行为体的利己、自私的特性，合作如果没有未来可重复性，很容易导致背叛或难以形成。衡量未来影响的几个指标包括：合作的长期性与阶段性；重大利益的规则性；关于其他行为体行动信息的可靠性；依据其他行为体行动的变化而做出的迅速反馈。① 其中最为重要的因素或指标是合作的时间范围和重大利益的规则性。与报偿结构类似，未来影响对于合作的促进，行为体的预期也非常重要。而要加强这种预期，国际制度的建立及其机制化、规范化是一种有效的方式，它有利于将过去和现在联系起来；行为体在学习和社会化的过程中将规范内化，在个体层面上重塑认同与共识，也会影响到它对合作未来影响的认知。外生—规范和内生—规范变量都从属于未来影响机制。

最终，实现从“报偿结构机制”驱动合作向“未来影响机制”驱动合作的转型，从而使合作常态化。合作不再是每次博弈中斤斤计较报偿结构的算计，而是形成可预期的、让渡的、主动的、习惯性的多次重复合作博弈，即“未来影响机制”发挥主要的潜在驱动作用。如此，就将合作的起源从功能性的报偿判断过渡到常态规范式的合作上来，也就此奠定了合作长期稳定的基础。没有任何一种合作是静态的，合作型博弈中的行为体也处在不断的博弈与让步之中，从前一种机制到后一种机制的过渡，是增加合作稳定性的重要途径，也并非一劳永逸的应对策略。

外生—功能象限里的变量揭示了决定报偿结构的首要因素是体系性的，即客观环境塑造利益结构，如果行为体之间的客观利益冲突越大，那

---

① 罗伯特·阿克塞尔罗德、罗伯特·基欧汉：《无政府状态下合作的达成：战略与制度》，载肯尼思·奥耶编《无政府状态下的国际合作》，田野、辛平译，上海人民出版社2010年版，第238页。

么合作越不容易形成，即使合作形成，也容易产生背叛的行为，导致合作破裂。在此情境中，行为体的辨别能力就特别重要，一方面是辨别出相应的合作报偿结构，认识到利益的一致性，另一方面则是辨别出可能存在的背叛的能力和意图等。[①] 对于国际合作来说，相关的报偿结构还与议题领域有关，如经济上的互补结构，能够让行为体产生合作带来相应的利益预期，这种利益的一致性还表现在政治利益或安全利益等方面，因为很多合作更具政治或安全意义。

外生—规范象限里的变量强调的是集体判断对合作的塑造作用。引入外生—规范的分析视角，是因为报偿结构和功能性诉求并非合作的唯一动力。正如杰维斯（Robert Jervis）所主张的，尽管“系统结构具有重要性，其中包括利益模式、结盟的可能性以及能力的配置”，但“并不意味着此前讨论过的较少的主观性的因素没有作用”，因为“信念通常还是需要加以考虑的”。[②] 信念影响到行为体对未来影响的预期，从而决定合作能否达成。信念可以是内生的，也可以是在行为体彼此互动过程中逐渐塑造而外生的，后者实际上就是合作规范与文化了。[③] 外生—规范的变量虽然是行为体的合作信念或文化，但是一种集体信念或文化，即稳定的重复合作的回报预期，实则是报偿文化，也包括对于外生于行为体的体系规范的信念。

内生—功能象限里的变量强调单元报偿结构的即成影响。行为体通过行为体数目、互补性和国内政治等客观因素判断其合作收益；而在做出判断之后，行为体主动设计并试图改善报偿结构的意愿，从而将作用力外溢到外生—功能这个层面上。[④] 在这个意义上，金砖国家合作具有主动设计

---

① 共同的外在压力及其认知和共同的任务/使命及其认知，是合作形成的重要结构原因。参见尹继武《社会认知与联盟信任形成》，上海人民出版社 2009 年版，第 127—130 页；斯蒂芬·沃尔特《联盟的起源》，周丕启译，北京大学出版社 2007 年版。

② 罗伯特·杰维斯：《系统效应：政治与社会生活中的复杂性》，李少军等译，上海人民出版社 2008 年版，第 231 页。

③ 这里强调积极的合作博弈所产生的正反馈，即进一步强化了合作文化与规范，从而对未来的长期合作与收益产生持续的预期。这与“一报还一报”策略和“逐步回报”策略的逻辑是一致的。参见罗伯特·阿克塞尔罗德《合作的进化》，上海人民出版社 2007 年版；Charele Osgood, *Alternative to War or Surrender*, Urbana, Ⅲ: University of Illinois Press, 1962。

④ 行为体的能动策略对合作及其结构的影响，相关文献参见 Kate O'Neill, et al., “Actors, Norms, and Impact: Recent International Cooperation Theory and the Influence of the Agent - Structure Debate”；周方银《国际结构与策略互动》，《世界经济与政治》2007 年第 10 期，第 6—17 页。

的特征。一方面金砖是四个/五个国家在西方提出概念基础上的主动合作设计，另一方面中国在金砖国家合作中发挥了重要的作用。

内生—规范象限里的变量强调的是行为体认知对合作的影响。行为体基于信念做出未来预期，基于共识而合作。在确立政治共识、形成政治信任的情况下，行为体对于合作是一种主动的理性缔造，因此，这种预期是与前述的外生解释相反的，强调在形成地位、身份、利益共识的情况下，由相关国家主动塑造合作，选择合作的制度形式。在此情境下，国际制度也更偏向于一种理性设计。同质性是更为基础的内生变量，它能够在一定程度上促进行为体间对于合作的信任和共识的形成。内生解释剖析合作起源的自下而上的社会学习和功能外溢路径，着眼于行为体间关于合作的信任和共识的形成，然后再推进合作的具体实践进程。

二　金砖国家合作起源的理论解释

以合作的起源和发展来看，金砖国家合作的起源超越了地域和同质性弱的制约，同时，制度形式的选择也较为独特，为我们重新审视合作起源提供了理论上创新的可能。本节总结（国际）合作研究的主要分析变量，并依据两个分类维度对这些分析变量进行划分，讨论不同类型的分析变量组合及其对应的作用机制对于金砖国家合作起源的解释力。

（一）金砖国家合作起源的解释机制 I

1．外生功能因素及其体系报偿结构机制

第一，系统外部环境，包括全球化外部风险。全球经济治理需要解决的问题是全球系统性风险。当全球经济错综复杂地联系在一起时，一个国家或地区的经济出现问题，就可能通过全球性的网络迅速向其他国家和地区传播。

始于美国的全球金融危机对新兴市场经济产生了巨大冲击①，包括金融冲击，如资本市场剧烈震荡、市值严重缩水；吸引外资下降和外资流出增加；货币贬值和外汇储备缩水。而新兴国家的需求也受到冲击，比如大

① 关于金融危机对于新兴经济体的冲击及相应的反危机政策，参见林跃勤《全球金融危机对金砖国家的影响》，《红旗文稿》2009 年第 12 期，第 30—33 页。

宗商品和加工产品需求与价格下降。此外，金融危机还对新兴国家的信心造成冲击，失业增加，收入预期不稳定，居民的投资和消费信心降低。当然，新兴国家在遭受金融危机的影响上虽有很多相似之处，但在受到冲击的领域和程度存在差别，这是初始条件、经济规模、经济弹性、经济结构、对外依赖度、政府资源动员能力等存在差别所致。新兴国家针对金融危机都出台了相应的反危机政策，比如财政、货币、产业和社会等领域的政策。同时，新兴国家也认识到，扩大国际合作尤其是新兴国家间的合作有助于提高新兴经济体反危机的政策效果。在这个意义上，金砖国家合作机制归属于跨国合作、参与全球经济治理的范畴，应对的是系统层面上客观存在的外部风险。

第二，体系权力结构。现有全球治理体系严重滞后于国际权力格局的变化，代表性与有效性都存在问题，[①] 新兴国家和发展中国家呼吁对全球治理的制度进行改革，使之更具合法性。

国内生产总值、贸易、投资等各项指标都显示，世界经济重心向新兴经济体国家倾斜。这一现象在全球性金融危机爆发后更为明显。根据国际货币基金组织的数据，30 年前新兴经济体国家国内生产总值占全球的 28%，而截至 2014 年，新兴经济体国家国内生产总值占全球的 50%，在全球贸易中的份额从 30 年前的 21% 增长到 50%，投资从全球投资占比 26% 增长到 65%。[②] 新兴市场国内生产总值已占全球的 50%，贸易量占 40%，外汇储备占 70%。即使面临着经济增长放缓的压力，新兴国家和发展中国家群体为世界经济增长的贡献依然维持高位。依据国际货币基金组织 2014 年 4 月的数据，发达国家将维持 2.5% 左右的增长率，而新兴国家将依然维持 5.5% 的增长率，其中亚洲的增长率依然是在 7% 左右。[③] 经济实力提高了，新兴国家为治理全球性经济危机贡献了大量的公共产品，为危机的平息做出了重要贡献，但迄今为止，国际货币基金组织和世界银行的份额改革滞步不前，在全球经济治理中呈现出权责不一致的现象。

---

① 韦宗友：《新兴大国群体性崛起与全球治理改革》，《国际论坛》2011 年第 2 期，第 8—14 页。

② 国际货币基金组织数据，http：//www. imf. org/external/pubs/ft/weo/2014/02/index. htm，2014 - 09 - 11。

③ World Economic Outlook，http：//www. imf. org/external/pubs/ft/weo/2014/01/，2014 - 12 - 20.

第三，国际制度环境。全球经济治理秩序（制度安排）[①] 中的不对称问题，可以归结为全球经济治理的制度安排中存在“制度非中性”现象[②]。现有的世界经济治理体系建立在第二次世界大战后发达国家主导的经济秩序基础之上，西方国家在这一治理体系创设之初，就享有议程设置的权限，决定了它们长期以来拥有的话语权优势。相比之下，新兴经济体国家和发展中国家由于历史性原因没有参与议程设置，在源头上决定了它们无法享有对等的话语权，从而保障自身的合法权益。随着经济实力的增强，新兴经济体国家开始呼吁，新兴国家和发展中国家为全球经济增长做出主要贡献，为治理全球性经济风险提供的公共产品也不断增多，就应当相应地拥有对称的权力、相匹配的话语权和合理的报偿结构。只有对现有的经济治理体系进行有效改革，才能推动治理制度安排摆脱极端的非中性特性，并朝着合理、公正和有效的方向不断发展。[③]

在现有全球经济治理框架之下，以金砖国家为代表的新兴经济体国家拥有的制度性权力与其经济实力和现实贡献具有严重的非对称性。例如，金砖国家的人口总数占全球43%、总体外汇储备占到全球的40%、经济总量占到全球的21%，而在全球经济治理组织平台中拥有的话语权却与之极其不相称，投票份额与经济实力等因素严重不匹配。[④] 以世界银行为例，五个金砖国家的投票份额总数只有11.03%，而美国一个国家的投票份额却达到16.76%之高。在国际货币基金组织中，五个金砖国家表决份额的总和为11.51%，而美国一个国家的份额就达到17.69%，高出五个金砖国家表决份额总和6个百分点（见表3－3）。[⑤] 随着新兴国家的群体性崛起，全球经济治理体系的权责不对称现象更加凸显，国际制度的代表性与

---

① 田野：《全球治理中的制度供给：一种交易费用分析》，《世界经济与政治》2002年第10期，第17—22页；秦亚青：《全球治理失灵与秩序理念的重建》，《世界经济与政治》2013年第4期，第4—18页。

② 张宇燕：《利益集团与制度非中性》，《改革》1994年第2期，第97—105页。

③ 徐秀军：《新兴经济体与全球经济治理结构转型》，《世界经济与政治》2012年第10期，第49—79页；黄仁伟：《金砖国家崛起与全球治理体系》，《当代世界》2011年第5期，第24—27页；韦宗友：《新兴大国群体性崛起与全球治理改革》，《国际论坛》2011年第2期，第8—14页；吴志成、杨娜：《全球治理的东亚视角》，《国外理论动态》2012年第10期，第17—23页。

④ 国际货币组织基金份额计算公式，http：//www. imf. org/external/np/exr/facts/chi/quotasc. pdf，2015－01－10。

⑤ IMF Members' Quotas and Voting Power, and IMF Board of Governors，http：//www. imf. org/external/np/sec/memdir/members. aspx，2015－01－10.

有效性都受到质疑，[①] 这在一定程度上也影响到了治理效果的实现。合法性低影响到治理的有效性[②]的案例有很多，例如，伴随着国际货币基金组织自身合法性的衰退，其行动能力也日益萎缩。[③] 当以往的治理平台无法有效地完成全球经济治理的任务，一些新的全球经济治理平台就呼之欲出了。[④]

表 3－3　　**国际货币基金组织份额**　　单位：%

国家	表决份额（Quota）	投票份额（Vote）
美国	17.69	16.75
巴西	1.79	1.72
俄罗斯	2.50	2.39
印度	2.44	2.34
中国	4.00	3.81
南非	0.78	0.77

资料来源：IMF Members'Quotas and Voting Power，and IMF Board of Governors，http：//www.imf.org/external/np/sec/memdir/members.aspx，January 10，2015。

基于上述外生功能的三项因素分析，我们认为金砖国家合作起源具有体系层次的利益一致性，因此，可以得出如下命题。

命题 1：随着自身实力的整体性崛起，面对共同的全球经济风险和环境影响，以及在主流的国际制度非中性压力下，金砖国家具有更多的体系层次的利益一致性，增大了对于合作博弈的报偿判断。

2．内生功能因素及其单元报偿结构机制

第一，行为体数目。行为体数目对集体行动产生重要影响，成员数目

---

① 韦宗友：《新兴大国群体性崛起与全球治理改革》，《国际论坛》2011 年第 2 期。

② 王明国：《国际制度研究的新进展：制度有效性研究综论》，《教学与研究》2010 年第 12 期，第 41—49 页；戴维·赫尔德、凯文·扬：《有效全球治理的原则》，朱旭译，《南开学报》（哲学社会科学版）2012 年第 5 期，第 1—11 页。

③ 崔志楠、邢悦：《从“G7 时代”到“G20 时代”》，《世界经济与政治》2011 年第 1 期，第 134—154 页。

④ 任琳：《金砖合作推动塑造中性国际制度》，《东方早报》2014 年 7 月 22 日。

越多，单元报偿结构越模糊，集体行动就会越困难。[①]

在金砖国家案例中讨论行为体数目即要思考金砖国家规模的问题。"金砖四国"合作的形成，反映了相似国际地位的四个国家能够避免较多成员的集体行动困境，也使合作的意图、成本和背叛等能较好地加以识别。围绕是否继续扩容，金砖内部和外部[②]都存在争议。金砖概念的提出者奥尼尔在接受采访时认为，金砖国家组织不该扩容。他强调在整个新兴经济体国家的群体中，唯独看好金砖国家和薄荷四国（mint，包括墨西哥、印度尼西亚、尼日利亚和土耳其）的发展潜力。更多的参与者意味着无法避免集体行动难题。在很多情况下，各成员国的治理努力可能会受困于无休止的讨论以及对提供公共产品的推诿，从而难以达到预期的治理效率。现有金砖组织平台是全球经济治理的重要组成部分，实现其治理效度不一定通过扩容来实现。不排斥金砖国家与其他国家、地区、治理组织平台的开放性合作，在凝聚成员国优势的基础之上，将合作推广到东亚、南亚、非洲、拉美等其他区域层面及其他国际组织的合作上来。[③]

此外，恰当的行为体数目也是与合作机制的代表性联系在一起的。不少人质疑南非的准入资格是否会影响金砖的代表性和行动效率。奥尼尔也曾表示，南非的经济总量、综合实力较之其他成员国来说还是非常小的，被列入金砖国家之列难免引发争议。[④] 全球金融危机发生后，金砖四国抱团取暖，对外界的吸引力与日俱增，南非期待加入金砖国家合作机制。作为非洲南部最重要的经济体，南非的加入也给金砖国家合作机制带来了诸多机遇。金砖国家因此也增强了在区域和全球两个层面上的影响力，通过金砖支点将全球主要区域亚洲、拉美、欧洲、非洲都联系在一起，有助于推动南南合作、南北合作的进程，也体现了金砖国家合作机制是开放、共

---

① 曼瑟尔·奥尔森：《集体行动的逻辑》，陈郁等译，上海人民出版社2011年版，第1—2页；罗伯特·阿克塞尔罗德、罗伯特·基欧汉：《无政府状态下合作的达成：战略与制度》，载肯尼思·奥耶编《无政府状态下的国际合作》，田野、辛平译，上海人民出版社2010年版，第240—243页。

② 《第一财经专访奥尼尔：金砖国家概念不该扩容》，http：//www. yicai. com，2014－11－28。金砖国家基本上都属于各区域的新兴大国，但对于其代表性及扩容的选择等问题都存在争议。Ramesh Thakur，"How Representative are BRICs"。

③ 徐秀军、沈铭辉、任琳：《全球经济治理：旧秩序VS新规则》，《世界知识》2014年第17期，第14—26页。

④ 《第一财经专访奥尼尔：金砖国家概念不该扩容》，http：//www. yicai. com，2014－11－28。

赢、包容的。

第二，成员国之间的功能性互补。金砖国家各成员国对组织互补性的期待也有差异，有的成员期待组织的经济效能，有的则更期待战略效能，有的还期待提升国际地位。[①] 金砖国家成立初期专注于“务虚合作”，受应对金融危机、政治和地位领域的互补合作需求的驱动较大（经济治理话语和规则权等），而到 2013 年之后，随着金砖国家政治与经济合作的并重、金砖国家新开发银行等实体领域合作的启动，各国在经济领域的互补需求开始影响合作的进一步拓展。互补性对于合作的积极作用，同时也受到外生震动的调节。2007 年开始的西方金融危机就是这样一种外生震动，它促发了新兴国家联合，建立更好的全球治理机制，增强发展中国家的话语权和规则制定权，同时进一步寻求内部的经济合作的互补领域。

“金砖褪色论”[②] 认为，由于金砖国家内部诸如经济结构互补性并不强，加之价值观具有差异，所处发展阶段和在全球价值链上的重叠都造成金砖国家合作向心力不强的局面，金砖国家合作机制既不可能走到欧盟一样的阶段，成为高度协调的政治经济联盟，也不大可能像一些区域内的经济联盟一样具有相同的议程，很难就某一国际议题达成一致，从而为了某一目标共同努力。金砖国家间在贸易领域也存在一定的竞争，例如，巴印、印中、巴南、印南之间的贸易结构、产业结构及在全球价值链上的位置都存在重合现象，难以避免彼此之间发生贸易竞争。

今后，稳固金砖国家合作的重要途径也包括发掘和培育互补性，在各潜在合作领域内谋求金砖国家合作的常态化。上文所述在贸易等领域存在互补性不足的问题，但在金融、贸易和技术创新等许多行业内，各金砖成员国之间存在合作潜力，具有一定的互补性。特别是在欧美发达国家经济政策的“负外部效应”带来全球经济的不稳定和中短期内下行的形势下，

① 例如，印度参与金砖合作是出于多方权衡，李冠杰总结为以下几点：吸引机制内外资；寻找解决贸易逆差路径；从机制内学习发展经验；创造入常环境；创造处理安全问题的环境；塑造大国崛起的战略布局。后三种考量相比前面三种更加隐蔽。参见李冠杰《试析印度的金砖国家战略》，《南亚研究》2014 年第 1 期，第 119—142 页。

② 这种悲观的论调还从近期新兴经济体国家经济增长放缓的历史现象中找到了它们所谓的论据，认为金砖国家经济高速增长的“黄金十年”已经过去，中低速增长将成为长期现象，例如，巴西雷亚尔、俄罗斯卢布及印度卢比的跌幅很大。相关对金砖合作质疑的声音，参见约瑟夫·奈《没有黏结在一起的金砖》，《联合早报》2013 年 4 月 10 日；江时学《如何使“金砖”更具成色》，《世界知识》2014 年第 15 期，第 34—36 页。

新兴国家和发展中国家有必要联合起来寻找互补的合作领域，突出群体优势。全球经济不景气，各国对此积极反思、探索全球经济增长的新引擎。投资（特别是基础设施投资）与贸易、金融一道，对经济增长的贡献引起越来越多的关注。设立新开发银行的初衷，正是为成员国和其他发展中国家未来的基础设施建设提供资金。新开发银行将成员国之间的合作向更为宽阔的领域进行了拓展，不仅仅将合作局限在具有功能性互补的产业领域内。新开发银行的设立，将为推动基础设施投资成为全球经济增长新引擎，注入不可缺少的力量。此外，在处理国际事务的时候，各成员国可以谋求更多的政策协调，寻找共同语言、实现共同利益，获取安全和自主性上的互补，将有助于实现合作机制的稳定性。

基于上述两项内生功能要素的分析，我们认为金砖国家自身内部的国家和体系层面上，金砖国家的数量特性和超越互补特性的可能，增大了金砖国家间的单元报偿结构预期。因此，我们得出如下命题。

命题 2：由于金砖国家的成员数量较少，在对于体系层次利益一致性及其回报的更高预期之下，随着金砖国家间内部潜在互补性合作领域的拓展，金砖国家合作的单元报偿预期也随之增大。

（二）金砖国家合作起源的解释机制Ⅱ

1．外生规范因素及其未来影响机制

第一，报偿文化的预期与演进。首先，金砖国家在现有的国际体系中属于“后来者”，它们均有在体系层次上追求一种符合自身规范和文化的愿望。这部分受到单个行为体力量不足的局限，同时，也受到既有体系对新兴国家接纳程度的影响。[①] 从国际制度环境及金砖国家在全球经济权力中的比重来看，自金融危机以来，这种环境与权力的不对等地位并没有得到改善，反而进一步加剧。即便是“二十国集团”机制不断发展和完善，但以金砖国家为代表的发展中国家在全球治理中的话语权和代表性并没有得到根本改善。因此，从体系环境和全球治理权力结构的视角看，金砖国家的形成及其合作的持续具有体系层面的相对较为稳定的报偿预期。

① 在此，社会认同理论其实发挥了重要作用。参见王沛、刘峰《社会认同理论视野下的社会认同威胁》，《心理科学进展》2007 年第 5 期，第 822—827 页；豪格、阿布拉姆斯《社会认同过程》，高明华译，中国人民大学出版社 2011 年版。

其次，金砖国家合作机制的选择及其演进，体现了报偿文化预期对于合作的影响。第一个方面，国家间合作可以采取硬机制（机制化）或者软机制（非机制化）两种方式。[①] 目前来说，金砖国家组织的合作机制采用软机制方式，具有非正式性，分为外长会议、财长会议和峰会等几个层次定期或非定期会议，因而，在一定意义上具有松散的论坛性质，至今还没有秘书处。金砖国家合作当前以软机制和非正式机制为主，这是基于上述的各国战略意图相对透明、信息可辨析和控制程度较高，同时也是出于现实的考虑，比如硬机制的难度。当然，金砖的低机制化也客观反映了金砖国家合作形成及其发展过程中，较高的报偿文化预期仍未完全形成，从而对治理效率、合作效果及进一步发展带来不确定性。

第二个方面，金砖国家合作的问题领域、功能的拓展，反映了金砖国家对于合作报偿预期的变化。以 2013 年德班峰会为标志，金砖国家合作发展呈现两个阶段。第一阶段重在“经济治理、务虚为主”的“对话论坛”，当然各国对于金砖国家合作的预期也有差异，比如，俄罗斯偏重于政治安全领域的合作，中国、印度、巴西和南非则强调经济治理与合作的重要性，包括五国在全球经济治理及金砖内部国家间的经济合作。[②] 2013 年峰会对于金砖国家合作的内容、深度及机制等达成了新共识，将金砖国家发展成为就全球经济和政治领域诸多重大问题进行日常和长期协调的全方位机制。德班峰会决定设立金砖国家发展银行和外汇储备库，凸显了金砖国家在经济领域进一步深入合作的实际行动。2014 年福塔莱萨峰会上，金砖国家就开发银行达成基本共识。金砖国家合作共有利益的拓展、合作领域的扩大，也将推动合作机制的建设和完善。金砖国家合作的主题较为灵活，根据新兴国家所面对的问题而变化。合作具有一定的延续性，比如全球经济治理和增强发展中国家的话语权等是基本的合作回报预期。而且，金砖经济合作机制的落实和深入发展，与政治地位的回报紧密相关，体现了“议题联系”的功能。基于报偿文化内涵的丰富和平衡，以及金砖国家合作向政治和经济合作并重的深入，金砖国家合作取得了较为稳定的

---

① Donald Puchala and Raymond Hopkins, “International Regimes: Lessons from Inductive Analysis”, in Stephen Krasner (ed.), *International Regimes*, Peking University Press, 2005, p. 65; M. Virally, “Definition and Classification of International Organizations: A Legal Approach”, *International Social Science Journal*, Vol. 29, 1977, pp. 58 - 72.

② 朱杰进：《金砖国家合作机制的转型》，《国际观察》2014 年第 4 期，第 59—62 页。

利益回报预期，增大了合作的未来可重复和收益的预期。

第二，完善国际规范的意愿。从体系文化的目标来看，金砖国家合作起源于对既有体系制度的不满，同时也反映了试图塑造基于自身体系规范的愿望。[①] 前文中已提及新兴国家和发展中国家对国际规范中权责不一致及非中性问题的态度，具备改革完善国际治理规范体系的共同愿望。

金砖国家对外部世界的共识性反应显示了完善公正国际规范的意愿。金砖成员国的内生共识汇聚成为集体共识，依照集体共识对外部规范体系做出共同反应，直接影响到成员国对未来影响的认知结构和判断方式，关乎合作的持续性。世界银行和国际货币基金组织等原有治理平台中的制度非中性现象依然严重。在此背景下，新兴经济体国家急需自己的治理平台，在参与全球经济治理、提供全球公共产品的同时，呼吁改变原有治理结构中非中性的问题，使新兴经济体国家和发展中国家群体的切身权益得到更全面的反映。目前，金砖共识取得了不少成果，也面临着不少挑战。在谋求参与全球经济治理的过程中，在金砖各成员国的积极努力下，2014年金砖发展银行正式成立。

基于上述分析，可以看出金砖国家合作具有一定的重复合作的规范文化，因此增强了金砖国家对未来发展可持续性的信念，为金砖国家合作塑造了可预期机制。因此，我们得出如下命题。

命题3：随着金砖国家间构建成功国际规范文化体系共同愿望的形成及其渐进成功的实践，金砖国家合作博弈的相对成功增大了未来可持续合作的预期，因此合作博弈成为理性的选择。

2. 内生共识因素及其未来影响机制

第一，成员国之间的认知同质性。金砖国家之间存在的差异会引发外界对金砖国家合作机制稳定性的担忧，例如，发展阶段不同、经济结构不同、国情不同、地缘政治状况不同。在新开发银行先期资本投入额度、银行负责人员、新开发银行组织架构、股东权责及总部地址的选择等实质性问题上，金砖国家进行了有效沟通。[②] 如果按照权责一致的原则，中国作

① 标志金砖国家正式成立的叶卡捷琳堡会晤联合声明中，呼吁二十国集团落实共识，承诺推动国际金融机构改革，提高新兴市场和发展中国家在国际金融机构中的发言权和代表性。《“金砖四国”领导人俄罗斯叶卡捷琳堡会晤联合声明》（2009年6月16日），《人民日报》2009年6月17日第3版。

② 《金砖国家领导人第六次会晤福塔莱萨宣言》，《人民日报》2014年7月17日第2版。

为其经济实力最强、国际影响力最大、出资比例最高的国家，应该获得与之相匹配的投票权比例。但中国从合作大局出发，为改变旧有经济治理秩序的不公平现象、倒逼国际金融治理秩序的变革、提高新兴国家和发展中国家的发言权，秉着求同存异的精神，在制度设计与安排上做出了牺牲和让步，为金砖国家合作机制的长期稳定性做出了重大贡献。① 最终，金砖各成员国能够减少差异与分歧，协力推动金砖发展银行的建立。目前，金砖发展银行的负责人来自印度，总部位于上海，高层管理人员分别来自俄罗斯、巴西、印度。新开发银行从筹备到2014年宣布成立，都体现了金砖国家机制通过协商解决问题的同质性合作特点。

金砖国家同质性客观上存在较大差异，如政治制度和意识形态各异，而且文化差异也较大，经济发展模式等也存在相应的竞争性。但从同一性认知来看，金砖国家同质性差异的认知，被共同的新兴地区大国身份，以及相应的地位追求和利益保护共识所超越。

第二，内生共识。首先，地位共识。新兴国家属于各区域的大国或新兴崛起国家，作为相同身份的新兴大国群体，金砖国家的合作有助于巩固各自国家在地区的影响力，彰显区域和国际地位。② 由于后发优势，从经济上来讲，国际体系中的新兴国家经济上的迅速崛起，让其迅速重塑了先前的国际经济权力结构。但是，经济地位和政治地位并不是对等的，金砖成员国均对既有国际体系的公正性和代表性不满。为了追求更好的国际和地区地位，包括地区影响力、国际规范的建设者等，新兴国家合作的愿望会比较强烈。金砖国家合作机制能够凝聚更多的共识，代表新兴经济体国家在国际舞台上大力呼吁改革非中性的国际规则，“承诺推动国际金融机构改革，使其体现世界经济形势的变化。应提高新兴市场和发展中国家在国际金融机构中的发言权和代表性”。③

其次，身份共识。合作所形成的一种团体身份即新兴大国群体，对于金砖国家而言具有重要的身份建设意义，也有利于金砖国家应对体系所主

① 林跃勤：《金砖银行：重构国际金融新秩序》，《光明日报》2014年10月15日第15版。

② Adriana Erthal Abdenur, “Emerging Powers as Normative Agents: Brazil and China within the UN Development System”, *Third World Quarterly*, Vol. 35, No. 10, pp. 1876 – 1893。关于金砖国家行为体如何塑造国际规范的反向社会化分析，参见 Pu Xiaoyu, “Socialization as a Two-Way Process: Emerging Powers and the Diffusion of International Norms”, *The Chinese Journal of International Politics*, Vol. 5, No. 4, 2012, pp. 341 – 367。

③ 《“金砖四国”领导人俄罗斯叶卡捷琳堡会晤联合声明》（2009年6月16日）。

导的话语和规范压力。从经济发展阶段来说，金砖国家的身份共识总结起来就是共同面临自身、组织内、区域内和全球经济增长与发展问题，承担重要“支点”作用的新兴国家。在几次领导人峰会的议程和达成共同宣言的内容上，金砖成员国的身份共识清晰可见。

主导的体系国家和国际制度对新兴国家的身份一般持两种态度：接纳与排斥。这当中又夹杂着复杂的利益考虑，比如既有的国际制度希望新兴国家更多承担国际责任，而较少享受独特的体系规范主导和话语权等，[①]比如是不是经济上的有力竞争者、是不是战略上的竞争对手、是不是同质性的国家成员等。基于成为既有体系成员面临各种困难，“金砖四国”愿意加强在能源领域、社会领域、教育和科技领域的合作，致力于推动多边外交，支持联合国在应对全球威胁中的中心作用；强调并支持在国际法治、平等合作、互相尊重、由各国协调行动和集体决策的基础上，建立更加民主和公正的多极世界。[②]

在一些特定情况下，比如全球金融危机的爆发，处于相似国际地位的新兴大国出于应对金融危机的需要，加强相互间的合作是一种高层共识。[③] 新兴大国既为世界经济的发展做出了重大贡献，也遭受到全球金融风险的损失，而在既有的全球治理结构中，又缺乏对等的国际规范和制度的倡议和执行权力，这种情境客观上成为新兴大国身份确立的外在条件，换言之，西方主导的国际制度和规范成为新兴大国身份的“他者”。此外，金砖的集体身份还体现在中国和其他金砖国家集体推动了“二十国集团”成员国领导人于2009年匹兹堡峰会上达成共识，同意提高新兴市场国家和发展中国家在国际货币基金组织所占的份额；以中、印、巴、南为代表的金砖国家联合其他发展中国家集体发声，对发达国家提出完成京都议定书二期减排的要求；成立新开发银行和应急储备金，为基础设施投资奠定资金基础等。[④]

最后，利益共识。新兴国家对于利益的共识主要表现为两点，一是由于既有体系和制度的非平等性，相关的行为体在国际制度和体系的交易中

① 苏长和：《中国与全球治理：进程、行为、结构与知识》，《国际政治研究》2011年第1期，第35—45页。

② 《“金砖四国”领导人俄罗斯叶卡捷琳堡会晤联合声明》（2009年6月16日）。

③ Ramesh Thakur, “How Representative are BRICs”, *Third World Quarterly*, Vol. 35, No. 10, 2014.

④ 高尚涛：《实践理论与实践模式：中国参与金砖国家机制进程分析》，《外交评论》2015年第1期，第55—68页。

往往不能有效地保护自身的国家利益；[①] 二是在新兴国家的内部，也需要较好的合作及其制度，对相互间的交往进行更多的规范和制度保障，从而促进自身内部的利益增长。"'金砖四国'对话与合作不仅符合新兴市场国家和发展中国家的共同利益，而且有利于建设一个持久和平、共同繁荣的和谐世界。"[②]

基于上述两个内生规范要素的分析，我们认为，金砖国家对于自身国家类型属性的认知及其身份、地位、利益共识的逐渐形成，对于金砖国家合作的形成及发展具有重要的未来可持续预期影响。因此，我们得出如下命题。

命题4：随着金砖国家间关于自身内部的地位、身份和利益共识的逐步增大，在既有的体系压力和共同改革体系规范的愿望下，金砖国家超越了国家间同质性差异较大的现实，进一步增强了金砖国家合作的未来可持续的预期。

三　小结

金砖国家的合作具有系列的特性，比如非制度化、超越国家同质性的差异等。金砖国家也是中国自身主动参与缔造并发挥重要规范建设作用的国际组织之一。[③] 本章并未追求单因论的理论解释，基于金砖国家合作理论起源研究相对较少，以及单因论容易走向理论片面性的考虑，我们探究了系统的解释变量类型的归类，并相应承接合作起源的作用机制，探讨不同维度、层次和属性的解释变量的作用过程。在此理论解释框架下，体系和单元层次的报偿结构预期，以及外生和内生的未来影响认知，成为金砖国家合作起源的两种核心作用机制。

本章在系统阐释合作起源理论的基础上，将金砖国家合作起源的解释因素和作用机制联系起来考察，回答了不同因素通过不同机制作用于合作

① 现有的国际制度大多是霸权主导下的产物。门洪华：《霸权之翼：美国国际制度战略》，北京大学出版社2005年版。罗伯特·基欧汉：《霸权之后：世界政治中的合作与纷争》，苏长和等译，上海人民出版社2012年版。

② 《"金砖四国"领导人俄罗斯叶卡捷琳堡会晤联合声明》（2009年6月16日）。

③ 中国总体的态度是参与国际制度和国际组织，相关概述参见王逸舟主编《磨合中的建构：中国与国际组织关系的多视角透视》，中国发展出版社2003年版。

的形成。从理论意义上来说，体现为以下几点。

其一，相对于先前较多的对抗型合作类型，[①] 本章重点转向了功能型和发展型合作的解释，阐释合作博弈中的集体理性和利益的起源。这既梳理了金砖国家的合作特性，同时也是对先前合作类型及其前提认识的推进。

其二，金砖国家的同质性存在较大差异，而且也有声音质疑金砖国家的代表性。从此意义上来说，金砖国家是与西方主流的国际制度假定之一即同质国家合作论有区别的。无论是"民主和平论""民主信任论"，还是国际制度的理性缔造等组织理论，包括以美国为首的西方国家的对外民主改造实践，均持民主国家是合作（特别是有效合作）的基础条件的论断。同质性合作论具有一定的理论基础，但也造成了合作的封闭性、排他性，从而不是一种包容和多元的合作。金砖国家合作超越了国家间同质性差异，创造了多元和包容合作的范例。[②]

其三，国家的能动性对于合作起源和发展的重要作用。与简单的强调结构压力的合作起源不同，在金砖国家合作起源解释中，还可以看到国家的策略选择和认知的重要性，比如，国家间互补性的发展和调节、国家间对于利益一致性的判断和塑造，以及塑造一种良好国际规范的预期。关于同质性同一性的知觉及身份、地位和利益共识的增强等，都有力地促进了金砖国家合作的形成。[③] 实际上，金砖国家合作的起源体现了国家的能动策略。

其四，传统合作起源的理论解释大多是因素解释，讨论各种理性和有限理性因素是如何作用于合作的共同愿望和默契的形成。本章的研究综合了因素和机制的解释框架，进一步将四种维度的原因变量及其作用机制剖析出来，因此，这是一种动态的因果解释理论，强调因素和过程的结合。

---

① 对抗性合作包括联盟等国际合作类型。关于国际制度的形式划分，参见田野《国际关系中的制度选择：一种交易成本的视角》，上海人民出版社 2006 年版，第 120—166 页。事实上，近现代功能性国际组织和地区一体化都是功能性合作的经验表现，但我们认为金砖有其特殊性，是跨地区、跨意识形态、文化以及经济发展模式的新兴大国联合体。

② 苏长和：《中国与国际体系：寻求包容性的合作关系》，《外交评论》2011 年第 1 期，第 9—18 页。

③ 这一点是不同于无政府体系下的非集中合作理论以及强调制度重要性的制度理论的。肯尼思·奥耶编：《无政府状态下的国际合作》，田野、辛平译，上海人民出版社 2010 年版；Barbara Koremenos (eds.), "The Rational Design of International Institutions", *International Organization*, Vol. 55, No. 4, 2003。

第四章

国家博弈过程中的金砖国家合作

自2009年首次金砖国家领导人会晤以来，西方媒体不断对金砖国家合作的前景提出质疑，但金砖国家合作依然保持了平稳推进的势头。影响金砖国家合作的主要有以下三方面因素，分别是：当前国际格局现状和金砖国家实力上升对国际格局产生的冲击；西方国家对金砖国家合作的应对策略；以及金砖国家自身在金砖国家合作中的利益考虑及其相互作用。金砖国家合作本身是相关国家自主博弈的结果，金砖国家之间虽然存在多方面的差异，但金砖国家合作从根本上符合金砖国家的长期战略利益，并在实现相关利益方面具有其他平台不可替代的作用。随着时间推移，金砖国家合作在国际经济和全球治理领域将发挥越来越重要的作用。

自2009年金砖国家领导人在俄罗斯叶卡捷琳堡举行首次会晤，并宣布成立“金砖四国”合作机制以来，金砖国家合作一直备受世界关注，同时也经常被西方媒体所诟病，认为它虽然具有重要的表面影响力，但缺乏与其影响力相匹配的实质成果。如彼得森国际经济研究所研究员安德斯·阿斯伦德认为“金砖时代已经结束”;[①] 约瑟夫·奈认为，由于“金砖国家内部不一致性太大”，使得金砖国家“没有办法团结起来”，金砖国家不太可能形成一个“必须认真看待的政治组织”;[②] 等等。特别是2015年新兴经济体比较普遍地遭遇经济困境，金砖国家大多进入下行通道，它们的

---

① Anders Aslund, “Now the BRICs Party Is Over, They Must Wind Down the State’s Role”, http: //ww. iie. com/publications/opeds/oped. cfin? ResearchlD = 2461.

② 约瑟夫·奈：《没有黏结在一起的金砖》，《联合早报》2013年4月10日。

增长速度出现较大分化，这在一个时期内进一步放大了西方社会唱衰“金砖”发展的声音。

然而，金砖国家的合作进程并不为这些声音所动，反而在面临经济困难的情况下，进一步加强了相互之间的合作。2015 年 7 月 21 日，金砖国家新开发银行在上海开业。2014 年 7 月，金砖国家在巴西福塔莱萨签署了《关于建立金砖国家应急储备安排的条约》；2015 年 7 月，金砖国家央行共同签署《金砖国家应急储备安排中央银行间协议》，确定应急储备安排操作的技术细节；同期，《金砖国家应急储备安排条约》顺利完成金砖各国国内核准程序从而正式生效。在同月举行的金砖国家领导人乌法会晤中，通过重要成果文件《金砖国家经济伙伴战略》，为金砖国家合作的持续发展奠定了坚实基础。《乌法宣言》指出，金砖国家领导人将继续就二十国集团议程，特别是在金砖国家有共同利益的议题上进行磋商和协调。金砖国家将同其他成员密切合作，共同促进世界经济增长，加强国际金融架构并巩固二十国集团作为国际经济金融合作主要论坛的地位。

这些合作成果的取得，展现了金砖国家合作能够比较有效地应对困难局面，并在此背景下寻求共识的能力，过去几年，金砖国家合作无疑已经展现出强大的生命力。金砖国家合作的生命力从何而来？金砖国家合作的可持续性建立在什么基础之上？这一基础是否会随着国际形势的变迁，包括金砖国家经济实力的继续分化而动摇？这些无疑是人们认识金砖国家合作时难以回避的问题。

金砖国家概念的提出迄今已有十多年。就金砖国家概念的本意来说，它不过是高盛集团推广其金融衍生产品而拼凑起来的称呼，这样的称呼很容易因为国际经济形势的变迁、金融市场的演化而消逝。表面上，金砖国家缺乏一种有力的黏合剂把它们有效地凝聚到一起。在金砖国家合作发展过程中，国际媒体包括许多西方学者对其前景的质疑，并非完全没有道理，金砖国家合作中的某些内在障碍和缺陷，是客观和真实存在的。但现实中，金砖国家的概念却并没有昙花一现，而是随着时间的推移，显示出逐渐增强的生命力。每年的金砖国家领导人会晤都受到国际社会的高度关注，金砖国家合作也取得了超乎许多人预期的成果，这显然有其深厚的现实基础。为此，我们需要对影响金砖国家合作的主要因素进行更深入和更全面的认识，包括从国家之间互动的角度加强对金砖国家合作的理解，这种认识有助于我们更好地预测和规划金砖国家合作未来的发展进程。

总体上，影响金砖国家合作的主要有国际格局、西方国家对金砖国家合作的策略选择以及金砖国家对合作的考虑与相互作用等几方面的因素。

一　国际格局方面的因素

金砖国家合作能够取得多大的成果，在很大程度上受到国际结构背景性因素的制约。国际结构的因素主要体现在以下几个方面。

一方面是全球主要力量中心的实力结构，特别是，以金砖国家为代表的新兴经济体在全球政治、经济、军事安全领域所能达到的实力状态。它在很大程度上决定了，在最好的情况下，金砖国家自身以及由它们组成的国际组织可以发挥出多大的国际影响力。

冷战结束后到现在为止，国际体系从总体上是"单极格局"，或者是只有一个超级大国即美国的体系。这个体系的一个关键特征，是没有任何单一国家有能力对美国进行制衡。在单极体系下，美国比任何其他大国都更加安全，可以对国际事务的结果产生更大的影响，同时，单极也降低了美国所受的体系约束，增大了美国的行动自由。① 与之相比，多极格局意味着没有任何一个大国处于明确无疑的第一位置。

在单极体系下，较为巨大的实力差距，增大了其他国家制衡美国的代价，降低了其他国家制衡美国获得成功的可能性，使得体系内其他大国对于制衡美国显得踌躇。集体行动的难题进一步增大了其他大国联合制衡美国的困难。单极体系下特殊的实力结构，对其他国家以及美国不是其成员国的国际组织在全球层面发挥影响力构成颇为不利的外部环境。在单极体系下，由于缺乏足够的外部约束，从而扩大了主导大国的行动自由，容易导致其过度扩张或者不适当地追求扩大自身影响力的倾向，并使其不愿容忍不受其主导，甚至可能对其影响力构成潜在挑战或侵蚀的国际组织或国家集团的作用。美国的实力优势越明显，其在这方面的容忍度越低。不仅如此，美国还有很强的挤压其他次等大国的行动空间、通过调整国际规则

① Robert A. Pape, "Soft Balancing against the United States", *International Security*, Vol. 30, No. 1, 2005, p. 11. John Ikenberry, Michael Mastanduno, and William C. Wohlforth, "Introduction: Unipolarity, State Behavior, and Systemic Consequences", *World Politics*, Vol. 61, No. 1, 2009, pp. 1 – 27.

进一步提升自身的体系性收益的较强烈动机。①

虽然中国较长时期经济实力的快速增长，在一定程度上推动了国际体系中实力对比的变化，但这种变化依然是相对有限的，它并不足以推动国际体系从单极结构转变为两极结构或多极结构，至少在未来5—10年，国际体系从单极到两极或多极的变化依然难以真正实现。

国际结构方面的体系性因素决定了，未来一个时期，美国以及西方主导下的国际制度，如世界银行、国际货币基金组织、世界贸易组织等，依然在国际经济和全球治理领域处于中心地位，金砖国家合作即使能够取得较为顺利的进展，也无法在核心领域取代这些组织的核心地位。如果金砖国家试图取代上述国际组织的核心位置，必然面临来自西方国家的强烈集体反制。从这个意义上，西方国家不看好金砖国家合作，经常给金砖国家合作泼冷水，金砖国家合作在当前体系下前进过程中总有一些磕磕绊绊，难以达到最优效果，也是当前国际体系结构的自然结果。金砖国家合作倡导"开放、包容、合作、共赢"的基本原则，这既是金砖国家自身的真诚想法，也是金砖国家与美欧相比总体上处于相对弱势状态下的必然选择。

另一方面，金砖国家合作本身也是推动国际体系变化的一个重要因素，在单极结构下，随着金砖国家自身实力的单独或总体的增强，以及它们之间的合作越来越具有实质性，金砖国家合作将越来越具有结构性的含义。当前，金砖国家的国土面积占全球的30%，人口占世界人口的42%，2014年其GDP总量约为全球的22%。如果从长期来看金砖国家经济继续保持高于西方经济体的平均增长速度，如果金砖国家合作能在国际社会中吸引到越来越多其他国家包括其他新兴经济体的支持，那么，金砖国家之间的合作，将会在大国实力结构、国际贸易秩序、国际金融秩序、全球治理体系等方面对国际体系的基本结构产生影响，并将改变现有秩序安排中的许多不合理成分。

从实力结构，特别是国际经济领域的实力结构方面来说，未来一个时期，金砖国家合作的发展，受到以下几方面走势的深刻影响：（1）相比于西方国家，金砖国家作为一个整体，其经济相对快速增长的势头能否长期持续，这一快速增长的势头还能持续多长时间，是3—5年，还是10—20年，或者更长，由此将产生十分不同的结果。（2）从30—50年的时间视

① 刘丰：《国际利益格局调整与国际秩序转型》，《外交评论》2015年第5期，第46—62页。

野来说，金砖国家的总体经济规模会增长到什么量级，是最终达到与几个主要西方国家的经济总量平分秋色，还是在总量和质量上都存在档次上的差别，对这一趋势的认知和估计，会直接影响金砖国家自身、西方国家以及其他许多国家对金砖国家合作的政策和态度。(3) 在金砖国家总体实力上升的过程中，金砖国家自身的增长是否出现十分明显的分化，金砖国家之间的发展是出现较为固化的分层，还是总体上比较均衡地增长，会对不同金砖国家的合作心态产生影响，也会为西方国家对金砖国家合作可能的分化提供不同的机会和可能性。

国际大势决定了金砖国家合作面临的总体外部环境。金砖国家合作面临的外部环境虽然不能完全决定金砖国家在相互合作方面的战略与政策选择，但它的确为这些国家提供了不同的可加以利用的空间和机会，也对相关国家的行为构成现实的约束，有时是十分强有力和难以突破的约束，并影响金砖国家对自身在国际体系中的定位，包括实力位置、影响力位置，各自对发展机会和战略空间的认知，以及为了拓展自身战略空间所应采取的策略等方面的判断。

总体上，在当前的国际体系中，金砖国家并不处于强势地位，它是一支上升中的但总体上依然处于相对弱势的新兴力量。面对西方国家在国际贸易、投资、金融以及全球治理领域所具有的制度安排和规则制定方面的优势地位，任何单一金砖国家都没有能力单独做出强有力的挑战，进行这样的挑战既无胜算，又要承受高昂的成本和代价。但金砖国家作为一个整体，通过加强自身合作、提升互助水平、吸引国际社会中更广泛的支持力量的方式，可以在很大程度上改善自身在国际经济环境中所处的态势，在世界经济与全球治理领域获取更大的话语权。尽管“金砖”概念的提出最初是出于国际投资考虑，但金砖国家本身一开始就是作为一种分散在国际体系中的较为强大的政治力量存在，正是这样一种客观态势，赋予了金砖国家合作以强大的内在生命力。

二　西方国家对金砖国家合作的策略选择

在同样的力量结构下，西方国家对金砖国家合作采取不同的策略，对金砖国家合作进程也会产生不同的影响。对金砖国家合作，西方国家大体有下面几种主要的策略选择。

第一种策略，是大力打压金砖国家合作，极力维护西方在国际经济与全球治理领域的主导地位，在国际层面公开反对金砖国家合作对西方影响力的侵蚀，并在政策层面采取反制措施，对积极推动金砖国家合作的国家直接施加多方面的压力，迫使其打消通过推动金砖国家合作获取国际话语权的任何想法。这样的策略并不一定非西方国家所愿，但它会导致西方国家失去在国际经济合作和全球治理领域的道义制高点，会激起来自体系内的更大反弹。即使它在一个短时期内可以收到一定的效果，但从长期来看，则会引起金砖国家进一步的反感，并可能由此增大金砖国家从长期来看的凝聚力。毕竟，在很多时候，外部压力是增强内部团结的有利因素。随着金砖国家实力和国际影响力的逐步提升，这一策略能够产生实质性效果的可能性将越来越低。

第二种策略，是在表面上对金砖国家的合作进行支持，给予金砖国家一定的希望，在次要领域对金砖国家做出一定让步，但在国际金融、国际贸易、国际投资以及全球治理的核心制度和核心规则的制定方面，拖延时间、不予让步。即对金砖国家合作进行表面上的安抚，试图通过这种方式消解金砖国家合作的内部动力。如一个时期以来，金砖国家一直谋求增加其在世界银行和国际货币基金组织中的投票权和份额，根据2010年世界银行和国际货币基金组织改革方案，金砖国家在世界银行的投票权将大幅增加至13.1%，在国际货币基金组织的份额将达到14.81%。但这一改革方案在美国的阻力下，很长时间都未能兑现，尽管实际上，金砖国家的整体实力已经远远超过了世界银行和国际货币基金组织可能给予它们的份额。这样一种状态所产生的客观效果，是逐渐耗尽金砖国家的耐心，迫使它们通过团结合作的方式另谋出路。

在此期间，中国倡议的亚洲基础设施投资银行于2015年成立，向国际社会清晰地显示，即使在霸权国不支持的情况下，其他国家也有可能合作建立新的地区多边开发银行，可以在全球经济治理领域发挥十分积极的作用。这也有助于让很多国家认识到，西方国家对全球和地区多边开发银行的控制并不是理所当然和无法动摇的。[①] 与此相似，如果西方国家做出的让步与金砖国家的期望存在很大差距，金砖国家会做出独立的努力来提

① 周方银：《国际秩序变迁原理与奋发有为策略》，《国际政治科学》2016年第1期，第36—62页。

升其制度性话语权，以此推动全球治理结构和国际金融体系的改革。新开发银行的成立以及金砖国家应急储备安排的实践表明，西方国家试图以拖延、虚假安抚的方式应对金砖国家合作无法获得大的成功。

第三种策略，是对金砖国家合作采取观望的态度，既不鼓励，也不公开大力反对，希望由于金砖国家自身的矛盾以及金砖国家合作本身存在的内部问题，使这一合作始终处于缓慢推进，无法在国际舞台上形成气候的状态。这样一种态度，是不给金砖国家提供借口，避免由于打压政策强化金砖国家团结自强、抱团取暖的意愿，而产生适得其反的效果。但它的问题在于，如果对金砖国家合作采取无所作为的态度，伴随金砖国家实力的上升，以及金砖国家互动变得频繁，随着时间的推移，西方国家将必然会面临金砖国家在国际社会中的影响力逐渐上升的事实。从在体系中具有主导地位，在国际体系中具有更大话语权的西方国家角度，这样一种消极的、无所作为的政策选择无疑是难以做出的。

第四种策略，是通过吸收个别金砖国家的方式，对金砖国家合作进行分化瓦解，从内部降低其凝聚力，使其陷入各自为政，甚至互相猜忌的状态，从而有效消除金砖国家合作的势头，缓解金砖国家合作对现有国际经济秩序和全球治理体系的冲击。如果有一两个金砖国家在西方国家的劝说下改弦更张，这一思路就可以迅速见效。不过问题在于，西方国家难以向新兴国家中的某一两个许以好处，而对其他新兴国家采取不让步的态度。给予某个金砖国家好处，可能会使其认为，自己之所以能够获得西方在利益上的让步，正是因为金砖国家合作形成的压力，这样一种认识会使它不愿放弃对金砖国家合作平台的利用和借重。此外，如果向金砖国家中实力最强大的国家做妥协，那西方国家要付出的代价必然较为可观，而这正是其所不愿付出的；如果是向金砖国家中实力相对较弱的国家做妥协，从长期的角度来说，又不能解决根本的问题。因此，这一思路在操作上也存在明显的局限。它在战术上虽有价值，但在战略上有些可疑。

第五种策略，是正视金砖国家合作越来越重要并日益取得成效的事实，在此基础上，发掘金砖国家合作与现有国际经济秩序和全球治理体系可以对接、相互补充的地方，更好地发挥已有机制与金砖国家机制两者的建设性作用，使两者在竞争与合作的过程中共同演进，同时，对现有的治理机制和规则体系进行适度改进。这样的做法，从长期来看，客观上必然导致金砖国家国际影响力一定程度的上升。但根据国际政治的基本逻辑，在金砖国家实力持续上升、相互合作稳步增强的情况下，金砖国家在体系中影响力上升是一个难以改变的趋势。采用这一策略，有助于在一定程度上影响金砖国家合作的方向、进程和速度，避免金砖国家合作产生从根本上替代现有机制安排，或者两个不同的安排相互竞争、互相拆台，从而两败俱伤的局面出现。

总体上说，第五种策略是一种最务实，从长期来说负面效果最小的策略，但也是居于主导地位的西方国家十分不愿采用的策略。在现实上，西方国家采取的策略，可能是上述五种策略不同程度的组合，即既有打压也有拉拢，还有分化和各个击破，以及次要领域的妥协和并非心甘情愿的观望，几种不同的做法，根据不同的时机和条件，会产出许多不同的行为组合。

三 金砖国家对合作的考虑与相互作用

决定金砖国家合作走势的第三个因素，是金砖国家对相互关系和金砖国家合作价值的认识，以及在金砖国家合作中为实现自身利益而做出的大的政策选择。从根本上说，金砖国家合作是主权国家之间的合作，而且是一些有实力、有抱负的主权国家之间的合作。这样的合作，不可能建立在一国强制其他国家接受其意愿的基础上，更不可能建立在外部国家的强制下。同时，金砖国家也不大可能心甘情愿地接受其中某个国家的主导或者领导。对任何金砖国家，合作的收益必须大于其对合作代价的感知，否则，它可以选择在合作的过程中退出。因此，金砖国家合作必然是高度尊重其中所有国家的意愿，并符合所有金砖国家利益的合作。

金砖国家合作能不能走得很平稳、走得很远，是一个在变化的国际格局、转型的国际体系背景下，金砖国家如何相互看待、如何对相互之间的关系进行有效管理的问题。金砖国家之间既有竞争，又有合作；既有共同利益，又有不同的利益。在合作的问题上，五国的考虑既有共同性，每一个国家的利益和观点又有其一定程度的特殊性。以下我们对五国的利益和基本考虑依次做一个简单的分析。

（一）中国

中国在金砖国家合作中处于一个特殊的位置。一方面，经过 30 多年持续的高速增长，中国的经济总量已经达到颇为惊人的规模。从全球层面，中国是世界第二大经济体，是世界第一贸易大国。从经济总量的角度来说，2014—2015 年，金砖国家经济总量的分化加大，2015 年，中国经济总量约为 10.8 万亿美元，俄罗斯、印度、巴西和南非的 GDP 之和约为 5.5 万亿美元，中国经济总量接近其他四国之和的 2 倍，而在 2013 年，中国经济总量还只是其他四国之和的 1.4 倍。这种情况的出现，与过去两年俄罗斯、巴西面临的较大经济困难，甚至一定程度的经济萎缩具有明显关系。

在双边贸易方面，中国同时是俄罗斯、印度、巴西和南非的最大贸易伙伴，中国既是巴西和南非的最大出口市场，也是它们最大的进口来源国。相比之下，俄罗斯、印度、巴西、南非四国之间，没有任何一国位于其他国家的前三大贸易伙伴之列（当然，随着时间的推移，金砖国家相互之间的贸易会逐渐增加），从贸易的角度，中国也起到一种把金砖国家结合在一起的网络枢纽作用。

中国在经济实力方面具有的突出优势，对金砖国家合作既是有利因素，也是制约因素。中国经济地位远高于其他四国，通常也是外界认为金砖集团很可能会解体的原因。[①] 由于对金砖国家来说，其合作的重点不是这几国在经济领域展开相互竞争，而是通过金砖国家合作争取在国际事务中的影响力和话语权，因此，只要中国不试图利用自身的经济地位把自己的观点强加给其他金砖国家，而是较好地尊重其他金砖国家的选择和意愿，不让任何一个成员觉得自身在金砖国家合作中的地位面临边缘化，那么，中国的经济实力就不会对金砖国家合作的凝聚力产生伤害，反而可以为金砖国家合作取得更大更实质性的成果提供坚实的物质基础。

在不放弃不结盟政策的情况下，试图以和平的方式改善自身面临的总体国家环境，提升自身在国际体系中的影响力，最终实现中华民族的伟大复兴，这是中国外交的根本目标。在实现这一目标的过程中，中国面临的一个重要制约是自身在国际经济与全球治理体系中制度性话语权明显不足，在现有秩序安排中，中国的一些诉求难以得到有效的表达和满足。如果不能有效地借助不同多边机制的作用，即使中国的经济实力得到很大提升，中国的制度性话语权也很难随之相应提升。

金砖国家合作可以为中国在国际社会中发挥影响力，包括在国际经济

---

① 庞珣：《“金砖”已成明日黄花》，《中国投资》2014 年第 5 期，第 24—25 页。

和全球治理领域撬动现有的安排，为新兴国家赢得话语权和影响力发挥积极的作用。金砖国家合作的发展越深入，这一作用也越大。金砖国家合作有助于改善中国在国际经济与全球治理领域的战略态势，扩大中国的腾挪空间，对于中国和平成长为全球性大国具有积极作用。在具体的层面，金砖国家合作对于加强中国与新兴市场国家在政治、经济、安全等领域的合作，应对美国亚太战略再平衡，应对 TPP、TTIP 等对中国国际贸易环境的挑战，以及推动人民币国际化也具有积极作用。未来一个时期，对中国来说，不管是在战略层面还是在务实层面，金砖国家合作的价值都是毋庸置疑的。因此，即使在金砖国家合作的过程中，被其他金砖国家在一定程度上搭一下中国经济的便车，中国也是可以承受的，而不会斤斤计较。而金砖国家合作所具有的战略价值需要一段比较长的时间来逐渐体现，这又需要以金砖国家合作保持总体稳定的势头为前提。

（二）俄罗斯

在金砖国家中，俄罗斯是一个颇为特殊的国家。与其他几国不同，俄罗斯严格说来不是新兴国家，而是一个从超级大国位置上跌落下来，并试图维持其世界大国地位和国际影响力的国家。与其他四国相比，俄罗斯有明显的优势和不足。俄罗斯的优势在于拥有强大的军事实力和地区安全影响力，俄罗斯在战略武器领域与美国平起平坐，它是安理会常任理事国，并拥有极其丰富的能源和自然资源，有着大国政治斗争的丰富经验，在独联体地区和中东有着重要的地缘政治利益，在很多国际事务上拥有很强的话语能力。总体上，俄罗斯具有一些其他金砖国家所不具备的优势和特点。

俄罗斯在经济方面并不处于优势地位。从世界力量发展的长期走势来看，中国逐渐表现出较明显的成长为一个世界力量中心的态势；印度由于其人口规模等因素，也被公认为具有巨大的潜力；俄罗斯幅员辽阔，但人口数量不足，其经济也存在一定的结构性缺陷。有西方学者认为，在金融危机之后，俄罗斯已经跟不上金砖国家的发展步伐。① 由于乌克兰问题，俄罗斯遭受西方国家颇为严厉的经济制裁，这既带来其政治安全方面的压

① 斯蒂芬·赫德兰：《金融危机之后的俄罗斯》，《俄罗斯研究》2010 年第 6 期，第 71—87 页。

力，也形成经济领域的较大挑战，这在很大程度上提升了金砖国家合作对俄罗斯的政治、经济价值。但总体上，对俄罗斯来说，金砖国家合作的政治作用更大于其经济作用。与应对西方国家的经济制裁和战略压力，扩大俄罗斯在国际事务中的影响力，维持俄罗斯在独联体、中东、中亚地区的影响力相比，提升在国际经济领域的话语权并不是俄罗斯的重点努力方向。

由于俄罗斯在金砖国家合作中更为重视政治战略而非经济，这决定了俄罗斯在金砖国家合作中会努力做方向的引导者，而不愿意追随任何其他国家。与二十国集团、七国集团不同，金砖国家机制是当前世界上为数不多的没有西方国家插手，更不是由美国主导的多边合作机制。在这个机制内，俄罗斯并未面临来自其他国家的较大压力，而是有着比较大的行动空间，它可以成为俄罗斯推动世界多极化发展方向、缓解战略压力的重要平台。金砖国家机制对于俄罗斯来说是一个重要的工具，借助它可以加强俄罗斯在全球治理体系中的地位，这一地位在当前是俄罗斯无法通过与西方的合作来实现的。[①]

在乌克兰危机后，俄罗斯被暂停八国集团成员国的地位；在二十国集团这个讨论世界经济与全球治理的重要平台中，俄罗斯地位比较平凡，甚至被孤立，这进一步彰显了金砖国家机制对俄罗斯的重要性。在此背景下，俄罗斯对金砖国家合作采取了更多的算政治账的做法，在金砖国家新开发银行行址选择问题上支持了中国立场，认为上海是行址的理想城市。可以说，美国及其西方盟国对俄罗斯的政策越消极，对俄罗斯施加的战略压力越大，俄罗斯在推动金砖国家合作方面就会越积极。从战略空间和危机时期替代选项的角度，金砖国家的存在本身就对俄罗斯具有重要的价值。金砖国家机制也为俄罗斯发挥其大国作用和大国经验提供了重要平台，从而在俄罗斯外交中占有重要的位置。

（三）印度

在金砖国家中，印度具有独特的优势。印度的一个重要优势在于，基于其人口和自然条件，印度经济具有非常大的发展潜力，对印度潜力的认

① 刘春杰：《俄罗斯对金砖国家建制的政策和研究综述》，《俄罗斯学刊》2015 年第 6 期，第 84—89 页。

识和预期，使印度受到国际社会普遍的重视和关注。另外，印度当前的经济实力还谈不上十分雄厚，2015 年其 GDP 总量为 2.06 万亿美元，约为中国的 1/5。印度经济潜力很大，但当前总量相对不那么大的现状，产生了多方面的效应，一方面它刺激了印度自身的抱负和雄心，另一方面，它也使得印度成为国际上其他大国试图拉拢和借用，但暂时还不必特意加以防范的对象。由此导致的结果是，印度在世界大国政治中表面上处于一种比较普遍地受到欢迎、左右逢源的态势。印度虽然在大国关系中处于有利态势，但它在国际经济和全球治理中仍然处于难以改变的相对边缘位置。某些大国试图利用印度来牵制中国，但仅仅牵制中国并不是印度所真正需要的。在能力不足的制约下，印度要实现自己几十年来念念不忘的大国梦想，依然面临巨大的现实困难。

印度试图通过金砖国家合作平台实现以下几方面的重要目标：（1）促进印度国内经济持续增长，为其在国际舞台上发挥重要作用奠定更坚实的实力基础。在金砖国家中，中国具有强大的工业生产能力，并拥有雄厚的资金和技术能力，俄罗斯和巴西拥有丰富的自然资源，是能源、矿产大国，南非则代表着非洲大陆广阔的市场。与这些国家合作对印度经济发展具有重要的价值。[①]（2）提升印度在多边合作机制中的地位和作用，把印度的影响力辐射到世界上更广泛的区域。冷战结束后，印度活跃在众多多边国际机构中，如亚欧会议、南盟、二十国集团、东亚峰会等。其中，金砖国家合作具有其他平台无法替代的作用。作为新兴市场国家，印度与中国一样，在国际经济、全球治理包括全球气候治理等领域已经受到，或者将要受到来自西方国家越来越大的压力，通过加强新兴经济体之间的合作，印度可以在这些领域更好地应对来自西方国家的压力和冲击。金砖国家合作有助于印度重拾在发展中国家的地位和影响，有助于印度把其上升中的经济力量转化为在国际社会中的政治影响力。特别是，印度在金砖国家机制中可以发挥比在二十国集团中突出得多的作用。（3）试图成为联合国安理会常任理事国。印度把获得联合国安理会常任理事国席位作为世界大国地位的一个重要尺度。但印度与德国、日本、巴西“四国集团”试图抱团入常的道路走得并不顺利。印度依然十分重视“四国集团”在“入常”问

① 辛仁杰、孙现朴：《金砖国家合作机制与中印关系》，《南亚研究》2011 年第 3 期，第 87—99 页。

题上的合作，同时，印度也希望在“入常”问题上获取其他金砖国家，尤其是俄罗斯和中国两个安理会常任理事国的支持，印度也希望促成金砖国家在安理会改革上的共同立场，从而在“入常”问题上获得更大的主动。（4）为自身的长期发展开拓融资渠道，加快印度的基础设施建设，为印度的长期发展营造一个更为稳定的国际金融环境。在国际金融市场持续波动的情况下，金砖国家应急储备安排将有助于在外部突然压力下提升印度卢比汇率的稳定性。

印度虽然重视金砖国家机制的作用，却不希望中国在金砖国家合作中发挥主导性的作用。在新开发银行总部选址和行长人选方面，印度试图与中国一争高下，最终结果，行址选在中国上海，而首任行长由印度人出任。此外，印度不希望给人留下金砖国家机制是要挑战西方在国际社会中主导权的印象。对印度来说，美国和欧洲在其战略排序中具有优先地位，它不愿因为参与金砖国家机制而得罪西方。[①] 由此导致印度对金砖国家机制态度中多少有些矛盾之处，就是印度一方面试图通过金砖国家合作，提升其在国际经济与全球治理中的话语权，另一方面又不希望得罪西方。这也决定了，印度对于金砖国家机制的积极性有比较明显的限度，它对金砖国家合作总体上持一种“少付出投入、多从中获益”的态度。

这样的立场，加上印度与中国之间存在的难以解决的领土纠纷，使印度成为金砖国家中美欧等西方国家想要拉拢的重要对象。在某种程度上，印度是金砖国家合作中的一个薄弱环节，但金砖国家合作为印度从地区大国走向世界大国提供了难得的平台和机遇，并且具有从长期来说无法替代的价值。总体上，印度会以一种试图左右逢源的方式来参与金砖国家合作，并会努力防止任何其他国家主导金砖国家合作的情况发生。

（四）巴西

巴西的国土面积约851.5万平方公里，在世界排名第五，是拉丁美洲面积最大的国家，占南美洲大陆总面积的一半。2013年年底，巴西的人口约为2亿人，仅次于中国、印度、美国、印度尼西亚，居世界第五位。仅以国土面积和人口数量为标准，巴西确实是一个规模可观的国家。过去十

---

① Jagannath P. Panda, “India's Call on BRICS: Aligning with China without a Deal”, Institute for Security and Development Policy, *Working Papers*, No. 91, March 9, 2012.

余年中，巴西经济也取得了很大发展，GDP从2004年的6637亿美元上升到2014年的2.35万亿美元，十年增长了2.5倍多。虽然2015年巴西经济出现一定程度的萎缩，但其依然稳居世界前十大经济体之列。巴西的国家规模、资源禀赋和不断上升的国家实力，无疑助长了其对大国地位的渴望。但其试图发挥重要国际影响力的雄心却在很长时间内受制于发挥影响力平台的缺乏。

作为一个新兴国家，巴西试图通过承办各种大型活动以提升国际地位，2014年足球世界杯刚在巴西闭幕，2016年夏季奥运会又将在巴西举行，这也使巴西成为第一个举办奥运会的南美洲国家。举办体育盛会显然不足以帮助巴西在国际舞台上实现强国梦。巴西希望借助金砖国家机制实现自身的外交抱负，使其地区领导地位得到国际承认，并进一步从地区大国走向世界大国，以及寻求在联合国安理会中的位置。在金砖国家首次领导人会晤于俄罗斯举行之后，巴西积极举办了金砖国家领导人第二次会晤，这从侧面反映了巴西对金砖国家合作的积极态度。

在金砖国家中，巴西经济总量位居第三，且是拉美地区最大的经济体和唯一代表。在金砖国家合作的推动下，巴西与金砖国家的经济贸易联系日益密切，巴西是中国在拉美的最大贸易伙伴，而中国则于2009年成为巴西的第一大贸易伙伴。巴西面临的一个重要问题是其经济增长的长期基础并不是十分坚实。在与金砖国家的经贸关系中，巴西一直被定位为原材料和初级产品供应国，这一现实与巴西一贯追求的“工业化强国”的梦想相去甚远。这在一定程度上使巴西对于大力深化与中国的经贸关系产生疑虑。另外，巴西的经济增速从2010年的7.5%骤降到2011年的2.7%和2012年的0.9%，2015年巴西经济出现较大程度的萎缩，这在国际上引发对其金砖成色的怀疑。巴西需要利用好金砖国家在经济领域的合作机会，改善国内的基础设施，调整产业结构，推动自身经济的可持续发展。

金砖国家合作推动了巴西国际影响力的上升，中国和巴西是2010年世界银行和国际货币基金组织投票权与份额改革最大的获益方。在金砖国家共同努力下，巴西人罗伯托·阿泽维多于2013年当选世界贸易组织总干事。巴西与非洲大陆的关系也获得了全方位提升，双方努力发展包括政治和军事在内的全方位关系。在谋求联合国安理会常任理事国地位方面，来自其他金砖国家的支持也十分重要。

随着巴西国际影响力的上升，美国、欧洲对巴西的重视明显提升。2011年美国对外关系委员会的研究报告建议美国决策者认真对待巴西的全球性大国地位，加强与巴西的全方位合作，支持巴西成为联合国常任理事国。① 2014年2月，欧盟和巴西举行第七届峰会，双方讨论了全球经济复苏，互联网安全和包括乌克兰、中东与非洲在内的国际安全等广泛议题，重申全方位加强战略合作伙伴关系。美国也正在与巴西构建更平等的伙伴关系，两国在经济和金融、战略性能源、全球伙伴关系和防务合作四个议题上建立了总统对话机制。显然，巴西受到美国、欧盟一定程度的拉拢。这也表明，巴西在金砖国家范围内的活动，不会牺牲其与西方，特别是与美国的关系。

在中国、俄罗斯、印度、巴西这四个块头较大的金砖国家中，巴西的优点是没有卷入什么大的国际矛盾，但这反过来也意味着巴西在国际政治、地缘战略方面对金砖国家合作的需求不是很大。在巴西国内，甚至有声音指责巴西政府为金砖国家合作“牺牲民主原则”，在乌克兰问题上“默认、纵容俄罗斯的侵略行径”。② 一方面，金砖国家是巴西参与的具有全球影响的多边组织中，给予它话语权和地位最高的组织；另一方面，巴西在金砖国家机制中也不寻求任何意义上的主导权，并且不太排斥中国的主导地位，虽然它希望金砖国家机制内的各项议题通过各国的平等协商来决定。

总体上，巴西愿意以一种较为平衡的方式发展与西方国家和新兴经济体的关系，试图借用金砖国家合作进一步巩固其在南美的区域领导地位，确保在全球层次的机制安排中不被边缘化。从这个角度看，金砖国家合作是一种十分符合其利益需求的多边安排，巴西对金砖国家合作的支持态度会比较稳定。

（五）南非

当前，在金砖国家中，中国的GDP在10万亿美元左右，俄罗斯、印度、巴西各自的GDP都在2万亿美元左右，而南非的GDP只有3000多亿

---

① Council on Foreign Relations，“Global Brazil and U. S. Brazil Relations”，*Independent Task Force Report*，No. 66，July 2011.

② Fábio Zanini，“Foreign Policy in Brazil：A Neglected Debate”，*Harvard International Review*，http：//hir. harvard. edu/foreignpolicyinbrazil/.

美元，仅以经济实力和近几年的经济表现而论，南非很难说是一块合格的金砖。特别是，南非近年来的经济增速低于撒哈拉以南非洲国家的平均增速。另外，无论是国土面积还是人口数量，南非与其他金砖国家相比都有不小的差距。

另外，南非又有自身特殊的重要性。南非长期是非洲第一大经济体，[①]也是非洲经济最发达的国家，其国内生产总值占非洲国内生产总值的20%左右。与其他非洲国家相比，南非的经济总体上保持稳定。南非相关企业在非洲的金融、电力、电信、交通等行业具有举足轻重的地位，如约翰内斯堡证券交易所是非洲最大的交易所，南非的德班与理查湾是非洲最大的集装箱港口和散货港口，南非拥有非洲最大的电信运营网络，等等。

与中国、印度、俄罗斯和巴西主要代表自身不同，在金砖国家合作中，南非很大程度上是以非洲国家代表的身份参与。南非在非洲的地缘政治经济影响，有助于扩大金砖国家机制在全球的代表性。事实上，不仅在金砖国家中，在G20中，南非也是来自非洲的唯一国家。南非认为自己有使命为非洲代言，推动金砖国家与非洲的合作。南非自认为是金砖国家通往非洲，特别是南部非洲的理想门户。

对南非来说，加入金砖国家行列，被视为一个重大外交成就。金砖身份使南非成为全球性的地区大国。南非认为成为金砖国家对于其经济发展和国际地位的提高具有积极作用，并为此做出积极努力。2010年，南非总统祖马分别在4月、6月、8月上旬和8月下旬对巴西、印度、俄罗斯和中国进行访问，这体现了南非对于加入金砖国家的迫切愿望。在成为金砖国家成员后，南非与中国、俄罗斯、印度、巴西的关系得到稳步发展，与四国的经济联系进一步加强，近年来，南非与中、俄、印、巴都建立了战略伙伴关系。

当前，金砖国家只有五个成员国，南非是最后一个加入的，同时也是经济实力最弱的成员国，从自身利益出发，南非希望深化金砖国家内部的合作，但反对金砖国家的扩员，因为任何扩员的做法都会明显稀释南非在金砖国家合作中的地位和影响力。

---

① 不过，2014年4月，尼日利亚国家统计局宣布，其GDP已超过南非，成为非洲第一大经济体。中国新闻网：《尼日利亚GDP超越南非成非洲第一大经济体》，http：//news. xinhuanet. com/2014－04/07/c_ 126362683. htm。

由于南非是金砖国家中实力最弱的一方，因此其对金砖国家合作中的领导权问题没有明显兴趣，而更关心金砖国家合作的效率。南非高度重视中国在金砖国家机制中的地位和作用，认为中国在金砖国家机制中居于首要地位。南非充分认识到中国经济的总体实力和行动效率，认为中国主导金砖国家新开发银行和应急储备安排对南非不是坏事。由于南非在金砖国家中的外汇储备最小，它也是最可能向应急储备安排申请救援的成员国。

由于面临一定的经济困难，南非希望能吸引金砖成员国的投资，为其创造更多就业岗位。南非也希望金砖成员国投资它的电力、电信、交通等基础设施领域，从长期角度推动南非的经济增长。

加入金砖集团，直接提升了南非的国际地位，它既可以使南非从长期来说搭上其他金砖国家经济快速发展的便车，也有助于南非借助金砖平台在国际经济与全球治理领域发出非洲的声音，提升南非的国际影响力。加入金砖国家合作对南非来说，无疑是具有重大现实和战略利益的举措。另外，南非与所有西方国家都保持着较为良好的关系，它在协调金砖国家机制与西方国家的关系方面，也可以发挥积极作用。

四　小结

与七国集团、欧洲国家的合作不同，金砖国家合作是具有明显差异的新兴经济体之间的合作。金砖国家没有历史、地理、文明、文化和宗教方面的共同性，它们有着不同的政治制度和经济模式，即使在经济领域，在有很强互补性的同时，某些金砖国家之间也存在一定的竞争性，并存在发展水平方面的很大差异。

另外，金砖国家合作对每个金砖国家都具有重要价值，它是金砖国家在全球舞台上发挥作用的不可替代的平台。总体上，作为国际体系中上升中的新兴力量，金砖国家都希望以和平的方式提升自身的地区影响力、帮助实现其大国抱负和推动国际体系的转型，并降低这个过程中产生的风险和代价。它们不愿在实现国际抱负方面落在其他新兴国家后面，或者陷入单打独斗的局面。

如果不推动金砖国家合作，不通过联合的努力对现有国际经济和全球治理体系形成具有实质性的冲击，任何单一国家试图实质性改善自身在国际经济和全球治理中的地位都十分困难。金砖国家合作提供了变革和改善全球治理体系的一个风险和代价较小、步骤可控、弹性较强的有力工具，它也有助于缓解体系转型过程中产生的冲击和震荡。从这个意义上说，金砖国家合作的不可替代的价值，更多地体现在政治、战略特别是国际制度与国际规则方面，而不仅是能给金砖国家带来经济利益上。金砖国家合作要有效地发挥这一平台作用，并撬动现有国际经济和全球治理体系，一个前提是金砖国家合作取得重要实效，这需要金砖国家切实加强团结与合作。如普京所言："只有当金砖国家之间全面展开实质性的合作的时候，其在国际经济和政治中才会有实质性的影响。"①

只要金砖国家自身有深度合作的意愿，西方国家对于阻碍新兴力量在国际体系中发出自己的声音就难有好的办法。简单的打压并不足以限制金砖国家合作影响力的上升，对金砖国家让步则不过是让金砖国家更快地获得国际影响力。总体上，金砖国家机制国际影响力的上升是大势所趋，差别更多地体现在速度、程度以及过程中波折的多少上。

金砖国家合作确实存在一些现实问题，包括金砖国家自身经济实力不是特别平衡，一些金砖国家的增长速度不是很稳定，导致发展方面出现更大的分化；金砖国家之间存在一些较为明显的差异，它们的政治诉求也不尽相同，包括在是否要挑战西方国家方面，其立场存在较大的差异；有些金砖国家之间还存在一定的历史和现实问题；在金砖国家合作的过程中，还存在如何合理地分配权利、责任和义务，用一个声音说话时更多地发出什么声音，以及一些国家希望搭其他国家的便车，甚至可能还存在金砖国家合作内部的主导权争议等；此外还有西方国家对金砖国家的拉拢、分化、唱衰、捧杀，等等。在如此多复杂因素的共同作用下，金砖国家合作的总体推进并不会特别容易和顺利。

与此同时，我们应该看到，金砖国家合作中存在的不利因素虽然不少，但它们都不是致命性的，不是结构性的，而是技术性的、因具体问题而异的。金砖国家在金砖国家合作的问题上，面临的不是零和的、冲突性的、难以调和的矛盾，而是一些协调性的、沟通方面的、如何妥协的问题。正因为此，虽然一些国际舆论不看好金砖国家合作，金砖国家合作却能在事实上比较平稳地推进。作为一个不包括西方国家及其盟国在内的具

---

① 转引自肖辉忠《试析俄罗斯金砖国家外交中的几个问题》，《俄罗斯研究》2012 年第 4 期，第 41 页。

有全球层面含义、未来还有很大成长空间的重要合作平台，金砖国家合作是一些有抱负和自信的主权国家自愿行为、相互博弈的产物，其取得的每一个结果，都是相关国家在利益关系上达成的一个均衡。国际体系转型的长期性，以及金砖国家在这个过程中宏观政治和战略利益的较高程度的一致性，决定了金砖国家合作对金砖国家具有长期和重要的价值，也使人们对金砖国家合作的前景具有稳定和可靠的信心。随着时间的推移，金砖国家合作在国际经济和全球治理领域将发挥更为重要的作用。

第五章

国际结构与金砖国家合作

根据结构现实主义理论主张可以认为，国家实力，或者说国家在国际结构中所处的位置，是决定该国国家行为和对外政策的重要因素。金砖国家的经济总量、国土幅员、人口规模、国际地位等方面的综合因素，决定了它们在当今国际体系结构中处于基本一致的位置，因此也应具有相同或相似的对外政策。这意味着金砖国家之间既会因为共同的利益而加强团结和合作，也会因为同质性的诉求而存在竞争。认清这种复杂态势下的合作潜力及其限制，是制定相应外交政策的前提和基础。总的来说，金砖国家在经贸、投资、全球经济治理、碳排放、全球发展、全球伙伴关系等低级政治领域存在巨大的合作潜力，但在政治、军事等高级政治领域的合作则需要谨慎。

新兴经济体的群体性崛起，是当代国际经济和国际政治领域最为突出的现象。在两极格局随冷战而结束、新世界格局尚未完全形成之际，新兴经济体的崛起无疑会对世界格局的演化产生深刻影响。然而新兴经济体国家还具有一定的不确定性：如果它们相互合作而形成合力，则会成为任何国际议题都无法绕过的重要力量；反之，则会严重制约它们在国际社会中的作用。因此，新兴经济体成为学术界研究的热点问题之一。中国作为全球最大的新兴经济体和金砖国家机制的重要成员，深刻认识新兴经济体之间合作的潜力和限制，是中国正确制定外交政策的必要基础。本章拟以金砖国家为例，从结构现实主义视角，分析新兴经济体国家之间合作与竞争并存的复杂态势，并在此基础上，总结中国同其他新兴经济体国家之间合作的潜力及限制。

一　结构现实主义理论与金砖国家机制

（一）结构现实主义理论

现实主义理论是理解国际政治的基本范式，甚至被称为“经久不衰的主流范式”①。而结构现实主义又是当代现实主义范式中最为重要的流派之一。它虽然不是外交政策理论，但作为一种体系理论，可以用来分析国家的行为和外交政策。其代表人物沃尔兹认为，国际体系中重大事件的结果，或者说行为体互动的结果，不能只从行为体内部或者行为体的互动过程来解释，而必须关注制约行为体及其互动的体系环境的影响。沃尔兹还从三个方面来确定国际体系结构的特征：（1）组成国际体系单元的排列原则；（2）单元功能；（3）单元实力。沃尔兹认为，首先当代国际体系的基本单元是民族国家，各国都享有对内最高、对外独立的主权，在各国之间不存在共同的权威。各国互不隶属、互不具有管辖权，每个国家都自主决定自己的外交政策和国家行为，因此国际社会也就处于无政府状态。其次，各国无论实力大小，也不论政治制度、价值观念和文化传统有多大差异，它们毫不例外都追求本国利益、捍卫国家安全、提高国家实力。也就是说，作为国际体系行为体的国家，其功能高度一致。最后，各国虽然互不隶属、各享主权，并且功能一致，但是各国的实力处于此消彼长的变化之中，各国的实力是不相同的。也就是说，国家是被一个坚硬的外壳所包围着的单位，或者是大小不等的“台球”，国家间的相互作用意味着这些“台球”表面的碰撞，其结果取决于它们各自的力量和速度而与其内部结构无关。②

国际社会的无政府状态是对主权国家的外在制约，也就是国家的生存环境，而功能一致是国家的基本属性，是内在制约。和国内政治体系不同，国际体系的这两个特征是不变的。唯一发生变化的是国家的实力，国家实力的变化决定了大国数量，大国数量决定了国际体系结构的性质。各国实力不同，在国际体系结构中的位置就不同，结构通过社会化过程和竞争过程给行为体设定了一系列的限制条件，来“鼓励国家的某些行为，惩

① 洪邮生：《现实主义国际关系理论：一种经久不衰的主流范式》，《历史教学问题》2004年第4期。

② John Burton, “The Study of World Society: A London Perspective”, from John A. Vasquez (ed.), *Classics of International Relations*, New Jersey: Prentice - Hall, Inc., third edition, 1996, p. 110.

罚那些不响应鼓励的行为”。①

因此，根据结构现实主义的理论可以推论出如下观点：决定一国对外政策和国家行为的最为重要的变量，就是国家实力，或者说该国在国际结构中所处的位置。本章认为，以金砖国家为代表的新兴经济体，在当今国际结构中的位置是基本一致的，或者说至少具有高度相似性和由此带来的可比性。这也是本章在此重述结构现实主义理论的原因。

（二）金砖国家与金砖国家合作机制

2001 年，美国高盛公司首席经济学家吉姆·奥尼尔指出，新兴经济体如巴西（Brazil）、俄罗斯（Russia）、印度（India）和中国（China）等国家具有巨大的经济潜力和重大的投资机会，并用上述四国英文名称的第一个字母组成“金砖”（BRICs）。“金砖四国”逐渐成为新兴经济体的代名词，也成为国际上引人关注的重要投资领域。在这种舆论氛围和共同利益的驱动下，“金砖四国”之间的对话和合作不断加强。2006 年 9 月，四国外交部部长在联合国大会上首次碰面。2008 年 7 月，在日本举行的八国集团峰会及与发展中国家领导人对话会议期间，金砖国家领导人也举行了会晤。但是金砖国家之间尚未形成正式的合作机制。

2008 年金融危机爆发，新兴经济体国家的经济无一例外都受到了巨大冲击。为了共同应对危机，金砖国家于 2009 年 6 月在俄罗斯举行首脑峰会，并发表了联合声明，这标志着金砖合作机制的正式诞生。在此之后，金砖国家领导人多次会晤，合作机制也不断完善。在国际社会中，金砖国家机制的影响力也逐渐增大，越来越多的发展中国家希望加入或成为其观察员。2010 年 12 月，南非正式加入金砖国家机制，金砖四国变成金砖五国。金砖国家的合作形成了包括领导人定期正式会晤和非正式会晤、部长级会谈、工商论坛和智库论坛等在内的一系列机制。合作领域从投资、贸易向其他领域扩展，合作内容日益多元化。2013 年 3 月，金砖国家领导人会晤决定成立金砖开发银行和外汇储备库。2014 年 7 月，金砖国家领导人在巴西举行第六次会晤，五国发表《福塔莱萨宣言》宣布筹建金砖国家开发银行，并建立金砖国家应急储备安排。

金砖国家机制的成就和作用，从中国国家主席习近平 2013 年 9 月提出

① 肯尼思·沃尔兹：《国际政治理论》，上海人民出版社 2008 年版，第 126 页。

的“三大任务”可见一斑。一是共同应对新的国际金融形势。为应对2008年金融危机，发达国家实施了量化宽松货币政策，这一政策的实施或退出都会对国际金融形势造成影响。二是反对发达国家的贸易保护主义。2008年的金融危机，导致新的贸易保护主义兴起，而这次贸易保护主义主要出现在发达国家。三是提升新兴经济体国家在全球经济治理中的地位，打破发达国家垄断国际金融组织的局面。“共同提升新兴市场国家在全球经济治理中的代表性和发言权，推动落实国际货币基金组织份额改革决定，制定反映各国经济总量在世界经济中权重的新份额公式，同时改革特别提款权货币组成篮子。”① 部分目标（如成立新开发银行、提升新兴经济体在国际基金组织中的份额等）都已基本完成。在2015年乌法峰会通过了《金砖国家经济伙伴战略》，提出金砖国家未来经贸合作向“一体化大市场、多层次大流通、陆海空大联通、文化大交流”的目标迈进。

由此可见，“金砖”是西方国家给新兴经济体所贴的标签，原本是一个学术概念。金砖国家合作机制的产生和发展，既是新兴经济体国家应对全球共同问题的需要，也是同西方发达国家相抗争的结果。虽然习近平主席在2014年提出金砖国家既要重视经济领域合作，也要加强政治领域协调，“既做世界经济稳定之锚，又做国际和平之盾”，② 但就目前为止，金砖国家合作机制的成就主要体现在经济、金融等领域，并力图协调各国在重大国际问题上的立场，而对其他领域的外交政策，尤其是各国国内事务的影响，还有待进一步加强。

金砖国家具有一些共同的特征，除了近年来各国经济都获得高速发展之外，从国土幅员、人口规模、经济总量、国际地位等方面综合考虑，金砖国家应具有高度的可比性（见表5－1）。

表5－1 **金砖国家部分实力要素对比**

项目 / 国别	国土面积（万平方公里）	人口（亿）	GDP（万亿美元）	国际地位
巴西	851.49	2.01	2.24	地区大国

① 《共同维护和发展开放性世界经济》，《人民日报》2013年9月7日第2版。

② 习近平：《金砖国家要做世界经济稳定之锚、国际和平之盾》，http://news.xinhuanet.com/world/2014-07/16/c_1111631355.htm，访问时间：2016年3月14日。

续表

项目 国别	国土面积 （万平方公里）	人口 （亿）	GDP （万亿美元）	国际地位
俄国	1707.54	1.44	2.02	全球大国
印度	320.15	12.10	1.86	地区大国
中国	959.69	13.54	8.23	全球/地区大国
南非	122.10	0.45	0.38	地区大国

资料来源：笔者根据世界银行等网络资料自制。

虽然金砖国家历史不同，文化传统、风俗习惯、意识形态、社会制度各方面都有差异，但是这五国在国际结构中处于相同或近似的位置。结构现实主义理论主张，影响各国对外政策的因素并非国家内部之分歧，国家在国际结构中所处的位置不同才是造成各国对外政策不同的主要因素。因此金砖国家应具有相同或相似的诉求和主张，也就会制定相同或者相似的外交政策。这意味着新兴经济体国家之间的合作将同时呈现出合作和竞争共存的特征：一方面，它们会因为共同的目标而团结一致，相互支持，并形成新兴经济体组建的国际协调机制；另一方面，在它们合作的背后，竞争将因为它们同质化的需求而时隐时现，并且难以避免和化解。

二　金砖国家合作的现状及潜力

根据结构现实主义理论，金砖国家在国际社会中具有相同或相似的诉求和主张，这也意味着金砖国家具有良好的合作基础和广泛的合作领域。从现状来看，其合作主要体现在以下领域：一是国际金融、经济等领域，以及改革全球经济治理结构的诉求；二是全球发展领域，主要是2015年后联合国全球发展议程方面；此外还包括气候变化、防止核武器扩散、打击恐怖主义等重大国际问题的立场协调方面。

首先，金砖国家在全球经济治理方面的合作顺利，并取得很大的成就。

2014年11月在澳大利亚布里斯班金砖国家领导人非正式会晤时，习近平主席指出，金砖国家要积极参与国际多边合作，提高在全球经济治理中的话语权，包括在二十国集团峰会上加强协调合作、推动建设开放型世界经济、落实国际货币基金组织改革方案、推动解决全球发展问题，等等。①

2010年以来，金砖国家努力减少美元依赖，推动国际货币体系多元化，进行了一系列集体协调行动。包括倡议多元化国际货币体系、强化区域货币合作、推进货币互换和本币贸易结算、特别提款权地位提升、共同开发银行计划，等等。2012年二十国集团峰会上，金砖国家共同提出对国际货币基金组织（IMF）的增资规模，其中中国增资430亿美元，俄罗斯、印度、巴西分别增资100亿美元，南非增资20亿美元。新兴经济体国家团结一致，成功增强了其在国际货币基金组织中的份额和投票权。2013年金砖国家第五次峰会，决定成立金砖开发银行和外汇储备库，2014年7月新开发银行正式诞生，西方垄断国际金融组织的局面被打破，新兴经济体国家的话语权得到提高，也有力地促进了世界金融稳定。

值得注意的是，新兴经济体国家的崛起有一个显著特征，即发生在当今国际政治和国际经济制度框架之内。换句话说，当代的国际政治秩序和国际经济秩序为新兴市场国家的崛起提供了制度空间。因此，稳定而合理的国际经济规则对新兴经济体国家来说十分重要。新兴国家和守成大国之间的矛盾，并不像历史上对国际霸权的争夺，而是集中在对国际规则的改革方面。2008年全球金融危机，促进了各国对现有国际经济规则的质疑和讨论，也催生了“金砖国家合作机制”。金砖国家认为，世界经济格局已经伴随新兴经济体的出现而发生了根本性的变化，而当下的国际经济治理体系并没有体现出这一变化。因此，国际经济治理结构需要进行改革，应当增强新兴经济体的代表性和发言权。

其次，金砖国家之间在国际发展领域的合作令人瞩目。联合国千年发展目标在2015年到期，对于2015年后的发展议程（即2016年生效的联合国“2030年可持续发展议程”），很多国家在制定过程中发布了立场文件。从整体上来说，金砖国家拥有相同或相似的政策主张。以下以中印两国在2013年发布的立场文件予以证明。

第一，在2015年后全球发展议程同联合国千年发展目标之间的关系上，中国和印度都主张2015年后全球发展议程不应另起炉灶，而应当是

① 杜尚泽、鲍捷：《提高金砖国家全球经济治理话语权》，《人民日报》（海外版）2014年11月17日。

千年发展目标的继承和延续。中国表示，未来的发展议程应当“坚持连贯性原则”，应建立在千年发展目标基础之上，一些尚未实现的千年发展目标应继续作为 2015 年后的发展目标。[①] 印度认为，联合国千年发展目标虽然已经取得了令人鼓舞的成就，但所确定的各项指标对广大发展中国家 2015 年之后的发展仍有重要的意义。联合国千年发展目标所确定的各项发展重点，仍应该体现在 2015 年后发展议程之中。[②] 第二，中印在未来发展的重点领域和优先方向上意见基本一致。中国主张，未来的发展重点首先是“消除贫困和饥饿”，全面推进社会进步并改善民生。其他还包括老龄化、教育、基本医疗保障制度、保障妇女和儿童权益、社会保障机制等，以及“促进经济包容性增长”，促进就业、推进贸易投资自由化和便利化。印度同样认为，发展的核心目标是消除贫困、促进经济增长。中印两国都不赞成将诸如“民主”“人权”“治理”“安全”“冲突”等作为 2015 年后发展议程的目标。这些意见在其他国际组织的报告中得以体现，“可持续发展目标开放工作组”（OWG）指出：人权、基于权利的办法、治理、法治以及更广泛地决策参与方面的目标，可能难以被列为 2015 年后发展议程的目标。[③] 第三，中印在其他重大原则性问题上政策主张也高度一致。中印两国都反对任何可能通过发展议程而削弱国家自主权的安排或主张。两国都提出要维护多边贸易体制、反对贸易保护主义等主张，都强调了发展领域内“共同但有区别的责任”原则。在全球伙伴关系的建设方面，都强调了以南北援助为主，以南南合作为补充，也就是强调发达国家在资金、技术和能力建设等方面的援助，强调明确西方发达国家在援助资金方面提供更有力的保障，等等。

最后，金砖国家在其他领域内也有广泛的共同利益，这些领域包括气候变化、防止核武器扩散、打击恐怖主义等，特别是在气候领域内的合

---

① 中华人民共和国外交部：《2015 年后发展议程中方立场文件》，http：//www. gov. cn/gzdt/2013 -09/22/content_ 2492606. htm，访问时间：2016 年 3 月 14 日。

② Government of India's Inputs on the Post -2015 Development Agenda，from "National Consultation Report，Post -2015 Development Framework：INDIA"，United Nations Resident Coordinator's Office，May 2013 http：//www. in. undp. org/content/dam/india/docs/poverty/national - consultation - report - post -2015 - development - agenda. pdf.

③ 2013 年 7 月 19 日大会可持续发展目标开放工作组共同主席给大会主席的信：《大会可持续发展目标开放工作组的进展报告》，2013 年 7 月 23 日，A/67/941，http：//www. un. org/zh/documents/view_ doc. asp？symbol = A/67/941。

作，体现出新兴经济体国家的共同利益诉求和团结的力量。2009 年在中国的倡议和推动下，形成了巴西（Brazil）、南非（South Africa）、印度（India）和中国（China）四个主要发展中国家组成的《联合国气候变化框架公约》下的谈判集团，取四国英文名首字母拼成的单词“BASIC”（意为“基础的”）为名，形成了“基础四国”机制。四国在历次气候变化国际谈判协调会和缔约方大会期间以“基础四国”名义进行统一发声，对谈判进程产生了重大影响，成为一股重要的代表性力量。

金砖国家合作在未来将具有巨大的发展潜力。这些领域主要体现在以下方面：首先是经济领域。新兴经济体因为经济成就而在国际社会中拥有共同的身份，现在也都毫不例外地致力于经济发展。金砖国家一方面可以推动全方位的经济合作，构建统一的大市场，另一方面也可以分享经济发展和改革的经验教训。其次是文化交流领域。金砖国家机制的建立时间还不是很久，金砖国家的内部联系还有待于进一步加强。推动文化方面的交流，可以深化互信，提高金砖国家的软实力。习近平主席在 2013 年的德班峰会上曾提出“文化大交流”的目标。再次是全球经济治理领域。虽然已经取得了很大的成就，但是由于事关新兴经济体的外部发展环境，并不可避免地受到西方发达国家的阻碍，因此这一领域的合作既具有重要性，也具有长期性。复次是全球发展领域。联合国“2015 年后发展议程”正在制定，发达国家和发展中国家的分歧也日渐明显，金砖国家应当在这个问题上通力合作，保证发展议程的最终文本符合新兴经济体和广大发展中国家的利益。最后，金砖国家应当加强在其他重大国际事务中的协调，在国际事务中共同提出方案，伸张正义，践行平等，共同维护国际公理，推动建立全球发展伙伴关系。①

三　金砖国家的结构性竞争态势

结构现实主义理论预示，金砖国家之间因为同质性的诉求而存在竞争。这种竞争态势是由国际政治结构所决定，因此难以避免。整体来看，金砖国家之间的竞争存在于政治、经济、能源、市场等多个领域。

---

① 东方晓：《为“金砖梦”贡献中国智慧》，http://opinion.people.com.cn/n/2014/0717/c1003-25292761.html。

首先，金砖国家普遍存在大国情结，有相互提防、遏制的战略意图。

从政治角度来说，金砖国家无一例外都表现出强烈的大国情结。在历史上，金砖国家都曾凭借其幅员、人口、资源等优势成为地区或世界大国。现在，经济的高速发展，使它们追求大国地位的步伐更显迫切。中国提出民族复兴的“中国梦”，而其他国家也都有自己的大国战略。比如说俄罗斯，自苏联解体以来，就把俄国复兴、重振俄国的大国地位作为其外交战略的基石。普京强化俄罗斯的核威慑能力，强调俄罗斯“有足够的力量”捍卫主权、安全和民族利益，以军事实力强势确立其大国地位并树立大国尊严。[①] 在俄罗斯总统普京看来，大国地位并非可有可无的选择，而是一种生存的必然。只有作为一个“强国”，俄罗斯才能在现有的边界范围内继续存在下去。普京的保守的民族主义社会意识得到了俄罗斯社会大多数的认同。据媒体报道，普京在2013年荣获全世界俄罗斯人民大会首次颁发的“捍卫俄罗斯大国地位”奖。[②] 俄罗斯2014年3月吞并乌克兰的克里米亚半岛，引发西方对俄罗斯的经济制裁；再加上油价暴跌，卢布贬值，俄罗斯经济状况恶化。但是普京总统并没有像西方舆论预测的那样下台，反而获得了俄罗斯民众更高的支持率，这反映出俄罗斯大国意识在该国社会中根深蒂固。

再如印度，近年来该国不论是政界领导人还是其他著名人物，都对印度成为世界大国、强国发表宏论，印度前总理瓦杰帕伊还把21世纪视为印度的世纪，等等。[③] 印度国内关于国家定位的议论中，最有代表性的就是认为印度是“世界六大力量中心之一”。因此，“加入国际社会的管理层”或“坐进国际社会的贵宾席”是印度成为大国的具体目标。2004年，印度同德国、日本、巴西组成了“四国联盟”，意欲成为安理会常任理事国。2013年之后，印度积极参与联合国2015年后全球发展议程的制定，借此提高自己在国际社会中的声望。印度近年来追求大国地位的努力一刻也没有停歇。[④]

---

① 邢广程：《俄罗斯外交新构想》，《人民日报》2000年4月6日第7版。

② 周旭：《世界俄罗斯人民大会授予普京捍卫大国地位奖》，http://news.xinhuanet.com/world/2013-11/05/c_125651534.htm，访问时间：2016年3月14日。

③ 张敏秋主编：《跨越喜马拉雅障碍：中国寻求了解印度》，重庆出版社2006年版，第253页。

④ 焦传凯：《印度大国之路的两难困境》，《南通大学学报》（社会科学版）2014年第3期。

巴西同样有自己的大国战略。早在20世纪90年代，约翰斯·霍普金斯大学拉美研究主任奥登·罗伊特就指出："无论在国内事务还是在国际事务上，不断强大和自信的巴西不会对任何国家屈服。同样，巴西突然发觉自己可凭借特殊的经济地位谋求在国际事务上更为重要的地位。"[①] 巴西前外长路易斯·费利佩·兰普雷亚曾表示："巴西政府感到自己理应获得国际上的认可，并担当领导者的角色，我们赢得了世界对巴西国际地位和国际使命的承认和尊敬，巴西必将受到世人的更加关注。"进入21世纪，巴西通过推进国内改革、积极参与全球化、开展多元外交等途径，逐步实现着"强国之梦"，而申请成为联合国安理会常任理事国更是其实现"强国之梦"最鲜明的例证。巴西"大国"含义来源于对其自然和地理条件、经济规模、军事实力、外交战略以及科学技术水平等方面的判断。[②]

中国和印度以及俄罗斯都有漫长的边界线，历史上都曾因为边界问题发生了战争，到现在边界问题也没有完全解决，基于地缘政治因素的考虑，两国之间的竞争关系尤其需要谨慎对待。对于中国推行的"一带一路"战略，印度态度暧昧；对于中国和巴基斯坦合作的"中巴经济走廊"，印度暗中抵制。而且印度同日本、越南等国家合作，在南海问题上牵制中国。而中国和俄罗斯之间，也存在一些类似的竞争。

其次，金砖国家经济领域内的竞争有加剧趋势。

雅尔塔体系形成以来，国际经济格局整体上的趋势，是世界各国逐渐融入以美国等主导的资本主义全球经济体系。俄罗斯2012年经过近20年的努力而加入世界贸易组织，成为这一趋势的标志性事件。当前美国主导的如"跨大西洋贸易与投资伙伴关系协定"（TTIP）和"跨太平洋伙伴关系协定"（TPP）等全球新一轮经济规则的谈判，意味着这一趋势仍在延续。国际经济格局的特点之一，仍是新兴经济体对国际经济体系被动的适应和调整。

从发展阶段和产业政策看，中国与其他金砖国家都处于快速增长期，特别重视贸易出口和对外投资，出口商品存在较强的同质性，相互之间竞争逐步浮现并有增强的趋势，在服装、纺织、鞋帽等轻工业领域出现了较

---

① Riordan Roett, *Brazil*, *Politics in a Patrimonial Society* (Fourth Edition), New York: Westport, 1992, p. 190.

② 周志伟：《巴西"大国地位"的内部因素分析》，《拉丁美洲研究》2005年8月第27卷第4期。

为严重的“碰头相撞”现象。由于国际金融危机的影响，部分国家甚至释放出具有贸易保护主义倾向的信号，巴西、印度、南非等国频频对中国贸易发起反倾销调查，而俄罗斯也多次以整顿国内市场秩序为由对中国出口进行调查。

以巴西为例，2010 年，巴西对中国 14 种玩具的关税由 20% 提高到 35%。2011 年，巴西实施提高关税的 7 种产品中，有 5 种产品进口自中国，包括瓷砖（从 15% 提高至 35%）、自行车（从 20% 提高至 35%）、分体式空调（从 18% 提高至 35%）等。巴西认为将近一半的巴西制造业企业遭遇来自中国的竞争，中国产品抢占了国内消费市场，巴西制造商要求政府保护他们的产业。[①] 在 WTO 成员国中，巴西是对中国采取反倾销投诉较多的国家之一。中国对巴西的出口屡遭反倾销调查，在 2009 年达到最高峰。2011 年，巴西对中国产品发起 5 次反倾销调查，全部是制成品，涉及钢铁、化工、轻工等行业。自 1989 年 12 月第一次对中国产品发起反倾销调查以来，截至 2011 年年底，巴西共对中国产品发起了 54 起反倾销调查案件，涉及机电、五金、化工、轻工、纺织、食品等产品。[②]

金砖国家也面临资源竞争。当前世界范围内的经济发展模式仍属资源驱动型经济，经济发展离不开对资源的消耗，这对于科技相对不发达的金砖国家来说更是如此。从现状来看，金砖国家的经济增长呈现出低效率、高耗能特征。虽然金砖国家的资源具有一定的互补性，如俄罗斯是中国重要的能源提供国，巴西和南非是中国重要的原料提供者，但是如果金砖各国仍保持过去经济增长的速度，那么对能源的消耗将是惊人的，金砖国家对能源和其他资源的竞争难以避免。

另外，金砖国家在吸引西方发达国家的资金和先进科技方面，更是存在明显的同质化需求和竞争，比如说，各国所使用的政策大都包括税收优惠、经济特区政策以及地区优惠政策等。以俄罗斯为例，2010 年俄罗斯在总统梅德韦杰夫亲自领导下成立了斯科尔科沃创新中心（Skolkovo Innovation Center），该中心通过政府贷款、税收优惠等吸引了芬兰诺基亚、德国西门子、法国布依格、美国思科等公司。虽然俄罗斯同西方的关系时有起

---

① 马露萍：《重商主义视角下中国与巴西的贸易摩擦分析》，《北方经济》2012 年第 2 期。

② 王飞、吴缙嘉：《中国和巴西经贸关系的现状、机遇与挑战》，《国际论坛》2014 年第 4 期。

伏，但是俄罗斯一直积极争取和吸引更多的资金、技术与人才。

此外，金砖国家在对外投资方面也存在一定的竞争。同中国“走出去”战略类似，其他金砖国家也实施了类似的战略。比如，印度石油天然气公司在越南、古巴和尼日利亚相继获得开发权；塔塔集团在南非的约翰内斯堡成立了塔塔非洲控股公司，中国在非洲最大的竞争来自印度；俄罗斯能源企业也加紧开拓海外资源市场，扩大国际影响力。① 国际投资的行业重叠和地区交叉使金砖国家之间存在潜在的利益冲突。

四　小结

新兴经济体和金砖国家机制都是当代国际社会中出现的新现象，结构现实主义理论为我们认识新兴经济体之间的关系提供了有力的分析视角。总结如下。

首先，金砖国家合作机制还处于初始阶段。金砖国家之间的合作机制自2009年6月在俄罗斯叶卡捷琳堡正式启动以来，到现在已经举办了六次峰会，在国际金融治理方面取得了突出的成果。金砖国家机制的机构设置，展示出官方、民间、智库等多方位联系的态势，说明成员国对金砖国家机制的前景寄予厚望。但是从整体上来说，金砖国家合作的意义有待进一步观察，经贸、科技、文化等国内层面的合作还有待于进一步增强。金砖国家的贸易总额、投资总额占比仍然较小，在金砖国家机制吸收其他成员等方面还存在较大的分歧，目前也没有一个诸如秘书处之类的总体协调机构。鉴于新兴经济体之间的差异，完善合作机制将是一个非常缓慢，也需要十分谨慎的过程。

其次，中国同其他新兴经济体国家之间在经贸、投资以及气候、碳排放、清洁能源、全球发展、全球伙伴关系的建设等领域有巨大的合作潜力。上述领域属于低等政治领域，合作的障碍较少，这些领域合作共赢的收益远大于竞争。在国际层面，新兴国家可以团结起来，争取更为公平的市场规则和交易条件，也可以争取发达国家承担更多的包括发展援助、资金支持、技术转让等方面的责任。在国内层面，各国应充分利用经济的互

① 刘锋、朱显平：《俄罗斯能源企业“走出去”发展战略与中俄合作》，《东北亚论坛》2013年第5期。

补性，推动新兴经济体国家产业合作的广度和深度，加强相互之间的经贸、投资关系，更大程度地开放市场、提供更为优惠的贸易条件、更好地发挥各经济体不同的资源禀赋优势，促进共同发展。面对新的工业革命可能导致的新兴经济体国家同发达国家之间的科技差距，新兴经济体可以进一步深化研发合作。

再次，中国同其他新兴经济体在政治、军事等高等政治领域的合作需要谨慎。根据厄恩斯特·哈斯提出的“外溢”（spill over）理论，专业领域内的合作会促进其他领域内的合作，最终提升政治合作的基础。新兴经济体在经贸、科技等政治敏感性较低的领域内的成功合作，无疑会导致其在地缘政治、军事等高等政治领域内合作的愿望。但是，首先出现在西方学术领域和投资领域的“金砖”概念，在引向政治领域时需谨慎评估合作的前提、成本以及各种可能的后果。新兴经济体国家之间在文化传统、价值观念，特别是现代化进程中所形成的政治制度和政治观念差别较大，合作的民间基础还需要进一步夯实。而且中印之间、中俄之间，不仅存在现实的地缘政治的影响，而且存在历史上的冲突和现实边界的纠纷，这都影响政治互信的深化。

最后，中国同其他新兴经济体之间的合作应注意同西方国家或现有国际体系的协调。新兴经济体虽然在经济上取得了令人瞩目的成就，但是除俄罗斯外，无一不把自身定位为发展中国家。新兴经济体之间的合作，仍然体现出发展中国家之间南南合作的属性。这种合作具有反对霸权、改变国际经济旧秩序的内在要求。不过，中国应注意同西方国家或现有国际体系的协调。一方面，新兴经济体的崛起尚未根本改变当代基本国际政治经济秩序，西方发达国家仍然是国际社会的主导者；另一方面，国际体系为新兴国家的发展提供了一定的制度空间，中国是全球化的受益者，在当前阶段遵守而不是对抗这一体系仍然符合中国的根本利益。另外更为重要的是，基于结构现实主义理论的预测和国际政治的现实，新兴经济体国家无不把合作机制当作实现本国战略的工具。中国推动金砖国家之间的合作，必须以实现中国利益为中心。

第六章

实践理论与金砖国家合作的中国参与

中国特色的实践理论把西方的“实践转向”与中国的实践学说结合起来，以实践逻辑为中介，建立起“参与实践”与“身份承认”之间的因果关系。这一理论框架可以用于中国参与金砖国家机制的实践活动的分析。中国在国际环境和国内外资源条件的推动下，发起了以话语实践、创新实践和联盟实践为主的创建金砖国家机制的实践活动，凝聚了创建金砖国家机制和中国作为平等成员国参与合作并开展集体行动的共识，这一共识经过金砖国家机制加以确认，赋予了中国参与国际交往的全新集体身份——拥有平等权利和对等义务的金砖国家机制创始成员国，并且随着金砖国家机制的发展，这一身份不断充实和深化。中国利用这一新的集体身份在国际体系中发挥新作用，对国际体系的发展进程产生了重要影响。

2000 年以来，西方国际关系学者开始将实践问题系统纳入国家关系研究，提出了国际关系研究的实践理论。实践理论将国际关系理解为一个实践进程，在方法论上使用了溯因推理。其研究重点包括对施动者和结构关系的考察、对社会因素生成和体系转换问题的实践思考。[①]一些中国学者呼应了这一研究取向，在融合中国政治文化基础上提出了具有中国特色的实

---

① 朱立群、聂文娟：《国际关系理论的“实践”转向》，《世界经济与政治》2010 年第 8 期，第 98—115 页。

践理论框架。[①] 这一理论框架通过对人类实践活动的基本进程进行观察和归纳，提出了实践条件、实践模式和实践与身份的因果关系。那么，这一实践理论框架能否有效地解释中国参与金砖国家机制的行动呢？中国的实践活动可以对实践理论产生怎样的启示呢？本章试图通过实践进程分析回答这一问题。

一 参与实践、共识产生与新身份确立

参与实践和身份承认是实践理论的两个核心概念。实践理论认为，国家行为体的参与实践与行为体在国际体系内通过实践获得的身份承认，可以通过实践逻辑这一中介建立起因果关系，即“参与实践”导致“身份承认”。具体关系机制是，国家参与国际体系互动进程的实践活动可以不断创造和凝聚国际共识，这些共识经过国际制度体系确认后，可以确定国家的新身份。国家利用新身份参与新的实践活动，可以对国际体系进程产生影响，推动国际体系结构发展变化。[②]

根据国家加入某一国际制度体系的阶段不同，该分析框架将参与实践活动分为五种不同类型：话语实践、联盟实践、学习实践、遵约实践和创新实践。[③] 话语实践是国家界定实践活动的过程，通过赋予实践对象特定

① 代表性的是秦亚青在其国家社科重大项目“我国积极参与国际体系变革进程研究”中所作的尝试，参见其“理论子课题”（即将出版）。秦亚青将实践理论与中国特色相结合，融入马克思主义实践哲学和中国传统文化中的实践思想，试图构建一个中国特色的实践理论。此前，国内出现了一些围绕西方实践理论框架进行分析的文章，推动了中国国际关系理论研究的实践转向。参见朱立群、聂文娟《国际关系理论的“实践”转向》，《世界经济与政治》2010 年第 8 期；朱立群《中国参与国际体系的实践解释模式》，《外交评论》2011 年第 1 期；吴文成《联盟实践与身份承认：以新中国参与联合国教科文组织为例》，《外交评论》2012 年第 1 期；冯继承《中国参与联合国维和行动：学习实践与身份承认》，《外交评论》2012 年第 1 期；朱立群、聂文娟《从结构—施动者角度看实践施动——兼论中国参与国际体系的能动性问题》，《世界经济与政治》2013 年第 2 期；赵洋《国家身份建构中的施动者、结构和实践：一项基于中国参与国际体系的研究》，《教学与研究》2013 年第 8 期；孙凯《参与实践、话语互动与身份承认——理解中国参与北极事务的进程》，《世界经济与政治》2014 年第 7 期；等等。

② 参见孙凯《参与实践、话语互动与身份承认——理解中国参与北极事务的进程》，《世界经济与政治》2014 年第 7 期，第 48 页；朱立群《中国参与国际体系的实践解释模式》，《外交评论》2011 年第 1 期，第 19—33 页。

③ Christian Büger and Frank Gadinger, “Reassembling and Dissecting: International Relations Practice from a Science Studies Perspective”, *International Studies Perspectives*, No. 8, 2007, pp. 100 – 105.

意义，建构适当认知框架，从而指导具体行为。[①] 联盟实践是国家为实现特定利益目标对目标群体所做的动员和说服工作，是实践者从事的旨在说服对方接受、调整或放弃某些观念、态度、习惯和行为的活动。[②] 学习实践是国家在参与国际体系过程中的模仿和学习行为，是实践参与者为应对陌生或不确定环境所进行的复制群体行为规范的行为。[③] 遵约实践是国家参与国际制度后按照制度规范修正自身行为、调整与国际体系关系并重塑相互预期的行为。创新实践则是国家在参与国际体系实践过程中对国际制度运行方式、国际规则、议程以及宗旨等进行改革或创新行为。

实践理论认为，实践是在一定时空条件下进行的，这种时空条件表现为国家参与实践活动的国际体系环境和国内资源条件。国际体系主要是指国际制度体系，目前主要由西方国家创建，对于后加入国而言，国际制度整体上表现出规范性、西方主导性和可渗透性的特点。国际制度的规范性意味着国家的参与实践是一个以遵守国际规范为主导的实践过程；西方主导性则决定了国家参与国际制度的实践既是一个学习过程，也是一个适应过程，国家的创新实践必须在适应和接受现有制度基础上进行；可渗透性表明国家可以加入国际制度并对其规范进行调整。国际制度对制度内外的国家所构成的约束和提供的渗透机会不同，构成了国家参与实践环境的不同。

国内资源主要包括三个方面：国内制度、国内利益和国内规范。[④] 国内结构是国家进行参与实践的核心动力，也是国际制度规范进入一国国内并获得支持和产生影响的干预力量。各国的制度因其所界定的政府与社会关系不同而差异很大，这种差异会影响国际制度规范进入一国并得以传播的机会。国内利益考量和规范匹配程度会影响国家对参与实践的选择。一国越认为接受某个国际规范有助于其获得重要物质利益，就越有利于这一规范在其国内的传播。国内规范与国际规范的匹配程度则决定了国内规范适应和调整的压力大小，决定着国际制度规范在国内传播的阻力和影响

---

① Audie Klotz, *Norms in International Relations: The Struggle against Apartheid*, Ithaca: Cornell University Press, 1995, pp. 29 – 33.

② 赵鼎新：《政治与社会运动讲义》，社会科学文献出版社 2006 年版，第 2 页。

③ Alastair Iain Johnston, *Social States: China in International Institutions* 1980 – 2000, New Jersey: Princeton University Press, 2008, pp. 23 – 46.

④ 朱立群、林民旺等：《奥运会与北京国际化——规范社会化的视角》，世界知识出版社 2010 年版，第 29 页。

力。总之，国内资源的制度、利益和规范三个因素导致国家在参与实践中的政治接受程度（敏感度）不同，表现为完全接受、部分接受、有条件接受和政治排斥四种不同结果。

该分析框架认为，国家的参与实践活动不断产生新的社会共识，这些共识可以在国际制度的不同层面上得以确认，界定国家的新身份。所以，国家在国际制度内的身份承认分为形式承认、分配承认和价值承认。形式承认即代表权层面的承认，这是一种有限承认，一方面国际制度的资深成员国集体承认新加入国家正式进入体系，另一方面未必承认后者具有与其自身相同的权利和尊严。分配承认是一种物质层面的实质性承认，主要是指对具有分配意义的投票权和在制度中地位的承认，反映的是国家在体系内利益实现的程度。价值承认是一种精神层面的实质性承认，是国家在相互交往中，在尊严、平等、尊重基础上的承认。①一个国家进入国际制度体系后，其成员国身份在得到了所有三个层面的承认后，就成为一个具有完全身份的资深成员国了。

实践理论分析为我们观察国际关系提供了一个全新的动态视角，但是，我们可以用这一分析框架很好地分析中国参与金砖国家机制的发展进程吗？我们知道，金砖国家机制是近八年来出现和机制化的国际组织，起源于美国高盛公司将巴西、俄罗斯、印度、中国等新兴市场国家联系在一起进行观察和分析的研究行为。② 高盛公司的研究报告使“金砖四国”的称谓风靡全球，四国在金砖框架内的合作随之出现并不断扩大和深化，至今已发展为有五国参加的金砖国家机制。③ 那么，这一发展进程是否符合典型的实践理论模型呢？

二　机制初创阶段中国参与实践与共识形成

截至目前，金砖国家机制的发展进程可以分为两个大的关键阶段。第一个关键阶段就是金砖国家机制的筹备和初创阶段，第二个关键阶段则是

---

① 以上理论部分阐述主要参考秦亚青《我国积极参与国际体系变革进程研究》之“理论子课题”（即将出版），同时综合参阅其他相关文献。

② 王玉华、赵平：《“金砖国家”合作机制的特点、问题及我国的对策》，《当代经济管理》2011 年第 11 期，第 24 页。

③ 同上。

金砖国家机制不断成型和实体化的六次首脑峰会，其中最主要的有三次峰会。我们首先考察在金砖国家机制建构的筹备和初创阶段，中国在什么样的资源条件下，通过怎样的实践活动，凝聚了哪些重要共识，以及这些方面是否与实践理论的描述一致。

（一）中国参与金砖国家机制的实践资源

根据实践理论的解释，实践资源主要是指中国参与国际体系的国际环境与国内资源两大条件要素。那么，这两个条件是否直接影响了中国参与金砖国家机制的行为选择呢？

首先，从国际环境方面看，改革开放后，中国与外界的联系增多，发展机会也随之大增。为了充分利用国际体系的制度规则发展自己，中国必须加入已有的成熟国际制度。但是，当时的国际制度普遍由西方国家（尤其是美国）主导，中国要加入这些国际制度，必然要经历一个说服对方接纳中国的过程，还要经历一个不断学习、适应、遵守其国际制度规范的过程。而且，中国加入这些国际制度后，名义上可以利用国际制度的可渗透性对其中的一些规范进行调整和创新，但是，西方国家留给中国的活动余地并不大。国际制度体系的西方主导性决定了中国不能在其中“过度”发挥，表现在创新实践方面，在制度规则的制定、修订和组织内权利与义务的分配等问题上，中国发言权很小。这一窘境不仅与中国日益发展的大国地位不相称，也极大地限制了中国进一步发展的空间。因此，中国必须另辟蹊径，适时建构由自己主导的全球性国际组织。基于这一考虑，中国将目光转向了金砖国家概念，希望通过一系列创新实践，将这一概念转化为一个以新兴发展中国家为主导的实体性合作机制。这意味着，国际体系环境是推动中国创建金砖国家机制的重要因素。

其次，中国的国内资源条件也对参与构建金砖国家机制有利。从国内制度看，中国具有集中力量办大事的体制性优势，可以集中国内有关力量，努力将金砖国家聚合在一起。同时，中国推动构建金砖国家合作机制，有利于贯彻和平发展战略，增进金砖国家之间的协调合作，提高本国的国际影响力，完全符合中国的国家利益，所以，中国参与构建金砖国家机制，比较容易取得国内认可，不大存在国内接受的问题。加之中国参与金砖国家机制的创建工作，可以在这一合作机制的规范设置上充分考虑其与国内规范的相容性，有利于其尽快在国内普及甚至内化。所以，中国构建金砖国家合作机制的国内资源条件比较充足，国内动力足够。

（二）金砖国家机制确立之初的中国参与实践类型

根据实践理论，国家参与国际体系的实践活动分为五个基本类型。在中国参与金砖国家机制的初期实践中，我们可以清晰地分辨出其中的三种：话语实践、创新实践和联盟实践。

中国参与金砖国家机制的话语实践，初期主要是围绕金砖国家概念，赋予其体现中国国际组织新追求的确切含义：重新界定此前仅存于高盛研究报告中的金砖国家概念，将其定位为新兴世界大国——中国以发起人和核心成员身份组织并参与的第一个全球性的、非西方主导的国际组织，并以此指导中国的实践活动。中国确信，通过构建这一国际组织，可以增加自身在国际关系中的社会性权力，落实“结网巧战略”，通过国家间平行关系网络的编织而非等级权力地位的争夺，和平追求全球大国地位。[①] 为此，中国还将参与金砖国家机制写进了十八大报告，将其作为“积极参与多边事务”的四大平台之一。[②] 然而，这时，中国的话语实践所界定的金砖国家机制的新含义，还仅仅是中国的个体认知和个体观念，它只能从中国角度单方面界定金砖国家机制的可能轮廓和中国创始国的个体身份，这一个体身份有待中国通过联盟实践形成集体共识后进行集体确认，形成集体身份。

中国在参与金砖国家机制之初的创新实践至关重要，它决定了金砖国家机制是否可以被相关国家接受、能否从概念变为现实。中国必须事先为想象中的金砖国家机制绘制一个美好蓝图，以吸引其他相关国家加入。为此，中国合理规划了金砖国家机制化合作框架及其发展路线图，并提出了合理的内部协商原则。根据中国设想，金砖国家合作机制主要建立包括首脑会晤、外长会晤、国家安全事务高级代表会晤、财长会晤在内的各级别会晤机制，全面深化和具体化各国的协调与合作。发展路线图则主要是争

① 庞珣：《“金砖国家”组织：中国大国外交的“结网巧战略”》，2014 年 5 月 30 日，“清华—卡内基全球政策中心”网站，http：//www. carnegietsinghua. org/2014/05/30/金砖国家—组织—中国大国外交的—结网巧战略/hcdk，访问时间：2014 年 10 月 5 日。

② 胡锦涛：《在中国共产党第十八次全国代表大会上的报告》，2012 年 11 月 8 日，人民网，http：//cpc. people. com. cn/n/2012/1118/c64094 – 19612151 – 11. html，访问时间：2014 年 10 月 12 日。中国积极参与多边外交的其他三大平台为：联合国、上海合作组织、二十国集团。

取通过首脑峰会完成一系列事关金砖国家机制化合作成败的关键步骤，前期至少包含三个方面，一是确立金砖国家合作的机制化发展方向和全球治理诉求；二是提出并批准致力于巩固金砖国家机制化合作的行动计划，明确全球治理的基本立场；三是规划成立金砖国家开发银行和应急储备安排，奠定金砖国家机制的实体支柱。[①] 此外，中国积极主张将“协商民主”原则作为金砖国家内部进行对话和讨论的基本原则，并以身作则积极践行。这些积极有效的创制活动，为金砖国家机制的发展和壮大奠定了坚实基础。

在上述工作的基础上，中国积极劝说各金砖当事国接受中国对金砖国家机制的新认识，认可金砖国家机制的合作框架和协商民主原则，接受中方倡导的金砖国家发展方向和实体化步骤，同意与中国一起推动金砖国家机制的创立。为充分调动其他金砖国家的参与积极性，避免造成中国强势的负面印象影响金砖国家合作，中国制定了独具特色的实践策略，即充分发挥中国的协商民主优势，与其他国家进行协商，由它们提出大家均可接受的合作建议。另外，中国尽量寻求金砖国家的利益契合点，推动其他国家主动接受中国的合作建议。事实证明，中国的这些做法取得了明显成效，俄罗斯、印度、巴西三国一致同意与中国共建金砖国家机制。

（三）金砖国家机制确立之初的共识形成

实践理论认为，参与实践可以催生和凝聚集体共识，这一点在中国参与创建金砖国家机制之初的实践活动尤其是联盟实践中表现得比较明显。这些新产生的共识主要包括以下三点。

第一，俄罗斯、巴西、印度对中国将金砖概念机制化的创造性构想表示认可。俄罗斯、巴西与中国同为新兴市场国家，且与中国关系较好，在2008年全球经济危机的背景下，中国经济一枝独秀，两国都希望联合中国发展自身，摆脱西方经济危机拖累，提高本国影响力，与中国共建公平、民主、多极的世界秩序。[②] 所以，两国在创建金砖国家机制的大思路上几乎与中国一拍即合。印度与中国存在边界纠纷等历史遗留问题，但是，其

---

① 徐立凡：《“金砖国家”合作迎来第三个节点》，《新京报》2014年7月15日第A02版。

② 辛仁杰、孙现朴：《金砖国家合作机制与中印关系》，《南亚研究》2011年第3期，第88页。

对与中国共建金砖国家机制的提议也非常积极。印度相信，金砖国家机制能够成为新兴市场国家自己的正式多边合作平台，提升新兴市场国家的话语权、解决发展中大国之间的关系问题、帮助印度在联合国发挥更大作用、进一步提升印度的国际地位。所以，一向不和的印度国大党和人民党，都对参与金砖国家合作持积极态度，印度民众也普遍欢迎金砖国家召开峰会。①

第二，三国同意与中国一起作为创始国创建金砖国家机制，并认可中国构想的机制化步骤。经中方协调和推动，俄罗斯同意率先组织金砖四国于2006年9月在联大会议期间举行外长会晤，讨论金砖国家合作问题。中国积极回应并大力配合，印度、巴西两国也乐见其成。首次外长会晤取得圆满成功，随后，四国决定每年举行一次外长例会，讨论金装框架内的协调合作问题，并为金砖国家召开首脑峰会做准备。这样，金砖国家合作机制化正式启动。

第三，金砖各国一致同意将中国提议的协商民主原则作为金砖国家的基础行为准则。金砖国家机制从酝酿成立之日起，中国就与其他各国坚持了平等民主协商的议事准则，这一做法得以坚持并逐渐明确化。在第一次金砖国家峰会上，中国时任国家主席胡锦涛提议通过对话和交流，把金砖国家机制建成国际上相互尊重、平等协商的典范。在第四次金砖国家峰会上，胡锦涛明确提出“坚持平等协商”的原则。这一原则得到金砖国家的普遍欢迎和一致认可，成为各层面历次金砖国家会议和会谈的基本模式，也成为金砖国家遵循开放透明、团结互助、深化合作、共谋发展原则和“开放、包容、合作、共赢”的金砖国家精神的基础。②

三　机制发展阶段中国参与的重要实践节点

中国参与金砖国家机制发展的第二个关键阶段，亦即三个意义重大的发展节点，是金砖国家首脑第一次、第三次和第六次峰会。在这三次峰会中，中国的参与实践不断深化，新的集体共识不断产生。

---

① 辛仁杰、孙现朴：《金砖国家合作机制与中印关系》，《南亚研究》2011年第3期，第90页。

② 中国外交部网站：《“金砖国家”领导人俄罗斯叶卡捷琳堡会晤联合声明》，2009年6月17日，http：//www.fmprc.gov.cn/chn/pds/ziliao/1179/t568224.htm，访问时间：2014年10月17日。

（一）第一次峰会期间的创新实践、联盟实践和机制化合作共识

2009 年 6 月 16 日，金砖四国领导人在俄罗斯叶卡捷琳堡举行首次会晤。在这次会晤中，中国精心构想了会议的议程和目标，即“开好头，起好步”，实现金砖国家合作机制化，[①] 并就此与其他金砖国家尤其是主办方俄罗斯密切磋商、达成一致。此外，中国还与其他金砖国家反复磋商，共同确定了会议主题：防范国际金融危机蔓延、推动国际金融体系改革，注重非传统安全，[②] 确立金砖四国互相合作、共同发展的机制化合作关系。[③] 至于会谈成果，中国希望形成四国联动，本着开放和透明原则，加强平等对话、交流合作，共同维护发展中国家的整体利益，推动世界经济恢复和增长。[④]

经过友好协商，首次峰会不仅达成了金砖四国进行机制化合作的重要共识，确立了全球治理的功能性诉求，还在具体合作领域方面达成了重要共识，如金砖国家一致支持二十国集团领导人金融峰会，共同承诺推动国际金融机构改革，一致同意在能源领域开展国际合作，等等。[⑤]

（二）第三次峰会期间的创新实践、话语实践和行动共识

2011 年 4 月 14 日，金砖国家领导人在中国三亚举行第三次首脑峰会。在这次峰会上，中国积极地、创造性地设计会议议程并确定会谈主题。中方设计了小范围会谈、大范围会谈、领导人共同会见记者、中国领导人为参会的金砖国家领导人举行欢迎午宴等会议和会谈形式，并于会晤正式开始前，密集展开双边会见和会谈，以充分联络感情、协调立场和凝聚共识。中方将此次首脑会晤的主题定位于“展望未来、共享繁荣”，会谈议

① 时任中国外交部国际司司长吴海龙会前吹风会。参见新华网《中国主张“金砖四国”合作应循序渐进》，2009 年 6 月 16 日，http：//news. xinhuanet. com/world/2009 - 06/16/content_11550375. htm，访问时间：2014 年 10 月 17 日。

② 王逸舟：《“金砖国家”共谋未来志向》，《商周刊》2009 年 6 月 22 日，第 12—13 页；秦治来：《“金砖国家”首次峰会：奏响合作共进的新和弦》，《国际瞭望》2009 年第 5 期，第 47—48 页。

③ 秦淮仕：《后危机时代的“金砖国家”》，《大经贸》2009 年第 7 期，第 20—21 页。

④ 李刚强：《从“金砖国家”峰会看中国发展之路》，《中国检验检疫》2009 年第 8 期，第 45—46 页。

⑤ 中国外交部网站：《“金砖国家”领导人俄罗斯叶卡捷琳堡会晤联合声明》，2009 年 6 月 17 日，http：//www. fmprc. gov. cn/chn/pds/ziliao/1179/t568224. htm，访问时间：2014 年 10 月 17 日。

题包括国际形势、国际经济金融问题、发展问题以及金砖国家的务实合作等，突出了以问题讨论引领机制建设、解决问题与完善机制并举的中国思路。①

在会议筹备阶段，中国为邀请南非加入金砖国家机制而积极进行观念创新。中国认为，南非加入金砖国家机制，有利于丰富金砖会议的非洲议程，增加该机制的广泛性、代表性和开放性，增强金砖国家机制的经济总量，提高其国际影响力，增加其国际话语权，符合中国对金砖国家的期待和金砖国家机制的发展方向。中国就上述新认识与其他金砖国家进行密切沟通并达成初步共识，并就邀请南非加入金砖国家机制事宜与南非进行沟通并达成一致意见。2010 年 12 月，中国与俄罗斯、印度、巴西一致商定，吸收南非作为正式成员加入金砖国家机制。②

三亚峰会对金砖国家未来合作做出了明确规划，确定了金砖国家合作的新起点，达成了一系列重要共识，如国际货币和金融体系改革、经济贸易领域合作、全球气候变化等，阐明了金砖国家未来合作的主要方向。为落实上述共识，三亚峰会专门制订了“行动计划”，推动金砖国家机制由虚到实迈出了重要一步。③

（三）第六次峰会期间的创新实践、联盟实践和实体化共识

2014 年 7 月 15 日，金砖国家领导人在巴西福塔莱萨举行第六次首脑会晤。在此次峰会上，中国不仅对会议重大议题提出建议，还对金砖开发银行设立和应急储备安排的建设方式提出可行性方案。中国将此次峰会定位为金砖国家合作的新起点、新愿景、新动力，力争通过良好协调，规划新的合作蓝图，发展更紧密、更全面、更牢固的伙伴关系，使金砖国家在重大国际和地区问题上共同发声、贡献力量。④ 而使金砖国家机制关系更

---

① 中国新闻网：《胡锦涛将在金砖国家领导人会晤中发表重要讲话》，2010 年 4 月 2 日，http：//www. chinanews. com/gn/2011/04 －02/2950726. shtml，访问时间：2014 年 10 月 17 日。

② 人民网：《“金砖国家”合作机制已吸收南非为正式成员》，2010 年 12 月 28 日，http：//finance. people. com. cn/GB/8215/210272/217786/217814/14246548. html，访问时间：2015 年 1 月 10 日。

③ 中国新闻网：《金砖三亚峰会达成广泛共识取得三方面重要成果》，2011 年 4 月 14 日，http：//www. chinanews. com/gn/2011/04 －14/2973969. shtml，访问时间：2015 年 1 月 10 日。

④ 人民网：《习近平出席金砖国家领导人第六次会晤并发表重要讲话》，2014 年 7 月 17 日，http：//world. people. com. cn/n/2014/0717/c1002 －25293499. html，访问时间：2014 年 10 月 9 日。

牢固的合作蓝图，主要是正式建立金砖开发银行和应急储备安排。为此，在反复协商、斟酌并吸取其他国家意见的基础上，中国最后提出了一个为各方接受的最终解决方案。

中国充分发扬协商民主，力促形成共识，表现为两个方面，一是通过协商和说服工作，贯彻落实中国对此次峰会的构想和设计；二是通过与其他国家协商，确定设立金砖开发银行和应急储备安排的最终解决方案。对于第一方面，各国分歧不大，在中国的建议下，东道国巴西充分考虑了中国的建议，将其融入会议议题中。说服金砖各国确立金砖开发银行和应急储备安排的解决方案困难较大，最后，中方中和各国提案，积极推动各方在各个多边、诸边议题和新合作领域进行良好沟通协调，历经七轮谈判，终于达成全面共识。

最后，福塔莱萨峰会决定成立机制内环国家开发银行和应急储备安排。金砖国家开发银行法定资本 1000 亿美元，初始认缴资本 500 亿美元，由创始成员国平等出资；银行首任理事会主席将来自俄罗斯，首任董事会主席将来自巴西，首任行长将来自印度；银行总部设于中国上海，同时在南非设立非洲区域中心。应急储备安排的初始承诺互换规模为 1000 亿美元，各国最大互换金额分配如下：中国 410 亿美元，巴西、印度和俄罗斯各 180 亿美元，南非 50 亿美元。①

四　中国参与的身份变化与国际影响

在中国与其他金砖国家的共同努力下，金砖国家机制由概念走向现实。在这一发展过程中，中国的参与实践不断催生集体共识，这些共识不断确认中国的新身份，赋予中国新动能。

（一）金砖国家机制确认中国新集体身份

自金砖国家概念产生以来，中国审时度势，抓住时机，围绕这一概念积极进行意义建构，形成了中国的个体观念：金砖国家平台化对中国和平发展与和平追求大国地位有利，中国有必要推动这一概念转化为现实国际

① 人民网：《金砖国家领导人第六次会晤福塔莱萨宣言（全文）》，2014 年 7 月 17 日，http://world.people.com.cn/n/2014/0717/c1002-25293132.html，访问时间：2014 年 10 月 17 日。

机制。中国的这一个体观念，建构了中国的个体身份：积极充当金砖国家机制的创始国。中国在这一个体观念和个体身份驱动下，与俄罗斯、印度、巴西三国积极沟通，达成四国共建金砖国家机制的共识，金砖国家机制的平台价值和创建必要性转变为金砖国家的集体共识。这一集体共识不仅直接推动了金砖国家会议的召开和金砖国家机制的建立，而且确认了中国从金砖国家创始国的个体身份向金砖国家创始国的集体身份成功转化。不过，在开始，这种确认中国新身份的方式还仅仅是形式承认。

2009 年 6 月举行首次首脑会晤后，中国倡导的以“平等协商”为核心的协商民主原则也为金砖国家接受，成为金砖国家机制的一个基础原则和规范。这一集体规范直接确定了中国参与金砖国家机制的平等权利和对等义务，即中国作为金砖国家机制的发起国和推动国，与其他国家一样，在金砖国家机制内享有平等权利，对金砖国家机制的形成和发展承担对等义务。其中，平等权利包括可以平等提出和制定会议议程、确定会谈主题、主导或参与重大决策等。这意味着中国参与金砖国家机制的身份，进一步得到了实质性承认，既包括体现权利和利益的分配承认，也包括体现身份平等和社会正义的价值承认。

2011 年 4 月 14 日，金砖国家第三次首脑峰会进一步强化了金砖国家合作机制，提出了旨在坐实务实合作的行动计划。在行动计划的起草和协商一致过程中，中国作为金砖国家机制创始成员国的身份得以充实，该身份的分配承认和价值承认得以强化。2014 年 7 月 15 日的金砖国家第六次领导人峰会，决定成立机制内金砖国家开发银行，初始认缴资本由创始成员国平等出资，银行总部设在上海。这一共识不仅进一步确认和坐实了中国创始成员国的身份，还继续充实和深化了对中国身份的分配承认和价值承认。[①] 中国作为金砖国家机制创始成员国、拥有平等权利和对等义务的集体身份被牢固确立下来。

（二）中国利用新身份对国际进程产生的影响

中国在上述新身份建立之初，就开始利用这一身份和金砖国家机制平台，积极参与国际体系互动，对国际体系进程产生了重大影响，推动了国

---

① 詹妮弗·克莱格：《走出危机：金砖国家能否推进建立国际经济新秩序》，《海派经济学》2012 年第 4 期，第 41 页。

际体系结构发展变化。

第一，中国借助金砖国家机制平台对二十国集团的影响最为突出。在2009年6月的金砖国家首次峰会上，中国与其他金砖国家协调配合，呼吁相关国家积极落实2009年4月2日在伦敦召开的二十国集团领导人金融峰会共识，确保2009年9月在匹兹堡举行的二十国集团峰会取得更多进展。[①] 在中国和其他金砖国家的集体推动下，二十国集团领导人于2009年9月25日在美国匹兹堡达成共识，同意提高新兴市场国家和发展中国家在国际货币基金组织中的份额。[②] 为落实这一共识，2010年10月21日，以中国为代表的金砖国家在二十国集团财长和央行行长会议上，与各与会国夜以继日地谈判，终于就国际货币基金组织份额改革达成协议。中国份额从3.81%[③]升至6.19%，超越德国、法国和英国，仅次于美国和日本，位列第三，但美国仍有否决权。金砖国家总份额上升至14.18%，全部新兴经济体份额上升至42.29%。[④] 如果这一分配方案得以实施，国际经济秩序将发生历史性转变。[⑤]

第二，金砖国家在世界气候变化会议中集体发声，对国际气候政治进程产生重大影响。2009年12月7—18日，《联合国气候变化框架公约》第15次缔约方会议暨《京都议定书》第5次缔约方会议（哥本哈根联合国气候变化大会）召开，为1997年《京都议定书》2012年减排目标到期后各国减排行动作出安排。但是，发达国家对完成减排任务反应消极，美、日、欧盟等排放大户在减排承诺上要么只说不做，要么拒不接受发展中国家的要求。为此，中国、印度、巴西、南非（号称“基础四国”）代表金砖国家，联合七十七国集团主席国苏丹代表，集体发声，要求发达国家继续坚持《京都议定书》，完成第二承诺期减排量化指标；同时，主张哥本

① 蔡春林、刘畅、黄学军：《金砖国家在世界经济中的地位和作用》，《经济社会体制比较》2013年第1期，第40—49页。

② 新华网：《历次二十国集团峰会》，2009年9月27日，http://news.xinhuanet.com/ziliao/2010-06/25/content_13740039.htm，访问时间：2014年10月5日。

③ 桑百川、刘洋、郑伟：《金砖国家金融合作：现状、问题及前景展望》，《国际贸易》2012年第12期，第33页。

④ 中国网：《G20财长和央行行长会议闭幕承诺不打货币战争》，2010年10月24日，http://www.china.com.cn/economic/txt/2010-10/24/content_21185555.htm，访问时间：2014年10月7日。

⑤ 桑百川、刘洋、郑伟：《金砖国家金融合作：现状、问题及前景展望》，《国际贸易》2012年第12期，第32—44页。

哈根气候变化大会成果应包括长期合作愿景、减缓、适应、资金和技术转让等发展中国家关心的内容。在 2012 年 11 月 26 日—12 月 7 日的多哈气候大会上，中国、印度、巴西、南非四个金砖国家再次集体发声，积极推动按照“共同但有区别的责任”原则落实量化减排任务。在金砖国家的共同努力下，多哈会议成果基本达到了中国预期。[①]

第三，金砖国家开发银行和应急储备安排，是中国以金砖国家机制创始会员国身份、以金砖国家机制为平台，推动落实的一项足以决定金砖国家机制化发展方向并改变世界经济布局的重大的建设性措施，对国际金融格局具有重大影响。[②] 其一，建立金砖国家开发银行和应急储备安排，为金砖国家机制搭建了实体支柱，推动金砖国家向实实在在的“利益共同体”迈近了一步，传递出金砖国家资源聚合、利益捆绑、合作务实的发展取向。[③] 其二，金砖国家开发银行不仅可以从事基建项目投融资，还可以满足其成员国乃至发展中国家在经济转型过程中的深层需求，并在承担成员国之间跨境结算、货币互换等业务等方面发挥更大作用。其三，金砖国家开发银行和应急储备安排可以对当前的国际金融秩序形成补充，把部分国际金融规则的制定权交回发展中国家手中，从而推动国际金融秩序发生有利于新兴经济体的改变。[④]

第四，中国还利用金砖国家机制平台，积极推动世界发展模式多样化和国际关系民主化。金砖国家作为新兴经济体，在实现经济快速发展方面具有共同点，即通过积极扩大对外开放，利用外部资源和市场条件发展本国经济。但是，金砖国家中每个国家的具体发展道路又各不相同。承认世界政治、经济、社会进程发展的多样化，采取包容合作的基本态势，是金砖国家合作的重要基础，也应是国际社会的重要规范。此外，民主的平等协商是金砖国家机制化合作的一个基本原则。在金砖国家机制框架内，成员国之间没有高低贵贱和领导与被领导之分，它们平等拥有独立自主和自行选择本国社会制度、发展道路的权利。所以，金砖国家机制为新兴经济

① 中国新闻网：《解振华：多哈大会完全达到中国预期对结果满意》，2012 年 12 月 9 日，http：//finance. chinanews. com/ny/2012/12－09/4393378. shtml，访问时间：2015 年 1 月 9 日。

② 蔡春林、刘畅、黄学军：《金砖国家在世界经济中的地位和作用》，《经济社会体制比较》2013 年第 1 期，第 40—49 页。

③ 汤凌霄：《金砖国家开发银行成立的现实动因》，《中国社会科学学报》2014 年 8 月 20 日。

④ 詹妮弗 · 克莱格：《走出危机：金砖国家能否推进建立国际经济新秩序》，《海派经济学》2012 年第 4 期，第 43 页。

体提供了真正平等对话的舞台，使它们不必委身于西方国家强势主导的国际组织，有助于推动国际关系的民主化进程①，稀释当前国际体系中存在的等级制度和权力压迫，对国际政治经济进程产生了深远影响。

五 小结

分析发现，中国主动参与金砖国家机制创建和发展的过程，体现出清晰的实践逻辑：中国在国际体系环境和国内外资源条件驱使下，推动了创建金砖国家机制的系列参与实践活动，凝聚了金砖国家机制产生和中国作为平等成员国参与合作、集体行动的共识，这一共识在经过金砖国家机制确认后，赋予了中国参与国际交往的全新集体身份——拥有平等权利和对等义务的金砖国家机制创始成员国。② 这一新身份又可以引导中国在国际体系中发挥新作用，影响国际体系发展进程。

需要指出的是，实践理论是一个最大化的分析框架③，被归纳为五个实践模型。国家行为体在加入一个成熟的国际组织时，通常需要经历这五个实践过程：首先通过话语实践，从我与他者关系上界定这一组织，为自己加入组织寻找依据和提供指导；然后，国家需要经过联盟实践，说服国际组织成员相信和接受自己，以使自己被成功接纳；进入国际组织后，新来乍到的国家需要通过学习和模仿，熟悉组织规则，尽快适应并融入组织，即进行所谓的学习实践；国家了解了组织规则后，需要遵守规则甚至不断内化规则，此即遵约实践；最后，国家变得熟谙组织规则并能充分利用这些规则，久而久之，国家会发现组织规则的漏洞和问题，并试图利用组织的可渗透性对其进行改造，于是就有了所谓的创新实践。这五个实践模型完整描述了一个组织外国家加入一个成熟国际组织所经历的实践过程。

但是，并非所有国家的参与实践都完整地包含上述五个实践模式。当

---

① 吕有志：《论“金砖国家”的国际影响力及其制约因素》，《国际展望》2011 年第 3 期，第 32 页。

② 中国是金砖国家机制的创始国，这一身份在金砖国家机制建立后，在金砖国家框架内得到了追认。

③ Bruno Latour and Steve Woolgar, *Laboratory Life: The Construction of Scientific Facts*, Princeton: Princeton University Press, 1986；王阳：《拉图尔的理论定位》，《哲学动态》2003 年第 7 期，第 19—24 页。

一个国家从无到有开始创建一个全新的国际组织时，其所经历的实践过程就不如理论所述那么典型。国家在发起创建一个全新的国际组织时，一般先需要话语实践，界定一个未来组织的可能轮廓，然后通过联盟实践劝说其他国家相信和接受这一可能的组织形式，并争取其加入。接下来，国家需要通过创新实践，制定组织规则，并通过联盟实践，与其他相关国家达成共识。此后，才是内化组织规则的遵约实践，以及将来可能出现的进一步创新实践。在这里，对于国际组织的创始国而言，学习实践表现得不很典型，而创新实践则表现得十分明显。这就是中国参与金砖国家机制创立的实践过程对实践理论的启示。

实践理论对于完善和推进有中国特色的大国外交战略也有一定启发意义。实践理论揭示，国家在学习和遵约的基础上，积极通过话语实践、联盟实践和创新实践，不断凝聚新共识、开创国际实践新进路。而有中国特色的大国外交战略要求中国以更加积极有为的姿态投入国际交往，在交往过程中明确中国责任、提出中国方案。这意味着，有中国特色的大国外交战略可以在实践理论的启示和推动下继续完善和发展。

分析证明，实践理论是一个基本可行的理论分析和解释框架，其对中国作为世界性大国合理构建并充分利用国际制度平台发挥更大作用、推动有中国特色大国外交战略的发展和实施，具有重要指导意义。

议题篇

第七章

金砖国家与全球经济治理

金砖国家都是新兴国家，对内拥有促进国内经济社会发展的战略需求，对外拥有提升国际社会话语权和发言权的战略需求，因而拥有共同拓展战略利益的动机。作为全球经济治理体系变革的新兴力量，金砖国家在推动国际货币金融机构份额和投票权改革、弥补现有多边开发机构不足、防范国际金融危机以及推动多边贸易谈判等方面做出积极贡献。金砖国家逐渐从现有全球治理体系的被动接受者转变为积极参与者和创造者，开创新兴国家相互合作和参与全球治理的一些新理念、新方式和新做法，并为推动全球治理的完善与创新注入了新的动力与活力。展望未来，随着金砖国家经济实力的不断提升、合作议题的进一步规划与落实以及机制化进程的不断推进，金砖国家在全球经济治理体系变革中必将扮演更加重要的角色。

冷战后尤其是21世纪以来，新兴国家取得了突出的经济表现，并因此成为世界瞩目的焦点。随着一大批新兴国家的迅速崛起，现行全球经济治理体系所反映的利益分配格局变得越来越不合时宜，这成为全球经济治理体系产生合法性危机的主要来源。金砖国家都是新兴国家，对内拥有促进国内经济社会发展的战略需求，对外拥有提升国际社会话语权和发言权的战略需求，因而拥有共同拓展战略利益的动机。自金砖国家领导人会晤机制建立以来，金砖国家领导人围绕五国乃至世界各国共同面临的问题和挑战深入交换看法，不断推进金砖国家深度参与全球治理。在此过程中，金砖国家逐渐从现有全球治理体系的被动接受者转变为积极参与者和创造者，开创了新兴国家相互合作和参与全球治理的一些新理念、新方式和新做法。

一　新兴国家崛起与金砖国家合作机制的建立

（一）新兴国家经济的群体性崛起

冷战后尤其是21世纪以来，新兴国家取得了突出的经济表现，并因此成为世界瞩目的焦点。在经济增长方面，2000—2013年，新兴市场与发展中国家平均增长率为6.1%，其中金砖国家平均增长率为6.9%，分别高于同期世界经济增长率2.4个和3.2个百分点。

在经济规模总量方面，2013年新兴市场与发展中国家按市场汇率计算的GDP总额达到28.64万亿美元，占全球GDP的份额达38.7%，比2000年提高了18.6个百分点，其中金砖国家的GDP总额达到15.76万亿美元，占全球GDP的份额为21.3%，比2000年提高了13.0个百分点；如果按购买力平价来衡量，2013年新兴市场与发展中经济体占全球GDP的份额首次超过发达经济体，达到50.4%，比2000年提高了13.4个百分点，其中金砖国家占全球的份额为27.6%，比2000年提高了10.7个百分点。

从经济规模的增量来看，近年来以金砖国家为代表的新兴国家拥有更为突出的表现。2008—2013年5年间，新兴市场与发展中国家按市场汇率计算的GDP总额净增了大约9.45万亿美元，占全球GDP增量的77.9%，其中金砖国家净增6.43万亿美元，占全球GDP增量的53.0%；而同期发达经济体GDP总额净增2.69万亿美元，占全球GDP增量的22.1%，其中七国集团（G7）净增1.88万亿美元，占全球GDP增量的15.5%。①

（二）现行全球经济治理体系的合法性危机

随着一大批新兴国家的迅速崛起，现行全球经济治理体系所反映的利益分配格局变得越来越不合时宜，这成为全球经济治理体系产生合法性危机的主要来源。在当今国际社会中，最主要的、影响力最大的全球经济治理机制都是在发达国家的主导下建立的，发达国家也随之成为现行全球经济治理体系的既得利益者，享有全球经济治理最大份额的收益。

在国际货币基金组织和世界银行，以美国为首的西方国家拥有占据绝

① 数据来自国际货币基金组织（IMF）世界经济展望（WEO）数据库。

对优势的份额和投票权，并且在机构的治理结构上，还垄断了高级管理层的控制权。值得注意的是，对于重大事务的决策，美国还独享了这两个机构的否决权。尽管两个机构启动了有利于发展中国家的份额和投票权改革，但由于美国国会的阻挠，这些已经决定的方案至今仍未落实。

在世界贸易组织（WTO）和二十国集团（G20）等采用协商一致或非正式决策方式的全球经济治理机制中，发达国家通过将多数发展中国家排除在外的机制外磋商来控制和主导这些机制的决策权。在 WTO 中，投票表决在多边争端解决中常常被架空，取而代之的是由主要发达成员和少数发展中成员参加的 WTO 各种协议中没有明文规定的“非正式磋商”，也即所谓的“绿屋会议”（Green Room）。在 G20 机制中，发达经济体之间的协调机制七国集团（G7）仍然存在，很多议题的决策，发达经济体往往先进行内部协商，协调彼此的立场和政策，而使新兴国家在 G20 讨论和协商中处于不利地位。

总之，全球经济治理体系是国家利益分配的载体，在各种制度体系的利益分配中，新兴国家总体上处于与自身实力不相匹配的弱势地位，这直接导致了现行全球经济治理体系的合法性危机的广泛存在。正因如此，为了扭转当前这种不公平、不合理的利益分配格局，全球经济治理体系的变革势在必行。

（三）金砖国家合作机制的建立及其意义

由于新兴国家经济的迅速崛起，国际社会对那些表现优异的新兴国家给予了更多关注，这也为金砖国家合作机制的建立和扩大奠定了基础。2001 年，高盛公司经济学家吉姆·奥尼尔认为包括巴西、俄罗斯、印度和中国在内的四个新兴国家是未来最具投资价值的国家，并提出“金砖四国”（BRICs）这一概念。①

2009 年 6 月，巴西、中国、印度和俄罗斯四国领导人在俄罗斯叶卡捷琳堡举行了首次峰会，并确定了每年一次的定期会晤机制，从而使“金砖国家”实现了从一个经济学概念向一个对话与合作平台的实质性转化。在金砖国家领导人会晤机制建立后不到两年的时间里，金砖四国进行了成立

① Jim O'Neill, "Building Better Global Economic BRICs", *Global Economics Paper*, No. 66, New York: Goldman Sachs, 2001.

以来的第一次扩员，吸纳非洲第一大经济体南非为正式成员，“金砖四国”随即变为“金砖国家”（BRICS）。南非的加入，使金砖国家成为一个更加具有代表性的新兴国家合作机制。

来自世界五大洲中的亚洲、欧洲、非洲和美洲的五个新兴国家走到一起共同建立跨区域的多边合作机制，这在国际关系和国际经济史中可谓史无前例。金砖国家合作机制也因此而具有不言而喻的象征意义和实际意义。金砖国家合作机制的建立和发展，对于加强五国之间的经贸合作与政策协调具有十分重要的意义，更重要的是，它标志着以金砖国家为代表的新兴国家的经济崛起，也标志着新兴国家变革现有国际经济政治秩序取得了实质性进展。

（四）金砖国家合作机制在全球经济治理体系中的新角色

由于金砖国家合作机制在全球经济治理体系中的独特身份，自这一机制建立以来，就发挥了其他合作机制不可替代的作用。具体而言，在全球经济治理领域，金砖国家同时扮演了以下三种重要角色。

首先，金砖国家合作机制为新兴国家提供了合作平台。在全球经济治理领域，由于代表全球新兴国家利益的协调与合作机制的长期缺位，新兴国家与发达国家之间的对话往往不能更好地维护新兴国家的利益。因此，金砖国家合作机制的建立及其开放型合作模式为新兴市场和发展中国家提供了经贸合作、表达利益以及提升全球经济治理体系中话语权的平台。

其次，金砖国家合作机制为跨区域经济治理提供了协商平台。从地域构成来看，金砖国家的成员国来自五大洲中的亚洲、欧洲、非洲和美洲，最大限度地将各个区域的经济密切联系在一起。目前，金砖国家正在构建与非洲、拉美国家之间的合作框架，以释放这些地区的潜力，并为跨区域经济合作提供便利。

最后，金砖国家合作机制为发展中国家与发达国家提供了交流平台。金砖国家合作机制不仅是以促进新兴国家之间的合作为宗旨，还十分重视与发达国家之间的沟通与协调。早在 2011 年 4 月，金砖国家领导人就在三亚峰会上提出，金砖国家之间的合作是包容的、非对抗性的合作，金砖国家对加强同其他国家以及有关国际、区域性组织的联系与合作持开放态度。这里的其他国家既包括新兴国家和发展中经济体，也包括发达经济体。

二 金砖国家与全球经济治理体系的变革

（一）新兴国家参与全球经济治理面临的挑战

国际金融危机后，全球政治经济逐步进入一个变革和调整的时期，各种力量此消彼长，世界经济呈现出一些新的发展趋势和时代特征。在全球经济治理领域，新的问题不断涌现，新兴国家在参与全球经济治理进程中面临着诸多挑战。概括起来，这些挑战主要来自以下两个方面。

一是来自新兴国家内部的挑战。在机制建设上，由于尚未建立包括大部分新兴国家的统一的、排他性的国际经济合作组织，这很容易导致新兴国家合作机制的“意大利面条碗”效应，或者由于合作机制的开放性易于受到外部国家的影响，或者由于合作机制的松散性不利于建立紧密的合作关系。在贸易和投资联系上，新兴国家之间存在规模较小、贸易和投资联系不平衡、跨区域联系较弱、贸易和投资结构存在较大差异等问题。在金融货币合作上，由于多数新兴国家金融市场的开放与创新还没有达到应有的水平，因此抵御金融风险的经验与能力都十分有限，并且受到来自发达国家及其建立的国际货币金融体系的约束。

二是来自全球层面的挑战，这尤其表现在全球经济治理机制建设上。G20 作为一个新兴市场与发达经济体合作的平台转变成为一个促进国际经济政策对话和推进全球经济治理改革倡议的首要论坛，是一个历史性的进展。但 G20 机制化进程缓慢，使其在全球经济治理中的作用难以有效发挥；发达经济体在 G20 机制中仍占主导地位，新兴经济体的利益和关切难以得到充分反映，新兴国家能否通过这一平台实现与发达经济体平等、有效治理全球经济，仍面临许多考验和挑战。

（二）金砖国家推动全球经济治理体系变革的进展

尽管新兴国家参与全球经济治理面临诸多挑战，但作为全球经济治理体系变革的新兴力量，金砖国家在推动全球经济治理体系变革方面取得了一系列成果。其中，金砖国家的主要贡献表现在以下四个方面。

一是推动国际货币金融机构份额和投票权改革。2009 年 9 月，“金砖四国”积极推动国际货币基金组织（IMF）和世界银行分别向新兴市场和发展中国家转移 7% 和 6% 的份额和股权，并最终达成新的份额改革方案。

2014 年 7 月，金砖国家领导人再次推动 IMF 研拟推动改革进程的方案，以确保提高新兴市场和发展中国家的话语权和代表性，并敦促世行和各成员国于 2015 年 10 月完成世界银行集团下一轮股权审议。

二是建立金砖国家开发银行弥补现有多边开发机构不足。2014 年 7 月，金砖国家宣布签署成立金砖国家开发银行协议。金砖国家开发银行成立后，不仅能够为金砖国家和其他发展中国家基础设施和可持续发展项目筹集资金，还能作为对现有多边和区域金融机构促进全球增长和发展的补充，并促进全球金融资源更加有效的利用。

三是成立应急外汇储备基金防范国际金融危机。2014 年 7 月，金砖国家宣布签署建立初始资金规模为 1000 亿美元的应急储备安排协议。这既是金砖国家金融合作的重要制度性成果，在帮助成员国应对短期流动性压力方面具有积极的预防作用，也对防范金融危机、推动新兴国家货币合作以及加强全球金融安全网具有深远意义。

四是推动 WTO 多边谈判取得新进展。金砖国家一直支持开放、包容、非歧视、透明和基于规则的多边贸易体系，推动 2013 年 12 月在印度尼西亚巴厘岛举行的 WTO 第九届部长级会议取得积极成果，并继续致力于成功结束 WTO 多哈回合谈判。

金砖国家推动全球经济治理体系变革所取得的各种进展，不仅为广大新兴国家合作提供了示范，也使发达国家日益意识到现有全球经济治理体系的弊端以及改革这一体系的重要性。

三 金砖国家与全球治理模式创新

自金砖国家领导人会晤机制建立至今，金砖国家领导人已举行了七次会晤。7 年来，金砖国家领导人围绕五国乃至世界各国共同面临的问题和挑战深入交换看法，不断推进金砖国家深度参与全球治理。在此过程中，金砖国家逐渐从现有全球治理体系的被动接受者转变为积极参与者和创造者，开创新兴国家相互合作和参与全球治理的一些新理念、新方式和新做法，并为推动全球治理的完善与创新注入了新的动力与活力。具体来说，金砖国家对完善和创新全球治理的探索主要表现在平等分享治理权力、共同构建伙伴关系、逐渐深化包容合作和积极应对新兴问题等方面。

（一）平等协作与决策权力的共享

当前，全球治理体系中的决策机制主要遵循协商一致原则和投票表决原则。在投票表决机制中，决策权的分配又主要分为两种：一种是基于“一国一票”原则的平等决策；另一种是按照政治、经济等方面的实力以及地域分布等加权分配投票权。在联合国，一般事项都是按照一个成员一票的原则进行决策，但对于重大事项，五个安理会常任理事国则拥有一票否决权。在世界贸易组织（WTO），除争端解决机制采用“反向协商一致”以及少数情况下采用投票表决之外，各种事项的决策都遵循协商一致原则。但在实践中，由主要发达成员和少数发展中成员参加的“非正式磋商”对 WTO 的决策往往起决定性作用。通常这种非正式决策机制先形成议案，再提交部长大会讨论并“协商一致”，从而形成了实际上的加权决策。在世界银行和国际货币基金组织（IMF）等国际货币金融机构，其章程则明确规定主要按照经济实力分配股权，进而分配投票权。

由此可见，现有的主要全球治理机构都采用了不同形式的加权表决。这种分配决策权的原则为经济实力强大的西方国家控制这些机构提供了便利，并且个别国家在事实上还拥有这些机构重大事项的否决权。其结果是，一方面，大国尤其是西方大国往往在全球治理体系中居于主导地位；而另一方面，发展中国家的发言权不仅很少而且往往得不到应有的体现，其作用和影响因此受到很大限制。即使是在按照经济实力分配治理权的机构中，很多发展中国家的投票权也与其自身实力严重不匹配，达成的改革方案也因少数国家的阻挠而得不到落实。长此以往，全球经济治理体系中的权力失衡就变得日益显著，国家之间主权平等原则日益受到侵蚀，国际关系民主化进程难以取得实质性进展。

在金砖国家合作中，各成员之间不分大小、贫富和强弱，所有事项都平等协商，并创造了平等分享决策权力的新模式。这种模式不仅贯穿在金砖国家的每项合作中，更是在金砖国家新开发银行（NDB）的治理结构中得到了充分体现。2013 年 3 月，金砖国家领导人第五次会晤决定建立一个新的开发银行；2014 年 7 月，金砖国家签署成立新开发银行协议。根据协议，新开发银行法定资本 1000 亿美元，初始认缴资本 500 亿美元。IMF 数据显示，2014 年中国按市场汇率计算的国内生产总值达 10.38 万亿美元，占金砖国家 61.1% 的份额。但是，新开发银行的法定资本并未据此分配，而是由五国平等分摊。这意味着五国平等分享金砖国家新开发银行的股权和投票权。同时，在银行的其他安排上也充分考虑各方利益。银行首任理事会主席来自俄罗斯，首任董事会主席来自巴西，首任行长来自印度，银行总部设于上海，同时在南非设立非洲区域中心。2015 年 7 月，金砖国家新开发银行在上海正式宣布开业。尽管这种由各成员平等分权的治理模式的效果有待检验，但在现有全球治理机构的治理结构弊端频现的背景下，它无疑为改革和创新全球治理提供了一种新的选择。

（二）互利共赢与伙伴关系的构建

所谓互利共赢，主要是指兼顾各方利益和关切，寻求相互之间的利益契合点，充分发挥各方优势和潜力，并最终实现共同繁荣。从根本上讲，互利共赢是要摒弃传统的国家之间的零和博弈，从而打造一个相互依赖的利益共同体。正是遵循这一理念，金砖国家正在创建符合时代潮流的全方位新型伙伴关系。

在金砖国家领导人第七次会晤上，中国国家主席习近平深入阐述了金砖国家伙伴关系的内涵，并将其概括为以下四个方面：一是维护世界和平的伙伴关系。金砖国家倡导共同、综合、合作、可持续的安全观，共同维护地区和世界和平稳定，以和平和政治方式解决分歧，推动国际关系民主化。二是促进共同发展的伙伴关系。金砖国家致力于建设利益共享的价值链和利益融合的大市场，实现资源禀赋和产业结构上的优势互补，从而打造金砖国家利益共同体，并维护新兴市场国家和发展中国家共同利益，促进发展中国家共同发展繁荣。三是弘扬多元文明的伙伴关系。金砖国家在交流互鉴中取长补短，在求同存异中共同前进，并利用其独特地理优势，积极开展同其他国家和国际组织的对话和交流，加强同其他新兴市场国家和发展中国家团结合作，不断扩大金砖国家代表性和影响力。四是加强全球经济治理的伙伴关系。金砖国家致力于提高其在全球治理体系中的地位和作用，推动国际经济秩序顺应新兴市场国家和发展中国家力量上升的历史趋势，维护新兴市场国家和发展中国家的正当权益，确保各国在国际经贸活动中机会平等、规则平等、权利平等。①

① 习近平：《共建伙伴关系　共创美好未来——在金砖国家领导人第七次会晤上的讲话》，《人民日报》2015 年 7 月 10 日第 3 版。

在经济领域，金砖国家领导人还通过了《金砖国家经济伙伴战略》这一纲领性文件。《金砖国家经济伙伴战略》全面规划了金砖国家“一体化大市场、多层次大流通、陆海空大联通、文化大交流”的互联互通发展格局，明确了贸易投资、制造业、能源、金融等八大重点合作领域及合作举措，将进一步拓展金砖国家经贸合作的领域和空间，增强金砖国家在国际市场上的竞争力。它不仅将金砖国家利益共同体建设落到了实处，也为金砖国家构建全方位伙伴关系打下了坚实基础。

毫无疑问，金砖国家伙伴关系的构建，是全球多边合作与治理的一种创新。它将双边伙伴关系运用到多边合作机制之中，为寻求更加广泛的共同利益创造了条件。同时，金砖国家伙伴关系跳出了冷战思维和结盟政治的窠臼，它不针对任何其他国家和组织，不以牺牲他国利益为目标，因而成为国家之间平等协作、共同发展的典范。

（三）开放包容与互惠合作的拓展

金融危机后，尽管全球经济遭受重大冲击，各种形式的保护主义日益盛行，但经济全球化的总趋势并没有发生改变。全球贸易和投资的增长仍在继续，人员、资本、技术等生产要素的流动仍在加强，国家之间的相互依存和影响仍在日益加深。在此背景下，任何一国的发展与繁荣都离不开良好的外部环境，任何一国的内部问题也会波及他国甚至带来全球性危机，世界各国正日益形成一个命运共同体。作为一个仅拥有五个成员的合作机制，金砖国家同样不可能只顾自身发展而忽视与外部世界的联系。近年来，金砖国家坚持开放和包容原则，探索了具有自身特色的开放型合作战略，构建一种以金砖国家为核心的“金砖国家 +”的开放合作模式，不断拓展与更多国家和地区的互惠合作。

2013 年 3 月，金砖国家领导人第五次会晤将金砖国家的互惠合作拓展到了非洲。这次会晤以“金砖国家与非洲：致力于发展、一体化和工业化的伙伴关系”为主题，讨论了在互惠基础上鼓励基础设施投资以支持非洲的工业发展、就业、技能发展、食品和营养安全、消除贫困及可持续发展等问题，并达成《非洲基础设施联合融资多边协议》，以满足非洲大陆的快速增长及其导致的基础设施资金方面的巨大需求。会晤之后，金砖国家领导人同 15 个非洲国家的领导人举行主题为“释放非洲潜力：金砖国家和非洲在基础设施领域合作”对话会，共同探讨了双方开放合作的实现路径。

2014 年 7 月，金砖国家领导人第六次会晤将金砖国家的互惠合作拓展到了拉美。作为第六次会晤的主要议程之一，金砖国家领导人同拉美国家领导人围绕“包容性增长的可持续解决方案”主题举行了对话会，为双方展示彼此友好合作的政治意愿以及实现金砖国家和拉美两个大市场之间的对接搭建了平台。金砖国家和拉美国家都是新兴市场和发展中国家，发展潜力巨大，合作前景广阔。将金砖国家合作辐射到拉美国家既有利于挖掘双方合作的动力和潜力，也有利于促进双方合作的长远发展。

2015 年 7 月，在金砖国家领导人第七次会晤期间，金砖国家领导人同上海合作组织成员国和观察员国、欧亚经济联盟及受邀国领导人和国际组织负责人围绕提高人民福祉这一主题举行对话会，并在加强政治、经济和人文等领域的交流上达成广泛共识。这次会晤再次拓展了“金砖国家 +”的互惠合作模式，将金砖国家与外部世界的互惠合作延伸到欧亚大陆成员。欧亚大陆拥有丰富的资源和众多的新兴市场与发展中经济体。金砖国家同该地区国家拥有相似的发展任务和战略目标，两者之间的合作有利于实现各自互联互通战略的对接，促进共同发展。

可见，金砖国家合作不是封闭、排他性的，而是开放、包容的。这种开放、包容的互惠合作不仅为全面提升金砖国家在国际和地区事务中的影响力开拓了更加广阔的空间，也为区域和全球治理机构创新合作模式提供了借鉴。

（四）积极开拓与新兴领域的治理

在世界各国参与全球治理进程中，随着技术进步带来新兴领域的开发，一些新的全球性问题不断涌现。金砖国家不仅积极参与传统全球问题的治理，还积极应对全球面临的新问题和新挑战，并由此展现了金砖国家参与全球治理的积极能动性和引领作用。目前，金砖国家积极参与和引领新兴领域的治理主要表现在互联网治理和外空治理方面。

在网络治理方面，金砖国家寻求开展彼此间务实合作，以应对全球共同面对的网络安全挑战。互联网是全球资源，各国应平等参与全球网络的演进和运行，但由于技术方面的差距，世界各国并没有平等地分享这一资源给人类发展带来的好处。并且，部分国家、组织和个人还利用信息通信技术以及互联网进行大规模电子监控和个人数据收集，甚至从事跨国有组织犯罪，发展进攻型手段和实施恐怖活动等。这使得全球网络治理迫在眉睫。鉴于当前全球范围的统一行动仍面临诸多障碍，金砖国家率先启动了这一领域的合作。2015 年金砖国家领导人第七次会晤决定建立金砖国家信息通信技术合作工作组，并通过加强五国之间包括互联网在内的信息通信技术领域合作推动在该领域制定负责任国家行为准则、规范和原则。与此同时，金砖国家信息通信技术使用安全专家工作组将在以下领域开启合作：关于使用信息通信技术过程中安全问题的信息和最佳实践分享，打击网络犯罪有效协调，成员国间联络点建立，现有计算机安全事件响应小组内的合作，联合研发有关项目、能力建设、国际准则、原则和标准制定。①

在外空治理方面，金砖国家为实现外空活动安全做了大量工作，提出了符合各方利益的治理原则，发挥了建设性作用。目前，国际社会对于外空的开发和利用仍未建立完善的国际规则体系，外空的治理仍处于相对无序状态。金砖国家主张外空的开发和利用应完全用于和平目的，并且不论各国的经济或科技发展水平如何，都能从中受益。为了防止外空军备竞赛，金砖国家积极推进谈判缔结一项或多项旨在防止外空军备竞赛的国际协定，支持以中国与俄罗斯提交的“禁止在外空放置武器、对外空物体使用或威胁使用武力条约”更新草案等为基础开展实质性的裁军谈判。为了提高外空活动、运行的安全水平，预防冲突，金砖国家已提出合作制定这一领域共同方略。

四 小结

当今世界，经济全球化的趋势不断推进，以国际规则为核心的“再全球化”趋势日益凸显，全球经济治理机制改革与发展的难度日益加大，新兴国家国内经济调整与社会发展挑战增加，经济实力快速提升势头减弱，全球经济治理由此进入一个变革时期，变革也成为全球经济治理体系发展的客观趋势。在此进程中，尽管充满诸多挑战，但无疑为金砖国家提供了表达公平参与全球经济治理诉求的重要机遇。但总体来看，推动金砖国家合作的积极因素多于消极因素，金砖国家合作正处于发展势头良好的上升期。

---

① 《金砖国家领导人第七次会晤乌法宣言》，《人民日报》2015 年 7 月 11 日第 3 版。

目前，金砖国家形成了以领导人会晤机制为主渠道，以安全事务高级代表、外长、常驻多边组织使节会议为辅助，以智库、工商、银行等各领域合作为支撑的多层次合作架构，这为金砖国家未来合作机制的发展完善奠定了坚实的基础。与此同时，随着经济实力的不断增强，金砖国家参与全球经济治理的能力和效率也相应提升。在此背景下，全球经济治理体系变革最有可能朝着有利于金砖国家的方向发展。

总之，作为全球治理的新兴力量的代表，金砖国家在全球经济治理体系中的影响力已初步显现。尽管全球经济治理依然面临各种挑战，但随着金砖国家经济实力的不断提升、合作议题的进一步规划与落实以及机制化进程不断推进，金砖国家在全球经济治理体系变革中必将扮演更加重要的角色。金砖国家不仅以公认的国际法准则为前提积极参与全球治理，维护现有全球治理体系的稳定，还积极推进国际合作和全球治理模式的创新，在一定程度上发挥了引领作用，为完善和创新全球治理做出了积极贡献。

第八章

金砖国家与全球金融治理

进入21世纪以来，全球形势发生了深刻复杂的变化，世界正阔步从美国独超时代进入群雄并立的多极化新时代，来自亚洲、欧洲、非洲和美洲的五个新兴国家走到一起共同建立跨区域的多边合作机制——金砖国家合作机制。从2009年至今，金砖国家已经举行了七次首脑会晤。金砖国家领导人多次强调加强金砖国家团结与合作的必要性，决定在开放、团结、平等、相互理解、包容、合作、共赢的基础上，增强金砖国家战略伙伴关系。在金砖国家领导人的大力推动下，亚洲基础设施投资银行和金砖新发展银行已经投入运营，金砖货币储备库已经正式建立，诸如此类的举措有力地推动了金砖国家合作机制从“务虚为主”到“虚实结合”的转型。现如今，尽管制约金砖国家参与全球金融治理的若干历史问题、地缘政治因素还没有得到彻底解决，一些金砖国家在经济发展方面有时还会遇到暂时的困难，但总的来看，金砖国家仍能够坚持积极参与改善全球经济金融治理事务，而且在参与过程中相互支持、相互配合，金砖国家合作机制正凸显日益强大的生命力和竞争力。由此为发端，本章在相关文献分析与实证研究的基础上，对金砖国家参与全球金融治理的可行路径、时间节点、形式方法、制度规则、价值取向和战略决策进行理论研判，并提出针对性建议。

随着新兴市场和新兴经济体的崛起，世界经济重心正在转移，全球金融发展和全球金融合作逐步进入新阶段。从宏观的历史视角来看，2008年金融危机以来世界经济格局已发生重大变化。由于遭受金融危机和债务危机重创，传统经济力量正在经历经济增长放缓，一些欧洲国家面临严重的主权债务问题，国际金融机构体系的脆弱性日益显现，世界金融市场还存在这样或那样的波动，而美元作为单一主权货币主导的国际货币体系也越来越不能适应全球经济发展的内在要求。新的变化呼唤改善全球金融治理，但显然这种期盼并没有得到及时回应。目前，国际货币基金组织和世界银行等全球治理机构在很多议题上常常陷入僵局，而世界贸易组织、新巴塞尔协议以及京都议定书等国际组织在治理形式上也变得过于松散化、多元化、碎片化，多边协定能力相对缺乏。面对新的国际形势，传统全球金融治理体系亟待深层变革。

由中国、印度、俄罗斯、巴西、南非五国组成的“金砖国家”，是新兴市场和新兴经济体的重要代表，同时也是全球金融治理完善和变革中的重要新生力量。现阶段，金砖国家均处于经济起飞阶段，发展潜力大，前景广阔。这些国家的特点是能源资源丰富，具有相对独立的经济体系，发展速度很快，潜力很大。同时，金砖国家均属于地区大国，有着强烈的大国意识，它们在地区和国际事务中十分活跃，能够带动一批国家，是一些令全球性大国不可小觑的战略支点国家。在政治制度上，除中国外，其他四个国家都采取联邦制作为国家结构形式。在全球化背景下，金砖国家内部都面临经济结构转型的艰巨任务，也共同面对来自发达国家在经济发展、气候变化、知识产权、保护主义等形形色色国际标准和规则方面的压力。加之，金砖国家经济实力日益增强，贸易规模逐渐扩大，催生出更大规模的相互投融资需求，因而需要更多的金融制度、监管、渠道、设施和服务与之配套。为此，在G20峰会、WTO多哈回合谈判等多边框架内，金砖国家都保持了密切的互动和磋商，而且，金砖国家一直在寻求加强相互间的金融合作，并试图将这种合作制度化、具体化。比如，在2011年三亚峰会上，金砖国家成员国共同签署了《金砖国家银行合作机制金融合作框架协议》，明确提出稳步扩大本币结算和贷款业务规模，加强重要项目投融资合作，开展资本市场合作和信息交流。在2012年第四届金砖国家领导人峰会上，探讨了成立金砖国家开发银行的可能性，希望该银行能与世界银行并驾齐驱。金砖国家明确提出全球治理改革的诉求，呼吁建立更具代表性的国际金融架构，提高发展中国家的发言权和代表性，提出在2012年国际货币基金组织、世界银行年会前如期落实2010年治理和份额改革方案的要求。会议签署了两项旨在扩大金砖国家本币结算和贷款业务规模的协议，使得金砖国家间的贸易和投资便利化。在2013年德班峰会上，会议决定设立金砖国家开发银行、外汇储备库，宣布成立金砖国家工商理事会和智库理事会，在财金、经贸、科技、卫生、农业、人文等近20个领域形成新的合作行动计划。在2014年福塔莱萨峰会上，五国领导人正式宣告成立金砖国家开发银行，初始认缴资本由创始成员国平等出资，银行总部设在中国上海。同时，建立初始资本金规模为1000亿美元的应急储备安排协议，以帮助成员国应对短期流动性压力，加强全球金融安全网。2015年7月9日，金砖国家领导人在俄罗斯乌法举行金砖国家领导人第七次会晤，重点讨论了国际议程中共同关心的问题，以及进一步加强和拓展金砖国家间合作的重要优先领域。乌法会晤标志着新开发银行和应急储备安排等金砖国家金融机构生效。

随着金砖国家间金融合作机制步伐的逐步迈进，上述的很多项目已经落地，并取得一定成绩，相关的合作领域和内容也得到了极大的延展。虽然仍有一些具体细节有待于金砖国家进一步协商和落实，但总的来看，金砖国家积极参与改善全球经济金融治理事务的大方向、大趋势是明确的，金砖国家合作机制正凸显日益强大的生命力和竞争力。在当前及今后一个时期内，继续有效推进金砖国家金融合作，不仅有助于国际贸易体系、货币体系的平衡以及大宗商品价格形成机制的完善，而且对全球地缘政治、文明网络以及生态系统等，也会产生积极久远的影响。

一　金砖国家与全球金融治理的关系

为了更好地分析金砖国家与全球金融治理的关系，首先需要准确理解和把握“治理”“全球治理”以及“全球金融治理”的相关意涵。

（一）什么是全球金融治理

治理（Governance）是一个内容丰富、可塑性和包容性很强的概念。按照1995年全球治理委员会的观点：“治理”一词的基本含义是指官方的或民间的公共管理组织，在一个既定的范围内运用公共权威维持秩序，满足公众的需要。尽管有着不同的定义①，但治理的目的是明确的，那就是在各种不同的制度关系中运用权力去引导、控制和规范成员的各种活动，以最大限度地增进公共利益。同时，治理又能体现为一种公共管理活动和公共管理过程，包括必要的公共权威、管理规则、治理机制和治理方式。

尽管治理概念具有模糊性，但是治理依然可以向地方和微观地区、国家和宏观地区或超国家的层面延展。因为国际社会更具有多元化特征，并且正在经历着根本性变革。② 当治理延伸到全球层面，就构成了一般意义上的全球治理。具体而言，就是世界上各个国家、机构和组织通过参与、谈判和协调等形式，建构具有约束力的一系列国际规则或各种非正式的安排，以解决全球性的问题，维持正常的国际政治经济秩序。③ 这其中，通过对国际金融治理框架进行解构与重构，形成有效的全球金融治理，以实现国际金融生态"善治"的目的，已成为当前全球治理体系改革与发展的重要内容之一。

所谓全球金融治理，是指各国政府部门、国际组织与非政府组织、跨国公司及其他市场主体，通过协调、合作、确立共识等方式，参与全球金融事务的管理，规避和预防系统性金融风险，维护经济金融稳定，以建立或维持良性的国际金融秩序的过程。一言以蔽之，全球金融治理就是在国际金融领域做到主体"协调一致，趋利避害"。

全球金融治理的提出和实施有其必然性。其一，进入 21 世纪后，金融市场全球化和自由化进程进一步加快，新的金融产品层出不穷，交易方式推陈出新，国际金融市场相互连接，并且越来越密切，相互依赖，跨境资产、负债及规模比过去越来越大，不确定因素与日俱增。在这种情况下，要全面了解、掌握跨国银行或投资公司详情，有效地进行监管，对于任何一国而言，都是力所不能及的。其二，现存的国际金融体系制度安排

---

① 比如英国学者罗茨（Rhodes）归纳的六种定义（Rhodes，R. A.，"The New Governance：Governing Without Government"，*Political Studies*，XLIV，1996，pp. 652 - 667），斯托克（Stoke）归纳了五种定义［格里·斯托克：《作为理论的治理：五个论点》，《国际社会科学》（中文版）1999 年第 2 期］，荷兰学者基斯·冯·克斯伯根（Kees Van Kersbergen）和佛朗斯·冯·瓦尔登（Frans Van Waarden）归纳的九种定义（Kees Van Kersbergen1，Frans Van Waarden，"'Governance' as a Bridge between Disciplines：Cross - Disciplinary Inspiration Regarding Shifts in Governance and Problems of Governability，Accountability and Legitimacy"，*European Journal of Political Research*，Vol. 43，No. 2，2004，pp. 143 - 171）。

② Thomas G. Weiss，"Governance，Good Governance and Global Governance：Conceptual and Actual Challenges"，*Third World Quarterly*，Vol. 21，No. 5，Oct.，2000，pp. 795 - 814，806.

③ 俞可平：《全球治理引论》，《马克思主义与现实》2002 年第 1 期，第 25 页。

还存在很大的局限性，原有的以西方增长为中心的机制建构已不能满足世界经济增长中心转移的需要。比如：无约束的美元本位制加上缺乏连贯性的美国宏观经济政策，极易导致国际金融危机频繁爆发；国际汇率体系存在众多不确定因素，增加了外汇风险，在国际贸易与投资方面损害了发展中国家的利益；国际货币基金组织、世界银行等国际金融机构没有充分履行或者说是不具备完全能力行使对国际金融市场应尽的协调职责等。其三，各国金融监管当局在国际金融监管方面缺乏必要的沟通和协调，不仅不同国家之间存在金融监管差异，而且在一国内部也存在跨部门的监管差异，并由此导致监管套利。这就需要加强信息共享，尤其要加强风险管理和治理经验的共享。其四，多极的国际贸易体制、区域投资合作机制以及不断涌现的新的全球金融规则、协议，导致各种新情况、新问题层出不穷，客观上也需要各市场主体适时参与全球金融治理，以减少金融外部风险，推动全球经济金融体系顺利、健康发展。

（二）如何看待金砖国家与全球金融治理之间的关系

现阶段，很多专家学者对全球金融治理持乐观态度，纷纷看好以联合国、世界贸易组织、世界银行以及国际货币基金组织等国际组织所推动的新治理改革，看好二十国集团和新兴经济体的发展，而其中又尤其看好金砖国家合作对全球金融治理发展的推进作用。他们认为，金砖国家集团没有地区特征，它走出亚洲，覆盖全球数个大洲，是真正的全球网络。而且，金砖国家集团没有地域特征限制的优势在于，它的未来不可限量，需要的时候可以扩展到任何区域，为网络成长提供了广阔空间。金砖国家正逐步加强参与全球治理并成为一支重要的平衡力量，这对于协调发展中经济体的利益和立场，乃至对于推动全球经济治理机制的改革，均有重大意义。金砖国家间有着诸多共同利益，为宽领域、多层面的金融合作奠定了坚实的基础。比如，俄罗斯对外经济银行副行长 Ivanov 赞同在金砖国家间开展更为广泛的金融合作。他指出，诸如金砖国家开发银行之类的政策创新，可极大地促进新的国际金融体系的形成，也有利于发展中国家在国际金融机构中提升自身地位并发挥更加重要的作用。[①] 俄罗斯“金砖国家研

---

① 刘越、刘恺：《专访俄罗斯对外经济银行副行长伊万诺夫》，http://news.xinhuanet.com/2013-03/25/c_115147939.htm，2013 年 3 月 25 日。

究国家委员会”主席 Nikonov 也表示，金砖国家深入推进全球金融治理，将有利于激发处于发展阶段的金砖国家及其他新兴经济体的经济潜力。① 南非的南部非洲发展银行首席执行官 Dlamini 认为，金融危机爆发后，现行的国际金融体系已越来越难以把握新兴市场的发展需求；而金砖国家参与全球金融治理，将有利于应对流动性和融资不足的挑战，可以间接增加金砖国家在国际金融体系中的谈判筹码，构筑起一套在现行体制之外与之平行的系统，打破欧美国家的垄断。② 南非高效集团首席经济学家 Roudet 认为，非洲和金砖国家的经济互补性强，合作潜力巨大，如果西方国家不愿把它们在国际货币基金组织和世界银行中掌握的权力分享给新兴市场国家，后者就可以创建这样的金融机构，并将这个合作机制规范化，接纳更多新成员加入。③ 印度国家智库 RIS 主席 Saran 指出，在世界银行的体系里，西方国家利用它们的表决权支配借贷资源，并常常为政治目的所驱，因此金砖国家参与全球金融治理，有助于实现更民主的管理方式。④ 巴西的发展、工业和贸易部部长 Pimentel 指出，成立金砖开发银行，有助于提高金砖国家在国际金融体系中的谈判分量，解决发展中国家在基础设施等领域急需的资金；金砖国家外汇储备库的建立，则有利于推动国际金融体系的改革，其实现会对现有国际金融体系形成压力，促使发达国家更好地面对当前的现实，并会为成员国之间实现贸易的本币结算创造条件。⑤ 在中国，国家开发银行前董事长陈元认为，金砖国家只有通过加强金融合作、探索合作机制、丰富合作内容、完善合作方式，才能有效促进各国经济稳定和可持续发展。⑥ 一些中国学者则针对金砖国家合作与全球金融治理具体问题领域进行了探索性研究，如黄仁伟认为，全球治理机制变革的

① 新华网：《金砖国家的全球影响不断上升》，http://news.xinhuanet.com/world/2012-03/28/c_111713923.htm，2012 年 3 月 28 日。

② 财经网：《金砖开发银行启航》，http://news.hexun.com/2013-03-25/152455200.html，2013 年 3 月 25 日。

③ 国际在线：《南非学者：金砖国家与非合作潜力巨大，金砖银行为时不远》，http://news.xinhuanet.com/world/2013-03/26/c_115160529.htm，2013 年 3 月 26 日。

④ 财经网：《金砖开发银行启航》，http://news.hexun.com/2013-03-25/152455200.html，2013 年 3 月 25 日。

⑤ 证券时报网：《金砖国家领导人峰会开幕，开发银行吸引眼球》，http://finance.sina.com.cn/world/20130327/055914963390.shtml，2013 年 3 月 27 日。

⑥ 乌鲁木齐在线：《金砖国家金融合作正当其时》，http://www.wlmqwb.com/3229/syzt/gnzt/jzwg/jbac/201104/t20110414_1779194.shtml，2011 年 4 月 14 日。

核心特征是从“西方治理”向西方与非西方“共同治理”的转变；[①] 徐秀军指出金砖国家合作机制的非中性，金砖国家合作应具有足够的开放性和包容性，以推动国际制度规则体系的渐进变迁；[②] 黄薇探讨了金砖国家合作的基础、动力与进展，指出以金砖国家为代表的南南合作在推进全球经济治理的民主化进程中起着重要的推动作用；[③] 李稻葵和徐翔认为金砖国家应通力合作，采用渐进式的改革方式改造现有的全球治理结构，把金砖国家的经济合作提高到一个新的水平，加强金砖国家间的智力合作；[④] 黎兵从实力、共识、动力等角度论证了金砖国家是推动全球经济治理从国际体系向世界体系转型的重要主体，认为金砖国家的金融合作初步展示了世界体系下全球经济治理的雏形；[⑤] 王厚双等人认为金砖国家合作机制的构建，正在对倒逼传统的全球经济治理体系与机制的改革与创新发挥越来越重要的积极作用；[⑥] 徐超以金砖国家的金融合作为切入点，分析了金砖国家之间的金融合作前景、具体路径及其对全球金融治理机制等方面的影响。[⑦]

与上述看法不同，另有一些专家学者对金砖国家的金融合作持悲观态度。他们认为，当前世界政经局势不稳，欧美债务负担沉重，再加上金砖国家国情有差异，金砖国家间金融合作仍面临不少挑战。特别是从新兴国家历次在国际事务中合作的经验来看，一些技术上的细枝末节往往包含着政治性的矛盾，一旦未能得到冷静对待和妥善解决，将会引起成员国之间

① 黄仁伟：《全球经济治理机制变革与金砖国家崛起的新机遇》，《国际关系研究》2013 年第 1 期，第 54—70 页。

② 徐秀军：《制度非中性与金砖国家合作》，《世界经济与政治》2013 年第 6 期，第 77—96 页。

③ 黄薇：《金砖国家合作：基础、动力与进展》，《国际经贸探索》2014 年第 12 期，第 46—58 页。

④ 李稻葵、徐翔：《全球治理视野的金砖国家合作机制》，《改革》2015 年第 10 期，第 51—61 页。

⑤ 黎兵：《金砖国家推动全球经济治理从国际体系向世界体系转型》，《国际关系研究》2015 年第 4 期，第 97—107 页。

⑥ 王厚双、关昊、黄金宇：《金砖国家合作机制对全球经济治理体系与机制创新的影响》，《亚太经济》2015 年第 3 期，第 3—8 页。

⑦ 徐超：《金砖国家的金融合作：动因、影响及前景》，《国外理论动态》2015 年第 12 期，第 14—20 页。

更深的矛盾，甚至有可能导致整个项目的失败。[①] 不少西方学者甚至认为，金砖国家之间缺乏传统国际盟友在政治、文化以及安全问题上的共识，该集团的正统性值得质疑；金砖其他成员对于中国“一家独大”的忧虑一直存在，成为阻碍金砖集团更为紧密结合的无形之墙，其中中国和印度在边境问题上的矛盾以及在区域安全上的竞争态势尤为典型。上述观点虽然在某种程度上可能略显偏颇，值得商榷，但毕竟为我们提供了分析金砖国家参与全球金融治理的差异化视角，应该承认其特定价值。

总的来说，目前关于金砖国家合作与全球金融治理的理论和实践研究还处于发展阶段，相关研究观点虽然较为丰富，但涉及的层面和领域非常广泛，需要对各种观点进一步凝练，加以辨析，以真正为我所用。

二　金砖国家参与全球金融治理的现状、困境与可行路径

经过近十年的演变，金砖国家已然成为推动国际金融合作机制建设和重塑国际金融秩序的新生力量。作为国际政治经济格局中重要的参与者，金砖国家通过广泛参与全球资本有效配置，优化金融监管方式和手段，其对外投资的地域分布、资产种类、辐射影响正逐步扩展，对世界经济企稳回升也发挥着日益强大的作用。

随着整体能力的增强，金砖国家在国际社会，特别是在反对贸易保护主义、维护金融安全、维护和发展开放型世界经济、平衡地区发展和多边外交等方面，开始承担越来越多的义务与责任。

第一，金砖国家已经开始积极参加已有的全球金融治理体系，并主动参与和关注诸如巴塞尔协议Ⅲ谈判、WTO 议程对话、二十国集团峰会以及跨太平洋伙伴关系协定（Trans - Pacific Partnership Agreement，TPP）谈判、世界银行和国际货币基金组织配额与投票权改革等一系列全球活动，谋求现有的国际金融制度框架的重构，探路如何增加金砖国家自身的话语权。此外，金砖国家还主动融入全球价值链，积极引进和利用外国直接投资，坚持稳定出口和扩大进口并重，强化贸易政策和产业政策协调，寻求与发达国家共建良好的互动反馈回路，以建设全球一体化大市场，推动全球贸

① 张环：《金砖国家金融合作层层推进 国际话语权不断提升》，http：//www. financialnews. com. cn/gj/gjyw/201203/t20120329_ 4841. html，2012 年 3 月 29 日。

易的平衡发展。

第二，金砖国家继续加大相互之间在国家、社会、市场等多层面的合作交流，不仅积极利用官方层面的峰会、论坛、协议等形式，而且注重金融实体的建设和非政府组织之间的合作，稳步推动成员国之间的区域贸易、投资、金融合作和监管。如金砖国家成员国间本币结算和贷款业务规模正逐步扩大，其中中国与巴西、俄罗斯等国先后签署了本币互换协议；金砖国家在资源、高新技术和低碳、环保等重要领域也加大了投融资力度；等等。

第三，金砖国家逐步探索以项目平台为抓手，通过积极推进亚洲基础设施投资银行、金砖国家开发银行、外汇储备库等项目，加快了各领域的治理创新，加强了在经贸、金融、基础设施建设、人员往来等领域的合作，正在朝着一体化大市场、多层次大流通、陆海空大联通、文化大交流的目标前进。

第四，金砖国家有效巩固了对亚非拉区域的软实力辐射影响，有力地促进了非洲经济、南亚经济、拉美经济成为世界经济的新亮点；同时，注重推动发展中国家整体发展平衡，向世人充分展现了金砖国家“内谋发展、外促合作”的积极形象。

目前，金砖国家参与全球金融治理步伐有所加快，并且已经取得了一些进展。但总体来看，这项工作仍然处于起步阶段，离实现全球金融“善治”还有很长的路要走。首先，金砖国家面临的国际发展环境还存在较多不确定性，跨国金融资本监管难题、资源和能源价格剧变、全球贸易战升级、跨国公司投资战略调整，都可能会对金砖国家的经济发展和政治稳定造成影响。而金砖国家又处于全球价值链的中低端，自主性和创新性相对较弱，容易诱致资本回路和贸易回路被动失衡，进而陷入更深层次的经济结构性不平衡。其次，金砖国家自身处于发展阶段，金融监管能力较弱，经济结构不尽合理，地区发展差异明显，基础设施相对落后，消费金融等产品和服务不足，这些问题的解决，还有赖于在中长期逐步增强国家治理能力，有效推行国家治理体系现代化，而这并不是一朝一夕就能实现的。同时，考虑到金砖国家金融市场功能尚不完善，而且现阶段还普遍缺乏具有全球辐射能力的国际金融中心（见表 8－1），缺乏大宗商品交易定价权，还没有真正拥有自己的全球国际评级主导权，因此，对发达经济体控制的机构、组织、市场和美元仍存依赖。最后，新旧全球金融体系中总是会存在多方面平衡与冲突，金砖国家还需要直面大量的来自旧的全球治理格局中既得利益者所带来的各种各样的冲击与挑战。比如，虽然目前金砖国家在国际金融组织的份额、投票权有所提升，但仍然与其拥有的经济实力不相称，而且金砖国家在国际组织高中级管理职位的遴选、重要议程的设定上还无法进入核心圈，在各种国际金融监管谈判中的讨价还价（Bargain）能力和智力也显不足，还没有真正成为影响全球金融格局的主体力量。针对一些特定议题，传统强国还常指责金砖国家等新兴大国在提供全球公共产品上采取“搭便车”的做法。

表8－1　**金砖国家及发达国家城市在全球金融中心指数中的所属类别及排名**

	广泛深化的金融服务	较广泛的金融服务	较深化的金融服务	新兴金融中心
全球型	伦敦（1）		北京*（29）	莫斯科*（78）
	纽约（2）		孟买*（59）	
	香港*（3）			
	巴黎（37）			
	阿姆斯特丹（36）	芝加哥（11）		
	法兰克福（14）			
	新加坡（4）			
	慕尼黑（40）			
	都柏林（46）			
跨国型	东京（5）	洛杉矶（49）		爱丁堡（71）
	波士顿（12）	哥本哈根（61）	深圳*（23）	
	上海*（21）			
	华盛顿特区（10）			
本地型	旧金山（9）		里约热内卢*（35）	圣彼得堡*（81）
	圣保罗*（31）		约翰内斯堡*（33）	大连*（41）
			台北*（26）	

注：（1）括号内为排名；（2）加星号的城市是金砖国家的城市。

资料来源：2015年9月Z/Yen Group编制的《Global Financial Center Index18》，引自：http://www.zyen.com/research/gfci.html。

此外，金砖国家共同利益基础不够牢靠，其成员国在对自然资源、市场份额、国际权力的追逐和控制方面，往往还会出现利益冲突；在制度、文化和历史传统方面，金砖国家差异显著，特别在政治上缺乏同质性，在边界领土争端以及区域和次区域主导权的战略竞争方面各自的利益诉求和主张不尽相同。最后，金砖国家在金融监管合作、双边贸易投资等重要领域仍有较多政策空白，在监管和治理平台建设方面虽然总体利益上趋同，但涉及一些关键性的细节问题时，例如金砖国家合作组织和机构的总部设立地、出资比例和投票权分配、高层管理人员的比例及如何处理现有的双边货币互换机制等，仍存有分歧。而这些问题的妥善处理将是一个中长期的过程。①

总体来看，金砖国家在完善全球金融治理方面既取得了较大成绩，也面临一系列问题。乌克兰危机可能成为世界多极化发展的一个拐点，西方国家集团与金砖国家价值观上的分歧可能将由此激化。在今后一个时期，金砖国家还需要抓住机遇，继续推进自身发展，进行充分协商，主动参与国际金融机构和组织的改革，有效加强国际金融市场监管，扎扎实实推进金融、贸易、投资等领域的交流合作，使世界金融体系真正依靠、服务、促进实体经济发展。这需要确立几个基本原则。一是要有合作理念。世界各国经济联系紧密、利益交融，金砖国家作为其中的重要成员，要不断扩大共同利益汇合点，加强全球金融领域的南南合作和南北对话，推动发展中国家和发达国家金融平衡发展。二是确立包容理念。草木有情皆长养，乾坤无地不包容，在善治的全球金融治理与监管框架中，金砖国家需要秉持海纳百川的和谐精神，容纳最广泛的主权国家、非国家行为者以及相关合作网络和伙伴，共同解决全球金融领域的问题。三是讲求有效理念。金砖国家需要建立更加科学、透明、可靠的机制和规则，保障全球金融治理的合法性，尽可能提供符合全球金融安全、开放和公平的自由贸易制度，以及国际投资与金融稳定等方面所需要的国际公共产品，以有效促进监管治理交流方式的变革。四是倡导平等理念。金砖国家应以建设全球发展伙伴关系为契机，积极呼吁国际金融组织尊重“弱势”国家的平等权利，及时吸纳来自发展中国家和新兴国家的想法和人才，加强在联合国、二十国集团、国际经济金融相关机构等框架内的协调和配合，共筑全球金融发展和安全大家庭。五是明确责任理念。金砖国家应遵循可持续发展原则，将

① 徐秀军：《金砖国家开发银行：借鉴与创新》，《中国外汇》2013 年第 7 期，第 19—21 页。

共同推动基础设施建设作为国际发展合作优先领域，坚定维护国际公平正义，主动承担应该承担的义务和责任。

三 中国的立场和对策建议

2013 年 3 月 27 日，国家主席习近平在南非德班举行的金砖国家领导人第五次会晤时发表的题为《携手合作共同发展》的主旨讲话，为中国参与全球金融治理指明了方向。习近平在讲话中强调："不管全球治理体系如何变革，我们都要积极参与。金砖国家要加强团结合作，发挥互补优势，相互提供更多贸易和投融资机会，共同应对各种风险和挑战，努力保持经济包容性增长，拉动世界经济强劲、可持续、平衡增长。同时，加强在联合国、二十国集团等框架内协调和配合，维护世界和平稳定，推动国际货币体系和国际金融体系改革，积极参与改善全球经济治理。"习近平总书记在 2015 年 10 月 12 日主持召开中央政治局第二十七次集体学习时强调："要审时度势，努力抓住机遇，妥善应对挑战，统筹国内国际两个大局，推动全球治理体制向着更加公正合理方向发展，为我国发展和世界和平创造更加有利的条件。"2015 年 11 月 15 日，国家主席习近平在土耳其安塔利亚举行的金砖国家领导人非正式会晤中再次强调："应该在二十国集团框架内加强合作，推动各方加大宏观经济政策协调力度，重点防范短期金融风险，避免货币战、贸易战。同时，也要未雨绸缪，加快推进金砖国家新开发银行和应急储备安排的机制建设，共同维护国际金融稳定。""应该加强在国际货币基金组织、世界银行、世界贸易组织等机制内的协调和配合，着力提升发展中国家和新兴市场国家在国际治理体系中的代表性和发言权。"因此，中国作为金砖国家的主要成员，面对国际金融环境变化和全球金融体系发展，有必要进一步建构多重面向的全球金融治理战略。在这个战略中，要高度重视与金砖国家以及其他"新兴经济体"之间的协调与合作，适时统筹兼顾各方面利益与责任，着力谋求更大的全球金融治理的话语权和决策权，以推动和引导全球金融治理机制合理有效地运转。为此，就中国的立场出发，建议如下。

一是继续加强相关研究，并及时阐述与提出关于全球经济增长框架、金融部门改革和国际金融机构改革等重大议题的新的主张和举措。应该认识到，金砖国家参与改善和建构一个新型全球金融治理范式，将是一个曲折、复杂而又激烈的过程。为此，中国要加强对其他四个国家的研究，将这类大国的研究列为提升国家软实力的战略内容，并借此提高战略决策的科学性，进行理论和政策的双重准备。要把握全球金融治理大方向，确立全球发展大战略。中国在金砖国家合作中要下先手棋、打主动拳，有些时候要敢于让步。中国要为金砖国家合作树立一个良好的榜样，要以一种明确的"金砖精神"有效协调各国立场，金砖国家合作努力的方向是在平等谈判和务实磋商中逐步赋予"金砖精神"丰富内涵，比如以开放求发展、以协作求发展、以包容求发展、以创新求发展等，不断增进金砖国家之间的相互理解，累积信任，推动金砖国家合作向着更高水平迈进。为此，要汇聚金砖国家等群体的力量，从创设国际金融新秩序、新规则和新的行为模式的大格局入手，鲜明地打出代表时代方向的革新性旗帜，并身体力行地加以实践。比如对俄罗斯、印度等近邻大国，要践行周边外交战略，积极发挥自身贸易金融优势，淡化地缘政治性，注重以实体经济资本输出方式推进相互间合作；对远在大洋彼岸的巴西，要注重远端外交商务，科学遵照全球价值链安排，发挥自然资源、技术合作和市场开发的优势，注意方式方法，把握时机，适时增加对话和交流；对南非，中国要增强相互间金融创新合作，注重发挥自身大国软实力与巧实力，有效引导双方优势资源流通。在战略实施过程中，还要高度重视和美国、欧洲、日本等国的协调，切实加强与国际组织、跨国公司等多方合作交流，消除不必要的误解和猜疑。

二是以国家治理体系建设为抓手，以内力带动外力，来增强中国及其他金砖国家参与全球金融治理的能力。一方面，要"以我为主"，完善和发展中国特色社会主义制度，发挥制度优越性，推进国家治理体系和治理能力现代化，增强自身治理体系的合法性（legitimacy）、透明性、责任性、回应性（responsiveness）、有效性（effectiveness），要深入推进中国特色社会主义法治建设，强化制度稳定、廉洁与公正，充分激发各类亚国家主体（比如全球城市或地方政府）、社会性行为者（如国内或跨国的企业和社会团体）对治理的参与意识与能力，促进活跃在各个层次的行为者共同合作，实现各自的治理目标，进而整合为宏观的巨型有机体，共同参与改善全球金融治理，比如通过全球资本与国内金融资本联动，充分激发存量金融资本活力，有效推进金融改革与监管，切实防范系统性金融风险；同时，始终注意中国自身的全球城市建设，积极主动深化内地与港澳台金融合作，支持香港巩固和提升国际金融中心地位，并加快上海国际金融中心建设；要注重扩大金融市场对外开放和创新金砖国家间的投资形式，逐步推动本币可兑换进程，降低双边或多边投资风险。另一方面，要加快建设创新型国家，推动对内对外开放相互促进、引进来和走出去更好结合，要充分发挥市场主体作用，促进国际国内要素有序自由流动、资源高效配置、市场深度融合，并在此过程中不断摸索政策兼容形式，建构符合国际规则的兼容性政策网络，以开放促改革。比如，可以继续加强国家管理部门的全球金融治理参与能力，有效加强央行、证券、保险、财税、商务等部门与各国的宏观经济金融政策的对话与协调，继续深入研究并提出关于全球经济增长框架、金融部门改革和国际金融机构改革等重大议题的主张和举措，研究如何在金融稳定理事会、巴塞尔银行监管委员会等国际金融组织中发挥自身的能动性，争取有更多金砖国家的优秀人才在这些组织中担任高级管理层职务；又如，在一个全球地方化时代，地方不再是被动的角色和被消解的对象。相反，地方的主体性被不断激发。为此，可以考虑研究进一步在全球金融治理中充分激发地方政府的作用与潜力的若干举措和方法；再如，跨国公司是全球金融治理的重要主体之一，虽然现在的跨国公司并非全球性机构，而大多是姓美、姓日、姓英，为国际垄断资本所有，跨国公司相互竞争激烈，各行其是，很难想象由跨国公司来进行“全球治理”，但是，仍然有必要掌握跨国公司资本的本质特点，增强中国自身的引导能力，有效利用这些市场性组织，发挥其在推动金砖国家参与改善全球金融治理中的积极作用，真正做到趋利避害，为我所用。

三是要充分认识到中国和其他金砖国家观念的差异与共同点，尊重差异，求同存异，寻求国际利益最大公约数，积极推动金砖国家全面参与全球金融治理，共同推动全球金融治理体系改革与发展。这要求继续加强和升级金砖国家之间的治理合作，激励金砖国家在群体内统一标准，信息互换、监管互认、执法互助，优化联系网络，谋求形成合力，为更好地参与国际金融标准和规则的制定打下基础。中国毕竟在金砖国家当中体量是最大的，在合作时不要太斤斤计较，要在坚持原则与守住底线的同时，对别人开放那些该开放的领域，换来别人的信任和更大程度的别人对你的开放，基于此，中国要主动引导金砖国家加强政策协调和网络设计，继续开展大项目合作，在海关、双方贸易部门、金融领域合作中的直接投资、信贷等方面要加强密切合作，减少人为障碍，谋求合作建立涵盖会计准则、统计标准、贸易规则、民商法系等方面的一体化体制，打造金融安全共同体，协同加大对全球资本流动的监测力度，防范金融风险跨境传递。要充分发挥金砖国家市场主体能动性，增强对全球金融、贸易与投资市场的渗透力与亲和度，鼓励金砖国家设立新兴市场发展与稳定基金，并容许相互投资；要充分利用金砖国家各层次的合作机制，夯实彼此间货币金融合作的基础，降低对发达国家的依赖。此外，还要继续改善金砖国家内部储备资产投资，积极促进区域债券市场发展。

四是要增强国际责任感，积极利用区域治理形式，加强双边或多边金融合作，“有序的”增量地提供国际性或区域性公共品，稳步推进国际货币体系的多元化。现阶段，中国应以开放性、包容性、前瞻性引导金砖国家，和亚太经济合作组织、阿拉伯国家联盟、东盟自由贸易区、西非经济共同体、安第斯集团、南方共同市场、中美洲自由贸易区、海湾共同市场等区域集团开展有效合作，积极参与非洲开发银行、泛美开发银行、加勒比开发银行等地区性多边开发机构的事务，增强中国以及其他金砖国家的影响力，探索多元合作方式，促进金砖国家利用多边开发机构的重要资源。中国应该会同金砖国家深入探讨逐步增加国际储备货币币种，研究加强双边或多边货币互换、本币贸易结算、本币相互挂牌等货币合作，鼓励相关政府和机构发行特别提款权计值债券，优化金砖国家投资组合；积极完善“以合作求发展、以发展促合作”的包容性合作机制，增强金砖国家战略合作的内在动力，推动金砖国家合作的网络化机制建设。另外，金砖国家还可以考虑实施“走出去”战略，在广大的空间范围内寻找经济规模、发展程度、利益诉求相似的国家或地区，并在条件成熟时，将其吸收为自身成员，以便扩大组织结构规模，最终建构起一个“凝聚共识、加强协调、深化合作”的亚全球型网络结构。

五是要继续倡导创新精神，充分利用经济、政治、科技、社会、文化交流等多种形式，逐步有序地打造符合中国利益、有利于推动中国价值观的全球视角的领导性机制、执行与咨询性机制、合法性机制，积极参与全球规则的制定，推动国际货币体系和国际金融治理的改革，重组国际货币基金组织和世界银行内部治理架构，改善其关联性、合法性与代表性，全方位地推动金砖国家融入全球金融治理。其实，只有将传统全球金融治理体系的改革和新型体系与制度的建制齐头并进，走双轨增量的渐进道路，才能最终确立更为公正、有序、均衡、包容的新型全球金融治理体系与制度。为此，在此过程中，金砖国家需要高度重视发挥金砖国家合作机制及二十国集团机制作为主要平台的独特作用，积极推动国际货币体系改革、有效改进各种国际经济组织的治理结构；中国要重视发挥金砖国家开发银行及亚洲基础设施投资银行平台作用，为广大发展中国家提供优良的基础设施融资的国际渠道，金砖国家开发银行和应急储备库的成立，对于发展中国家推动全球治理体系改革具有里程碑意义和重要示范作用。金融合作及其衍生的实体经济合作，将进一步拉近金砖国家之间和广大发展中国家之间的距离，有利于发展中国家继续在各个领域加强务实合作，采用多种方式推动全球治理体系改革，在治理规则制定和国际事务解决上发挥应有作用，谋求在世界政治经济金融领域与发达国家共治。今后，还需要在各大洲设立分行、分部和地区总部，研究如何优化这些平台的治理结构，深入研究在项目选择、融资条件设定等方面如何兼顾各方需求和利益，研究如何逐步完善和提高运作模式和管理效率，研究如何在同世界银行、国际货币基金组织等现有较为成熟的多边开发性金融机构的竞争中获得优势，并建立起有效的合作机制。从目前情况看，这些方面的制度建设和机制安排仍需付出艰苦的努力。

六是金砖国家有必要着力于文明互动与文化交流，在建立官方多层次战略对话和协调机制的同时，加强非官方渠道的交流和沟通，充分调动市场能动性与民间积极性。从某种程度上来看，全球金融治理概念关乎大国与小国的平衡、经济力量与人文关怀的平衡，归根结底是资本与人的平衡，但如何调整和维护资本内部的冲突和竞争秩序，以更大的柔性确保其可持续性，仍然是其主旨所在。事实上，长期稳定的国家间合作，必须能够获得各自国内社会的认同和支持，这样才能在相互交流中，在普通民众之间产生好感，在政府部门之间形成共识。金砖国家都在经历着深刻的社会变革。俄罗斯刚刚走出制度转型的动荡，巴西摆脱军事独裁也不过30年，南非结束种族统治不过20年，印度的市场化改革也才20多年。这些重大变革使其社会内部非常活跃。印度、巴西、南非可能是非政府组织最活跃的发展中大国，巴西、印度分别举行过“世界社会论坛”。这些国家的非政府组织在国际社会也非常有影响力，有的与西方的非政府组织有密切联系，有的则相互对立。这些非政府组织对于母国的国内政策和对外政策都有很深的影响。中国在推动金砖国家合作方面，也要学会更好地发挥来自各方面的跨国公司、智力资源、国际组织以及非政府组织的作用，加强相互之间在民间外交、教育、科技、文化、体育、卫生、青年、妇女、地方等各层次和各领域交流，扩大金砖国家信息共享与交流平台等组织的影响力，尽可能强化和那些对金砖国家持友好或中立态度的跨国公司、智库、科研机构以及非政府组织的合作，使之和金砖国家自己的“第三方组织”一起在全球金融治理中奏出更强音。此外，针对全球金融治理过程中舆论环境的复杂化，也应该通过加强民间交流和人文交流的方法，对不利于金砖国家参与全球治理的语境进行调和而加以解决。因为在很多情况下，受西方舆论和价值观的影响，如果适当加强交流，他们中的一部分人将会改变原来的看法。而这不仅有利于金砖国家参与改善全球金融治理，而且对双方的国内自身治理也不无裨益。

四　小结

综上所述，中国和其他金砖国家深度参与全球金融治理，有利于国际金融新秩序向公平合理的方向调整，也有利于提升自身的国际影响力和国际地位。金砖国家应尊重共识，求同存异，准确把握历史机遇，尊重国际关系民主化的基本原则，深入挖掘全球治理范式建构其中的人类智慧与诉求，适时鲜明地提出反映时代前进方向的新的世界观和全球治理理念，并将其及时升华凝聚为有时代感召力的话语和理念。

在具体过程中，既要讲求增量参与全球金融治理改革，更要精巧、智慧地有机融入并驾驭全球金融治理，对现有多边机构主动进行合理“补充”；同时，金砖国家之间还应加强全球经济和货币政策协调，要扎实推进亚洲基础设施投资银行、金砖国家开发银行、金砖国家应急储备安排、丝路基金等新机构的建设与发展，积极有效地提供全球经济公共品，中国和其他金砖国家应进一步密切相互间在经济贸易和投资等多方面的合作，为国际金融秩序向更加公平合理的方向发展，提供更多的“正能量”。

第九章

金砖国家与自由贸易区建设

自由贸易区是多边贸易体制的有效补充。实施自由贸易区战略是当今世界各主要经济体的主要政策选择。在 TPP 和 TTIP 影响力日益提升的背景下，金砖国家也在积极推动自由贸易区建设，以加深其对外经贸联系。本章通过分析金砖国家发展自由贸易区的战略重点、利益诉求、推进方案，试图寻找彼此之间的共同利益、潜在冲突和冲突根源。由于金砖国家对自由贸易区的功能定位、认知及利益诉求存在明显差异，故其战略利益冲突不可避免。短期内金砖国家存在着被排斥在彼此的自由贸易区建设之外的可能性，因此，建议建立相应的利益评估与冲突化解机制，积极倡导建立“金砖国家自由贸易区”，扩大经贸合作，夯实共同利益基础。

经济全球化和自由贸易区，是当今世界经济发展的两大趋势。金融危机导致国际贸易保护主义有愈演愈烈的趋势，为了避开贸易保护主义，世界各经济体在加快推进不同形式和不同深度的区域经济合作，增加与其他经济体之间的联系，加强经济活动之间的相互渗透，以便使区域内的各经济体从合作中相互受益。美欧等国家积极主导 TPP 和 TTIP 谈判，对全球经济治理规则体系施加影响，金砖国家对国际经贸规则的制度性权力面临被削弱的危险，作为新兴经济体代表的金砖国家已经把发展自由贸易区视为增强自身经济实力、提升国际影响力的重要途径。根据自身实际情况，金砖国家相继制定了自由贸易区战略。对金砖国家自由贸易区战略利益与冲突进行分析并提出建设性建议将有助于中国加强与金砖国家的经贸关系，提升与金砖国家的经贸合作水平。

一　金砖国家的自由贸易区发展战略

（一）巴西的自由贸易区发展战略

巴西的自由贸易区发展战略主要包括以下三个方面的内容。

一是将区域一体化视为增强其在多边贸易体系中实力和地位的手段。巴西是自由贸易区发展的有力推动者。巴西认为双边和区域贸易协定是多边贸易体制的有益补充，可以有效地加深市场的融合、增强贸易对经济发展的作用并使国内企业获得规模效应。通过在区域层次与发展中国家进行合作，尤其是与发展中国家进行优惠贸易安排，巴西谋求提升在多边贸易体系新一轮多哈回合谈判的地位，这尤其表现在发展中国家优惠贸易安排谈判方面。

二是以南方共同市场为核心，将其作为筹码与外部进行区域一体化谈判。巴西根据自身经济实力和在世界政治经济中的地位，认为在推动自由贸易区时，将南方共同市场作为一个整体与外界进行谈判，更加有利于自己利益诉求的实现和获得更大的主动权。因此，在将自由贸易区作为多边贸易体制的有益补充时，巴西依据 WTO 关于区域贸易协定的规则，将南方共同市场作为其自由贸易区政策的核心。2006 年 9 月，巴西、南非和印度三国峰会在巴西利亚举行，讨论了建立南方共同市场、南非和印度自由贸易协议的基础条件。巴西希望建立南共市和上述两国的自由贸易协议。巴西还与安第斯集团签署自由贸易协议，与阿根廷达成了汽车自由贸易协议和区域贸易安全协议，启动了与墨西哥签订自由贸易协议的谈判，而且就自由贸易协议问题同中国、印度等国开始进行评估与研究。在这些谈判或者协商以及研究中，巴西大多是将南方共同市场作为其重要的出价筹码和要价依据。2015 年 7 月南方共同市场举行峰会，商讨应对经济困境和与欧盟谈判自由贸易协议相关事宜。

三是将主要贸易伙伴作为区域一体化的重点对象。根据巴西参与区域一体化的战略，巴西将主要贸易伙伴作为其自由贸易区的谈判对象，重点推进。例如，欧盟、美国、阿根廷等是其主要贸易伙伴，巴西积极推动与这些经济体的一体化进程；中国、印度和南非也是其主要贸易伙伴，巴西也开始以南方共同体为整体与印度、南非进行自由贸易区谈判，而且表示愿意与中国就签署自由贸易协议问题进行协商、研究。南方共同市场已经与印度、墨西哥和南非达成了互惠协定的框架协议，并参与发起成立美洲共同体的行动。2012 年 6 月，巴西主导的南方共同市场与中国共同签署《关于进一步加强经济贸易合作联合声明》，承诺共同采取措施，实现贸易结构多元化，并以平衡的方式提高中国与南共市各成员国间的贸易额，力争使中南双边贸易额于 2016 年达到 2000 亿美元。目前，巴西的战略是希望借助南方共同市场与中国、欧盟等国开展全方位的区域贸易协定谈判，以便提升自身经济发展的外部需求动力和全球影响力。

（二）俄罗斯的自由贸易区发展战略

俄罗斯的自由贸易区发展战略主要包括以下三个方面的内容。

一是加快推进自由贸易区建设。历史上，俄罗斯主要是同东欧及独联体国家进行产业分工与经贸合作，实质上就是同这些国家进行区域层面的经贸合作。20 世纪 90 年代初，俄罗斯亲欧美，与欧美的经济联系比较紧密。但是随着 1997—1998 年俄罗斯金融危机的发生，俄罗斯发现独联体国家才是自己真正的后方，于是重新加强与独联体国家的区域合作。但是，这一时期，俄罗斯尚没有明确的区域一体化战略。俄罗斯在建立自由贸易区方面明显落后于世界步伐。随着经济自由化趋势加快以及世界各主要经济体对区域贸易协定的热衷，俄罗斯开始密切关注自由贸易区的发展趋势，在积极融入多边贸易体制的同时，开始尝试推进自由贸易区的建设，将自由贸易区提升到战略层面，并实施追赶超战略，以加快推进自由贸易区的建设。

二是东西方平衡的自由贸易区战略。经历了休克疗养法的阵痛之后，俄罗斯开始在东西方国家之间实施平衡的区域发展战略，并已经构建了大致的贸易发展框架。目前，俄罗斯已经签署了《亚美尼亚—俄罗斯联邦自由贸易协定》《乌兹别克斯坦—俄罗斯自由贸易协定》等 5 个自由贸易区协定。2012 年 3 月，俄罗斯国家杜马和议会分别通过并批准了在独联体框架内建立自由贸易区的协定。在与区域内国家进行合作的同时，俄罗斯也开始考虑与美国、欧盟、日本、中国、印度等重要经济体建立自由贸易区的必要性和可能性。俄罗斯、白俄罗斯和哈萨克斯坦等关税同盟成员国就创建自由贸易区问题已经与欧洲自由贸易协会以及新西兰进行谈判。2012 年 2 月，俄罗斯打算就自由贸易区问题与东盟展开磋商。2012 年 9 月，俄罗斯提出，俄罗斯将与亚太经合组织部分成员签署建立自由贸易区的协议。目前，俄罗斯与越南就建立自由贸易区的谈判已经顺利结束，与新西兰自由贸易区谈判即将启动。2015 年 4 月德国总理表示，俄罗斯与德国或许会商谈建立自由贸易区。2016 年 2 月，埃及工业部也表示要与俄罗斯商谈建立自由贸易区事宜。

三是以能源为筹码在自由贸易区中获取利益。俄罗斯拥有丰富的能源，尤其是石油天然气资源丰富，能源问题成为俄罗斯与欧盟区域经贸合作的主要博弈点。在与美国、日本、印度及中国等经济体进行区域经贸合作时，俄罗斯仍然以石油天然气为筹码获取利益。俄罗斯认为对能源的需求是这些经济体与其进行区域经济合作的重要原因。因此，俄罗斯在推进自贸区时将能源作为重要的筹码，是其主要的自贸区战略之一。

（三）印度的自由贸易区发展战略

印度的自由贸易区发展战略主要包括以下三个方面的内容。

一是多边与区域同时推进，强调政治、安全与经济利益的平衡。印度参与区域经济合作起步较早，1985 年 12 月，印度就成为南亚区域合作联盟（SAARC）成员。随着国际政治经济局势的变化，印度认为区域层面的合作对于维护国家政治、安全及经济发展至关重要，因此，开始调整其对外经贸政策。20 世纪 90 年代中后期，印度开始推行对周边国家“多予少取”、以睦邻友好为核心的“古杰拉尔主义”政策，旨在改善并发展与邻国的关系。印度开始积极推动 SAARC 成员间的区域经济合作，使得 SAARC 的发展进入新阶段。进入 21 世纪以来，印度开始加快自由贸易区建设的步伐，签署了一系列区域贸易协定。不过，多边贸易体系仍然是印度提高本国生活水平的主要途径，区域贸易安排只是作为多边贸易自由化的补充。

二是区域内与区域间同时推进，全球布局、谋求大国地位。印度一直想成为全球性大国，其自由贸易区战略也是在全球布局，与发达经济体和发展中经济体同时推进区域经贸合作，以实现其大国梦想。印度较早的贸易安排包括：亚太贸易协定、南亚自由贸易区、孟加拉湾多部门技术经济合作计划、印度—新加坡综合经济合作协定、印度—泰国自由贸易区的框架协议及印度—东盟自由贸易区的框架协议。目前印度正在与斯里兰卡商谈签署全面经济合作伙伴协定，积极探索与中国、日本、印度尼西亚、马来西亚、澳大利亚及俄罗斯等经济体签署全面经济合作协议的可能性。2010 年以来，印度将欧盟、东盟作为重要的自由贸易协定谈判对象，以加快推进自由贸易区建设。2010 年 10 月，欧盟与印度领导人发表联合声明，同意尽快签署自由贸易区协定。2015 年 4 月，德国总理表示搁置的印度与欧盟贸易投资协定谈判有可能重启，但这需要各方做出让步。

三是货物贸易、服务贸易与国际直接投资同时推进，将区域经济一体化引向深入。印度将自由贸易区引向深入发展的步伐正在加快。印度在以往的区域经贸合作中主要是在货物贸易领域与合作伙伴进行谈判，所签署的自贸区协议主要涉及货物贸易领域的让步。随着印度服务业在国民经济中的地位上升，服务业的国际竞争力提升，印度开始尝试将服务贸易领域甚至投资列入自贸区之中。例如，2005 年，印度与新加坡签署的《全面经济伙伴合作协议》，不仅涉及货物贸易领域还包括服务以及投资。

（四）中国的自由贸易区发展战略

中国的自由贸易区发展战略主要包括以下三个方面的内容。

一是将推进自由贸易区建设作为稳步融入全球化的重要补充。20 世纪 90 年代以前，中国除了参加亚太经合组织（APEC）以外，没有参与任何区域自由贸易及经济合作安排，也没有任何双边的自由贸易或投资协定。2000 年，中国提议与东盟建立自由贸易区，标志着中国政策的转型，将区域主义作为中国参与经济全球化的重要补充。中国已经从战略层面认识到参与自由贸易区的重要性，并明确提出“积极开展区域合作和实施自由贸易区战略”。其目标是构建全面的区域经济合作制度框架、战略规划以及具体推进策略，通过区域经济合作在相关地区培育共同利益，在经济的互动过程中建立起平等、合作、互利、互助的区域新秩序，消除周边国家之间的隔阂和对立，从而以区域合作为突破口，全面参与国际经济协调，探索并逐步确立国家利益和国际经济关系的新准则，增强中国在国际经济中的地位和影响力，创造良好的国际经济环境。《国务院关于加快实施自由贸易区战略的若干意见》（国发〔2015〕69 号）再次明确将自由贸易区战略作为中国新一轮对外开放的重要内容，提出“进一步优化自由贸易区建设布局，逐步形成全球自由贸易区网络，争取同大部分新兴经济体、发展中大国、主要区域经济集团和部分发达国家建立自由贸易区，构建金砖国家大市场、新兴经济体大市场和发展中国家大市场”①。

---

① 《国务院关于加快实施自由贸易区战略的若干意见》，《中华人民共和国国务院公报》2016 年 1 月 10 日。

二是全面参与自由贸易区的建设。相对于其他经济体而言，中国的自由贸易区战略实施比较晚。进入21世纪以后，中国开始结合外交、政治战略，全面参与自由贸易区的建设。目前，中国参与自由贸易区建设的形式主要分为三类：一类是具有实质内容的区域合作组织或协议，例如中国—东盟自由贸易区；另一类是仅仅具有论坛性质的区域合作机制，如APEC、亚欧会议、东亚峰会等；还有一类是具有一定机制设计的区域或次区域合作组织，如上海合作组织、东北亚区域合作等。中国正在全面实施自由贸易区战略，不仅与东盟成立自由贸易区，还在“10+3”框架内商谈成立东盟—中日韩自由贸易区，甚至倡议进行中日韩合作以及东亚经济一体化谈判。同时，积极开展与巴西、阿根廷、智利和古巴等拉美国家进行的全面的区域经济合作。截至2015年12月，中国正与世界上28个经济体建设20个自贸区。其中，已经签署的自由贸易区协议有13个，包括中国与东盟、新加坡、巴基斯坦、新西兰、智利、秘鲁、哥斯达黎加、冰岛、瑞士、韩国和澳大利亚的自由贸易区协议等。除与哥斯达黎加的协议外，其他12个协议已经开始实施，且实施情况较好。正在商建的自由贸易区有7个，包括中国与海湾合作委员会、中国—挪威、中日韩、区域全面经济合作伙伴关系（RCEP，由东盟10国发起，邀请中国、日本、韩国、澳大利亚、新西兰、印度共同参加，10+6）、中国—东盟自贸协定（10+1）升级谈判、中国—斯里兰卡、中国—巴基斯坦自贸协定第二阶段谈判挪威自贸区。与此同时，中国已经完成了与印度的区域贸易安排联合研究，正在开展中日韩自贸区官产学联合研究。

三是有步骤、有计划地重点推进。张燕生采用一般均衡模型（CCE）对中国参与自由贸易区效应进行理论上的分析。[①] 他从六个不同类型样本自由贸易区综合效应的比较分析得出：建立“10+3”的自由贸易区方案对中国最为有利；次优的自由贸易区方案是建立中日韩自贸区；第三位的自由贸易区方案是中国与欧盟建立自贸区；第四位的自由贸易区方案是中国与东盟建立自贸区；第五位的自由贸易区方案是中国与澳大利亚建立自贸区；第六位的自由贸易区方案是中国与巴西建立自贸区。这个结果对研究制定中国自由贸易区战略有重要的指导意义。实践中，中国的区域一体化战略也由过去的模糊状态到现在的逐渐清晰，逐步形成立足周边，打破

① 张燕生：《中国参与区域经济一体化的动因和战略》，政协专题会议，2007年6月。

地域限制、跨越洲际，由近及远、先易后难、循序渐进，以 RTA、FTA 为主的全方位、多层次，双边、多边与区域相互配合的三位一体的区域经济发展战略；从提高货物贸易开放水平、扩大服务业对外开放、放宽投资准入、推进规则谈判、提升贸易便利化水平、推进规制合作、推动自然人移动便利化等方面加快高水平自由贸易区建设，并不断丰富自由贸易区建设内涵，适当纳入产业合作、发展合作、全球价值链等经济技术合作议题，推动中国与自由贸易伙伴的务实合作。[①]

（五）南非的自由贸易区发展战略

南非的自由贸易区发展战略主要包括以下三个方面的内容。

一是积极推进经济转型，将贸易重心从欧洲转移到东方。南非虽然是金砖国家中经济规模和经济增长率最低的成员，但是南非背后所依靠的整个非洲大陆却是世界上潜力最大的市场。而且南非经济现在正处于转型期，将贸易和投资从欧洲转到亚太地区已经上升为南非的国家战略，南非正不断加强与中国、俄罗斯等远东国家的贸易和投资往来。

二是暂时回避与大国建立自由贸易区。2004 年，中国—南部非洲关税同盟开始启动自贸区谈判。由于全球金融危机的影响，南非明确表示，目前不具备与中国等大国的比较优势，暂不考虑与中国等大国设立自贸区。尽管如此，南非对与中国经贸的深入合作信心有加。2015 年中国与南非双边贸易规模约为 460 亿美元，中国已经连续第七年成为南非最大贸易伙伴、出口市场以及进口来源地，远高于中国与其他金砖国家的贸易增长速度。目前，南非希望中国能更多购买南非的高附加值产品，拓展经贸发展的深度。

三是全力推进大非洲自由贸易区建设，巩固其作为非洲门户的战略地位。2010 年 10 月，南非与埃及达成共同致力于建立大非洲自由贸易区的协议。该自由贸易区包括 26 个非洲国家，目的是扩大彼此之间的贸易，有效利用经济资源，推动非洲经济快速发展。2011 年 6 月，非洲领导人经济峰会决定在三年内建立非洲自由贸易区。非洲自由贸易区的建立不仅有利于促进非洲内部贸易的增长，推进区域经济一体化的进程，还将帮助非洲国家利用南非的门户作用，加强与世界其他经济体，特别是与其他金砖

---

① 《国务院关于加快实施自由贸易区战略的若干意见》，2015 年。

国家的经贸往来。2015 年 2 月，东南非 26 国承诺将成立非洲最大自由贸易区，实现商品与服务的自由流通。南非主导的非洲最大的自由贸易区将显著提升南非的地位和影响力。

二　金砖国家自由贸易区战略之间的共同利益和利益冲突

（一）共同利益

金砖国家存在广泛的共同利益。具体来说，主要包括以下三个方面。

一是经济互补性较强。金砖国家群体性出现有其内在的经济和产业发展逻辑，[①] 俄罗斯能源和基础科学具有优势，印度软件技术领先，巴西清洁技术、现代农业优势较强，中国有制造加工优势，南非有矿产开采技术优势等，相互合作的潜力巨大。[②] 金砖国家分别是“世界工厂”“世界办公室”“世界原料基地”“世界加油站”及非洲的门户和桥头堡，是发展中国家利益的代表者和守护人。[③] 金砖国家均属于新兴经济体，在优化本国产业结构、改善外部发展环境和提升自身国际地位方面有着共同要求，[④] 在反对贸易保护主义、推动国际金融体系改革和应对全球气候变化领域拥有共同利益。[⑤] 赵玉焕、张继辉、赵玉洁从货物贸易和服务贸易两个方面，对中国与金砖国家之间的贸易互补性进行了分析。[⑥] 结果表明，中国与金砖国家货物贸易互补性较强，在资本密集型产业和人力资本密集型产业上具有竞争优势；中国与金砖国家的服务贸易互补性也较强，但是和货物贸易相比较弱。建议中国应积极倡导成立金砖国家自由贸易区，促进相互贸易的发展。

二是金砖国家认为自由贸易区是多边贸易体制的有效补充。20 世纪 90 年代初以来，世界各经济体缔结的自由贸易协议或优惠贸易安排迅速增

---

① 黄仁伟：《金砖国家崛起与全球治理体系》，《当代世界》2011 年第 5 期。

② 林跃勤：《新兴经济体经济增长方式评价——基于金砖国家的分析》，《经济社会体制比较》2011 年第 5 期。

③ 王永忠、马韶青：《金砖国家为什么能坐在一起》，《世界知识》2011 年第 8 期。

④ 杨洁勉：《金砖国家合作的宗旨、精神和机制建设》，《当代世界》2011 年第 5 期。

⑤ 郑新立：《加强金砖国家的经济合作》，《经济研究参考》2011 年第 49 期；李向阳：《金砖国家发展之路如何延伸》，《当代经济》2011 年第 5 期。

⑥ 赵玉焕、张继辉、赵玉洁：《中国与金砖国家贸易互补性研究》，《拉丁美洲研究》2015 年第 1 期。

加，以美国为代表的发达经济体热衷于签署自由贸易协议，尤其是与发展中国家签署区域经贸合作协议。金砖国家根据自身实际情况，也制定了相应的自由贸易区发展战略，把发展自由贸易区作为增强自身经济实力、提升国际影响力的重要途径。在这一层面上，金砖国家存在共识，认为自由贸易区是多边贸易体制的有效补充，并且在世界范围内积极推动自由贸易区建设。

三是从长期看金砖国家存在通过自由贸易区建设加深彼此之间的经贸联系。金砖国家诸多自由贸易区战略中有一点是共同的，那就是将主要贸易伙伴作为区域一体化的重点对象。从金砖国家间贸易情况看，除中巴、中俄、中印和中南以外，其他金砖国家间贸易量不大，彼此还不完全是重要贸易伙伴。例如，印度在俄罗斯贸易伙伴中仅排第 17 位，巴西、南非排位更靠后。中国是其他四国最大的贸易伙伴，中国是巴西第一大出口市场，第二大进口来源地；是俄罗斯第六大出口市场，第一大进口来源地；是印度第三大出口市场，第一大进口来源地；是南非的第一大出口市场，第一大进口来源地。从长期来看，随着金砖国家合作机制的有效推进，彼此之间的经贸关系将会越来越紧密，每个成员国尤其是中国将成为其他金砖国家自由贸易区的重要争取对象，通过自由贸易区建设加深彼此之间的经贸联系将成为共识。

（二）利益冲突

尽管金砖国家基于共同利益走到一起，但彼此之间也存在一些利益冲突。这主要表现在以下三个方面。

一是国际经贸竞争加剧，利益冲突明显。金砖国家之间存在贸易同构化、替代性、竞争性的一面，[①] 况且其地缘政治、安全领域的互信度相对较低，[②] 导致在一些经济问题上存在利益冲突，主要表现在贸易、资源等方面。[③] 而且，作为新兴经济体，出于对自然资源的追逐和控制、对市场份额的占有和竞争、对本国经济发展的期望和努力、对国际政治经济权力

① 林跃勤、周文：《金砖国家崛起动力：从比较优势走向竞争优势》，《中国财经报》2011 年 4 月 21 日。

② 姚枝仲：《金砖国家在全球经济治理中的作用》，《经济》2011 年第 5 期。

③ 钟龙彪：《国际体系转型中的“金砖国家”》，《中共天津市委党校学报》2011 年第 9 期。

的维护和争取，可能会出现利益冲突。[①] 金砖国家在双边贸易、大宗商品定价、人民币汇率、国际货币及国际经济秩序改革方式等问题上存在一些分歧和矛盾。[②] 现存的金砖国家合作机制还存在运行方式不稳定性、共同利益基础不牢固、成员国的发展充满不确定性、外部竞争压力大等问题。[③]

二是对自由贸易区的功能定位和认知存在差异，利益诉求不同。印度的经济规模较大、应对贸易摩擦的经验丰富。为避免落后于其他国家，采取的是进攻型的全面自由贸易区发展战略，追求的是政治、经济、安全的整体利益最大化。巴西和南非采取的则是立足于本地区，以南方共同市场和非洲自由贸易区为中心的防守型战略，追求的是经济利益和区域影响力的最大化。俄罗斯由于自由贸易区起步较晚，而且在 2012 年才正式成为 WTO 成员，采取的是以资源为导向的战略，虽然称之为东西方平衡战略，但实际上是在独联体内进行自由贸易区建设，以此为基础增强其对外谈判的实力。中国则是攻防兼备型的自由贸易区发展战略。不同的发展战略表明金砖国家对自由贸易区的功能定位和认知存在差异，利益诉求不同，长此以往，容易对金砖国家经贸合作机制产生负面影响，造成经贸利益冲突。

三是从短期来看金砖国家存在被排斥在彼此的自由贸易区建设之外的可能性。由于金砖国家缺乏明确的自贸区资源整合目标，战略上的利益冲突明显。在争夺全球市场、竞相吸引 FDI 的过程中，贸易争端和保护主义措施时有出现，印度和巴西是近年来对中国采取贸易保障措施较多的国家；俄罗斯经常利用油气资源作为国际谈判的筹码；印度、巴西、南非从铁矿石资源获利丰厚，而作为资源需求大国的中国在进口贸易中的正当利益难以得到有效保障。

在短期内，除印度以外金砖国家存在不同程度上回避彼此之间建立自由贸易区的可能性，尤其是南非曾经明确表示暂时回避与大国建立自由贸易区，而全力推进大非洲自由贸易区建设，巩固其作为非洲门户的战略地位。而巴西也是把注意力放在南方共同市场，将其作为筹码与外部进行区

---

① 王玉华、赵平：《“金砖国家”合作机制的特点、问题及我国的对策》，《当代经济管理》2011 年第 11 期。

② 王永中：《金砖国家经济利益的交汇与分歧》，《亚非纵横》2011 年第 3 期。

③ 王玉华、赵平：《“金砖国家”合作机制的特点、问题及我国的对策》，《当代经济管理》2011 年第 11 期。

域一体化谈判，避免与任何大国建立危及自身经济竞争力的自由贸易区。俄罗斯虽表面上东西方同时推进，但实际上进展不大。中国与金砖国家有建立自贸区的诉求，但时机尚不成熟。

三　金砖国家自由贸易区发展战略的利益协调方向与路径

（一）开展金砖国家间的经贸共同利益评估和量度联合研究

建议采取计量建模（指标体系设计）的方法，从经济贸易互补性入手，对金砖国家之间的经贸共同利益进行评估和量化。选取经济结构、贸易结构、产业结构、经济发展阶段等方面的指标体系，重点分析金砖国家作为“世界工厂”“世界办公室”“世界原料基地”“世界加油站”及非洲的门户和桥头堡，在经济发展过程中的共同利益。并且从产业利益、就业利益、贸易利益、金融利益、市场利益、资源能源与环境利益、人力资本与技术利益七个方面入手，设计出金砖国家共同利益量度体系，使其能够全面反映影响金砖国家利益关系的各方面因素。同时，该量度体系将每个具体指标分为共同利益大、共同利益适中和共同利益小三个区间，对每个具体指标所处的位置进行“无量纲化”处理，使其成为统一的百分制数字。然后，采取逐级加权平均的方法，得出一个直观的、能够看得见最终分值，从而可以反映出金砖国家间共同利益的大小，以全面评估金砖国家在各个经贸领域的共同利益，为金砖国家间经贸合作的顺利进行提供现实依据。

（二）积极进行金砖国家间的经贸利益冲突识别与分析

在经济全球化背景下，经贸利益关系复杂化、主体多元化、实现利益的手段多样化。不同议题引发不同国家之间的利益组合，可能出现不固定的、由议题决定的各种利益组合。建议采取以“议题”为核心的方法对金砖国家间的经贸利益冲突进行识别和分析，全面分析金砖国家之间的经贸利益关系，分析金砖国家在国际贸易议题、国际金融议题、国际投资议题、国际环境议题上的利益冲突以及全球化背景下国际经贸利益关系的深刻性、复杂性、广泛性和以“议题”为导向的利益组合的重要特征、原因及发展趋势。

（三）建立金砖国家经贸利益分配与协调机制

金砖国家积极追求各自的经贸利益，寻找共同利益，化解利益冲突，达到利益平衡，当务之急是构建金砖国家间经贸利益平衡与协调合作机制。如果机制设计得当，就能够平衡金砖国家间的经贸利益关系，实现彼此之间的合作与良性互动，确保金砖国家间经贸利益取得预期成效。该机制的基本原则是实现共享式合作、包容性发展，目的是促使妥善处理金砖国家间经贸利益关系，着眼长远、面向未来，为自由贸易区建设贡献新的价值观和主流思想，为破解重大全球性问题提供战略思维和思路。

（四）倡导建立金砖国家自由贸易区，扩大经贸合作，夯实“金砖国家”的共同利益基础

金砖国家作为最大的发展中国家，应该倡导面向发展的区域经贸合作，不仅仅是签署优惠贸易安排、自由贸易协议等，还应该将区域经贸合作焦点集中在促进整体经济增长、改善经济结构的宏观经济政策领域，包括货币与金融安排、大型基础设施建设以及产业政策等。倡导建立金砖国家自由贸易区，扩大经贸合作，夯实“金砖国家”的共同利益基础。考虑到金砖国家之间战略利益的复杂性，全面的自由贸易区建设很难立即启动。短期内，可以采取逐步推进的方式，在个别领域签署框架协议。例如，2011 年4 月14 日，《金砖国家银行合作机制金融合作框架协议》正式签署，正式启动建立金砖国家更加开放的区域金融合作体系。此举有利于稳步扩大本币结算，为金砖国家间贸易和投资提供便利；加强金砖国家在资源、低碳等重要领域的投融资合作；积极开发资本市场间的合作，包括发行债券和企业的上市；加强金砖国家间金融领域的信息交流。在相互贸易中实现贸易本币结算，能有效避免汇率波动，减少风险。

四　小结

当前，全球范围内自由贸易区数量在有序增加，涵盖议题在不断拓展，自由化水平也有较大提升。加快实施自由贸易区战略是金砖国家为了适应经济全球化新趋势的客观要求，是进行各自国家国内经济结构性调整、构建开放型区域经济新体制的必然选择。在各自推进自贸区战略时需

要进行金砖国家间的经贸共同利益评估和量度联合研究，充分挖掘金砖国家推进自贸区战略的共同利益，最大限度地避免利益冲突。必要时建立金砖国家经贸利益分配与协调机制，以及金砖国家间自由贸易区，扩大经贸合作，构建合作共赢的大市场，夯实金砖国家全面合作机制，实现共同的战略利益。

第十章

金砖国家与国际直接投资新规则

金融危机爆发后，金砖国家对外投资迅速崛起，但在国际直接投资规则的制定方面仍处于被动接受者角色。与此同时，西方国家普遍认为，金砖国家跨国公司的对外投资活动受政府的影响很大，并且在一些具有战略意义的行业形成了一批由国家控股的大型国有企业。这些国有企业又被称为“国家控制实体”。它们已经成为国际直接投资领域的生力军，在对发达国家市场的并购行为中表现出明显的资产寻求动机。针对金砖国家跨国公司海外并购的迅猛发展，许多发达国家开始采取一些新的政策和措施，对金砖国家国有跨国公司所主导的对外直接投资加以限制，金砖国家在新一轮国际经贸规则制定中将面临挑战。

金融危机爆发后，世界经济格局发生深刻变化。金砖国家企业对外直接投资迅速崛起。与此同时，西方国家普遍认为，金砖国家跨国公司的共同特征是政府在企业经营中扮演重要角色，在一些具有战略意义的行业形成了一批由国家控股的大型国有企业。这些国有企业又被称为“国家控制实体”，已成为国际直接投资领域的生力军。针对金砖国家跨国公司海外并购的迅猛发展，在美国“有顺序的谈判”（sequential negotiation）战略的持续推动下，以“准入前国民待遇+负面清单”为核心的第三代贸易与投资规范正在演变成为美国重塑国际贸易、投资和世界经济格局的战略手段。以美国为首的发达国家在国际投资规则制定中引入多种措施，必将对金砖国家跨国企业海外并购产生影响。

一　金砖国家对外直接投资的崛起

2001 年 11 月，美国高盛证券首席经济学家吉姆·奥尼尔在该机构发表的编号为第 66 期的全球经济报告《全球需要更好的经济之砖》（The World Needs Better Economic BRICs）中，首次用“BRICs”这个词圈定出世界最具潜力的四个发展中大国，即巴西、俄罗斯、印度和中国，“金砖四国”概念应运而生。2010 年南非也加入进来，成为“金砖国家”（BRICS）。从 2009 年开始，金砖国家每年举行一次首脑峰会，不到十年的时间，金砖国家已从概念衍生出机制安排。[①] 至此，这个以发展中国家为主的群体开始为国际社会所关注和了解，“金砖国家”这一概念也逐渐得以明确。在经济上，它们与发达国家的差距逐步缩小；在政治上，它们在全球议题中的话语权不断扩大，作为世界政治中一股新的、强大的力量，“金砖国家”正推动国际关系发生着极为广泛和深刻的变化。“金砖国家”的崛起在经济层面体现得最为明显，这些国家的经济近十多年来都保持了高速和稳定的发展。从全球视角来看，这种全面和持续的增长又在相当程度上抬升了它们在世界经济版图中的地位。[②]

例如，金砖国家对全球 GDP 增长贡献超过 50%，五国国内生产总值占世界总量的 20%，贸易额占全球贸易额的 15%。中国堪称“世界的加工厂”，俄罗斯则有“世界的加油站”的美誉，印度被誉为“世界的办公室”，巴西不愧为“世界的粮仓”，南非被看作“通往非洲的桥梁”。[③] 2001—2010 年，金砖国家间贸易年均增长率为 28%，10 年间增长了 15 倍，2010 年贸易额约为 2300 亿美元。其中，中国同俄罗斯、印度、巴西、南非的双边贸易增长迅速，2010 年增速分别达到 43.1%、42.4%、47.5%和 59.5%，均高于同期中国对外贸易总体增速 34.7%的水平。2011 年，金砖国家之间的贸易继续增长，总额已经超过了 3200 亿美元。近年来，金砖国家相互贸易经历了快速发展。除 2009 年受国际金融危机影响外，

① 陈拯：《金砖国家与保护的责任》，《外交评论》2015 年第 1 期，第 1—2 页。

② 高祖贵、魏宗雷、刘钰：《新兴经济体的崛起及其影响》，《国际资料信息》2009 年第 8 期，第 1 页。

③ 孙振宇：《全球治理与金砖国家合作》，《第二届金砖研究国际学术研讨会论文集》，复旦大学，2015 年，第 51 页。

2002 年以来金砖国家进出口贸易总额的年均增长速度较世界贸易增长速度高出了近 10 个百分点。2011 年，金砖国家进出口贸易总额达到了 5.75 万亿美元，是2000 年的5.74 倍，金砖国家内部贸易总额甚至达到了2000 年的 15.86 倍，而同期的世界贸易额则仅为2000 年的2.87 倍。[①]

在投资领域，联合国贸发会议在 2013 年 3 月发布的特别报告里指出，金砖国家在新兴经济体超越发达经济体成为全球直接投资的主体方面发挥了重要的推动作用。[②]金砖国家的推动作用与投资企业特征主要表现在以下四个方面。

（一）双边投资存量迅速扩大

金砖国家双边投资存量从 2003 年的 2.6 亿美元大幅上升到了 2011 年的约 286 亿美元，增长幅度高达百倍。金砖国家双边直接投资存量合计占金砖国家外商直接投资存量总量的比重从 2003 年的 0.1% 上升到了 2011 年的 2.5%。从国别来看，印度与俄罗斯之间的相互投资规模较大，占到了各自对其他金砖国家投资存量规模的3/4以上（见表 10－1）。[③] 2013 年 11 月，俄罗斯相关部门宣布，将投资印度西部在古吉拉特邦为建设丁基橡胶装置提供全面支持。该装置将成为印度的第一套丁基橡胶生产厂设施，定于 2015 年投产，年生产能力为 10 万吨丁基橡胶。2012 年 2 月，西布尔公司和信诚工业公司组建合资企业信诚西布尔弹性体公司，将控制丁基橡胶生产。信诚工业公司在合资公司中拥有 74.9% 的股权，西布尔公司拥有 25.1% 的股份。[④]

表 10－1　　2011 年金砖国家相互间直接投资存量规模及占比

单位：百万美元、%

外商直接投资来源地	外商直接投资目的地							占比
	金砖国家	巴西	中国	印度	俄罗斯	南非	世界	
金砖国家	28599.5	1222.4	13570.8	1795.6	7671.5	4339.1	130238	2.5
巴西	514.1	—	447.5	15.8	0.1	50.7	202586	0.3

① 樊勇明：《贸易便利化：金砖合作的共识》，《国际市场》2014 年第 6 期，第 8—9 页。

② UNCTAD, Global Investment Trends Monitor, Special Edition, March 25, 2013.

③ 张幼文等：《开放升级的国际环境——国际格局变化与全球化新趋势》，上海社会科学院出版社 2013 年版，第 285—287 页。

④ 崔小明：《俄罗斯投资印度西部建丁基橡胶厂》，《橡胶技术与装备》2013 年第 12 期，第 54 页。

续表

外商直接投资来源地	外商直接投资目的地							占比
	金砖国家	巴西	中国	印度	俄罗斯	南非	世界	
中国	9552.5	1071.8	—	657.4	3763.6	4059.7	424781	2.2
印度	1987.1	73.9	228.7	—	1409.1	194.1	62600	3.2
俄罗斯	1139.9	—	123.1	982.3	—	34.5	361738	0.3
南非	15405.8	76.8	12771.5	140.1	2417.4	—	78533	19.6

资料来源：UNCTAD，Global Investment Trends Monitor（Special Edition），25 March，2013。转引自张幼文等《开放升级的国际环境——国际格局变化与全球化新趋势》，上海社会科学院出版社2013年版，第286页。

（二）海外直接投资高速增长

根据世界经济发展状况，近年世界海外直接投资（Overseas Direct Investment，ODI）进一步增长，持续复苏，从而回到全球金融危机前的水平，金砖四国ODI流量更是呈现高速发展态势。从增长率上来看，2002—2009年金砖四国的ODI流量年均增长率分别为：巴西最高（591.98%），其次是中国（250.69%），然后是印度（69.96%）和俄罗斯（53.18%），而同期世界ODI流量的年均增长率只有11.68%①。说明金砖四国ODI发展迅速，远远高于世界平均增速。从发展趋势上来看，近年来印度和俄罗斯的ODI流量均呈现稳定发展的态势，印度ODI流量年均增速高于俄罗斯，增长率表现稳定且强劲，表明印度自21世纪以来对外直接投资势头猛，潜力大；中国在21世纪初期ODI流量出现过波动，但很快就保持快速增长的趋势；巴西ODI流量虽然年均增速最高，但是波动非常大，说明ODI流量不稳定，易受国内外经济环境变化的影响。②

（三）跨国并购呈现分化

在跨国并购额上，中国远远领先于其他金砖国家，俄罗斯和印度并驾

① 资料来源：UNCTAD，World Investment Report，2002－2010，转引自黄庐进、梁乘《金砖国家对外直接投资特征比较》，《商业时代》2012年第23期，第57页。

② 黄庐进、梁乘：《金砖国家对外直接投资特征比较》，《商业时代》2012年第23期，第57—58页。

齐驱，巴西较为落后；在跨国并购权重上，若不考虑金融危机的负面影响，印度跨国并购权重已接近中国水平，中印两国远远领先于巴西和俄罗斯。例如，2015 年，中国境内投资者共对全球 155 个国家和地区的 6532 家境外企业进行了直接投资，累计实现非金融类对外直接投资 1180.2 亿美元，同比增长 14.7%。截至 2015 年年底，中国累计实现非金融类对外直接投资 8630.4 亿美元。全年累计非金融类直接投资在 900 亿美元左右，连续第 15 年保持增长。[①]另据 UNCTAD 统计的数据显示，2005 年俄联邦 FDI 量为 120 亿美元，2006 年为 235 亿美元，2007 年为 478 亿美元，[②] 2008 年为 537.59 亿美元[③]。

（四）国有企业跨国并购活跃

在金砖国家跨国并购的企业特征方面，很大比例的跨国并购项目是由国有企业完成的，且为资源领域的粗放型并购，而私营企业跨国并购成功率非常低，说明其具有很大的局限性和单一性（见表 10－2）。例如据有关统计，到 2012 年年底，中国海外资产规模最大的 47 家央企在海外的资产总规模合计达 3.8 万亿元，占全国最大的 100 家跨国公司海外资产总额的 85%，47 家央企的海外总收入达 4 万亿元，员工总人数为 44.8 万人。[④]与此同时，中国与俄罗斯并购集中于初级部门，制造业、服务业占比较低（见表 10－3）。目前，俄罗斯对外直接投资的 50% 投到石油、天然气领域，约 25% 投到冶金、采矿工业部门。2007 年和 2008 年燃料、能源、冶金业在俄罗斯对外直接投资中的比重明显加大。2007 年，在俄罗斯的海外并购中，约有 54% 投到冶金、采矿业，12% 投到机器制造业，建筑、不动产业占 9%，石油、天然气行业占 6%，6% 投资到能源、电视通信业，13% 是其他行业。境外资产最多的俄罗斯跨国企业中，排在前四位的是卢克石油公司、俄罗斯天然气工业股份公司、北方钢铁集团、俄罗斯铝业集团，都是石油、

① 杨挺、田云华、邹赫：《2013—2014 年中国对外直接投资特征及趋势》，《国际经济合作》2014 年第 1 期，第 25 页。

② 王殿华：《转型国家对外投资问题研究——俄罗斯对外直接投资的特征、优势及前景》，《俄罗斯中亚东欧研究》2010 年第 4 期，第 51 页。

③ 资料来源：中驻俄使馆经商参处。转引自张宝艳《俄罗斯对外直接投资：理论、现状与影响》，《俄罗斯中亚东欧研究》2009 年第 5 期，第 46 页。

④ 杨挺、田云华、邹赫：《2013—2014 年中国对外直接投资特征及趋势》，《国际经济合作》2014 年第 1 期，第 25 页。

天然气、冶金和采矿行业。①

表 10－2 2014 年中国国有企业四大跨境兼并并购 单位：亿美元、%

	中国企业	海外投资对象	投资国/地区	金额	行业	持股比例
1	五矿资源财团	拉斯邦巴斯铜矿	秘鲁	58.5	采矿业	100
2	宝钢	Aquila Resources	澳大利亚	14.0	采矿业	85
3	中粮	荷兰粮食交易商 Nidera	荷兰	12.1	制造业	51
4	中国石化	AUSTRALIA PACIFIC LNG PTY LTD	澳大利亚	10.0	采矿业	10

资料来源：BVD－ZEPHYR《全球并购交易分析库》，转引自张明、王永中等《中国海外投资国家风险评级报告（2015）》，中国社会科学出版社 2015 年版，第 112—113 页。

表 10－3 2005—2012 年按部门/行业划分的中国企业海外并购数目 单位：件

部门/行业	并购购买交易量							
	2005 年	2006 年	2007 年	2008 年	2009 年	2010 年	2011 年	2012 年
总量	4	4	20	20	26	43	44	35
初级部门	1	1	6	6	17	14	17	7
农、林、牧、渔业	—	—	—	—	—	—	1	1
矿业和采石业	1	1	6	6	17	14	16	6
制造业	2	1	9	8	7	15	20	13
食品、饮料和烟草	1		1			3	2	3
纺织、服装、制革	—	—	—	—	1	2	3	—
木制品与塑制品	—	—	1	—	—	1	1	—
化工产品	—	—	1	—	—	1	1	—

① 张宝艳：《俄罗斯对外直接投资：理论、现状与影响》，《俄罗斯中亚东欧研究》2009 年第 5 期，第 46 页。

续表

部门/行业	并购购买交易量							
	2005 年	2006 年	2007 年	2008 年	2009 年	2010 年	2011 年	2012 年
机械与工业制品	—	—	4	4	2	3	4	7
电子电气设备	1	—	1	3	—	1	6	2
汽车及配件	—	1	1	1	1	4	1	
服务业	1	2	5	6	2	14	7	15
电力、燃气和水	—	1	—	1	—	3	3	—
建筑业	—	—	—	—	—	—	—	1
住宿和餐饮	—	—	—	—	—	—	—	1
运输、仓储与通信	—	—	—	2	1	1	1	3
金融	—	1	1	1		1	—	3
商业服务	1	—	1		1	2	—	1
教育、医疗、保健	—	—	—	—	—	1	1	2
影视娱乐	—	—	—	—	—	—	1	1
软件及网络服务	—	—	3	2	—	6	1	3

资料来源：马金城、焦冠男、马梦骁：《中国企业海外并购行业介布的动态变化与驱动因素：2005—2012》，《宏观经济研究》2014 年第 1 期，第 37 页。

二　金砖国家跨国公司与“国家控制实体”

金砖国家跨国公司是指来自金砖经济体、进行对外直接投资和在一个或多个国家从事价值增值活动并对跨国界经营活动进行有效控制的国际化企业。2013—2014 年，排名前 20 位的外国投资东道国中，中国与俄罗斯分别排在第三、第四位（见图 10 - 1）。在 1987—2005 年来自发展中和转型经济体的跨国公司在石油和天然气行业所实施的前 8 位跨国并购交易中，来自金砖国家的跨国公司占据了 6 个席位（见表 10 - 4）。[①]

① 参见联合国贸发会议《2011 世界投资报告》，经济管理出版社 2011 年版。

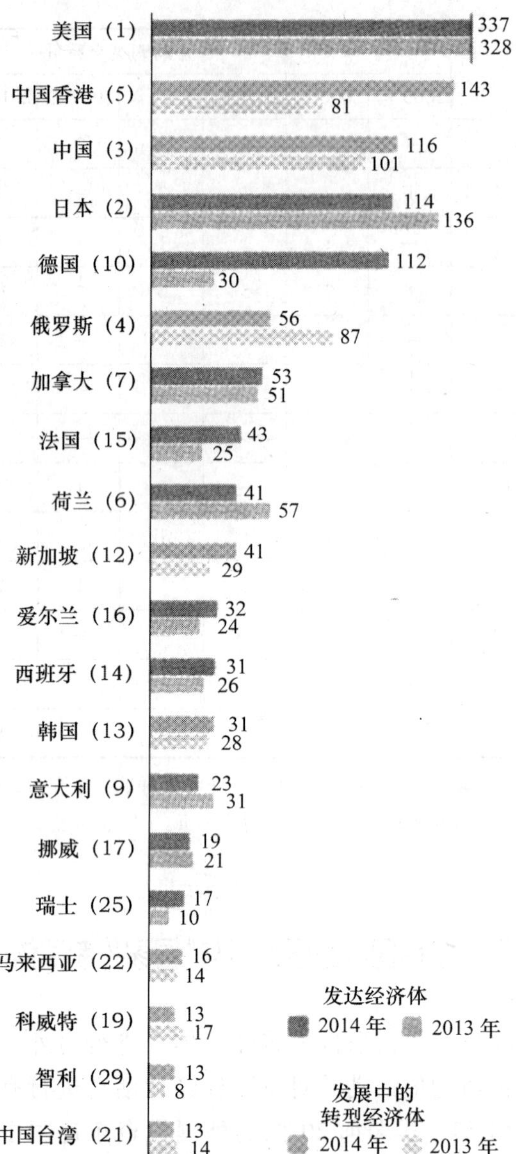

图 10－1　2013 年和 2014 年 FDI 流出量前 20 位母国/经济体（十亿美元）

资料来源：UNCTAD，World Investment Report，2015。

表 10-4　1987—2005 年来自发展中和转型经济体的跨国公司在石油和天然气行业所实施的前 8 位跨国并购交易（按销售额排名）

目标公司（国家）	收购公司（国家）	销售额（百万美元）	并购的股份（%）	增加的储备（百万桶）	年份
Petro Kazakhstan（加拿大）	CNPC（中国石油）	4141	100.0	503	2005
Nelson Resources（加拿大）	Lukoil（俄罗斯卢克石油公司）	2000	100.0	—	2005
Maxus Energy（美国）	YPF SA（阿根廷国家石油公司）	1844	100.0	209	1995
Egyptian LNG（埃及）	Petronas（马来西亚国家石油有限公司）	1766	35.0	—	2003
Sakhalin-1 consortium（俄罗斯）	ONGC（印度石油天然气公司）	1700	20.0	460[a]	2001
Perez Companc SA（阿根廷）	Petrobras（巴西国家石油公司）	1028	58.6	730	2003
Greater Nile Petroleum（苏丹）	ONGC（印度石油天然气公司）	768	25.0	281[b]	2003
Reposl-YPF' oil field in Indonisa	GNOOC（中国海洋石油总公司）	592	100.0	360	2002

注：[a]总储量为 2300 百万桶，根据所并购的股份 20% 折算得到增加的储备；[b]总储量为 1124 百万桶，根据所并购的股份 25% 折算得到增加的储备。

资料来源：UNCTAD，跨国并购数据库（www. unctad. org/fdistatistics），增加的储备通过不同渠道的报刊媒体统计及相关公司网页。

根据 UNCTAD 2014 年世界投资报告的资料显示，国有跨国公司（State Owned-Transnational Corporations，SO-TNCs）数量相对较小，但其外国子公司数量和所管理的国外资产规模却十分庞大。UNCTAD 估计，至少有 550 个 SO-TNCs 来自发展中国家，SO-TNCs 主导的 FDI 投资预计在 2013 年达到 1600 亿美元。在这一水平上，尽管其数量不到所有跨国公司数量的 1%，但是其所管理的资产却超过全球 FDI 流量的 11%。① 目前，在全球跨国公司一百强中，国有跨国公司占据了 19 席，其中一半以上（56%）的国有跨国公司都位于新兴经济体（见表 10-5）。②

① UNCTAD，World Investment Report，2014。参见南开大学国际经济研究所网站：http：//www. nkiie. com/news1. asp? ArticleID=1312，上网时间：2014 年 12 月 31 日。

② 联合国贸易与发展会议：《国际生产和发展的非股权形式》，载《2011 年世界投资报告》，中国财政经济出版社 2012 年版，第 19 页。

表 10-5　**200 家最大非金融跨国公司中总部位于金砖国家的跨国公司**　单位：%

国有企业名称	国别	所属行业	政府股权比例
中国国际信托投资公司	中国	多样化	100.00
中国远洋运输（集团）总公司	中国	运输、船舶和仓储	100.00
巴西国家石油公司	巴西	自然资源	66.00
中国石油天然气集团公司	中国	自然资源	100.00
印度石油天然气公司	印度	自然资源	74.14
中化集团	中国	自然资源	100.00
华润集团	中国香港，中国	自然资源	51.38
中国海洋石油总公司	中国	自然资源	100.00
中国铁道建筑总公司	中国	建设	100.00
中国五矿集团公司	中国	自然资源	100.00
中国石油化工总公司	中国	自然资源	100.00
淡水河谷	巴西	采矿	巴西政府持股 39.70
塔塔钢铁公司	印度	金属及金属制品	印度政府持股 15.74
南非移动电话网	南非	电信	南非政府持股 17.63
第一太平有限公司	中国香港，中国	电器与电子设备	中国政府持股 10.37
沙索化工工业有限公司	南非	化工	南非政府持股 30.00
斯坦霍夫国际控股	南非	多样化	南非政府持股 14.89
萨佩有限公司	南非	木材和纸制品	南非政府持股 11.90
联想集团	中国	电子与电子设备	中国政府持股 36.00
中兴通讯	中国	电子通信与制造业	中国政府持股 32.45
冠捷科技有限公司	中国	批发贸易	中国政府持股 35.06

资料来源：Karl P. Sauvant & Jonathan Strauss：《国有跨国公司控制着近 2 万亿美元的外国资产》，《哥伦比亚外商直接投资展望》2012 年 4 月 2 日第 64 期。联合国贸易与发展会议：《国际生产和发展的非股权形式》，载《2011 年世界投资报告》，中国财政经济出版社 2012 年版，第 19 页。

据此，西方学者普遍认为，尽管以金砖国家跨国公司在来源国、所选择的产业、竞争优势、目标市场和国际化路径等方面表现出较高的异质性，但学者们通过对比较成功的金砖经济体国家跨国公司进行研究，发现其共同特征是政府在企业跨国经营中扮演着重要角色：金砖国家在对外投资逐渐扩大的基础上，对传统的国有经济进行了股份制改革，在一些具有战略意义的行业形成了一批由国家控股的大型国有企业（State Owned Enterprises），这些国有企业又被称为“国家控制实体”（State Controlled - Entities），“国家控制实体”已成为国际直接投资（Foreign Direct Investment）领域的生力军，并在对发达国家市场的并购行为中呈现出明显的资产寻求动机（ Asset - seeking Motives）。

例如，西方国家认为俄罗斯政府不断加强对战略性资源的控制，从政府对经济调整的干预逐渐走向国家垄断。因为普京上任伊始就表示，与经济增长速度直接有关的重要任务之一是继续对所谓自然垄断的大公司进行改革。在俄罗斯，有相当多的观点认为，由于当今世界中跨国公司成为全球经济最重要的经济主体，因此俄罗斯也应该组建大型公司。对俄罗斯现有的垄断组织，如天然气工业公司、俄罗斯统一电力股份公司等做理智而全面的权衡就会认识到，诸如此类的大型公司不仅能够将俄罗斯经济从危机中解脱出来，还可使其跻身世界先进行列。诸如阿巴尔金等经济学家们强调，应该把俄罗斯自然垄断组织视为民族骄傲，它们在世界经济中有许多方面是无与伦比的。他们提议，在经济改革中不应采取简单的非垄断措施将大型公司化整为零，而应调整国家与上述大型公司之间的关系，促进俄罗斯大型工业集团的发展，因为它们能够提高产品在国内外市场上的竞争能力。① 2004 年 8 月，普京签署命令限制对 549 家具有战略意义的大型企业的私有化。2004 年 9 月，普京批准俄罗斯天然气垄断企业——天然气工业股份公司和 100% 国家控股的俄罗斯石油公司合并，组建俄罗斯能源领域的“航空母舰”。2007 年 4 月，普京在其国情咨文中明确倡议，到 2008 年 5 月，大约用一年时间，在俄罗斯集中建立起 6 个规模庞大的国家集团公司，每个集团公司均由专门的联邦立法确定章程和任务，并被赋予振兴俄罗斯经济、实施国家重大建设工程以及发展高新技术产业的重任。俄罗斯石油公司和天然气公司相互持股，俄罗斯石油公司成为天然气工业股份公司下属的子公司。②

---

①　田春生：《俄罗斯“国家资本主义”的形成及其特征》，《经济学动态》2010 年第 7 期，第 125—126 页。

②　王伟：《俄罗斯的国家集团公司：建立与运行》，载中国社会科学院俄罗斯东欧中亚研究所《俄罗斯东欧中亚国家发展报告（2009 年）》，社会科学文献出版社 2009 年版。http：//euroasia. cass. cn/chinese/Production/Yellowbook2009/。转引自田春生《俄罗斯“国家资本主义”的形成及其特征》，《经济学动态》2010 年第 7 期，第 126 页。

另一个金砖经济体的成员国巴西则早在20世纪70年代末期就成立了654家国有企业，其中有198家为联邦政府所有。联邦政府所有的企业遍布巴西各个经济领域，不少企业成为巴西最大的企业。[①] 巴西政府作为国有企业的所有者，通过选派董事会成员掌握控制国有企业的重要经营决策。这种决策的结果主要以计划指导、公共和基础部门投资及国有企业管理经营等方式来体现，因而决策对当事人的影响和推动程度是随政府的计划能力、投资能力和经营管理能力的加强而增大的。政府通过企业制订和执行经济发展计划，以形成资本主义条件下的有计划的市场经济体制。[②]

上述国有企业的经营模式被西方国家认为代表一种不同于以往国有经济的新型经济模式，这种新型经济模式是使俄罗斯、巴西等新兴经济体国家成功的一种经济发展模式。这种模式的特征是，国家政府设立并扶持国有企业迅速发展，并开始在世界经济的各个领域与发达国家的跨国公司展开竞争。毋庸讳言，这些公司由于涉及主权国家的安全和战略利益，因此透明度相对比较低，很少披露其资产结构、投资动机、投资行为以及投资收益等细节。

三　国际直接投资规则的新变化

众所周知，规则就是约束或激励行为主体行动的规范，而所谓国际投资规则也就是在国际范围内约束不同的国际投资行为主体活动的规范。这些不同的行为主体包括国家、国际组织、企业或个人。国际投资规则是国家、个人、企业从事国际投资活动时需要共同遵守的制度或规则。在全球产业竞争中，除了技术和服务层面的竞争外，更重要的是规则的竞争，特别是国际规则；谁主导规则制定，谁将在竞争中处于优势地位。[③]

（一）国际投资治理存在的问题

由于多哈回合长期陷入困境而导致的国际投资治理严重缺失，全球投资领域问题丛生。具体来说，主要表现在以下三个方面。

---

① Victor Bulmer - Thomas, *The Economic History of Latin America since Independence*, New York: Cambridge University Press, p. 344.

② 叶祥松：《巴西国有企业管理体制及其启示》，《财经科学》1996年第6期，第65页。

③ 李丽：《低碳经济对国际贸易规则的影响及中国的对策》，《财贸经济》2014年第9期，第114页。

一是全球投资保护主义不断抬头。冷战结束后，在全球化日益加深的背景下，由国际直接投资活动规模、流动格局、投资形式的变化所引起不同的利益诉求围绕着对外资保护与促进的分歧；发达国家和发展中国家在双边、区域和多边层次就国际投资规则的目的、结构和具体内容进行反复的博弈、谈判，经过六十多年的发展演变，国际投资规则逐渐形成了当前一个缺乏综合性全球多边投资协定，而以双边投资协定（BIT）特惠贸易与投资协定（PTIA）为主体的双边、区域和多边投资协定共存的规则体系。截至2012年年底，国际投资协定总计3196项，其中双边投资协定已经达到2857项，其他协定达到339项。这些协定反映了不同历史背景下国际直接投资流动过程中东道国、母国和跨国公司不同的利益诉求。[①]事实上，在国际直接投资规则的制定过程中，一直存在"加强监管"和"促进自由化"的争论。从20世纪90年代末开始，某些国家基于"经济安全""战略产业"等理由对外资并购进行严格审查。来自国有企业的投资和国有机构的投资，在发达国家都引起了比较强烈的反弹，开始出现"投资保护主义"的迹象。[②] 根据《世界投资报告》的统计资料，2011年，投资保护主义倾向的政策变动比例达到22.4%，也就是说有将近1/3的政策变动带有投资保护主义的倾向（见表10－6）。

表10－6　　2000—2011年各国外资政策与规制的变化与调整情况

年份	变化国家（个）	规制调整（项）	有利于外商直接投资（项）	不利于外商直接投资（项）	中性/不确定（项）	不利政策占比（%）
2000	45	81	75	5	1	6.2
2001	51	97	85	2	10	2.1
2002	43	94	79	12	3	12.8
2003	59	126	114	12	0	9.5
2004	80	166	144	20	2	12.0

① 李玉梅、桑百川：《国际投资规则比较、趋势与中国对策》，《经济社会体制比较》2014年第1期，第176页。

② 赵小平：《国际直接投资规则和协调机制的构建：现状和未来》，《市场营销导刊》2008年第5期，第61页。

续表

年份	变化国家（个）	规制调整（项）	有利于外商直接投资（项）	不利于外商直接投资（项）	中性/不确定（项）	不利政策占比（%）
2005	77	145	119	25	1	17.2
2006	74	132	107	25	0	18.9
2007	49	80	59	19	2	23.8
2008	41	69	51	16	2	23.2
2009	45	89	61	24	4	27.0
2010	57	112	75	36	1	32.1
2011	44	67	52	15	0	22.4

资料来源：UNCTAD，World Investment Report，2012。

二是美国的主导使全球投资规则严重碎片化。近年来，美国逐渐意识到，随着金砖国家纷纷加入WTO，金砖国家利用国际经济规则的实施机制来遏制某些针对性投资保护主义的能力也在增长。同时，在WTO的发展进程中南北之争再度激化，多哈回合谈判僵局一直无法突破。美国彼得森国际经济研究所的学者因此主张，现在应该结束WTO多哈回合的淤滞状况，战后全球贸易投资协定的老旧模式几乎崩溃。美国现在必须重夺国际贸易与投资规则制定的主导权。随着越来越多的发展中国家（如中国和印度）企业的国际竞争力增强，如何在“公平贸易”的帽子下保护美国企业的利益，美国希望通过新的国际协定来引入竞争性中立条款和劳工保护条款，削弱来自金砖国家企业的竞争力。①

三是全球投资治理体系严重缺失，权利基础面临挑战。在当前的全球经济治理体系中，贸易领域有世界贸易组织（WTO），金融领域有国际货币基金组织（IMF），然而在投资领域却没有一个全球性广泛的多边投资框架以及相应的支持机构。现有的几个在投资领域的多边治理框架虽然提供了一定的投资保护和便利功能，但存在局限性。②与此同时，越来越多的发展中国家

① 朱文晖、李华：《中美双边投资协定谈判策略思考》，《开放导报》2013年第5期，第20页。

② 王碧珺：《中国参与全球投资治理的机遇与挑战》，《国际经济评论》2014年第1期，第103页。

正在迈向中等收入国家的行列。在此背景下，以“金砖国家”为代表的广大发展中国家强烈要求全球经济治理秩序能够及时反映当今世界的政治经济新格局和新现实，以进一步提升其在多边国际经济治理机制中的话语权。所有这些，都对曾在美欧主导下建立并主要反映了发达国家政治经济利益和全球治理理念的国际经济组织规则提出了严峻的挑战。①

鉴于金砖国家跨国企业海外并购的迅猛发展，许多发达国家计划开始采取一些新政策措施，对金砖国家国有跨国公司所主导的对外直接投资进行限制。发达国家认为，金砖国家国有跨国公司的所有权特点和治理结构，会引起东道国对其带来的不公平竞争问题和可能引起的国家安全问题的担心。例如，法国将外资流入审查范围拓宽至六个新的领域：能源供给（电力、天然气、石油或其他能源）、水供给、运输网络和服务、电子通信网络和服务、出于防御原因的建筑和设施运营，以及公共卫生防护。上述规定用以保障公共秩序、公共安全和国防领域方面的国家利益。德国在 2009 年对其对外投资法进行了修改，允许国家对来自欧盟以外的对外直接投资进行审核。意大利为政府行使防御和国家安全领域投资相关的特别权力设置了程序，作为 2012 年设立的与安全有关的投资审查机制的一部分。2015 年，加拿大修订了投资监管的国家安全审查法，为政府延长对可能损害国家安全的投资审查期限提供了灵活性。②

（二）现有国际投资规则对金砖国家的影响

目前，在美国“有顺序的谈判”战略的持续推动下，以“准入前国民待遇 + 负面清单”为核心的第三代贸易与投资规范正在演变成为美国重塑国际贸易、投资和世界经济格局的战略手段。以美国为首的发达国家在国际投资规则制定中引入多种措施，必将对金砖国家跨国企业海外并购产生影响，主要表现在以下三个方面。

第一，是在美国强势主导的 TPP 谈判中，国有企业问题理所当然地成为多边讨论与博弈的重要话题。美国借道 TPP、TTIP、TISA 和 BIT 2012 为国有

---

① 樊莹、陈阳：《后金融危机时期的国际贸易治理》，载朱立群等主编《全球治理：挑战与趋势》，社会科学文献出版社 2014 年版，第 110—111 页。

② UNCTAD：《世界投资报告（2015）：重构国际投资机制》，南开大学出版社 2015 年版，第 123 页。

企业参与国际竞争制定规则的意图已经十分清晰。① 2014 年 1 月 20 日，美国总统奥巴马在国会大厦发表任内第六份国情咨文。奥巴马在谈及美国的贸易与投资政策时提及中国。奥巴马说："21 世纪，美国产品需要更多的出口。中国希望在世界上经济增长最快的地区定下规则，这将会令我们的工人和商人处于劣势。我们为什么要让这种情况发生？定规则的应该是我们。"② 如果 TPP、TISA 和 BIT 2012 中有关规则上升为全球标准，未来金砖国家企业（包括国有企业）将面临着全新的国际经营环境，对相关国家现有的贸易、投资和发展模式都会提出新的挑战。例如，作为国际投资领域中标准最高的范本，BIT 2012 不仅涵盖了国际投资协定中所有传统议题（如投资待遇的最低标准、最惠国待遇、征收、转移、代位、损失补偿、投资争端解决等），还纳入了准入前国民待遇、国有企业、劳工、环境、业绩要求等新条款。涉及内容与 TTP 和 TTIP 如出一辙，标准和规则均高于目前正在谈判或已签署的其他自由贸易协定，也高于 WTO 的现行标准。目前，在 TTP、TTIP 和 TISA 谈判中，中国、俄罗斯、印度等主要新兴市场国家集体"被缺席"，美国巩固其在全球贸易与投资体系中领导地位的意图昭然若揭。以 TPP 和 TTIP 为首的区域贸易协定将着重扩大区域内贸易与投资额，自然对被排除在外的新兴经济体和发展中国家形成遏制。③

第二，是欧盟和美国开始在其各自的投资政策中采纳新的原则，并呼吁其他国家也考虑采纳这些原则，以巩固国际投资市场。2012 年 4 月 10 日，美国和欧盟发布了《欧盟与美国就国际投资共同原则的声明》规定了七项原则，一是开放和非歧视的投资环境；二是公平竞争的环境，推动竞争中立原则；三是对投资者与投资强有力的保护；四是公平且有约束力的争端解决；五是健全的透明度和公众参与规则；六是负责任的商业行为准则；七是严格适用的国家安全审查。④这七项原则集中反映了美欧在国际投资规则领域的立场。美国副国务卿罗伯特·霍马茨（Robert D. Hormats）

① 毛志远：《美国 TPP 国企条款提案对投资国民待遇的减损》，《国际经贸探索》2014 年第 1 期，第 93 页。

② 新华网：《美国总统奥巴马在国会大厦发表任内第六份国情咨文三次提及中国》，http://www.qh.xinhuanet.com/2015-01/22/c_1114090320.htm，访问时间：2015 年 2 月 10 日。

③ 赵春明、赵远芳：《国际贸易新规则的挑战与应对》，《红旗文摘》2014 年第 21 期，第 19 页。

④ 王婷：《竞争中立：国际贸易与投资规则的新焦点》，《国际经济合作》2012 年第 9 期，第 75 页。

直言不讳地表示：国有企业借助背后的政府支持，无须提高自身的生产效率或研究创新能力便能在美国市场或第三国市场获得竞争优势，因此美国有必要采取应对措施以消除这一竞争优势。在罗伯特·霍马茨看来，不同经济体之间国有企业占优的市场冲击了私营企业占优的市场，所以世界贸易需要再平衡。在多边框架下，美国借助经济合作与发展组织（OECD）这个政府间平台推动竞争中立概念的普及，试图在竞争中立框架的具体规则中加入更多限制国有企业竞争优势的条款；在双边框架下，2012 年公布的《欧盟与美国就国际投资共同原则的声明》在呼吁美欧摒除经济保护主义情绪、提供一个开放和非歧视的投资环境的同时，不忘宣称双方政府将共同致力应对来自受益于国家力量的商业企业的实质挑战。①

第三，是美国和欧盟开始在国际政治经济的大框架下考虑国际投资问题。美国和欧盟认为，经济互惠并不能阻止战争。全球化需要足以保证公平适用规则的执法者（或霸主）、大国合作或全球治理安排。如果没有共同努力定位国家利益的政治架构，经济框架注定会支离破碎，狭隘的民族主义就会排挤全球承诺。例如，美国启动 BIT 项目主要基于一系列经济、法律和政治角度的考量：经济方面主要是想通过 BIT 项目保护美国投资免于歧视待遇、外汇管制和征收等威胁；法律方面主要是想通过 BIT 项目弥补习惯国际法在保护外资方面的不足；政治方面则是因为美国政府需要向美国国会和美国企业表明其保护海外投资的决心和态度。②

由上可见，以中国为首的金砖国家在未来制定可能的国际直接投资总协定中，并不占有结构性权力的优势，就如同在关贸总协定中那样。在军事角力让位于经济角力的今天，由于金砖国家目前还不具备足够的结构性权力与发达国家抗衡，金砖国家跨国企业进入国际市场就不得不选择接受现行的规则。促使金砖国家跨国企业“自愿”接受此类规则的机制主要来自以下几个方面：第一，满足特定的规则已成为进入特定国家市场的一个前提条件。第二，由于国际直接投资、国际生产网络和外包的迅速发展，金砖经济体中越来越多的产业已被纳入西方跨国公司国际分工的链条之内，接受这些西方跨国公司产品标准、技术规章与认证

① 毛志远：《美国 TPP 国企条款提案对投资国民待遇的减损》，《国际经贸探索》2014 年第 1 期，第 93 页。

② 单文华、张生：《美国投资条约新范本及其可接受性问题研究》，《现代法学》2013 年第 5 期，第 150 页。

制度已成为正常生产、销售和管理活动的必要条件。第三，金砖国家市场中介体系发展滞后，迫使金砖国家的跨国企业不得不接受发达国家的跨国中介机构的认证，进而成为发达国家标准的接受者。例如，在国际资本市场上，国家和企业的融资成本和其资信评级直接相关。而国际通行的资信评级标准主要有穆迪债务评级标准、标准穆尔债务评级标准和惠誉债务评级标准。①

四 小结

争取建立合理的国际经济秩序是金砖国家的共同利益诉求。无论是社会的转型，还是经济的发展，无不需要良好的国际环境。冷战结束以后，在全球化浪潮的推动下，金砖国家的社会转型和经济发展都取得了迅速的发展，金砖国家的经济增长率一直高于全球平均水平。但是，以 2008 年的全球性金融危机爆发为分水岭，金砖国家的外部环境发生了巨大的变化。世界经济的萧条使得金砖国家的对外贸易萎缩，经济增长速度放慢。国际货币体系的不稳定使得金砖国家深切地感到了发达国家转嫁危机的后果。多哈谈判的停滞使得金砖国家承受了巨大的贸易与投资保护主义的压力。全球性金融危机再次表明，国际治理的结构框架决定着国家间经济利益的分配。在严峻的事实面前，金砖国家不得不发出共同的声音，采取共同行动，争取建立合理的国际经济秩序，为自身的转型和发展提供一个良好的外部环境和国际空间。于是，就有了金砖国家对全球治理的积极参与。②

与此同时，金砖国家在新一轮国际经贸规则制定中将面临重大挑战。目前，据 IMF 测算，自美联储的退出政策实行以来，已经导致巴西、中国和印度经济减速超过 0. 5 个百分点。很多发展中国家如印度、南非、墨西哥更是面临财政和国际收支的双赤字，有的国家就业形势也非常严峻。2013 年，南非失业率在 25% 左右徘徊，35 岁以下青壮年的失业率更是高达 70% 。在新兴市场和发展中经济体失速风险进一步加大的情况下，奥巴马政府可能将利用其主导的 TPP、TTIP、BIT 2012 以及 TISA 全面塑造国际

① 参见李向阳《国际经济规则的实施机制》，《世界经济》2007 年第 12 期，第 5 页。

② 樊勇明：《金砖国家合作与亚洲多元发展》，《复旦大学学报》2013 年第 6 期，第 151—152 页。

贸易、国际投资，维护以美元为基础的国际金融体系。2016 年，TPP 协定和 TISA 协定可能会有阶段性的成果，既为奥巴马政府医改挫折挽回部分损失，也为民主党中期选举增添一些砝码，更为奥巴马的 8 年任期留下难得的政治遗产。①

因此，为避免国际投资规则的分散化和碎片化，服务于金砖国家的经济发展，金砖国家必须以积极姿态参与多边投资框架的创建，真正成为国际多边投资规则的制定者。例如，目前“竞争中立”规则已经进入国际造法过程。美欧所推行的“竞争中立”规则刻意忽视了发展中国家和转型经济体的经济发展水平和特点。但各国产业发展程度不同，政治制度法律体系各异，要求所有国家达到相同的“竞争中立”标准显然存在不合理性。金砖国家应该密切关注“竞争中立”规则的发展动向，才能在“竞争中立”规则相关的国际贸易投资协定谈判中有理有据，顶住压力，未雨绸缪。

① 王海峰：《国际经济和治理格局变动趋势》，《宏观经济管理》2014 年第 2 期，第 84—87 页。

第十一章

金砖国家与国际能源合作

在全球经济越来越关注的能源领域，无论是从能源消费总量还是从能源效率方面来看，金砖国家都已占据重要地位，能源合作已成为新时代促进金砖国家间经济合作的重要途径。本章通过分析金砖各国最新的能源生产和消费情况，并结合能源合作的经济效应分析，指出金砖国家应从加强能源需求管理、建立实质性能源合作机制、共同开发新能源等方面广泛开展未来能源合作。

近年，金砖国家综合经济实力发展极其迅速，已经成为拉动世界经济恢复和增长的重要引擎，同时，金砖国家能源需求的快速增长也必然对世界能源格局产生影响。在全球能源价格持续波动的今天，再加上诸多发达国家不断施加的能源环境压力，因此有必要深入研究金砖各国能源产业与经济发展之间的关联性，进而评估能源发展潜力，判断能源合作空间，同时也为中国未来的能源战略寻找最优发展途径。

一　金砖国家的能源生产与能源消费

金砖国家的五个成员国遍及欧亚大陆、南美大陆和非洲大陆，均是这些地区最为关键的新兴经济体。同时，金砖国家还是二十国集团非西方阵营中的关键国，这些国家正在对世界经济秩序发挥着越来越大的影响力。但是，目前的金砖国家既不是地区合作组织，也尚未形成成熟的地区合作机制，其本质上仅是五个主要新兴经济体间的会晤机制。因此，作为目前较为独立的国际对话平台，金砖国家的未来合作迫切需要新的方向选择，能源合作便是其未来长远战略的核心之一。能源领域的合作可以帮助建立全球能源合作新机制，进而推动全球治理体系重构和全球经济社会可持续发展。从全球来看，金砖国家在能源产品供求方面具有举足轻重的地位。根据金砖国家联合统计手册（2015）统计数据，金砖国家2014年的一次能源产量占到全球的39.7%，而能源消费量占到全球的36.1%。就其中的每个国家而言，单个金砖国家对世界能源格局也具有极其重要的影响。

（一）中国的能源生产与能源消费

中国既是世界上的能源资源储备大国和供应国，同时也是能源消费大国。金砖国家联合统计手册（2015）最新数据显示，2014年中国一次能源消费总量占全球的23.2%，超过美国的19.1%，继续成为世界第一大能源消费国且与美国的差距逐渐拉大。作为世界第一大煤炭供应国，中国的煤炭储量约占全球的14%，但煤炭消耗量却占到全球的47%，是储量占比的3倍以上，如果这种消耗规模得不到有效控制，则中国的煤炭资源将在35年后枯竭。石油方面，中国已探明的剩余储量基本维持在20亿吨，储产比已经降至目前的不到10年。作为世界第四大石油生产国，中国的石油仍然是入不敷出，严重依赖进口。相比而言，中国天然气资源的开发勘探较晚，未来仍有较大的发展空间。中国的天然气供需前景是改变欧亚大陆和世界天然气贸易格局与地缘政治的重大因素。能否和如何解决自身的能源问题，既是中国的问题，也是地区性和世界性的问题。①

中国能源消费规模的快速增长以及由此引发的能源效率与经济增长之间的关系问题正引起人们的广泛重视。结合中国的经济增长数据可以发现，进入中国工业化的黄金发展期（1990年以后），中国能源消费与经济增长的关系极为密切，相关系数测算接近1（0.9873），表明中国能源消费规模的扩张对经济增长的迅速发展提供了强有力的支持。进入2000年以后，人均能源消费量增长速度明显加快，由2000年的人均0.82吨油当量增至2014年的人均1.89吨油当量，增长121%，且中国人均GDP与人均能源消费之间的相关性更是高达0.99，表明经济增长和人民生活水平的不断提高都与能源消费息息相关。

---

① 林伯强：《结构变化、效率改进与能源需求预测》，《经济研究》2003年第5期，第57—93页。

关于中国的能源消费情况，借助能源消费弹性系数和能源消费强度系数则更能清晰说明。能源消费弹性系数通常用能源消费增长速度与国民经济增长速度的年平均增长率比值来表示，结合中国统计年鉴及金砖国家联合统计手册统计数据进行计算，中国近十年的能源消费弹性平均值达到了0.91，表明中国能源消费规模的增长变化与经济增长变化基本保持了一致性。再看能源消费强度系数，该数值又称为单位产值能耗，指的是一定时间内一国每单位 GDP 所包含的能源消费量。经测算，自 20 世纪 90 年代以来，中国能源消费强度一直呈下降趋势，而这与很多发达国家在 20 世纪中叶曾出现过的能源消费强度连续下降的情况颇为类似，但究其原因则完全不同。[①] 发达国家之所以出现这种现象，主要是因为其当时正处于由工业化时期向后工业化时期过渡的阶段，而中国直到今天都还未达到工业化高峰时期，主要是因为处于从计划经济体制向市场经济体制转变的过渡阶段，本质上是改革开放所释放的效率因素效果的体现。因此从这个角度与发达国家比较来看，可以预测，中国不久的未来还将会出现新一轮的能源消费强度增长期。

（二）其他金砖国家的能源生产与能源消费

1. 俄罗斯的经济发展与能源平衡

俄罗斯是世界经济大国。IMF 数据显示，2014 年俄罗斯的国内生产总值为 1.86 万亿美元，位居世界第九位，人均 GDP 在 1 万美元左右。俄罗斯的经济结构非常不合理，绝大部分收入来自资源行业，包括石油、天然气、矿石和木材等，受这类商品价格的波动影响非常大。2009 年，俄经济遭到重创，自 2000 年以来首次出现负增长，下滑幅度超过了二十国集团及金砖国家。自 2014 年至今，受西方制裁、国际能源价格下调等因素影响，2015 年俄罗斯经济较 2014 年继续下滑超过 3.7%。俄经济下滑首先与其经济结构失衡、严重依赖能源出口，即原料经济模式有关。2014 年俄油气出口收入占俄出口总额的 66.3%、GDP 的 18.7%。2015 年国际石油均价跌到每桶约 50 美元，比 2014 年下跌近 50%，俄由此财政损失 900 多亿美元。俄罗斯一直强调要改革经济结构，然而“雷声大雨点小”，结构

---

① 陈丽萍：《能源可持续发展研究现状评述》，《国土资源情报》2005 年第 11 期，第 31—38 页。

不合理问题越来越严重。近两年能源价格骤降，俄罗斯经济非常被动，缺乏新的动力和发展亮点。俄罗斯的能源产品以石油和天然气为主，金砖国家联合统计手册（2015）显示，2014 年俄罗斯能源产品生产总量为 13.9 亿吨油当量，其中天然气占 44.3%，石油占 42.5%，煤炭占 12.1%。一次能源消费总量为 7.4 亿吨油当量，其中天然气占 52.3%，石油占 21.1%，煤炭占 13.0%。进入 21 世纪，伴随全球能源供需失衡局势的加剧，俄罗斯政府也逐渐开始重视能源资源的长期持续性开发，并于 2007 年制定了长期能源发展战略。根据这一政策规划，预计俄罗斯的能源生产总量和一次能源消费总量在 2030 年将分别达到 17.5 亿吨和 10.5 亿吨油当量。近年，伴随国际能源合作的发展，俄罗斯能源产品出口规模增长显著，2010 年能源出口量达 6.3 亿吨油当量，而对应进口量则不及出口的 1/20。根据俄罗斯政府的能源开发战略，未来能源出口规模将会逐渐缩减，未来 20 年内能源产品出口量占全国能源生产总量的比重将保持在 40% 左右。

2. 印度能源消费与经济发展

印度是世界上仅次于中国的第二人口大国，2014 年经济总量居世界第 8 位，以人均 GDP 计算的经济发展水平居世界第 137 位。2014 年，印度 GDP 总量为 2.07 万亿美元，人均 GDP 为 1631 美元。GDP 构成中服务业占 53.1%、工业占 28.8%、农业占 18.1%。1970—2014 年，印度 GDP 总量从 366 亿美元增长至 2.07 万亿美元，40 年增长了近 40 倍；人均 GDP 从 110 美元增长至 1631 美元，也增长了 10 倍以上。金砖国家联合统计手册数据显示，印度一次能源消费量 2014 年已达 6.02 亿吨油当量，与 1970 年的 0.65 亿吨油当量相比增加了 8 倍。人均一次能源消费量也从 120 千克增长至 480 千克，增长了 3 倍。借助相关数据测算发现，印度能源消费量与经济增长水平之间的相关性高达 0.986，而人均能源消费量与人均产值之间的相关性也同样高达 0.971，综合表明印度经济发展水平与能源消费规模增长关系密切。进一步借助前文所介绍的能源消费弹性系数和能源消费强度系数来看，印度近年的能源消费弹性系数均小于 1，这与印度以现代信息服务业为发展主导产业的国情相符合，信息服务业在带动印度实现经济腾飞的同时，还大大降低了对能源资源的消费需求。再看能源消费强度，测算结果显示，印度近年的能源消费强度与中国类似，也呈逐渐走低态势且数值一直低于中国，表明印度同样未达到工业化高峰期，尚处于工业化初期发展阶段。

3．南非、巴西的能源发展与投资机遇

南非属于中等收入的发展中国家，也是非洲经济最发达的国家，2014年其国内生产总值为3498.2亿美元，居世界第28位，占非洲国内生产总值的20%左右；人均GDP为6478美元，居世界第76位。矿业、制造业、农业和服务业是南非经济四大支柱，深井采矿等技术居世界领先地位。近年来，南非政府为改变区域经济发展不平衡的状况，通过加大政府对宏观经济政策的调整力度、加强基础设施建设、实行行业优先发展战略、加强教育和人力资源培训等措施，促进了就业和减贫，经济运转平稳。目前，南非在天然气资源开采方面依然存在亟须解决的障碍，困难主要集中在技术和政策两大层面。天然气在南非能源构架中仅占很小的一部分，薄弱的基础设施也是阻碍其实现飞跃性发展的一大难题，如液化天然气加工厂的匮乏就严重阻碍了南非国内天然气的开采和运输。不过现在，南非政府已经认识到能源发展的重要性，其政策已经开始向支持天然气等能源资源的开采倾斜。因此，只要南非政府未来能够继续加大对天然气等能源资源开采技术开发的投入，制定明确的能源支持政策，完善相关法律法规，那么南非国内的能源开采市场将迅速成长，其所带来的投资机遇不可小觑。

而在巴西方面，随着其国内石油业投资的大量增加、石油产量不断增长，委内瑞拉和墨西哥正迅速失去其在拉美石油生产领域数十年的主导地位。巴西计划2020年以前使本国的石油产量增加一倍以上，并有潜力成为重要的石油出口国。随着巴西2030年国家能源发展规划的颁布和实施，巴西将扩大对能源领域的投资，开发核能、水力、热力、风能以及生物能源发电，以满足未来数十年的经济增长需求。巴西政府在能源领域的庞大投资规划，将极大刺激国内对能源行业相关产品的需求，使能源行业继续保持迅速发展的势头，这对于巴西国内外的能源行业企业而言是个很好的投资发展机会。

总体而言，当前金砖国家在能源发展方面各具特点，且在本国、本地区及全球能源领域也都已具备相当重要的影响力。各具特色决定了金砖各国未来在能源合作方面具有极大的互补性和广阔的合作空间，同时这也将成为未来全球能源经济、政治等方面的焦点。可以说，金砖国家是改变、创新当前全球能源格局和决定未来世界能源发展趋势的关键因素。如果金砖国家在能源合作领域取得突出进展，形成成熟的合作机制，则将会在全球能源结构改革、气候改善及世界经济可持续发展等难题方面产生决定性的影响。

二　金砖国家能源合作的多国博弈

金砖各国在未来的能源合作领域虽具备较大的互补性和发展空间，但受地域限制、历史矛盾、经济水平差距等障碍因素的影响，若处理不好，合作也必将成为布满荆棘的坎坷之路。正因如此，金砖国家之间的能源合作首先必须基于各国经济发展水平与国内能源产业发展的密切关系来进行，正是能源产业对国内经济发展的重要推动性才决定了一国对外开展能源合作的必要性。金砖国家间的能源合作将会是多国长期博弈的过程，本节也将在分析各国经济发展与能源产业紧密关系的基础上，证明金砖各国在能源合作领域的积极参与取向，给出博弈路径。

（一）金砖国家能源合作发展现状

伴随近年金砖国家间联系的日益紧密，能源合作正在成为金砖国家间合作的主要内容，而就近年金砖国家间合作的现实状况来看，能源方面的合作发展主要是以中国为核心全面展开的，这其中又属中俄两国间的能源产业合作联系最为广泛和深入。油气贸易是两国现阶段最主要的能源合作领域，2014 年中国从俄罗斯石油进口量占中国石油进口总量的 11.3%，且总体仍呈上升趋势。同时中国也一直在谋求与俄罗斯在油气领域上游的合作，力求积极参与俄罗斯油气田的合作与开发。而在技术服务方面，随着中国技术和设备在俄罗斯市场逐步得到认可，近几年我国也积极参与了俄罗斯的油气服务，包括地球物理勘探，远东原油管道建设，钻机、修井机、钻头等设备供应技术服务领域。为了保证经济快速发展，实现自身的崛起，中国和印度也都十分重视能源安全的问题。作为世界上两个最大的发展中国家，开展中印之间的能源合作，符合两国的共同利益。中印两国早在 2004 年就已经针对能源安全问题开始了能源领域的交流与合作，2014 年 7 月，金砖国家领导人第六次会晤在巴西召开，能源安全问题也是与会热点，中国国家主席习近平在此次会见印度总理莫迪时指出，中印在国际和地区事务中具有广泛共同利益，中方愿意携手印方应对能源安全问题，维护共同利益。共同的能源需求使得中印两国能源安全合作存在巨大空间。除了俄罗斯和印度，中国与巴西之间的能源合作也在逐渐走向成熟。截至2012年，中国公司对巴西投资额已近300亿美元，能源和矿产领域的投资占了90%，中巴两国在能源合作领域存在较强的经济互补性，双方未来能源合作的意愿强烈、动力充足。

此外，印度与俄罗斯两国近几年在能源方面的合作也是成果颇丰，合作内容主要集中在核能和油田开发等方面。俄罗斯作为世界上化石能源最为丰富的国家，任何一个国家都想与其广泛开展能源合作。俄罗斯的能源问题，尤其是俄罗斯的远东石油开发问题，向来都是中日两国激烈争夺的焦点。但在21世纪初，又出现了一位大有“后来居上”势头的强劲对手——印度。近年印度在国际社会再度活跃，表现为不仅与俄罗斯寻求参与油田开发，而且还与日本缔结了全面经济伙伴关系，进一步加强能源合作。印度似乎要释放新一轮的海外能源合作热情。除油田开发外，印俄两国在核能领域的能源合作也取得了重大进展。2015年12月23日，印度总理莫迪出访俄罗斯，双方在核能领域、油气、交通、工业、军事技术等大型项目领域均签订了合作协议。毫无疑问，核电将成为未来两国合作的重点。两国的协定内容显示，俄罗斯未来至少将在印度三处地点建设18座核反应堆。要想与印度开展核电合作，俄罗斯就免不了与日本、法国、美国等国公司的竞争，而俄罗斯的优势则在于其在油气领域和核能领域与印度形成的强势互补。因此很多学者表示，未来15年里，印度将成为俄罗斯主要的海外核电市场。

（二）金砖国家能源合作发展的博弈分析

金砖国家间的能源合作可以基于混合策略的博弈模型进行分析，混合策略是博弈论中的一种策略选择方法，它是在博弈参与人选择纯策略的基础上，对每一项选择指定一个概率从而生成一种新的随机选择策略的程序方法。① 基于前文分析考虑，由于当前金砖国家间能源合作主要以中国为主，因此初步将中国看作一方，而将其他国家看作另一方，分析过程中再逐步向金砖多国的综合分析扩展。模型假定双方先后共同做出了积极合作

① William C. Clark, Nancy M. Dickson, “Sustainability Science: The Emerging Research Program”, *Proceedings of the National a cademy of Sciences of the United States of America*, Vol. 100, No. 14, 2003, pp. 59 - 61.

和消极合作两种策略选择，因此根据双方的能源合作现状，构建博弈支付矩阵（见表11－1）。

表11－1　**金砖国家能源合作博弈支付矩阵**

中国＼其他国家	积极合作（P_b）	消极合作（$1-P_b$）
积极合作（P_a）	（A_2，B_2）	（A_3，B_1）
消极合作（$1-P_a$）	（A_1，B_3）	（A_4，B_4）

资料来源：笔者自制。

表11－1中，A_1、A_2、A_3、A_4 表示中国在不同策略组合下的支付[①]，B_1、B_2、B_3、B_4 表示其他国家在不同策略组合下的支付，且满足 $A_1>A_2>A_3>A_4$，$B_1>B_2>B_3>B_4$。P_a、P_b（$0\leqslant P_a\leqslant 1$，$0\leqslant P_b\leqslant 1$）分别表示中国和其他国家在博弈中采取合作策略的概率，因此如表11－1所示，双方分别采取消极合作策略的概率为 $1-P_a$ 和 $1-P_b$。当双方同时采取消极合作策略时，由于合作进展缓慢，因此双方均获得最低的支付效用 A_4 和 B_4；当一国采取消极合作策略，且另一国同时采取积极合作策略时，前者在成本较低付出的同时又能获得合作方的利益给予，因此能获得最高的支付效用，而另一方在积极合作策略的基础上还是能比合作终止时获得略高的支付，因此支付组合为（A_1，B_3）或者（A_3，B_1）；最后当双方均采取积极合作策略时，能源产业发展交流顺畅，均获得合理区间内的支付值 A_2 和 B_2。

根据冯·诺依曼—莫根施特效用函数（VNM效用函数）可得，中国在表11－1所示的博弈支付矩阵中所能获得的期望效用为：

$$E(A)=P_a\times[P_b\times A_2+(1-P_b)\times A_3]+(1-P_a)\times[P_b\times A_1+(1-P_b)\times A_4] \tag{1}$$

又因为混合策略中的纳什均衡是以"每个局中人必定会对其每种纯对策无差异"为条件的，所以对中国有：

$$P_b\times A_2+(1-P_b)\times A_3=P_b\times A_1+(1-P_b)\times A_4 \tag{2}$$

由（2）式解得 $P_b=(A_4-A_3)/(A_2-A_3-A_1+A_4)$，并令该值等于

① 博弈论中，支付指的是一个策略的成本与利益的归纳，即参与者所得到的收益大小。

e，同理对于其他金砖国家来讲，可得 $P_a = (B_4 - B_3) / (B_2 - B_3 - B_1 + B_4)$，并令该值等于 e'。可得概率 $P_b = e$ 且 $P_a = e'$ 是该混合策略中的非纯策略纳什均衡。但将实际博弈中策略的选择归结为某一准确概率过于理想化，实际情况下的策略选择一般会大于或小于该均衡点。①

显然，当 $P_b > e$ 时，只有 $P_a = 0$ 能满足 E（A）的最大化值 $P_b \times A_1 + (1 - P_b) \times A_4$，因此此时中国采取的是消极合作的态度；当 $P_b < e$ 时，只有 $P_a = 1$ 才能满足 E（A）的最大化值 $P_b \times A_2 + (1 - P_b) \times A_3$，因此此时中国采取的是积极合作的态度。

综上所述，当中国认为其他国家政府采取积极合作的概率较大（认为 $P_b > e$）时，会选择消极合作策略（$P_a = 0$）；当中国认为对方采取消极合作的概率较大（认为 $P_b < e$）时，会选择积极合作策略（$P_a = 0$）。因此"积极合作，消极合作""消极合作，积极合作"是传统混合策略博弈模型的纳什均衡结果。但由模型可以看出，这一结果本质上是针对两个国家经济合作所得出的，而实际情况是金砖国家多方之间的综合博弈，即模型中所谓的其他国家之间也存在合作的空间。因此如果按照一方积极合作而另一方同时消极合作的结论，则连续推导的结果将趋向于所有国家均不合作。显然，所有国家均不参与合作或者都是消极合作的结果，并不符合各个国家以及整体的经济利益，主要原因在于该模型缺乏国家利益差异层面的进一步条件控制，因此需对原模型做进一步修正。

考虑到国家间能源合作利益的差异，一国必须基于利益的得失来在"积极合作"和"消极合作"两种策略中进行选择，且必取其一。因此可设定一个"决定成本"概念，即一国可承受的合作损失所引起的最大成本界限。如果一国在失去合作机会时所受到的成本损失大于"决定成本"，则不会选择消极合作策略，反之则会发起抵抗。② 显然，各国的合作损失成本与能源合作对其经济发展的重要性直接相关，而金砖国家能源产业与经济发展之间的密切关系在前文已经给出证明。设中国和其他国家的"决定成本"分别为 A_c 和 B_c（见图 11－1）。

① Lenzen M.，"Primary Energy and Greenhouse Gases Embodied in Australian Final Consumption: An Input－Output Analysis"，*Energy Policy*，No. 6，1998，pp. 495－511.

② Per F. Peterson，Terry Collins，"Choosing the Sources of Sustainable Energy"，*Science*，Vol. 5，No. 7，2001，pp. 189－197.

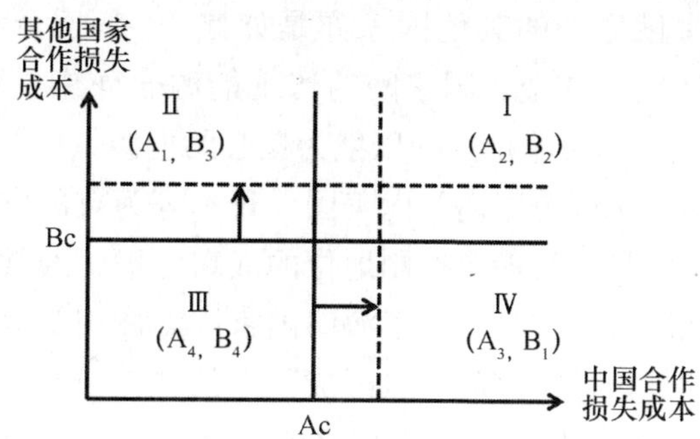

图 11－1　修正后的金砖国家能源合作博弈模型

资料来源：笔者自制。

金砖国家经过多年发展，尤其自南非 2010 年加入合作以来，金砖国家之间的合作机制已经成型，可概括为以领导人会晤为主渠道，以安全事务高级代表、外长、常驻多边组织使节会议为辅助，以智库、工商、银行等各领域合作为支撑的多层次合作架构。虽然至今尚没有类似于世界贸易组织的高级别协调机构存在，但从某种意义上说，基于各国共识的这一新兴市场国家合作机制已经开始发挥其协调各国间合作交流的作用。因此，将金砖国家合作机制的形成这一约束条件加入模型，可推出中国及其他金砖国家之间合作的"决定成本"还在继续增加，因此由图 11－1 所示，Ac 和 Bc 成本线分别向右和向上移动。在这种趋势下可以发现，原先"A_1，B_3"或"A_3，B_1"区域的面积都在向"A_2，B_2"原来所在的区域面积转移。由模型可知，在这种情况下，唯一而且更好的策略选择，将是"A_2，B_2"，即所有的国家均采取积极的合作态度。可由模型分析知道，仅凭自身发展很难达到多国互相信任进而积极合作的结果，这样也就引申出了协调机构存在的必要性。

（三）金砖国家能源合作发展的功能预期

1. 稳定以俄罗斯为核心的能源供应，加强中长期能源战略安全

继第一次全球石油危机发生后，世界主要能源消费大国都纷纷建立起自己的石油储备体系。如今又伴随持续不稳定的世界经济和政治安全形势，使得各国尤其金砖国家对以石油和天然气为主的能源进口渠道多元化诉求日益迫切。以中国为例，中国当前石油进口中有近 80% 是源自中东地区并经马六甲海峡运输的，无论是进口来源国还是路径都存在极大的单一

性安全隐患，除中俄之外的其他国家亦是如此。[①] 基于金砖各国国内能源资源的实际储备情况，在金砖国家间的传统能源合作中，俄罗斯将扮演极其重要的供应角色，但要稳定这一以俄为核心的能源供应合作机制，仍面临诸多障碍。一方面在国际范围内，以美国、日本等为首的发达国家，出于削弱他国能源安全、维护自身能源控制地位的战略考虑，经常在他国与俄罗斯的能源合作上多加阻挠。另外，由于海湾国家许多油田实际上是被美国的石油公司控制的，因此金砖国家间一旦形成稳定的合作机制，必然减少对其的石油需求。[②] 另一方面，从俄罗斯内部来看，俄罗斯对其他国家尤其是中国快速增长的经济还是持复杂心态的，再加上俄罗斯存在多重复杂的多个利益集团关系，这些都使俄政府的话语权受到很大限制，也是中俄间输油管道合作项目历经十多年才有突破进展的深层次原因。综上所述，金砖各国通过努力，一旦达成并稳定以俄罗斯为核心的能源供应合作体系，必将提升各国的中长期能源战略安全。金砖各国应借助近年在各领域广泛开展经济合作的机遇，共同建立以石油和天然气为主的金砖国家能源战略储备。金砖国家能源合作促进下的能源战略储备体系的建立，能够显著抑制世界能源价格波动对金砖国家国内经济发展的影响，进而有利于各国经济持续、健康、稳定地发展，也有利于各国在全球环境下的整体竞争力的提升。

2. 能够促进金砖各国在能源领域发展的整体规划与优势领域的确定

关于金砖国家间的能源合作，尤其在合作领域的选择方面，可借助合作机遇充分发挥各国长处，实现优势互补，集中金砖各国不同的能源优势，共同促进重大能源合作项目的顺利启动与尽快完成。金砖各国间不同的能源产业发展特点使其在能源合作方面具有世界其他合作机制所不具备的独特优势，如金砖国家在能源储备层面有极具优势的俄罗斯和中国、开采加工层面有俄罗斯和巴西、新能源领域发展有巴西和南非，等等。因此充分发挥各国优势，可以顺利完成复杂的大型能源合作工程，提升各国的就业水平，各国经济发展也都将因此受益。

3. 能够促进中俄两国能源产业实现互补式发展

作为金砖国家中最重要的两个能源大国，中国和俄罗斯的能源产业合

---

① 齐绍洲、云波、李锴：《中国经济增长与能源消费强度差异的收敛性及机理分析》，《经济研究》2009 年第 4 期，第 56—64 页。

② 柳天恩、王朝凤：《俄罗斯能源政策研究》，《黑龙江对外经贸》2011 年第 2 期，第 55—58 页。

作战略对金砖国家间的能源合作起着至关重要的作用。更重要的是，金砖国家能源合作也将是中俄两国能源产业发展的空前机遇，中国具备劳动力优势和市场优势，俄罗斯则具备雄厚的能源资源和研发技术，两国分别作为世界主要的能源消费国和生产国，完全可借金砖国家能源合作机遇，实现能源领域的强势互补，建立并发展全面、长期、稳定、互利共赢的能源战略协作伙伴关系，充实两国务实合作内涵，提升两国战略协作伙伴关系的水平。

4. 能够促进巴西、南非、印度能源优势价值最大化

前文已经提到，巴西已经在生物能源技术开发和应用方面处于世界领先地位，南非在决定摈弃传统的煤炭能源依赖消耗模式之后，近年也在新能源产品研发方面取得了巨大成果，此外巴西和南非两国也拥有储量不菲的天然气和石油资源。与其他国家相比，印度拥有的则是日益庞大的能源消费市场和丰富的国际能源合作经验。因此，这些国家的能源发展各具特色，优势明显，但若只是独立发展也很难突破现有瓶颈，而借助金砖国家间的能源合作机制，这些国家的能源发展优势将得到最大程度的价值发挥，尤其在与中俄两国建立密切的能源合作关系后，能够实现本国能源产业整体竞争力质的提升。

三　金砖国家未来能源合作的路径选择

（一）加强能源需求管理，推进能源新技术开发和应用

不可否认，与西方发达国家相比，金砖国家在能源技术研发及管理水平方面尚存在一定差距。而从另一角度来看，这恰恰可以成为金砖国家未来能源合作的途径，金砖国家完全可以通过共同开发能源技术及商讨高效的能源综合利用方案等，来建立新的能源合作机制。具体到国家而言，中俄作为金砖国家中的两大能源国，应担负起领导责任，主动联合其他金砖国家，发出加强能源需求管理的倡议，进一步推进全球能源治理中对于能源需求的规范管理以及气候变化的谈判规则。① 能源技术的开发和应用可根据金砖国家的实际情况，通过互相学习引进先进技术，从清洁煤炭技

① 李国璋、霍宗杰：《中国全要素能源效率、收敛性及其影响因素——基于1995—2006年省际面板数据的实证分析》，《经济评论》2009年第6期，第101—109页。

术、深海技术到新能源开发、页岩气开采的推广应用等做起。前文的博弈分析也表明，各国存在积极合作的愿望，而这种愿望需要由像中国、俄罗斯这样的大国来带动。

（二）推动实质性金砖国家能源合作机制的建立

伴随金砖国家整体经济实力在世界范围内重要性的日益提升，其也已经成为 G20 集团中相当重要的新兴经济体力量。因此，从这一角度来看，未来金砖国家在能源领域的合作将必然对由西方主导的全球治理体系构成挑战，也必然影响世界新的能源体系的形成。金砖国家可商讨建立专门的能源合作机构作为常设机构，同时还可合作共同建立能源研究基地等作为集团智库。在此基础上，金砖国家未来合作机制的构建，可以借能源合作为突破口，通过能源合作实质性合作体系的建立，来推动金砖国家实体合作体系的形成。所以，金砖国家未来应走出区域限制，逐步在全球范围内商讨全球的能源供需平衡问题，发出调整建议，站在全球角度探讨全人类共同的能源政策和纲领，协调各国之间的主要能源矛盾，积极参与全球能源论坛和相关对话，呼吁和重视不同能源合作机制之间的沟通和协作。

（三）金砖国家未来能源发展的重点方向——新能源合作

伴随传统能源的日渐衰竭和日益严重的环境污染问题，新能源在未来的主流发展趋势已经不可替代，世界各国也纷纷在新的经济发展规划中将新能源发展列为重要的战略目标。通过比较金砖国家历届会晤的主要探讨内容也可看出，新能源正在成为多方关注的焦点问题。2011 年 12 月 2 日，来自中国、巴西、俄罗斯、印度和南非的友好城市及地方政府官员、协会负责人、专家学者和企业代表共 300 多人出席了在中国海南省三亚市举办的首届金砖国家友好城市暨地方政府合作论坛“能源战略”分论坛。各国代表都认为，金砖国家在发展新能源方面各具特点和优势，开展新能源领域合作有很大的潜力。结合前文描述，就具体国家而言，南非能源结构较为单一，电力供应紧张，这是制约南非经济进一步发展的另一个重要因素。为此南非政府提出大力发展新能源，提高太阳能、风能等新能源的应用比例。商业合作是金砖国家合作机制的重要内容，其他金砖国家在新能源发展和应用方面拥有领先优势，比如中国的太阳能产品在南非市场颇受欢迎，巴西在发展生物能源方面积累了丰富经验，印度和俄罗斯在新能源科技研发领域的成果值得借鉴，而南非的煤制油技术全球领先。因此综合分析，金砖国家未来可以在新能源领域进行重点合作，并将此作为建立全面能源合作机制的突破口，实现广泛共赢。

四　小结

早在2010年，金砖国家就已发起能源合作，此后也多次在峰会上提出相关议题，但由于金砖国家合作机制的大框架尚未成熟、各国地理区位分散、经济水平差异等深层次原因，近年金砖国家领导人尚未就此展开正式讨论。不过伴随乌克兰危机、欧美对俄罗斯制裁的持续发酵及全球能源市场价格及供需结构的剧烈波动等一系列因素的出现，这一均衡正在被打破。在国际能源领域，目前金砖国家在本国、本地区甚至全球范围内均有着相当的影响力，又各具特点。作为能源供应大国，俄罗斯目前正面临严峻的内忧外患的国际形势，能源出口多元化愿望迫切。而据《BP2030世界能源展望》显示，未来20年，全球煤炭需求净增长将全部来自中国和印度，全球94%的石油需求净增长、30%的天然气需求净增长及48%的非化石燃料需求净增长也都来自中印两国，再加上巴西和南非近年在能源产业上的快速发展革新，因此金砖国家拥有全球增长潜力最大的市场。所以结合起来看，不仅五国在能源领域有较强的互补性，具有广阔的合作空间，金砖国家的能源合作还是当今世界能源经济、能源地缘政治和外交的重大焦点。可以说，金砖国家是挑战当今世界能源供需格局、改变未来能源发展趋势的关键因素。如果金砖国家在能源领域加强合作，形成有效的合作机制，将对全球能源治理、全球气候变化治理、全球可持续发展等全球议程具有举足轻重的影响。

第十二章

金砖国家与国际气候合作

气候变化全球治理的同一性是国际社会必须削减人为活动导致的温室气体排放以应对气候变化，多样性则是发达国家与发展中国家因发展阶段不同导致的国家利益差异。同一性与多样性的矛盾使得全球层面的气候谈判艰难前行，因此有必要在特定国家之间展开小范围气候合作以提升全球气候治理的效率。金砖国家需要积极建构未来国际气候秩序以维护自身发展权利，同时需要尽快转变发展方式实现可持续崛起，这分别构成了金砖国家气候合作的外生动力和内生动力。金砖国家开发银行的成立为金融支持五国低碳经济发展提供了机遇，未来应完善这一机制使金融更好地服务于以技术创新为核心的金砖国家低碳经济发展。

目前关于气候变化全球治理的研究主要集中在全球气候谈判和国别气候政策领域，但考虑到后《京都议定书》时代全球减排公约达成的难度，有必要对小范围气候合作问题给予更多关注，其中的重点就是国际格局转型背景下的金砖国家气候合作。当前国际格局转型的两大基本内容是以美国为代表的西方发达国家权力地位的相对下降和以“金砖国家”为代表的新兴市场经济国家权力地位的相对上升。因此，金砖国家扩容和加强合作就成为推动当前国际格局转型的重要驱动力量。但是，这一国际格局转型趋势能否持续的两大根本前提则是金砖国家能否保持自身发展的可持续性和在日益增多的全球性问题治理及其未来秩序塑造上获得足够权力，而这两大问题都与气候变化全球治理密切相关。一方面，围绕后《京都议定书》时代全球气候公约的国际谈判是金砖国家塑造未来全球气候秩序和能源秩序的重要机遇；另一方面，积极应对气候变化也是金砖国家成功转变发展方式以提升经济社会发展可持续性的重要契机。正因为如此，加强气候与能源合作也就成为历次金砖国家领导人峰会的重要内容。在此基础上，本章希望探讨的问题是金砖国家气候合作的外生和内生动力，以及这一合作可能的机制建设。

一　全球气候变化治理的特征

气候变化区别于一般环境问题的主要特征是其覆盖范围广泛、涉及所有大洲和国家，这在联合国气候变化专门委员会（IPCC）2014 年第五份评估报告的综合报告中再次得到了体现。报告指出，相对于 1986—2005 年，地球表面温度在 21 世纪末期（2081—2100 年）在不同情境下最低将升高 0.3℃，最高将升高 4.8℃，其中极地的升温将明显快于其他地区。可以十分确定地认为，这种变化将非常可能使更多地区出现极端天气，包括更频繁的酷暑热浪和极寒的冬季。[①] 正因为如此，尽管分歧巨大，但自 2007 年以来的联合国气候变化框架公约缔约方大会协议都表示认同并支持将全球升温控制在 2°C 以内的目标，这正是气候变化全球治理中最为主要的同一性。2015 年 12 月在法国巴黎举行的《联合国气候变化框架公约》第 21 次缔约方大会对这一同一性问题做出了新的注解，具体成果体现在会后的《巴黎气候协定》中。协议首要突破是将全球平均气温较工业化前水平升高的幅度控制在 2℃之内，并承诺“尽一切努力”使其不超过 1.5℃，从而避免“更灾难性的气候变化后果”。同时重申了共同但有区别的责任原则、公平原则等基本规范，说明尽管各方对责任分摊问题始终保有争论，但对合作应对气候变化这一共识同样始终没有放弃，这也是在如此巨大的国家利益冲突下，现有的国际气候机制基本框架没有倒塌的原因。为使这一共识更具可行性，协议作出了一系列新规定，比如要求各方每五年更新一次自主减排贡献，同时规定对相关减排行动进行五年一次的评估，再次敦促发达经济体履行向发展中经济体转让资金与技术的责

---

① IPCC, *Climate Change Synthesis Report 2014* , http://www.ipcc.ch/pdf/assessment-report/ar5/syr/SYR_AR5_SPM.pdf, p.8，访问日期：2016 年 3 月 5 日。

任等。①

但是，联合国气候变化专门委员会2014年的综合报告同样再次且更加明确地指出人类活动是导致气候变化的主要原因，因此减少人类化石能源使用就是治理气候变化的根本方式，而这就涉及气候变化全球治理最核心的矛盾，即发达国家与发展中国家的发展阶段差异。第一，发达国家对于近年全球温室气体排放并非没有责任，只不过其主要排放来源是奢侈的生活方式，比如排放量过大的轿车和住房。第二，工业活动是导致温室气体增加的重要原因之一，发展中国家又普遍处于工业化高速发展时期，如果限制工业排放将严重阻碍其经济社会发展。第三，全球变暖对于农业部门的破坏性影响巨大，而且这种影响又会直接带来粮食减产等更多的全球性问题。更重要的是，农业是发展中国家的主要产业部门，落后的农业技术会增加温室气体排放，所以要治理气候变化的源头必须促进农业部门现代化。农业部门的升级换代需要大量资金和技术，但发达国家又不愿过多履行这方面的义务，只是希望发展中国家限制农业发展，这又将直接危害发展中国家尤其是最不发达国家的生存。由此带来的结果就是，落后的农业部门成为温室气体排放的原因之一，但又是最难治理的部门之一。这一矛盾现象突出了应对气候变化区别于其他环境问题的一大特点，即气候变化的危害远远超出普通环境问题，其覆盖面是世界上所有的地区和人口，而且具有明显的复合效应，任何国家都无法单独解决这一问题。同时，气候变化的危害又涉及人类生产生活的几乎所有领域，因此成功治理气候变化的根本途径只能是实现人类生产生活方式的根本性变革，而且由于气候变化的程度和速度都明显加快，所以这种变革迫在眉睫。

但是，强调发展阶段差异并非否定应对人类共同体威胁的共有观念，而是突出国际体系所固有的物质与观念因素的混合性特征。应对全球气候危机需要同舟共济的共同体观念，但这不能超越主权国家发展阶段的客观物质属性。正如亚历山大·温特在强调利益的社会属性时，还是认为有五种客观生理需要不能被社会建构，这五种需要由低到高分别是生理需要、本体需要、社会交往需要、社会尊重需要、超越需要，温特认为只有当这

① *Paris Agreement*, Article 2, 4, 6, 9, http://unfccc.int/files/home/application/pdf/paris_agreement.pdf，访问日期：2016年2月26日。

些需要依次递进得到满足后，相应的利益才会被建构起来。[①] 主权国家参与全球治理实际是一个社会化的过程，社会化“是指个体在与社会的互动过程中，逐渐养成独特的个性和人格，从生物人转变成社会人，并通过社会文化的内化和角色知识的学习，逐渐适应社会生活的过程。在此过程中社会文化得以积累和延续，社会结构得以维持和发展，人的个性得以健全和完善”[②]。可见，社会化的核心是个体对社会规范的学习，这非常容易让人认为个体在这一过程中只是被动的接受者。比如社会化的主要机制角色扮演就被一些社会学家认为是固定不变的，个体社会化的目的就是在这些固定角色的规定下从事特定行为，服从相应的社会规范。但正如安东尼·吉登斯所说，“这种观点是错误的”，因为“它假定个人只是简单地接受角色，而不是去创造或商定它们。事实上，社会化是一个人类可以施加作用的过程。人类并非只是等着接受指导或安排的被动对象。个体通过不断推进的社会互动过程逐步理解并接受社会角色”。[③] 值得注意的是，《巴黎气候协定》在突出气候变化对人类整体威胁这一同一性特征时，同样格外强调各方自下而上的自主减排贡献。各国提出国家自主贡献目标，不再强制性分配温室气体减排量，而是根据国情逐步提高国家自主贡献，尽最大可能地减排。《巴黎气候协定》还允许使用国际转让的减缓成果来实现协定下的国家自主贡献目标，但要避免双重核算。协定要求为此建立一个机制，供各国自愿使用，在减缓温室气体排放的同时支持东道国的可持续发展。该机制在巴黎大会上并未确定下来，协定要求在《巴黎气候协定》缔约方第一次会议上通过该国际转让机制的具体规则、模式和程序。发达国家对发展中国家的转让责任是全球气候治理中最大的多样性问题，《巴黎气候协定》对此也做出了进一步明确规定。协定要求发达国家提高资金支持水平，制定切实的路线图，以实现在2020年之前每年提供1000亿美元资金的目标。2020年以后，协定要求缔约方在考虑发展中国家需求的情况下，于2025年之前设定一个新的共同量化目标，且每年的资金支持量不少于1000亿美元。这些国别要求实际上是在全球减排协议的统一框架里面尊重了各方因为不同国情带来的减排差异，尽管执行细节还需强化，但

① 亚历山大·温特：《国际政治的社会理论》，秦亚青译，上海人民出版社2000年版，第164页。

② 郑杭生：《社会学概论新修》，中国人民大学出版社2003年版，第83页。

③ 安东尼·吉登斯：《社会学》，赵旭东等译，北京大学出版社2003年版，第37页。

在当前全球气候谈判矛盾空前复杂的背景下，也是调和气候变化全球治理同一性与多样性矛盾的努力。正因为如此，《巴黎气候协定》才被认为具有里程碑意义，标志着全球气候新秩序的开始。[①]

以此为理论基础，主权国家参与气候变化全球治理同样会将自身的客观需要与国际社会的规范进行对比，当符合自身需要时才会主动内化减少温室气体排放的国际规范，加速发展方式转型。尽管发展中国家落后的生产部门会产生大量温室气体，但这是难以超越的生存排放，与国际社会激进的减排指标以及发达国家的奢侈排放形成了尖锐的多样性矛盾，要解决这一矛盾除了寄希望于发达国家对发展中国家的援助以外，更需要金砖国家这样的发展中大国加强小范围气候合作，一方面积极塑造更加公正合理的全球气候秩序，维护发展中国家利益，另一方面通过主动转变发展方式提升应对气候变化的能力。

二　气候合作的外生动力

赫德利·布尔认为，国际秩序指的是国际行为的格局或布局，它追求国家社会基本、主要或普遍的目标，这些目标包括维持国家体系和国家社会本身的生存；维护国家的独立或外部主权；国际和平以及对暴力行为的限制，信守承诺，依据财产规则使所有权具有稳定性的目标。[②] 依此标准，国际气候秩序是指以主权国家为主体，包括非国家行为体在内的国际社会，为应对气候变化而主观设计的一系列制度安排，包括秩序的目标、原则、规则和保障机制。其中，国际气候秩序的目标是国际社会通过减少人为活动导致的温室气体排放减缓气候变化威胁。为达此目标，国际社会在减排过程中必须考虑不同类型国家的具体国情，坚持共同但有区别的责任原则、公平原则和能力原则，而国际气候秩序的规则就是为实现目标和落实原则为相关各方确定的行为标准，即具体的量化减排指标及其相关措施。国际气候秩序的保障机制是为监督目标和措施达成而设计的履约制度，只有建立可靠的保障机制才能确保国际气候秩序各机制的有效运转。

① 张斌、张小锋：《气候变化〈巴黎协定〉解读》，《中国能源报》2015 年 12 月 28 日第 7 版。

② 赫德利·布尔：《无政府社会：世界政治秩序研究》，张小明译，世界知识出版社 2003 年版，第 13—15 页。

由此可见，国际气候秩序实际规定了未来各国的排放空间，而排放空间即发展空间，谁能掌握国际气候秩序具体规则的制定权谁就有机会获得更大发展空间。尽管金砖国家经济总量迅速扩张带来了国际格局转型,[①]但发达国家由于技术和制度优势仍然掌控着国际规则制定权，其中就包括国际气候秩序，于是一再要求以金砖国家为代表的新兴大国设置约束性减排指标，希望通过降低其发展速度延缓国际格局转型的时间，同时又逃避自己的减排责任和资金技术转让责任。因此，围绕国际气候秩序规则制定权的争夺构成了金砖国家气候合作的外生动力，这在最近的国际气候峰会与谈判中得到了集中体现。

在金砖国家密切合作和发展中国家共同努力下，2014 年 9 月的联合国气候峰会再次强调了国际社会对气候变化问题的统一认识，意在防止多哈气候大会上出现的退出谈判和另起炉灶现象对已经颇为艰难的全球气候谈判造成更大伤害。2014 年 12 月在秘鲁利马召开的联合国气候变化框架公约第 20 次缔约方大会最后达成的《利马气候行动倡议》第一条则再次确定了德班平台的价值，即作为《京都议定书》之后一个新的、涵盖所有缔约方的全球减排法律框架，这为 2015 年巴黎气候大会达成最终协议奠定了基础。[②] 但是，国际秩序的主要行为体是主权国家，为了防止发达国家借新的全面公约损害发展中国家主权，《利马气候行动倡议》第三条在再次强调共同但有区别的责任原则和国家减排自主性的同时，特别突出了各方的不同国情。[③] 这并不意味着发展中国家反对减排，而是必须按照自身经济特点设定减排指标，将减排与发展更好融合在一起，循序渐进地应对气候变化威胁。也正是因为这一点，伴随国际格局转型的深入，未来的全球气候谈判可能出现更加激烈的国家利益冲突。《巴黎气候协定》虽然表面上弥合了各方分歧，但诸多实质性问题没有解决则为这种冲突的扩大埋下了伏笔。比如之前就已经出现的发展中国家谈判集团分裂，小岛国要求

---

① 根据世界银行数据，尽管全球经济下行压力加大，金砖国家经济也普遍陷入困境，但除南非外，中国、巴西、俄罗斯和印度在 2014 年依然全部进入国内生产总值世界前十位，五国 2014 年国内生产总值之和为 16.96 万亿美元，占世界经济的比重已经由 2009 年的 16.1% 增长到 2014 年的 25.64%。就人均国民收入来看，俄罗斯以 13220 美元位列高收入国家，巴西、南非、中国分别以 11530 美元、6800 美元和 7400 美元进入中高收入国家行列。以上数据均来自世界银行网站国别数据的计算，World Bank，http：//data. worldbank. org/country，访问日期：2016 年 2 月 22 日。

② Decision -/CP. 20，*Lima call for climate action*，Advance unedited version，p. 1.

③ Ibid. .

中国、印度等发展中排放大国承担更多减排责任，在这次会议上有了新的发展，出现了抛开中国、印度的新的发展中国家集团“雄心壮志联盟”(High Ambition Coalition)。美国和欧盟更是利用这种矛盾，在气候谈判中实施“抓大联小”的策略加速这种趋势。“抓大”就是要将所有排放大国都纳入同一个减排框架，主张以“大国减排”取代“发达国家减排”，否定《京都议定书》模式的谈判框架，落实发展中国家量化减排目标。“联小”就是与其他发展中国家一起要求发展中大国承担量化减排责任。欧盟还利用最不发达国家和小岛屿国家要求国际社会采取更严厉减排措施的诉求，通过资金和技术援助许诺，分而施压，并将中国等发展中大国的减排与欧盟资金援助承诺相挂钩。[①] 这种排放大国和排放小国的矛盾与原来的发展阶段矛盾混合在一起，使得公正合理的国际气候秩序建构更加困难。正如吉登斯在探讨气候变化治理与地缘政治的关系时所说，多极化的世界的确可以通过实力均衡来促成合作，但同样可以带来严重的分裂和冲突，妨碍问题的解决。[②]因此，履约机制是国际气候秩序有效性的保证。即使国际气候秩序使各方始终能够坐下来谈判，但议而不决、决而不行的结果会使秩序最终失去合法性。为此，金砖国家需要对发达国家集体施加压力，确保其履行向发展中国家转移资金和技术的承诺。具体而言，2014 年《利马气候行动倡议》第四条就强烈要求发达国家向发展中国家提供已经承诺的资金，以帮助后者，特别是那些容易受到气候变化综合影响的脆弱国家适应及减缓气候变化的威胁。[③] 在 2015 年 12 月法国巴黎举办的《联合国气候变化框架公约》第 21 次缔约方大会上，金砖国家又再次集体质疑发达国家的资金承诺，要求加强对承诺实施情况的监督，这为《巴黎气候协定》写入落实跟踪机制，以监督各方的承诺履行条款做出了贡献，这也是该协议取得的主要成果之一。

同时应该看到，全球化时代非国家行为体的活跃给国际秩序建构带来了新的内涵。气候变化是典型的全球治理问题，非国家行为体的活跃程度更加明显，各种民间组织、跨国公司甚至个人都在全球气候谈判中积极表达自己的立场。主权国家主导的国际秩序应当给予非国家行为体一定空

① 于宏源：《巴黎气候大会成就与不足解析》，《新民晚报》2015 年 12 月 17 日。

② Anthony Giddens, *The Politics of Climate Change*, Cambridge: Polity Press, 2009, p. 207.

③ Decision -/CP. 20, *Lima Call for Climate Action*, Advance Unedited Version, p. 1.

间，这并不是要后者取代前者，相反，主权国家应当对非国家行为体进行有效管控，在与之互动中不断提升自己的国家能力和自主性。回顾历史可以发现，主权国家自 17 世纪中叶诞生以来，始终在受到非国家行为体挑战，比如东印度公司这样的巨型企业。但事实上，绝大部分主权国家在与非国家行为体的竞争中并没有垮掉，相反，它们通过竞争获得了更加强大的国家能力，反过来能够对非国家行为体进行管控，甚至将其纳入国家主权范围内，同时发挥其全球活动的优势，相互获得资源。在面对气候变化这种典型的全球性问题时，单凭国家力量已经无法应对，因此更应该思考如何与非国家行为体良性合作，共同应对危机，而不是相互排斥，这样才能建构起真正包容、公平、有效的国际气候秩序。其中，跨国公司是全球化时代重要的产物，其拥有的资金、技术和人才资源是应对气候危机的必然要素。比如，应对气候变化的关键之一是找到符合各国国情的低碳经济道路，而低碳产业的发展必须依赖企业间合作，因此可以通过政府间搭建平台，然后以企业为主体开展技术研发、市场开发等方式实现国家与企业、政府与市场的良性互动，由此构建起以国家为主导、以企业为载体的全球气候秩序主体。金砖国家都面临经济转型的迫切任务，是低碳产业的主要发展动力，应当通过联合研发培育掌握核心技术和具有国际竞争力的低碳经济企业，打破发达国家对低碳技术的垄断，为国际气候新秩序的规则制定提供有力的技术支撑。

总之，国际气候秩序关乎各国发展空间，金砖国家无论是从人口还是从经济规模来看都是发展空间的巨大需求者，理应在未来国际气候秩序中占有一席之地。为此，金砖国家应当依托不断增长的经济总量，争取更大的国际话语权，努力建构更加公平合理的国际气候秩序，将国际格局转型体现的物质力量对比关系在国际气候秩序中固定下来，努力在人类道义和国家利益之间实现动态平衡。

三　气候合作的内生动力

金砖国家崛起的共同特征是在保持政治稳定的前提下通过政府投资、劳动力成本优势和促进出口实现经济持续高速增长，但这种粗放型增长方式带来的主要问题之一便是金砖国家普遍面临高排放和高污染的资源、能源与环境瓶颈。导致这些问题的原因包括过度强调增长高速度与规模扩张，轻视增长质效性与持续性；禀赋资源优势衰减，创新竞争力成长缓慢；体制机制转变滞后，经济高效运转保障不足；外部环境恶化与危机冲击加剧，金砖国家经济稳定内控力不足等。① 以能源结构为例，2012 年金砖国家煤炭消费量占世界总量的比重分别是中国 50.6%、印度 9.3%、南非 2.3%、俄罗斯 2.2%、巴西 0.4%，其中印度的增量达到 11.1%，为 2014 年全球煤炭消费最大增幅。② 这不仅使金砖国家温室气体排放总量和人均排放持续增加，而且也带来日益增大的发展方式转型压力。

面临金融危机与气候危机双重压力带来的新一轮科技革命浪潮，金砖国家不仅要保持经济持续高速增长以进一步提升综合国力，而且必须促进经济发展方式转型，以争取在未来国际格局中占据有利地位，这就必须以新能源为结点，将经济增长与发展转型紧密结合起来。“随着气候变化和低碳经济成为全球发展的首要议题，新能源和可再生能源将引导新一轮产业革命的分工体系，能否掌握新能源和可再生能源的技术制高点，将直接影响全球利益分化和力量组合。”③为此，金砖国家普遍采取了积极政策，巴西政府在 2009 年确定的减排目标是到 2020 年将温室气体排放量在预期基础上减少 36.1%—38.9%，并为此大力发展以生物质能为主的新能源，同时实施了“减少机动车污染计划”并取得了重要成果；2012 年这一措施得到了升级，开始对重型汽车高排放设置限制。④ 在 2015 年巴黎气候大会即将召开时，巴西环境部部长伊萨贝拉·特谢拉就表示，此次大会应该着眼于寻求向低碳经济转变的实际解决方案，而不是像以往那样只围绕气候问题探讨一些没有法律效力的意向书和承诺。大会开始后，巴西又提出一项关于 2020 年前在马托格罗索州和阿克里州根除非法滥伐林木资源的实验项目。如进展顺利，该项目模式将推广至巴西全境。⑤ 作为世界第三

① 林跃勤：《金砖国家：增长问题与增长转变——国外学术界观点述评》，《国外社会科学》2013 年第 4 期，第 67—69 页。

② 《BP 世界能源统计年鉴 2015》，http://www.bp.com/content/dam/bp-country/zh_cn/Publications/2015SR/Statistical%20Review%20of%20World%20Energy%202015%20CN%20Final%2020150617.pdf，第 33 页。访问日期：2014 年 11 月 16 日。

③ 赵庆寺：《金砖国家与全球能源治理：角色、责任与路径》，《当代世界与社会主义》2014 年第 1 期，第 146 页。

④ 巴西政府环境部网站，http://www2.brasil.gov.br/sobre/environment/climate/pollution，访问时间：2015 年 1 月 7 日。

⑤ 刘隆：《巴西高官：巴黎气候变化大会应寻求向低碳经济转变实际方案》，http://news.xinhuanet.com/world/2015-11/04/c_1117038652.htm，访问时间：2016 年 2 月 26 日。

大温室气体排放国的俄罗斯气候政策目标是到2020年在1990年的基础上将温室气体排放减少20%—25%，并于2011年发布了《俄罗斯联邦至2020年气候学说》作为政策指南，包括大力推广混合动力汽车、落实国家提高能效法案、修建更多用于示范的节能型住宅等。[①] 印度代表在利马气候大会上发言陈述了新任莫迪政府的气候政策，包括将煤炭的清洁能源税提升2倍，增加清洁能源基金超过30亿美元；太阳能装机容量从2万兆瓦提升到10万兆瓦，相当于投资1000亿美元每年减少1.65亿吨二氧化碳排放，同时增加60亿美元植树造林增加碳汇；为"国家适应基金"增加2亿美元投资发展新能源；为在全印度建设100个适应和减缓气候变化的智慧城市投资12亿美元等。[②] 2016年1月法国总统奥朗德访问时表示，印度为巴黎气候协议的达成发挥了决定性作用，并表示将与印度一起建立"后煤炭世界"。南非的《国家应对气候变化绿皮书》指出，其气候政策目标包括为使大气中的温室气体浓度保持稳定以避免气候灾难而作出努力，同时提升南非社会、经济和环境在适应气候变化威胁中的能力。为此，南非在应对气候变化过程中坚持共同但有区别的责任原则、预警原则、污染者付费原则、以人为本原则、参与原则和后代权利原则，并在水资源、农业、健康、能源、工业和交通等领域采取具体措施。[③] 根据中国国家发展与改革委员会发布的《国家应对气候变化规划2014—2020》，中国应对气候变化的量化目标包括到2020年单位国内生产总值二氧化碳排放比2005年下降40%—45%，非化石能源占一次能源消费的比重达15%左右，其中核能总装机容量达到5800万千瓦，并网风电装机容量达到2亿千瓦，太阳能发电装机容量达到1亿千瓦，生物质能发电装机容量达到3000万千瓦。[④] 2014年11月的《中美气候变化联合声明》显示，中国计划到2030年前后二氧化碳排放达到峰值且将努力早日达峰，并计划到2030年

---

① 中华人民共和国科技部网站：《俄罗斯公布〈俄罗斯联邦至2020年气候学说〉》，http://www.most.gov.cn/gnwkjdt/201105/t20110525_87055.htm，访问时间：2015年1月7日。

② 印度政府环境、森林与气候变化部网站，http://www.moef.nic.in/content/statement-hon%E2%80%99ble-minister-high-level-segment-unfccc-cop-20-december-9-2014，访问时间：2015年1月7日。

③ 南非政府环境部，National Climate Change Response Green Paper 2010 (plain edition), pp. 5-8。

④ 中国国家发展与改革委员会：《国家应对气候变化规划2014—2020》，第5—8页。

非化石能源占一次能源消费比重提高到20%左右，[①] 这是中国第一次公开提出达到排放峰值的时间。中国国家主席习近平在巴黎气候大会上的讲话则重申了中国在“国家自主贡献”中确定的目标，到2030年单位国内生产总值二氧化碳排放比2005年下降60%—65%，非化石能源占一次能源消费比重达到20%左右。[②] 尽管如此，金砖国家仍然需要克服经济增长模式不合理的弱点，培育新的竞争优势与竞争力，消除经济增长中的种种短板和软肋，转向以科技创新和高端结构的增长轨道，其及时性和成效性等决定着金砖国家的经济增长稳定性和持续性。[③] 因此，金砖国家除各自努力外，还迫切需要加强彼此间气候合作，加速经济结构尤其是能源结构升级换代，实现可持续崛起。

目前来看，金砖国家加强气候合作的主要优势在于低碳技术研发并不像传统技术那样远落后于西方国家，甚至还处于领先水平。比如，中国在智能电网这一重要清洁能源领域已经进行了重大创新，根据中国电网分散的特点建立了一套“中国式智能电网”系统，目前已通过试点阶段，2011—2015年开始全面建设阶段，2016—2020年进入引领提升阶段，将全面建成统一的“坚强智能电网”，技术和装备达到国际先进水平。[④] 2011年4月13日，中国国家电网公司与巴西国家电力公司在中国北京签署合作协议，宣布将采用中国特高压直流输电技术建设巴西美丽山水电站输电工程。根据双方签署的合作谅解备忘录，两家公司还将在巴西和南美地区的电力领域开展广泛合作，包括合作开发大中型水电站、抽水蓄能电站、二氧化碳捕集封存燃煤电站及输电项目；联合投资及并购输电项目；联合开发包括风能、太阳能、生物质能和垃圾电站在内的可再生能源项目；在电网规划、设计、建设、运营及维护，特别是在超高压输送等非常规输电技术、智能电网及相关技术、电动汽车等共同感兴趣的领域开展合作培

① 《中美气候变化联合声明》，http：//news. xinhuanet. com/energy/2014 - 11/13 /c_127204771. htm，访问时间：2015年1月7日。

② 习近平：《携手构建合作共赢、公平合理的气候变化治理机制》，《人民日报》2015年12月1日第2版。

③ 参见林跃勤、周文、刘文革主编《新兴经济体蓝皮书：金砖国家发展报告（2013）》，社会科学文献出版社2013年版。

④ 陈凯、陈振飞、孙蒙：《中国式智能电网进入全面建设》，《人民日报》（海外版）2010年8月23日第1版。

训、技术交流和人才交流。[①] 2015 年中巴签署的《气候变化联合声明》再次表示，两国将进一步在可再生能源、森林碳汇、节能、能效、适应和城镇化低碳发展等领域开展务实合作。特别是太阳能领域，要增进对太阳能板和太阳能电池产业的认识，探索商业机会，包括开展政策、规划、技术和标准、检测和认证方面的交流以及人员培训，同时推动中国太阳能企业在巴西投资建厂和项目开发。[②] 目前，巴西、俄罗斯、印度等国都已将特高压作为能源和电力发展的重要方向。另外，巴西领先的生物能源技术也将成为中国新能源战略中的重要合作对象。而早在 2007 年，印度、巴西和南非三国就宣布将按照国际原子能机构相关条款要求，通过相互提供技术、设备和材料加强民用核能合作。根据李治国和杜秀娥的实证研究，进入 21 世纪后，金砖国家中除了南非的清洁能源消费弹性还为负值以外，其余四国的清洁能源消费弹性均为正值，并且在数值上相对于上一个发展周期都有了显著提升，说明四国日益强化了对清洁能源的开发。[③] 作为金砖国家新成员，南非近年也实施了积极的清洁能源战略。根据南非政府修订的《综合资源规划》，将有更多私营企业参与发展可再生能源和核能，这为煤炭企业的转型提供了机会，比如萨索尔集团就与中国神华集团展开了合作，共同开展煤炭液化工程。[④]

四　金融与能源结合的金砖国家气候合作机制

能源与金融的结合可以上溯到 19 世纪 80 年代，二者的紧密结合在当代世界经济中表现得更加明显。一方面是能源商品与各种金融衍生产品的互动，另一方面，能源商品金融属性的更明显特征是大多数能源商品都以美元计价，美元波动带来能源商品价格波动，强化了美元霸权。“自从美元被确定为石油的结算货币以来，美元在国际石油市场就占据了绝对主导地位，成为石油金融产品的定价锚。而产油国通过出口石油获得的大量石

---

① 伍源源：《直流特高压技术远嫁巴西》，《中国能源报》2011 年 4 月 18 日第 2 版。

② 《中华人民共和国政府和巴西联邦共和国政府关于气候变化的联合声明》，《人民日报》2015 年 5 月 21 日第 3 版。

③ 李治国、杜秀娥：《“金砖国家”清洁能源利用及能源消费结构的实证分析》，《亚太经济》2012 年第 3 期，第 11 页。

④ 苑基荣、裴广江、韦冬泽：《南非加快清洁能源发展步伐》，《人民日报》2011 年 6 月 29 日第 22 版。

油美元或其他产品出口产生的顺差，又以各种方式投资到国际金融市场，进一步强化了美国在金融领域的垄断地位。”① 因此，美元霸权不仅局限在单纯的金融功能上，还表现在通过影响能源商品价格进而影响实体经济方面。金砖国家希望联合打破美元垄断地位，不仅可以在提升各自货币国际化水平方面努力，还可以考虑使能源商品摆脱美元计价。比如乌克兰危机以后，中国和俄罗斯已经开始尝试用卢布结算双边贸易。另一种可以考虑的方式是投入资金培育新的能源形态，虽然仍然是以美元计价，但可以掌握新技术的制高点，摆脱传统能源单纯被定价的命运。具体而言，就是金砖国家的新兴资本与新能源技术的结合。

全球气候治理的关键是实现能源结构转型，发展新能源产业并提高传统能源能效，而新能源产业作为实体经济又需要金融杠杆的有力支撑。“能源金融，一方面将能源实体性和金融虚拟性相结合，实现能源行业通过金融市场直接融资，虚拟经济支撑实体经济（如能源类期货、衍生品市场等）高效发展；同时，实体经济的发展，可以防止虚拟经济泡沫化和产业的空心化。另一方面，金融配置定价、保值增值、规避风险等功能有利于能源产业高效发展，既减少环境污染，又降低能源风险。”② 因此，金砖国家气候合作机制的重点就是将金融与能源部门结合起来，目前可能的途径就是金砖国家开发银行。2014 年在巴西举行的第六次金砖国家领导人峰会上达成的《福塔莱萨宣言》宣布成立金砖国家开发银行，目的是为金砖国家和其他新兴市场及发展中国家的基础设施建设和可持续发展项目筹措资金。《宣言》进一步指出：“我们认识到化石能源仍是主要能源来源，重申可再生能源和清洁能源、新技术研发和提高能效是推动可持续发展、创造新的经济增长、降低能耗并提高自然资源使用效率的重要动力。考虑到可再生能源和清洁能源与可持续发展之间的重要联系，我们重申旨在促进可再生能源和清洁能源及能效技术发展的国际持续努力的重要性，同时考虑各国政策、优先事项和资源利用。我们支持加大可再生能源和清洁能源

① 中国银行国际金融研究所课题组：《全球能源格局下我国的能源金融化策略》，《国际金融研究》2012 年第 4 期，第 38—39 页。

② 余力、赵米芸、张慧芳：《能源金融与环境制约的互动效应》，《财经科学》2015 年第 2 期，第 28 页。

及普及能源获取的国际合作，这对于提升我们人民的生活水平非常重要。"[①] 这充分表现出金砖国家希望尽快优化能源结构、转变经济发展方式的强烈愿望，而可再生能源和清洁能源则已成为金砖国家气候合作的重要领域，金砖国家领导人峰会确定的各项合作机制也将成为金砖国家气候合作的新平台，其中重点就是金砖国家开发银行。

金砖国家开发银行的成立正契合各方迫切需要。全球金融和气候双危机迫使金砖国家在经济转型过程中必须将金融和低碳经济发展密切结合起来，以金融杠杆撬动能源转型的大战略。从低碳经济全球化的角度看，发展中国家提升产业技术水平和能源效率是防止碳关税阻碍国际自由贸易的主要手段。[②] 但是，从目前全球气候谈判现状看，发达国家普遍不愿履行对发展中国家的援助承诺，因此发展中国家，尤其是金砖国家应该通过自我联合筹措资金助推低碳经济发展。与传统能源产业不同的是，新能源作为低碳经济的重要内容表现出鲜明的高新技术特征。传统能源发展虽然也依赖资金投入，但规模巨大，重点是对能源资源的开采，而且石油煤炭等化石能源具有有限性，所以在传统能源政治版图中拥有丰富自然资源的国家往往具有更大优势。但新能源的特点是资源的无限性，比如风能、太阳能、潮汐能、核能等，关键是要拥有先进的科技手段对其进行开发，因此资源的拥有者不再具有优势，相反先进技术成为各方竞争的焦点。在新能源的世界政治经济版图上，处于主导地位的是拥有先进新能源科技企业的国家，而且这些企业也不再是传统的能源巨头，而更多是像特斯拉这样规模小但知识含量密集的高科技企业。它们的成长轨迹更类似于硅谷，需要将年轻人的技术创新和华尔街的风险投资结合起来，逐渐孵化出引领低碳经济时代的新能源高科技公司。

在这种逻辑驱动下，除了投资于水电站等可再生能源具体产能项目外，金砖国家开发银行应该将重点放在支持五国与低碳经济相关的科技创新项目上，包括新能源、新能源汽车、节能环保、提高能效、清洁煤炭、煤液化、碳捕捉与封存技术等。目前金砖国家大学和科研机构的世界排名显著上升，研发实力明显增强，正急需资金将许多好的科研成果转化为生

① 《金砖国家领导人第六次会晤福塔莱萨宣言》，http：//news. xinhuanet. com/ world/ 2014 - 07 /17/c1267620394. htm，访问时间：2014 年 11 月 15 日。

② 林伯强：《低碳经济全球化和中国的战略应对》，《金融发展评论》2010 年第 11 期，第 37 页。

产力，这正是未来金砖国家银行应该扶持的对象。目前金砖国家科技合作的主要特点包括：第一，主要在两国之间开展，缺乏多边合作；第二，取得了部分成效，但总体还处于粗放式发展阶段，各国间科技合作缺乏协调沟通机制，资源共享少，没有真正形成合力；第三，虽然签订了一些合作协议，但缺乏科技信息平台和资源共享机制。[①] 可见，金砖国家科技合作还有很大的提升空间，开发银行的建立为五国间科技合作提供了新平台，也为五国气候合作开辟了新通道。[②] 未来可以采取的方式包括为低碳产业的中小科技企业设立风险投资基金，在大学相关专业设立金砖开发银行奖学金，直接支持科研院所与低碳经济相关的科技研发项目，等等。从世界经济史的角度看，金融只有更好地服务于实体经济，特别是代表特定时代先进生产力的产业时才能发挥出最大效能。法国作为早期的西方民主国家之所以在工业革命中逐渐落后于英美，除了战争外一个重要原因就是把大量资本投入土地中，而没有像英美那样投入工业生产和技术革新中。法国历史学家乔治·杜比认为，法国人在工业革命中经历过乡村主义的复活，即回归土地，赞美农民的价值标准，以及对工厂、城市和托拉斯的全面谴责和拒斥，正如贝当元帅所说，“土地，它是不会说谎的”。[③] 法国即使有技术进步，也主要集中在纺织和化工领域，而由于19世纪早期法国煤炭相对缺乏，成本较高，而木炭成本可以接受，因此法国生产者并不热衷于从英国学习炼焦技术，[④] 但这一技术在当时就是先进生产力的代表。2008年金融危机发生的一大根源也是美国过于依赖金融经济而轻视了金融业与制造业的结合。为避免类似错误，金砖国家应该让逐渐增多的资本投入迫切需要的低碳经济技术研发中，在危机背景下赋予能源金融更丰富的内涵。

为更好地发挥金砖国家开发银行机制，未来的金砖国家领导人峰会前可以考虑在财政部部长会议、央行行长会议、能源部部长会议之间，以及三者与五国科技部门和教育部门之间建立更多关联性，并保持一定开放

① 欧阳峣、罗会华：《金砖国家科技合作模式及平台构建研究》，《中国软科学》2011年第8期，第106页。

② 陈波：《金砖五国或开辟气候合作新通道》，中国石油新闻中心，http：//news. cnpc. com. cn/system/2014/07/29/001499747. shtml，访问日期：2016年2月27日。

③ 乔治·杜比主编：《法国史》（下卷），吕一民等译，商务印书馆2010年版，第1042页。

④ 谭崇台主编：《发达国家发展初期与当今发展中国家经济发展比较研究》，武汉大学出版社2008年版，第81页。

性，面向政府、企业、媒体、高校、科研机构、学者、民间组织等多元主体，充分利用各界资源把握好金砖国家银行投资方向，保证资金落实到最需要的地方，尽快提升金砖国家应对气候变化的能力，为气候变化全球治理贡献自己的力量。

五　小结

南非作为气候变化“基础四国”成员加入金砖国家群体本身就说明气候合作是金砖国家合作的重要内容。当前，金砖国家群体性崛起和西方国家相对衰落带来的国际格局深刻转型构成了气候变化全球治理的重要背景，其本质在于金砖国家和发达国家不同发展阶段的显著差异。因此作为国际公共产品的全球气候公约谈判始终处于艰难进程中，无法就温室气体排放大国的约束性减排指标和发达国家向发展中国家转让资金与技术这两大核心问题达成一致，这就需要小范围气候变化治理的适当补充。目前来看，金砖国家既是当前国际格局转型的重要推动力量，也是主要温室气体排放国，都具有争取未来国际能源与气候秩序及实现经济转型的外生与内生动力，而经济发展积累的技术和资金优势，以及金砖国家领导人峰会机制和金砖国家开发银行的成立又为其提供了现实能力和机制保障。因此，虽然金砖国家在气候和能源问题上存在一些分歧，但共同利益仍大于分歧，故有可能实现共赢。

第十三章

金砖国家与全球网络空间治理

2016 年 3 月，全球互联网名称与数字地址分配机构向美国商务部通信管理局提交了移交监管权限的实施方案。这标志着全球网络空间治理结构的变迁迈出了关键性的一步。变革全球网络空间治理结构，促使其充分反映国际体系力量的变化，更多体现新兴国家和发展中国家的要求，是由全球网络空间的内生要求所决定的。从已经形成的移交方案草案来看，这一进程的实质性展开还需要更多的时间和努力。在此过程中，金砖国家作为新兴国家和广大发展中国家的典型代表，在其中应该发挥更加积极的作用。在持续推进构建全球网络空间治理新秩序的过程中，金砖国家应该在能力建设、资源共享、立场协调等方面做出更加积极的尝试，这不仅能够催生金砖国家新的合作基础，也能为推动全球网络空间“善治”的落实，做出更加积极的贡献。

2014 年 3 月 24 日，参加海牙核安全峰会的金砖国家外长举行了会议，会后发表的联合声明中提及“共同面临的网络威胁”，并认为需要在国内法和国际法的框架下来加以应对。[①] 这是金砖国家外长有关共同应对网络威胁的表态，展现了金砖国家就网络安全以及更加广义的网络空间治理进行合作的态势，这一态势的逐渐清晰必将对全球网络空间治理产生深刻影响，也将使得研究金砖国家合作框架下的相关议题成为新的研究热点。2016 年 3 月，互联网名称与数字地址分配机构（ICANN）向美国商务部通

---

① Chairperson's Statement on the BRICS Foreign Ministers Meeting held on 24 March 2014 in The Hague, Netherlands, http://www.dirco.gov.za/docs/2014/brics0324.html，访问日期：2016 年 6 月 20 日。

信管理局提交了监管权限转移方案。无论美国商务部以及美国国会是否按期批准该项方案，发端于2003年的全球网络空间治理变革进程，都已经迈出了实质性的一步，但其取得的进展，仍然低于预期。就整个进程来看，包括在此次修订方案中，全球网络空间发展所带来的力量分布变化，正在日趋凸显网络空间治理中长期存在的指导原则之争，也使金砖国家面临拓展合作的战略机遇。

一　全球网络空间治理的原则与特点

（一）网络空间治理面临原则之争

全球网络空间的发展，让人们充分享受到了相互连接带来的收益，也对国家安全提出了全新的挑战。2013年4月，黑客窃取美联社的官方主账号，发表白宫发生两次爆炸、奥巴马受伤的假消息，该消息发布2分钟之内，道琼斯工业平均指数下跌150点，紧接着，原油价格下跌、美国政府10年期债券遭遇抛售、投资者将资金转入低风险的投资项目，整个动荡过程持续了5分钟，黑客通过发布假消息对金融市场造成冲击的风险清晰可见。[①] 同时，网络安全也在中美这两个大国之间被纳入了国家安全战略的框架，成为安全对话的重要议题，以及日趋明显的新的危机与冲突来源：美国新任国务卿克里访华的成果之一，是中美就网络安全成立工作组展开对话。[②] 另外，以IS为代表的新型恐怖主义组织通过网络空间传播极端思潮，在全球范围引发“独狼式恐怖袭击”，以及大国围绕网络空间战略主导权与全球网络空间治理新秩序展开的复杂博弈。全球网络空间正日趋明显地成为大国战略博弈的新疆域，推动全球网络空间治理秩序变革，成为当前国际体系变化中最引人关注的前沿领域之一。

基于上述背景，从全球治理的视角出发，全球网络空间的治理问题正在日趋明显地成为当下全球治理的重要议题领域，而在讨论相关治理问题时，则必须认真考虑到网络空间当下的发展阶段，及其所具有的特殊属性。

自20世纪六七十年代至今，以互联网为代表的计算机网络通信技术

---

① 蒂姆·布拉德肖：《“奥巴马遇袭”谣言引发美股巨震》，《金融时报》2013年4月24日，http：//www. ftchinese. com/story/001050111，访问日期：2016年6月20日。

② 新华社：《外交部：希望中美就网络安全开展建设性对话》，http：//news. xinhuanet. com/world/2013 -04/24/c_ 115528802. htm，访问日期：2016年6月20日。

已经在全球创造了一个将不同类型的行为体密切连接的网络空间。[①] 随着技术的发展，目前世界已经进入了移动互联网的时代，相比此前的发展阶段而言，当前阶段最重要的新变化，就是网络空间的数据已经、正在而且还将持续转变成为一种战略资源，其对于网络时代各行为体的意义，堪比工业时代的血液——石油。[②] 从国际关系的视角出发，这意味着一种全新的权力要素正在出现，能够率先在数据存储与挖掘方面占据主导的行为体，除了在经济上有机会创造前所未见的巨额财富之外，[③] 在国际政治的博弈中也将获得新的权力，进而获得巨大的战略优势，而如果不能有效地应对，则会因为权力以及能力的快速变化而失去继续参加战略博弈的资格，即使是主权国家，也不能例外。

在现阶段网络空间展开的博弈，对于不同行为体来说，最重要的是网络空间治理的主导原则之争。网络空间是一种典型的非领土空间，在其中展开竞争的主导原则，此前也曾经在其他具有代表性的非领土空间，包括海洋、外太空、无线电频谱等之中，激烈地展开过。

一种原则名为“先占者主权”。这一原则建立在国家中心主义基础上，强调以实际控制能力为主要表现形式的硬实力，认为国家在此类非领土空间中的行动自由与国家的能力或者说实力直接相关，有多强的实力就可以获得相应的使用份额。坚持此项原则的国家，往往看重“行动自由”，认为应该尽可能少地运用规则或者其他非实力因素去限制国家的行动，或者为国家的行动设定某种边界。

另一种原则为“人类共同财产”原则。它的出现和兴起体现了技术等硬实力处于相对弱势的国家，尤其是那些在第二次世界大战后才逐渐进入国际舞台的发展中国家，试图借助多边主义以及国际机制保护自身合法权益的努力。奉行此原则的国家相信，必须让所有国家，包括那些暂时不具备实际技术能力开发利用特定资源的国家，保留一定的资源份额，以便使其享受到作为人类共同财产的稀缺资源所能带来的福利和收益。

---

① Yochai Benkler, “From Consumers to Users: Shifting the Deeper Structures of Regulation towards Sustainable Commons and User Access”, *Federal Communications Law Journal*, Vol. 52, No. 3, 2000, pp. 561 – 579.

② Brad Brown, Michael Chui and James Manyika, “Are You Ready for the Era of ‘Big Data’”, *McKinsey Quarterly*, October 2011.

③ Morgan Stanley, “The Mobile Internet Report”, July 2009.

相比于海洋、外空以及电磁波频率这些非领土空间，网络空间自身的特殊性决定了“先占者主权”和“人类共同财产”两种原则之间的竞争及其可能产生的后果影响更加深远。

从效用看，有助提升使用者福祉的公共性与带来额外收益的私有属性之间的张力十分显著。网络空间的用户更加强调的是将网络作为提升使用者福祉的公益产品，首先看重的是网络产品以及网络空间行为的实际效用；网络空间的资源所有者，在市场经济背景下，优先考虑的则是获取更多的利润汇报；在主权国家为主体构成的国际体系中，掌握优势网络资源且信奉先占者主权原则的主权国家更加关注的只能是如何用网络空间来增强自身的实力。而对于这些国家，通常是发达国家来说，先占者主权天然与自我中心的理性人假设相匹配，遵循这一原则近似某种必然的选择。相反，如果转而奉行人类共同财产原则，则可能是“非理性”的。

但是，网络空间的特殊性在于：必须同时保持一定的覆盖范围，也就是说，网络空间必须具有某种公共性，而不能成为少数乃至单一国家政府掌控之下的私有网络；同时，如果所有国家都奉行同样程度的先占者主权原则，那么网络空间可能在某种程度上陷入霍布斯所说的无政府状态，即一切人反对一切人的战争。这种无政府状态下的网络空间，难以成为提升用户福祉的来源。

而从实践来看，全球网络空间治理的基本现状是不对称相互依赖，占据压倒性优势的发达国家，尤其是美国，对“先占者主权”的推崇和偏好，导致了这种治理主导原则的竞争日趋激烈。

（二）不对称相互依赖是全球网络空间治理的基本特点

美国在全球网络空间治理的实践和研究中都占据比较显著的优势，其中有代表性的成果明确指出，全球网络空间处于积极的无政府状态，美国必须尽量保障自身的领导地位和优势，并在其中建立起美国主导的秩序。[①] 这是由以美国为代表的欧美发达国家连同那些掌握在全球网络空间治理中占据优势的中心位置所决定的。具体来说，其优势体现在关键技术标准、应用、基础设施、核心硬件研发、生产以及商业化能力，起到存储、挖掘和使用数据的作用，并有能力将技术优势转化为巨大的商业优势；以大量

---

① Michele Flournoy and Shawn Brimley, “The Contested Commons”, *US Naval Institute Proceedings*, Vol. 135, No. 7, 2009.

亚非拉地区的发展中国家为代表，处于全球网络空间治理中的边缘位置，

信息技术的持续进步、网络用户的大量增加，日益深刻地改变着人类日常的行为模式：在早期经典的互联网四大应用的基础上，衍生出了以博客为代表的个性化信息发布平台；出现了以 Facebook、Twitter、校内网、开心网为代表的在线社区互动平台，同时随着在线社区与手机等移动终端的结合，网络日渐成为可以跟随人们贴身移动的无形存在，同时也让个体的信息发布能力跃上了一个全新的台阶；诞生了以点对点输出传输为基础的软件交换平台。用户不但能够足不出户就了解天下大事，还能轻易地跨越国界，与来自全球各地的用户在虚拟的数字空间进行热烈的交流，产生激烈的碰撞，共同分享海量的信息。

具体的统计数据显示，网络空间用户和资源分布呈现日趋明显和突出的不对称性。国际电信联盟与其他相关机构的统计数据显示，截至 2011 年，全球在线网民人数已达到 23 亿人，发展中国家的互联网渗透率约为 25%，发达国家的互联网渗透率达到 70%，而冰岛、荷兰、挪威、瑞典四国的互联网渗透率则达到 90%；全球网络总体数据传输量为每秒 76000G 比特，分摊到每个用户大约为每秒 34000 比特。同时，统计数据显示，全球网络带宽等资源的分布极度不均衡，欧洲互联网用户人均带宽相当于非洲互联网用户人均带宽的 25 倍；2011 年，中国新增约 3000 万固定宽带用户，约占全球新增宽带用户总数的 50%。随着技术进步，移动互联网用户也在迅速增加。截至 2011 年，全球移动宽带用户已经超过 10 亿，移动宽带服务需求比上年增加了 40%。用户多数分布在发展中国家，但优质的资源、服务以及关键技术多分布在发达国家，不对称性十分显著。

在此背景下，对于发达国家而言，奉行先占者主权原则，意味着已经处于自身控制之下的资源能够发挥最大的效用，为国家或者公司提供最大限度的政治、经济收益；相反，如果落实并推广人类共同财产原则，则必然意味着要放弃可观的短期收益。其中的难度不难想见。

除了上述统计数据显示的优势之外，美国还在具体的治理实践中，有巨大而具体的实际控制力，这主要表现为以下三个方面。

首先，美国商务部通信管理局（NTIA，Department of Commerce）掌握法理上对网络空间最重要的关键基础设施——域名系统的管理权，全球互联网名称和地址分配机构（ICANN）必须从商务部通信管理局获得合同，才能在其管理下对网络域名实施管理；其次，根据合同，对全球域名服务器根文件（the root zone file）的变动或者修改（比如，增加一个新的顶级

域名），必须得到美国商务部通信管理局的批准，而美国做出的让步是承诺对此类权力的使用保持必要的克制，不做带来负面效果的改进；最后，美国商务部通信管理局可以随时根据需要，对ICANN的核心机构互联网号码分配当局（IANA）的权限进行增减，2012年美国商务部通信管理局在延长ICANN管理合同期限（延期到2019年）时，就提出了“凡是试图增加新的顶级地理域名的申请，必须向IANA提交一份文档，以证明此新顶级域名的增加反映了所有利益相关方的共识，并有助于全球公共利益”，此项规定引发了激烈的抗议，最终在2011年11月11日，此项规定被改成“提交一份专门的文档，说明此项措施如何增加了机会，让相关的利益相关方获得了更多的机会，并且有助于全球相关公共利益”。与此同时，美国政府仍然保留了相当的特权：第一，所有竞争此项合同的必须是全部归美国所有和运营的企业，或者是美国的大学或者学院；所有主要的运作和系统都必须在美国领土；美国政府保留检查合约内各项系统和系统运作情况的权利。[①]

必须要说明的是，域名管理仅仅是全球网络空间治理的一小部分内容，用联合国2005年网络治理工作组提交报告的话来说，“能力建设”（Capacity - Building）才是真正的关键所在，是网络空间国际治理的主题。自2003年全球信息社会峰会（World Summit of the Information Society，WSIS，2003）之后，也成为了网络空间国际治理体系的核心概念，在欧美发达国家看来，美国倡导的多边利益相关方面模式，被认为是实现“能力建设”、缩小“数字鸿沟”（Digital Divide）最为有效的方式。

相比已经引发广泛关注的域名分配，真正对网络空间治理起支配作用的关键技术和标准层面，发达国家的支配地位与发展中国家的弱势地位带来的挑战更加严重，也更加隐蔽。1985年成立的互联网工程任务组（Internet Engineer Task Force，IETF）就是最典型的代表。互联网工程任务组是全球互联网最具权威的技术标准化组织，主要任务是负责互联网相关技术规范的研发和制定，当前绝大多数国际互联网技术标准出自该组织的意见征求书（Request for Comments，RFC）。

从形式上看，互联网工程任务组是一个由为互联网技术发展做出贡献的专家自发参与和管理的国际民间机构。它汇集了与互联网架构演化和互联网稳定运作等业务相关的网络设计者、运营者和研究人员，并向所有对

---

① Lennard G. Kruger，“Internet Governance and the Domain Name System：Issues for Congress”，*Specialist in Science and Technology Policy*，No. 13，2013.

该行业感兴趣的人士开放。任何人都可以注册参加 IETF 的会议。此机构的大会每年举行三次，规模均在千人以上。

工程任务组体系结构分为三类，一是互联网架构委员会（IAB），二是互联网工程指导委员会（IESG），三是在八个领域里面的工作组（Working Group）。标准制定工作具体由工作组承担，工作组分成八个领域，包括 Internet 路由、传输、应用领域等。IAB 成员由 IETF 参会人员选出，主要是监管各个工作组的工作状况。

但是，互联网架构委员会的前身是 1986 年美国政府建立的互联网活动委员会（Internet Activities Board），这个委员会是美国国防部先进研究署（DARPA）管理互联网活动的互联网设置控制委员会（Internet Configuration Control Board ，ICCB）的接替者。这些委员会的发展演变与互联网的逐步商业化密切相关，但这种演化的过程始终处于欧美发达国家政府、技术人员以及公司的有效控制之下。

即使在 IETF 的架构下，互联网的发展与治理，仍然处于发达国家的掌控之下，这种掌控表现为开放机构下的提名委员会等制度安排，仍然以 IETF 为例：提名委员会的成员分为拥有投票权的委员（10 人）以及没有投票权的委员（6 人）。2013—2014 年的 10 名投票委员中，有 6 名直接来自美国本土的网络技术公司；其他 4 名来自海外的委员中，1 名来自美国思科公司在印度班加罗尔的分部，1 名来自日本的 NTT，另外 2 名来自波兰的网络安全公司。6 名非投票委员中，主席是威瑞信公司（Verisign）实验室主任；顾问是 2012—2013 年 IETF 的前主席，来自美国的 BBN 技术公司；以及 4 名来自其他机构的联络员。

这种设置巧妙的松散网络，一方面保证了形式上的中立与开放，另一方面确保了少数技术精英借助人际关系和俱乐部机制对整个运作体系的实质性控制。

二 金砖国家与全球网络空间治理的调整契机

（一）“棱镜”事件背景下美国在网络空间呈现进攻性战略提出严峻挑战

2013 年 6 月 6 日，美国《华盛顿邮报》刊载题为“美国情报机构的机密项目从九家美国互联网公司进行数据挖掘”的文章，披露美国国家安全从 2007

年开始执行代号为“棱镜（PRISM）”的信号情报搜集行动。该行动的信号情报活动代号（SIGINT Activity Designator，SIGAD）是 US－984XN，2012 年美国总统每天阅读的每日情报简报中，有 1447 项的引用来源指向了 US－984XN，因此，媒体报道中将“棱镜”称为美国国家安全局最重要的情报来源。在美国情报界，“棱镜”是政府内部使用的非机密行动代号，US－984XN 是情报界正式使用的机密代号。根据规定，信号情报活动，意味着拥有相对独立的信号情报搜集站点（比如一个固定的基地或者一艘船）的情报活动。

资料显示，棱镜项目具体开始实施的时间是 2007 年。随着布什政府通过并签署《保护美国法》，以及 2008 年修订后的《对外情报监听法》，之后，项目开始投入使用，并一直处于美国对外情报法庭的管理之下。棱镜项目的基本思路是通过对网络数据的大范围监控，来搜集各种相关情报。

综合已经有的棱镜系统相关资料来看，可以将这个系统看作美国偏好的“先占者”主权原则在美国网络安全战略中的实践。美国政府最大的优势，不是占据道德高地，而是在技术、设备、应用上的压倒性优势，即使知道了棱镜系统的存在，也难以摆脱这些公司而另起炉灶。而掌握了技术、设备，对美国政府来说，所有使用这些技术、设备、基础设施传输的数据，自动变成了美国主权管辖的对象，无论是进行实时监控，还是深度挖掘，或者是其他更加具有攻击性的运用，都是美国政府“保障国家安全”的正常举措。

从国家安全战略的视角出发，则可以将棱镜系统看作美国奉行的进攻性网络安全战略最为集中，也是最具代表性的体现，凭借自身压倒性的技术与实力优势，美国建立了全球范围最大、最全面、最复杂的网络空间监控系统，进而在一定程度上鼓励并促成了美国在网络空间谋求压倒性的霸权的内在战略冲动，这种冲动在冷战结束之后就始终存在。①

就最新的发展态势来看，虽然在 2014 年 3 月美国商务部发表声明考虑转移对互联网名称和地址分配机构的监管权限，但声明中已经明确宣示了“私有化”而非“国际化”的转移路径：即明确宣布不考虑将监管权限转让给由一个或者数个主权国家组成的监管机构；美方监管权限转移的基本方案，是 1998 年美国商务部最初提出的政策立场文件；在 2016 年 3 月最终形成的移交方案以及 ICANN 章程新修改方案中，这一“私有化”的移交指导思想得到了较为

① Barry R. Posen and Andrew L. Ross, “Competing Visions for US Grand Strategy”, *International Security*, Vol. 21, No. 3, Winter 1996/1997, pp. 5－53.

全面的贯彻：已经表现出显著独立性和可渗透性的 ICANN 理事会权限遭到大幅度削弱和限制；增设的社群赋权机制（Community Empowerment Mechanism）强化了欧美网络业界精英群体的话语权；可能凸显其他主权国家政策影响力的政府间建议委员（GAC）遭到了进一步的有针对性的削弱；ICANN 本身还被要求接受美国加利福尼亚州公司法的全面管辖，进一步落实和敲定了 ICANN 是一个美国的非营利组织，接受美国司法管辖的特点。

上述这些变化，一方面凸显了美国继续在全球网络空间治理秩序中的优势地位，以及主导规则制定的整体战略能力；另一方面也强化了以金砖国家为代表的新兴力量在全球网络空间治理秩序变革中实现有效整合的必要性和紧迫性。

（二）金砖国家的兴起提供了调整全球网络空间治理的重要契机

全球网络空间的发展，从用户群体上看，经历了从发达国家向发展中国家扩散的进程。根据国际电信联盟等相关研究机构的统计数据，如图 13－1 所示，全球网络用户的总数已经突破了 25 亿，在全球所占比例将近 40%。

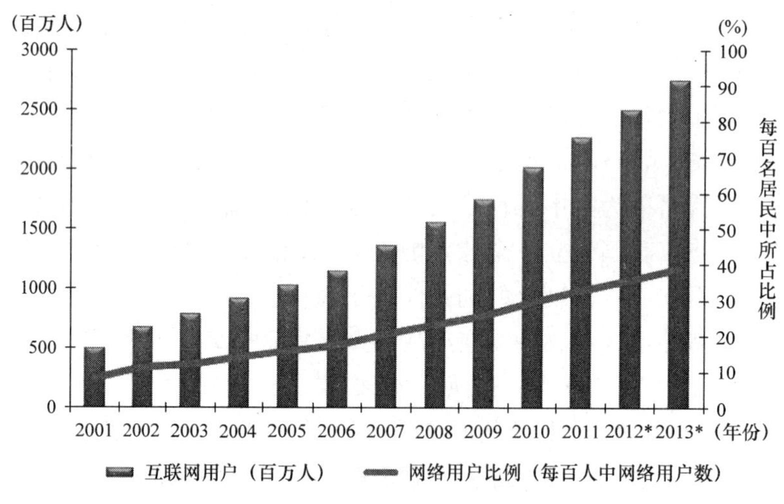

图 13－1　2001—2013 年全球互联网用户比例

注：* 表示估计。

资料来源：国际电信联盟通信数据库。

在总量提升的同时，各地区之间的差异比较显著，同样根据来自国际电信联盟的数据，如图 13－2 所示，欧美地区整体上网比例已经突破

60%，而非洲则不足10%。中东、亚太、非洲等地区与世界网络发展水平存在差距，其中非洲的差距特别显著。

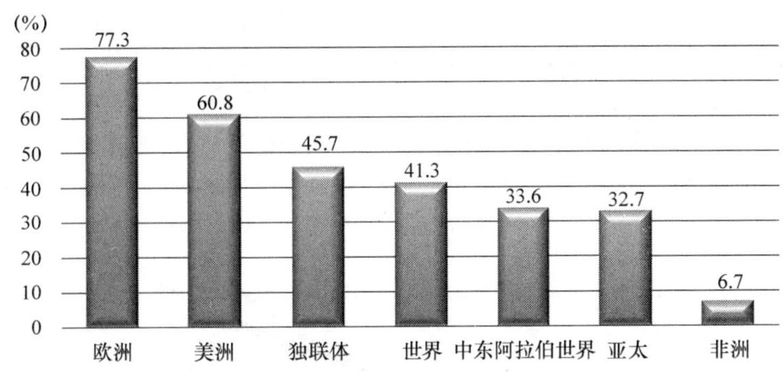

图 13－2　2013 年按地区划分的互联网用户比例

注：数据为估计值。

资料来源：国际电信联盟通信数据库。

除了用户数量之外，对网络的实际运用，也存在显著的差异，这在相关调查报告中，通过不同区域生成的数据总量，也能够比较轻易地发现关键的差异和端倪。如图 13－3 所示，2012 年全球网络空间生成的 2837EB 数据中，32%来自美国，19%来自西欧，13%来自中国，4%来自印度，剩下的32%来自世界其他国家和地区。

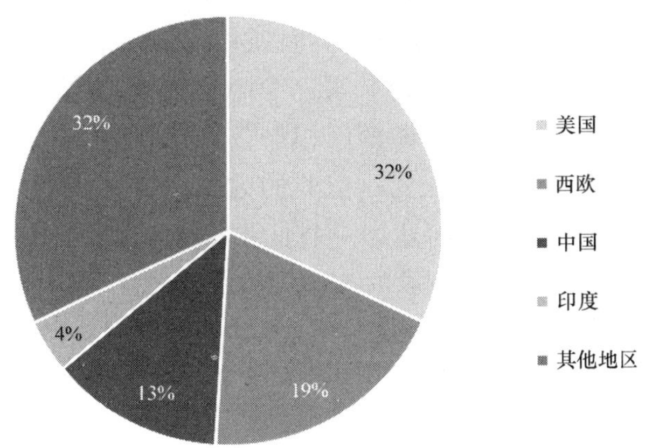

图 13－3　2012 年全球网络空间生成数据分布

资料来源：IDC's Digital Universe Study，sponsored by EMC，December 2012。

相比美国、西欧、日本、澳大利亚、新西兰等成熟市场国家，新兴市场国家在2012年到2020年的8年将爆发出空前的创造力和活力，并最终在全球网络空间数据提供方面占据压倒性的优势地位（见图13－4）。

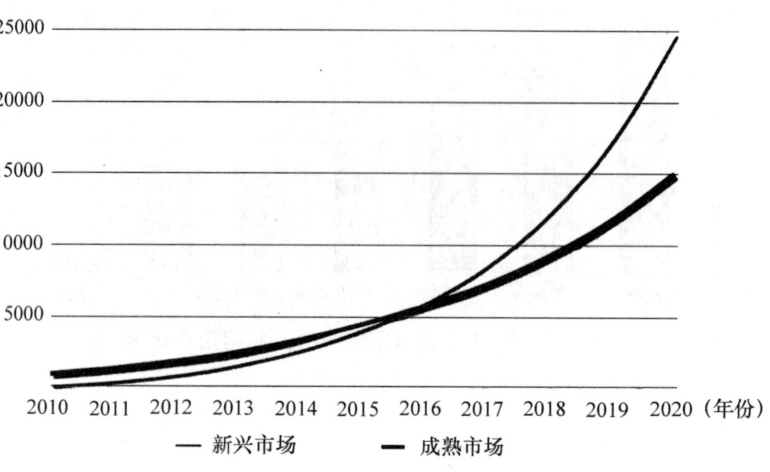

图13－4　新兴市场国家的崛起

注：成熟市场国家包括美国、西欧、日本、澳大利亚和新西兰。

资料来源：IDC's Digital Universe Study, sponsored by EMC, December 2012。

作为金砖国家成员的中国和印度，在这一轮发展中具有相当显著的优势。

中国提供的数据总量在2020年将占据全球的21%，大约有8.6ZB的数据。①这些数据如果全部是文字，并且被打印出来，那么打印纸接起来之后，可以从地球延伸到冥王星，来回30次；而印度提供的数据总量在2020年将达到全球的8%，中印两国相加，将在2020年提供全球29%的数据总量。再加上俄罗斯、巴西、南非的数据，金砖国家在2020年全球网络空间所提供的数据总量将达到一个非常可观的程度。

而除了数据之外，金砖国家的人口优势还决定了全球网络空间整体用户的30%以上主要来自金砖国家。

除了印度和中国之外，金砖国家的其他成员在互联网发展的潜力上也相当可观。

---

① 1ZB＝1万亿GB。

巴西按照国土面积是全球第五大国，拥有排名世界第六的人口总量，以及排名世界第七的网络用户总数，截至 2013 年，巴西互联网渗透率接近人口总数的 50%；在硬件资源方面，巴西本土部署有 24 台顶级地理域名镜像服务器，是南美洲地区最重要的数据枢纽和节点。作为美洲国家组织的重要成员，巴西同时也是美洲组织综合网络安全战略的签署方，其本国的网络安全战略、全球网络空间治理等研究相对发达，并且与南美洲其他国家，如阿根廷等关系密切。在 2013 年的棱镜事件之后，巴西积极推进在全球发起对美国滥用技术能力实施网络监听的批评，并协同德国在联合国大会共同发起签署全球反监听条约的讨论。

以国家网络安全而论，在金砖国家以及其他所有新兴市场国家中，俄罗斯的网络安全战略能力是最强的，2011 年俄罗斯制定完成了完整的国家网络安全战略文件，并在 2012 年发布在俄罗斯国防部网站上。这份文件中俄罗斯将控制、预防和解决网络冲突列为 3 个主要的战略目标，完整的整体战略安排，以及在长期与西方博弈过程中累积起来的实战能力，是俄罗斯在网络安全领域最大的资源，也是金砖国家可以共享的最大财富。截至 2013 年，俄罗斯互联网用户的比例也接近其总人口的 50%，从技术能力上看，尽管无法与美国相比，但俄罗斯在网络技术的关键应用领域，比如网络安全、病毒防范以及入侵检测和感知等方面，拥有巨大的技术与产业优势，并在后备人才领域拥有巨大的战略优势。如何有效地在金砖国家以及新兴市场框架内盘活这些战略资产并推动其在全球网络空间治理领域发挥重要的作用，是未来金砖国家合作的关键所在。

非洲整体而言是全球网络空间的“低地”，这一方面可以看作非洲大陆关键基础设施严重不足在网络应用领域的具体体现，另一方面，这意味着巨大的发展潜力和空间。南非是非洲的“高地”，这是南非的历史所决定的，在金融、经济和制度建设等领域所具有的相对优势，让南非有巨大的潜力成为非洲大陆网络基础设施的核心节点，以及撒哈拉以南非洲国家网络的国际出口所在。与此相对应的，南非在这个问题上能够占据相应的战略优势位置。

更加重要的是，金砖国家的群体性崛起，有可能为处于分散状态的广大新兴国家，特别是那些在全球治理体系中处于相对弱势位置的发展中国家，提供一个可以参考、靠拢乃至依靠的坚强核心，从而以一个整体，而非个别的，与处于技术以及能力绝对优势地位的发达国家展开相关的博弈。特别需要指出的是，当下全球网络空间正面临美国进攻性网络安全战略带来的严峻挑战，金砖国家围绕网络空间治理展开的有效合作，可能是非西方国家确保自身在网络空间合理利益为数不多的机会之一。

三 金砖国家推进全球网络空间治理的战略与政策协调

美国在网络空间战略的本质，在于扩张美国的主权管辖范围，压缩其他国家运用主权抵制美国掌握的技术等领域优势的能力。从全球网络空间治理新秩序建设的方案来看，美国方案的基本特点，就是避免公开承认主权原则适用于网络空间，而通过各种方式，进一步强化和固化美国公司、非政府组织以及个人在全球网络空间治理架构中已经获取的优势，从而在实体层面上继续维持并扩张基于美国主权的对网络空间关键设施、核心资源乃至基本行为的管辖，包括行政管辖和司法管辖。

（一）金砖国家应对挑战的选项

面对美国霸权战略的挑战，以金砖国家为代表的新兴国家理论上有三种选项。

第一种选项是无条件的追随，也就是选择无条件地认可美国的霸权战略，认可美国对自身技术优势的滥用，并对美国政府的意图保持无条件的信任，也就是坚信美国政府会如其所宣称的那样，仅仅从国家安全、反恐的角度来使用自己的技术能力，而不会将其用于商业领域展开不对称的竞争。这种战略选择或许是华盛顿的决策者们所喜闻乐见的，但欧盟议会2001年成立的调查小组早就指出，其实，美国早就有滥用这种能力的先例，其可信度相当成问题。①

第二种选项是强硬的对抗，为自身的安全设定一个绝对标准，为此不惜支付巨大的代价，包括在网络空间重现冷战那种阵营对阵营的对抗，以及在必要时架设一整套与现有全球网络空间平行的网络（包含基础设施管线在内且与现有网络严格意义上物理隔绝）。在斯诺登以任何人都无法否

① European Parliament, Temporary Committee on the ECHELON Interception System, and Gerhard Schmid, *Report on the Existence of a Global System for the Interception of Private and Commercial Communications* (*ECHELON Interception System*) (2001/2098 (*INI*)): *Motion for a Resolution*, *Explanatory Statement*, European Parliament, 2001.

认和主观阐释的方式披露棱镜项目存在之后，这种设想也有浮出水面的态势。不考虑巨大的经济代价，单是其与当今世界整体经济、社会活动方式截然相反的内在思维逻辑，就足以将其排除出金砖国家可供选择的菜单了，毕竟金砖国家还是要成为整个世界体系中的大国的。

第三种选项显然就是从“治理谋求安全”的思路出发，依托“人类共同遗产”原则，通过金砖国家之间的战略协调，来共同推进全球网络空间新秩序的建设，进而有效应对美国霸权战略的挑战。

（二）推进建立全球网络空间新秩序

首先，全球网络空间新秩序可以被视为“世界信息与传播新秩序”运动的继承和发展，金砖国家成员中的印度、巴西对此有相当可观的积极的战略资产可供动用。建立“世界信息与传播新秩序”运动是南方发展中国家20世纪六七十年代，在全球网络空间诞生之前，共同倡议发起的旨在改变世界传播格局不平等、不平衡的状态。这一运动因为冷战的结束，以及缺乏有效的领导者，最终被迫趋于失败。

如果金砖国家能够在继承的基础上，倡导并推动建立、完善全球网络空间新秩序，将有助改善在全球舆论空间占据道德高地，获取话语主动权，抵消来自美国倡导的“互联网自由”理念的战略压力。金砖国家与以美国为代表的发达国家展开的网络空间治理新秩序博弈，很大程度上是一场抢占全球舆论场道德高地的博弈。

其次，全球网络空间新秩序可以构成支撑金砖国家网络空间战略目标的核心概念。金砖国家的发展离不开信息技术产业，新兴大国的发展也无法照搬与复制西方国家的老路，因此倡导建立全球网络空间新秩序，可以成为金砖国家构建自身网络空间战略的核心概念，将“治理”而非“竞争性博弈”作为应对网络空间挑战，保障包括金砖国家在内的所有国家的网络安全的主要手段。从实际效果来看，倡导并推动建立、完善“全球网络空间新秩序”，有助金砖国家凝聚对现有旧秩序不满的国际力量，也让西方国家难以直接否认。

再次，倡导建立全球网络空间新的信息与传播秩序为金砖国家有效推进外交战略合作，提供了新的议题、平台与载体。金砖国家的发展，尤其是外交战略领域的合作，需要这样一个适当的议题，能够将新兴大国重视的基本行为准则，包括尊重主权、平等互利、多元包容等纳入其中，不仅体现新兴大国的国家利益，而且能够用新型大国的政治智慧为世界做出贡献。

全球网络空间新秩序将涵盖全球网络空间关键资源共享新秩序、全球网络空间安全新秩序以及全球网络空间信息传播新秩序三个层面，从软硬件资源、行为规范与治理模式三个维度，规划一个理想化的、让多数国家特别是那些在技术、软硬件资源暂时处于劣势的行为体都可以从中受益的全球网络空间。

最后，全球网络空间新秩序的基本目标是安全、平等、开放、协商、有序。全球网络空间新秩序的核心是走强调合作的道路，“以治理求安全”的理念，通过保障全球网络空间在良性秩序下运行，来保障和实现金砖国家在全球网络空间的安全及其他利益。其基本目标分别是：第一，安全：国家安全应免于受到来自网络空间的冲击与挑战，国际社会支持和鼓励国家通过对关键基础设施、关键数据以及关键服务的有效监管保障自身安全。第二，平等：不同类型的行为体，无论国家大小与技术能力强弱，都处于平等位置，都有均等的从网络空间发展中受益的权利。第三，开放：全球网络空间向所有合法用户开放，国家不以自身私利垄断性的使用网络技术以及资源。掌握先进技术、应用和资源的行为体，应该主动协助弱势行为体缩小差距，协助弱势行为体培育和发展自身的相关产业或能力。第四，协商：在新秩序中，存在矛盾与冲突的行为体通过谈判与磋商的方式，而非使用或威胁使用武力，来解决彼此之间的分歧；掌握技术优势的跨国公司应该尊重发展中国家的权益，避免滥用自身技术优势或者是其他大国的支持来谋求有利于自身的争端解决。第五，有序：新秩序追求在全球网络空间中建立有利于信息有序流动的行为准则。这种有序的信息流动，以信息流动是否能够促进人类生活的实际改善为主要的衡量标准。

四 小结

综上所述，金砖国家建立全球网络空间新秩序需要顶层设计、政策创新与国际协作。

在顶层设计方面，以中国倡导的“尊重网络主权”为核心原则，金砖国家应该强化战略层面的沟通与协调，从顶层设计入手，推进建立在“尊重网络主权，基于主权平等原则共享网络空间关键基础设施和核心资源”原则之上的“全球网络空间新秩序”方案的建构。金砖国家应该就此设置专门的协调工作机制，将金砖国家网络安全战略制定与政策执行相关的机构与具有代表性的行为体，在定期峰会的机制内整合起来，强化各方面的协调，争取推出体现金砖国家共同认识的金砖国家网络安全战略倡议等性质的文件，进而从战略全局把握金砖国家与全球网络空间新秩序之间的辩证关系，明确金砖国家有关全球网络安全治理的系统论述。

在政策创新方面，金砖国家应系统全面地推动产业政策创新，鼓励金砖国家企业发展网络空间关键设备、技术、应用；推动咨询政策创新，鼓励金砖国家高校、研究机构实现创新协同，围绕网络空间新秩序，建立官、产、学研一体的咨询智库或是创新平台，推动具有金砖国家自主知识产权的网络空间技术标准以及测评体系的发展。

在国际协作方面，金砖国家在国际社会应该逐渐在网络安全问题上以一个声音说话，形成、巩固并扩大自己的战略主张，形成一整套适应网络空间发展趋势，又契合金砖国家在网络空间核心利益诉求，且能够充分体现发展中国家合理要求的网络空间新秩序的系统论述。具体来说，其可能的路径包括，以建立全球网络空间新秩序为目标，依靠中俄战略联盟，整合金砖国家平台，首先在金砖国家内部形成初步的政策意向，以金砖国家名义向世界阐明对全球网络空间新秩序的认识，然后依托金砖国家平台，将全球网络空间新秩序提交联合国框架下的联合国教科文组织、国际电信联盟等机构展开讨论，通过联合国向全球发出建立、健全和完善网络空间全球新秩序的倡议，并最终推动联合国达成相应的文件。

金砖国家在全球网络空间治理的有效协作，其最终目标，是要为全球社会的发展做出积极贡献，确保各国，尤其是最需要但又缺乏必要技术能力的发展中国家，既能够保障自身的安全，又能在一个良好的国际治理环境中，享受信息技术发展带来的各项收益。① 这无疑将是新兴大国为国际社会做出的真实而具体的重大贡献之一，也将成为验证金砖国家遵循的新兴大国群体性崛起之路能够有效超越大国政治悲剧，开辟全新发展模式的重要指标。

① 《杨洁篪提出加强金砖国家网络信息安全合作》，http：//news. xinhuanet. com/world/2013 – 12/07/c_ 125821763. htm，访问日期：2016 年 6 月 20 日。

第十四章

金砖国家与新开发银行建设

全球主要新兴经济体走到一起共同创办跨区域的多边开发性金融机构，这在世界经济史中可谓史无前例，其意义十分重大。金砖国家新开发银行的建立，为新兴经济体搭建了一个中长期、开发性的国际金融平台，以促进金砖国家、其他新兴市场和发展中国家乃至世界经济的发展。作为一个国际性的机构，新开发银行的业务可以覆盖全球，在对现有多边开发银行形成有效补充的同时，也可以对现有多边开发机构的治理结构和业务决策产生影响，以此来逐步提升以金砖国家为代表的新兴市场和发展中经济体在国际金融体系和全球经济治理格局中体系改革中的地位。

全球主要新兴经济体走到一起共同创办跨区域的多边开发性金融机构，这在世界经济史中可谓史无前例。金砖国家新开发银行的象征意义和实际意义不言而喻。它不仅标志着以金砖国家为代表的新兴经济体的经济崛起及其变革现有国际金融架构取得的实质性进展，也标志着金砖国家合作由过去的领导人就金砖国家及其他全球和区域问题进行宏观层面的磋商转入经济金融层面的全面务实合作，并由此进入了金砖国家合作机制化建设的实质性阶段。

一 新开发银行的缘起与进展

（一）新开发银行的缘起

金砖国家开发银行的倡议源于诺贝尔经济学奖获得者斯蒂格利茨（Joseph Stiglitz）和伦敦经济学院教授斯特恩勋爵（Nicholas Stern）的一份报告。[①] 在该报告中，他们分析了国际机构的权威数据后发现，目前，新兴市场国家一方面存在较大的投资需求，另一方面又存在大量可以调动的闲置资金。国际能源机构（IEA）出版的《2010 年世界能源展望》指出："就能源部门来说，未来 25 年将需要 33 万亿美元的投资，预计其中 64% 的投资需求来自新兴与发展中经济体。"[②] 为了合理、有效利用新兴市场国家的资金，满足其日益增长的投资需求，斯蒂格利茨提出，新兴与发展中经济体需要建立一个金融中介系统。其中，最可行的方案是，由新兴经济体主导成立一个以充分利用过剩储蓄来满足其投资需求为宗旨的南—南开发银行（South - South development bank）。斯蒂格利茨的提议还基于这样一个背景，即现有多边开发机构对新兴经济体基础设施融资虽然能起到一定作用，但相对于新兴经济体日益增长的需求来说，作用仍十分有限。截至 2010 年年末，世界银行、亚洲开发银行、泛美开发银行和非洲开发银行等现有主要开发银行的贷款余额总计只有 3054 亿美元，远远不能解决新兴市场国家的基础设施融资问题。按 10% 的贷款余额增长率计算，现有主要多边开发机构大约每年只能增加 305 亿美元的开发贷款。

在斯蒂格利茨报告的基础上，印度向其他四个金砖国家提出了共同建立一个新开发银行的倡议，该银行由五个金砖国家主导。[③] 印度提议建立金砖国家开发银行的理由主要包括以下四个方面：第一，流向新兴与发展中国家的资本，包括官方发展援助，不足以弥补与基础设施和环保投资相关的巨大资金缺口，并且全球危机与发达国家财政紧缩进一步削弱了发达国家的开发性融投资能力，而设立金砖国家主导的开发银行将是弥合资金缺口的一个实质性步骤；第二，相当一部分新兴经济体的储蓄通过投资国债和其他高信用等级资产而"逆流"至发达国家，因此利用新兴市场国家的储蓄来满足金砖国家和其他发展中国家的资金需求，便是解决这一问题的一个合理途径；第三，由于南—南国家开发银行将由以金砖国家为代表的新兴经济体主导，并决定其资金配置，因此有助于引导资金流向最需要

① Joseph Stiglitz and Nicholas Stern, "International Development Bank for Fostering South - South Investment on Setting Up a South - South Development Bank".

② International Energy Agency, *World Energy Outlook 2010* .

③ 在印度倡议初期，将拟成立的开发银行定名为"金砖国家主导的南—南开发银行"（BRICS - lead South - South Development Bank）。

的地方以实现资金的更有效利用；第四，在当前全球金融动荡的形势下，建立南—南国家开发银行将是新兴市场经济体迈向自强自立的重要标志，这在当前新兴经济体的稳定作用日益增强且成为全球经济增长引擎的环境下，显得非常重要。

为了便于其他金砖国家就新开发银行的成立进行讨论和研究，印度对开发银行的目标、资金来源、业务活动、资本结构以及进度安排等进行了初步筹划。根据印度提案，其宗旨在于建立由金砖国家主导的开发银行，即主要由金砖国家和其他新兴经济体出资与管理，以满足金砖国家以及其他新兴与发展中经济体的特定投资需求。因此，金砖国家倡导建立的开发银行不是对现有国际金融架构的背离或挑战，其目的在于作为其他现有多边机构的有效补充，以满足金砖国家和其他发展中国家的特定投资需求。因此，该开发银行的建立将成为发展中国家之间，甚至发展中国家与发达国家之间重要的联系桥梁。

（二）新开发银行的筹建进展

2012 年 3 月 29 日，金砖国家领导人第四次会议在印度新德里举行。会上，金砖国家领导人对于成立合作开发银行表示了浓厚的兴趣、表达了共同立场，并在会后发表的《德里宣言》中对金砖国家开发银行的宗旨和目的进行了规划。宣言指出，五国领导人“探讨了建立一个新的开发银行的可能性，以为金砖国家和其他发展中国家基础设施和可持续发展项目筹集资金，并作为对现有多边和区域金融机构促进全球增长和发展的补充”。[①] 同时，《德里宣言》还指示财长们“审查该倡议的可能性和可行性，成立联合工作组进一步研究，并于下次领导人会晤前向我们报告”。为了对开发银行的可行性展开充分研究，德里行动计划提出举行专家会议讨论建立一个新的开发银行问题。

金砖国家领导人峰会后，五国成立了金砖国家开发银行工作组，以便对金砖国家开发银行的可能性和可行性展开研究。随着研究的进一步深入，工作组提出了建立开发银行需重点讨论的领域和问题。这些问题主要来自银行职能、成员与开放性问题、治理结构、资本结构、信用评级、智库功能以及促进其他领域合作七个方面。其中，银行职能包括银行关注的

① 《德里宣言》，新华网新德里 2012 年 3 月 29 日电。

主要领域，例如对基础设施的硬贷款和软贷款，包括跨境项目、减贫、发展性问题等；银行的会员构成问题包括会员是仅限于金砖国家还是金砖国家加上其他新兴市场国家、发展中国家、发达国家和国际金融机构等；银行的治理结构包括股权/配额的分配、行长人选、总部选址、高级管理层等；资本结构包括与财力调配相关的事项，及对银行资本结构的建议等；信用评级包括如何降低风险以提高银行的信用评级、降低借款成本，使之接近现有的多边开发银行（MDBs）的借款水平等；智库功能包括如何为金砖国家、新兴经济体和发展中国家的重点研究提供平台；其他领域合作包括促进金砖国家、新兴经济体和发展中国家内部的贸易和投资等。

2013 年 3 月，第五次金砖国家领导人峰会发表《德班宣言》，五国领导人正式同意建立一个新的开发银行。《德班宣言》指出："由于长期融资和外国直接投资不足，尤其是资本市场投资不足，发展中国家面临基础设施建设的挑战。这限制了全球总需求。金砖国家合作推动更有效地利用全球金融资源，可以为解决上述问题做出积极贡献。2012 年 3 月，我们指示财长们评估建立一个新的开发银行的可能性和可行性，为金砖国家、其他新兴市场和发展中国家的基础设施和可持续发展项目筹集资金，作为对全球增长和发展领域的现有多边和区域金融机构的补充。根据财长们的报告，我们满意地看到建立一个新的开发银行是可能和可行的。我们同意建立该银行，银行的初始资本应该是实质性的和充足的，以便有效开展基础设施融资。"

2014 年 7 月 15—16 日，金砖国家领导人第六次会晤在巴西举行，会议主题为"实现包容性增长的可持续解决方案"。巴西总统罗塞夫、俄罗斯总统普京、印度总理莫迪、中国国家主席习近平、南非总统祖马就金砖国家合作及其他共同关心的国际和地区问题深入交换看法，并达成一系列新的合作成果。在这其中，值得关注的是，早在两年前就为国际社会所热议的金砖国家新开发银行倡议终于尘埃落定，五国正式启动新开发银行筹建计划。根据计划，新开发银行的初始资本为 500 亿美元，五个成员各分摊 100 亿美元。新开发银行于 2015 年 7 月宣布开业，2016 年正式投入运营。

二　新开发银行的战略意义

（一）深化金砖国家合作

近年来，金砖国家的经济实力不断增强，金融实力大幅提升，在国际金融领域应当拥有更大话语权。但是，国际货币体系在短期内很难发生重大调整，那些在国际金融体系中长期处于主导地位的发达国家也不会轻易做出让步。因而要完善现行国际货币框架、加快国际货币体系改革进程，亟须在国际体系中处于弱势地位的新兴经济体进行实质而且有效的合作。全球金融危机的爆发，暴露出现行国际货币金融体系的诸多弊端，改革国际货币金融体系和防范国际金融风险成为世界各国的共同诉求。在此背景下，金砖国家加强多种形式的金融合作，具有特殊意义。金砖国家探讨成立新的开发银行，正是金砖国家努力推进彼此之间金融合作的重要表现。毫无疑问，金砖国家开发银行的成立将成为金砖国家金融合作的重要里程碑，具有重要的现实意义。

一方面，金砖国家开发银行的成立可以进一步促进金砖国家之间的团结合作，共同提高金砖国家在全球治理中的地位。金砖国家开发银行作为一个国际性的机构，其业务可以覆盖全球，在对现有多边开发银行形成有效补充的同时，也可以进一步影响现有多边开发银行的改革，甚至改变金砖国家在全球治理改革中的被动局面。由于在现有国际组织中投票权受到限制，金砖国家并没有自己的平台，金砖国家开发银行建立以后，金砖国家就形成了自己的、独立的平台。通过这个平台，金砖国家可以对全球基础设施融资、发展援助、国际金融体系改革等问题产生更大的影响；同时，通过开展对发展中国家的业务，可以扩大金砖国家在发展中国家的影响力。

另一方面，金砖国家开发银行的成立可以促进金砖国家之间的贸易与投资联系。近十年来金砖国家在全球经济中的地位不断上升，占全球 GDP 的比例从 2005 年的 8.3% 上升到 2010 年的 17.7%。特别需要关注的是，金砖国家已经成为全球的重要需求国，在对全球出口不断增长的同时，金砖国家在全球进口中的比例也不断上升，到 2010 年已经占到了全球进口的 18.8%。如果金砖国家开发银行能够加大对贸易融资上的支持，金砖国家的企业就有可能在全球贸易市场上更有作为。就金砖国家内部而言，虽然没有关税等贸易政策的调整，但金砖国家表现出了更紧密的经贸关系，有较明显的贸易转移的特点。以巴西为例，2000 年，巴西出口到金砖国家的比例只占巴西全部出口的 3.68%，而到 2010 年这一比例达到 20.11%，同期，巴西从金砖国家进口的比例也从 4.10% 上升到了 19.97%。除了巴西之外，中国、印度、俄罗斯和南非同其他金砖国家之间的贸易比重也都成倍增长。原因在于，虽然金砖国家之间没有形成关税减让、增加准入等贸易政策优惠，但由于各方政府搭建的合作平台使各国的商业界、企业家增进了对其他成员国经商环境的了解，并提高了他们对金砖成员国市场的信心，因而增加了金砖国家之间的经贸往来。金砖国家开发银行的成立将为五国企业家搭建新的平台，增强对成员国市场信心，从而推动贸易投资活动的深入开展。

总之，金砖国家在全球经济中的地位不断上升，但其在全球的战略地位却不如经济地位，究其原因，是缺乏可以主导或影响全球治理的工具，金砖国家开发银行的建立，不仅可以增强金砖国家在全球治理中的地位，也可以进一步提升金砖国家在全球经济中的地位，并且可以通过提供贸易融资来促进金砖国家之间的贸易，为金砖国家建立更紧密的经贸关系、继续深化务实合作打下基础。

（二）对改革国际经济治理产生积极作用

金融危机以来，全球治理机制的改革已经取得了一些进展，新兴经济体的地位有所提高，但是还远远不够。究其原因，主要是以下两个因素的影响。

第一，全球多边经济机构的改革进展缓慢。表现之一为，2008 年秋，世界银行集团同意开始两阶段的改革，以提高发展中国家和转型经济体（DTC）在世界银行的参与，包括增加 DTC 国家的投票权、股份、在执行董事会中的人数、对 DTC 国家关于发展的看法做出回应等内容：（1）增加 DTC 国家的投票权，根据新的股权计算公式，将 DTC 国家在国际复兴开发银行（IBRD）的投票权从 42.6% 提高到 47.2%，同时，将 DTC 国家在国际开发协会（IDA）的投票权从 40% 提高到 46%。（2）建立独立的配股原则。要求建立和 IMF 配额相一致但又不一样的股份分配方法，欢迎新的 IDA 出资，以及保持发达成员和 DTC 成员间的投票权平衡。（3）对 IBRD 和 IDA 的股份结构进行定期评估。每 5 年对 IBRD 和 IDA 的股份结构进行评估，以保证股份结构能够反映各自的经济占比以及对世界银行集团的贡献。（4）增加来自 DTC 国家的董事。在保持其他国家董事不变的情况下，增加 2 名来自撒哈拉以南非洲国家的董事，使撒哈拉以南非洲地区在世界银行的执行董事达到 3 名。（5）修改《世界银行章程》。这是为了修改关于基本投票权的规定，提高基本投票权的提议已经得到理事会的批准，正在征得成员国的同意，已经有 80% 的成员国（占 70% 的投票权）同意，但离 85% 的投票权还有一定的距离。可以看到，经过这一轮的投票权改革以后，金砖国家的投票权确实有所提高，从 11.26% 提高到了 13.10%，尤其是中国、巴西、印度的投票权都得到了较大的提高。但是，世界银行的改革还有多个方面不尽如人意：一是金砖国家的投票权仍然不够。2010 年，金砖国家在全球 GDP 中的占比达到 17.69%，同时，金砖国家有着比欧美国家更为稳健的财政状况；二是没有改变美国的"独家否决权"。投票权改革之后，美国的投票权下降了 0.51 个百分点，降至 15.85%，但仍然拥有足够多的投票权以否决《世界银行章程》的修改（15%），也就是说，在修改章程上美国仍然有独享的"否决权"。除了世界银行以外，包括 IMF 在内的其他国际经济组织的改革也非常缓慢，难以反映金砖国家地位的上升，以及全球经济格局的变化。

第二，地区性国际经济组织的改革尚未启动。相对于世界银行，还存在一些地区性开发银行，这些机构本应更好地代表新兴市场和发展中国家的利益，但遗憾的是，其改革比国际多边开发性银行的改革还要迟缓。

表 14－1　**金砖国家在地区性多边开发机构中的投票权**　单位:%

	金砖国家	美国	日本
亚洲开发银行	12.2	5.0	14.5
泛美开发银行	10.8	30.0	5.0
非洲开发银行	6.3	6.4	5.3

注：数据截至 2015 年。

资料来源：根据各多边开发机构公布资料计算整理。

根据各地区性开发银行公布的数据，金砖国家在亚洲开发银行、泛美开发银行和非洲开发银行的投票权都非常有限（见表 14－1）。以亚洲开发银行为例，金砖国家投票权仅有 12.2%，不及日本一个国家的投票权（14.5%）。在泛美开发银行，美国一国就占有 30.0% 的投票权，而金砖国家只占到 10.8% 的投票权。非洲开发银行也是一样，金砖国家的投票权还不如美国一国的投票权。

通过建立金砖国家开发银行，推动金砖国家在基础设施融资领域的合作，势必对现有多边开发机构造成压力，能够在一定程度上推动美国等西方国家主导的国际金融体系和全球经济治理格局的变革。新开发银行作为一个国际性的机构，其业务可以覆盖全球，在对现有多边开发银行形成有效补充的同时，也可以对现有多边开发机构的治理结构和业务决策产生影响，以此来逐步改变以金砖国家为代表的新兴市场和发展中经济体在国际金融体系改革中的被动局面。正如俄罗斯经济学家罗曼·安德烈耶夫所言，新开发银行的意义在于，它将成为全球金融体系中一个可靠的新选择。

（三）中国主动参与国际经济治理的重要举措之一

21世纪以来，中国在国际经济中的话语权总体上得到了较大提升，但与中国目前的经济总量还远不相符。为此，一些国内外学者认为，中国其实还没有进入现有国际经济制度的核心和深层，而只是一个西方主导的“国际经济治理”的“被领导者”。例如，中国至今在世界上仍未获得“市场经济地位”；中国在世界银行和IMF中的投票权虽有提高，但并未实质性改善中国在这些全球机构的治理和决策机构的地位；在人民币加入IMF的特别提款权问题上，西方国家对中国附加不少条件，等等。

国家之间的博弈不是零和游戏，也不是天然的对抗关系。中国的发展与繁荣，并不是挑战当今的世界体系和国际秩序，而是在这个框架内构建与各国的合作。现有的国际体系有不尽如人意的地方，但也有积极的因素。中国参与国际经济治理，目的就是要把不如意的地方改正过来，朝着更加公正合理的方向发展，核心是确保包括中国在内的广大发展中国家有平等的发展权。同时，中国积极参与国际事务，承担力所能及的义务和责任，旨在继续在国际经济体系中发挥建设性作用，并同各国一道分享发展机遇、应对各种挑战，使中国的发展惠及更多的国家和地区。

金砖国家开发银行是中国主动参与国际经济治理、提升国际经济地位的重要举措之一。和其他金砖国家一样，建立金砖国家开发银行可以提高中国在全球治理改革中的地位、促进现有多边开发银行的改革、促进中国的出口。除此之外，推动金砖国家开发银行还可以起到形成中国在全球治理中的主导权、加快国内建设国际金融中心的步伐等作用。具体来说，金砖国家开发银行对于中国的战略意义包括以下四个方面。

首先，金砖国家开发银行是中国在全球治理中谋求主导权的重要举措。在现有多边体系下，中国很难拥有主导权，即使各国际经济组织完成改革以后，中国的投票权仍然会受到制约与牵制，因此难以拥有主导权。

建立金砖国家开发银行以后，中国可以在金砖国家开发银行中获得主导权，并借助这一平台对发展中国家的影响力来提高中国在全球治理中的话语权。

其次，金砖国家开发银行是中国加快建设国际金融中心的重要举措。从各方面条件来看，中国更有实力成为金砖国家开发银行的总部。通过将总部设在中国，可以加快国内建设国际金融中心的步伐，提高中国金融业的竞争力。

再次，金砖国家开发银行是中国推进海外工程承包企业融资的重要举措。在所有金砖国家中，中国海外工程承包的竞争力是最大的，2011 年中国共新签海外工程承包合同 1423 亿美元，完成营业额 1034 亿美元，中国在中东、亚洲、非洲的工程承包市场上都占有较大的市场份额。随着全球工程承包模式的变化，越来越多的工程承包商要承担融资的任务，导致中国企业在海外工程承包中融资的压力越来越大。对此，金砖国家开发银行正好可以提供相应的融资，帮助中国工程企业海外做大做强。

最后，参与金砖国家开发银行是人民币国际化的重要举措。随着人民币汇率形成机制的进一步完善，以及资本项目改革的完成，人民币国际化的探索阶段可能很快就会过去。在人民币进入加速国际化的阶段，金砖国家开发银行可以起到很好的作用。比如，可以通过金砖国家开发银行向全球提供人民币融资，将现有的金砖国家间的人民币贸易结算和人民币信贷扩大到全球范围。

三　新开发银行的职能定位

（一）定位为基础设施建设和可持续发展

目前，世界主要多边开发机构有世界银行、欧洲复兴开发银行、欧洲投资银行、亚洲开发银行、泛美开发银行、非洲开发银行和安第斯开发集团等。从现有多边开发机构的宗旨和职能来看，主要包括以下四个方面：一是减贫和促进发展。第二次世界大战以后建立的多边机构，包括世界银行、亚洲开发银行、非洲开发银行，这可以说是开发银行的传统目标。二是促进社会弱势领域的发展。包括欧洲投资银行、泛美开发银行、欧洲投资银行都有这一职能，主要是服务于中小企业、微型企业。三是促进可持续发展。以应对气候变化、环境保护和可持续发展为目标，欧洲投资银行是比较典型的，当然其他的多边开发机构也多少有类似目标。四是促进区域发展和融合。欧洲复兴开发银行主要为东欧国家转型服务，而安第斯开发集团则为本地区一体化服务。具体而言，世界银行的主要职能是减贫、发展；欧洲复兴开发银行旨在为中东欧国家转型服务；欧洲投资银行主要为中小企业、不发达地区发展、气候变化、环境保护与可持续发展、知识经济、泛欧交通能源和通信网络建设提供支持；亚洲开发银行主要立足于亚洲地区减贫与发展；泛美开发银行主要为中小企业发展、私有部门发展（尤其是微型企业）提供服务；非洲开发银行重点关注减贫、技术和金融援助；安第斯开发集团的主要目的在于促进区域融合（见表 14 －2）。

表 14 －2　　**世界主要多边开发机构的宗旨和职能**

多边开发机构	宗旨与职能	其他功能
世界银行集团	减贫、发展	发展援助、软贷款由国际开发协会（IDA）完成
欧洲复兴开发银行	为中东欧国家转型服务	—
欧洲投资银行	欧盟融资机构，重点领域包括：中小企业、促进不发达地区发展、气候变化、环境保护与可持续发展、知识经济、泛欧交通能源和通信网络建设	对中小企业的风险投资和援助由欧盟投资基金（EIF）完成
亚洲开发银行	亚洲地区减贫与发展	发展援助、软贷款由亚洲开发基金（ADF）完成
泛美开发银行	中小企业发展、私有部门发展（尤其是微型企业）	软贷款、发展援助由特殊运行基金（FSO）完成
非洲开发银行	减贫、技术和金融援助开展研究	发展援助、软贷款由非洲开发基金（ADF）和尼日利亚信托基金（NTF）完成
安第斯开发集团	促进区域融合	—

资料来源：根据各机构网站资料整理。

关于金砖国家开发银行的职能定位，金砖国家领导人在 2012 年第四次会晤期间曾达成基本共识，并在 2013 年第五次会晤上得到进一步确认。在《德里宣言》和《德班宣言》中，五国领导人明确指出，新的开发银行旨在为金砖国家、其他新兴市场和发展中国家的基础设施和可持续发展项目筹集资金，作为对全球增长和发展领域的现有多边和区域金融机构的补充。由此可见，新开发银行的宗旨是为金砖国家、其他新兴市场和发展中国家服务，其主要职能包括两个方面，即促进基础设施建设和可持续发展。

为此，新开发银行作为以发展融资为核心业务的跨区域金融机构，既要面向金砖国家，还要支持其他发展中国家，同时，还要成为沟通发展中国家和发达国家的桥梁。在后金融危机时代，全球面临投资不足的困境。该银行不仅应为新兴和发展中国家提供发展融资，也要积极促进新兴经济体对发达国家的投资，这不仅有利于新兴经济体的发展，同时也将促进发达经济体的经济复苏。同时，作为新成立的多边开发机构，新开发银行应充分吸取已有多边金融机构的经验教训，建立机构精简、决策高效、反应灵活的运营机制，并在投融资模式上勇于创新，形成政策性银行与商业银行相结合、间接融资与直接融资相结合的开发性金融模式，为全球的发展融资做出贡献。

（二）打造新的投资和融资平台

从现实来讲，金砖国家成立新开发银行的主要目的在于满足金砖国家日益增长的投资和融资需求，以促进经济和社会的迅速发展。对印度而言，其近 30 年经济保持了持续的快速增长，尽管受金融危机影响有所放缓，但仍处于较高增长水平。与经济长期快速增长相对应的是，城市基础设施和道路交通状况还很落后。2012 年年底，印度总人口接近 12.2 亿，居世界第 2 位，但城市人口只有 30%。快速的经济增长引起了城市化进程的加快，为满足城市基础设施建设的需要，印度政府计划在 2012—2017 年斥资 50 万亿印度卢比（约合 1.2 万亿美元）用于其基础设施建设。尽管如此，印度国内基础设施投资仍存在较大缺口。印度是一个经常账户长期处于逆差状态和储蓄不足的国家，2012 年印度经常账户占 GDP 的比例为 -5.1%，国内投资和储蓄占 GDP 的比例分别为 34.9% 和 29.8%。国内储蓄不能满足国内投资需求，需要依靠外部资金流入来支持国内投资增长，基础设施投资就特别依赖国际开发机构提供的融资便利。

对于南非，尽管其城市化水平相对较高，但经济的快速发展同样产生了大量的基础设施投资需求。然而，2012 年南非储蓄占 GDP 比例为 13.2%，投资占 GDP 比例为 19.4%，国内储蓄同样不能满足投资需求，因而对外部资金的需求较大。此外，南非经济发展需要解决的一个重要问题是长期居高不下的失业率。根据 IMF 统计数据，2012 年南非的失业率为

25.2%，居金砖国家之首。而对于金砖国家开发银行的作用，南非想借此创造就业，缓解严峻的国内就业形势。在金砖国家领导人新德里峰会上，南非总统祖马表示，金砖国家开发银行“将会在帮助发展中国家创造就业方面具有巨大潜力”。

2012年巴西的GDP增长率降至金融危机后经济复苏的最低点，为0.9%，比上年下降1.8个百分点。经济的大幅下滑迫使巴西政府出台了一系列经济刺激计划，加大了基础设施的投资规模。2010年，巴西提出两阶段“加速增长计划”（2011—2014年），其中包括大约8700亿美元的基础设施投资，约占2010年巴西GDP的38.9%。与印度和南非一样，巴西的储蓄占GDP比例低于投资占GDP比例，经常账户表现为逆差，国内投资增长同样需要依靠外部资金流入。随着城市化进程的发展，基础设施投资需求不断增加。因此，金砖国家成立开发银行，在满足巴西投资需求上的作用是显而易见的。总体来看，正如巴西工业与贸易部长皮曼德尔（Fernando Pimentel）所言，金砖国家在成立合作开发银行方面存在共同利益，顺应了当今的经济需求，同时金砖国家开发银行将成为五个经济体加强协作的全球性工具。

俄罗斯的基础设施投资需求，主要来自经济转型过程所伴随的建设需求。近年来，由于石油出口方向的变化，俄罗斯对管道建设等能源相关基础设施的需求增长非常快。但与印度、巴西和南非不同，俄罗斯是储蓄过剩和经常账户顺差国家。2012年，俄罗斯储蓄和投资占GDP比例分别为28.5%和24.5%，经常账户余额占GDP比例为4.0%。一般认为其国内投资可以通过国内融资来实现，甚至国内资金还可以进行对外净投资。实际上，俄罗斯的储蓄投资转换体系并不完善，基础设施投资的国内融资渠道并不畅通，新的开发银行可以为俄罗斯提供融资便利。另外，金砖国家开发银行的建立，将会产生溢出效应（spill - out effect），带动金砖国家各个领域的深入合作。对此，俄总统助理达瓦科维奇表示：“如果金砖国家能创建此银行，这将是金砖国家变得更团结的标志。”

在金砖国家中，中国的基础设施投资需求是最大的。截至2012年年底，中国城镇人口占总人口比重为52.6%，刚超过总人口的一半，城市化还有很长的路要走，因而基础设施投资需求还将长期持续增长。从1978年以来的历史数据看，中国的GDP每增长1个百分点，城市人口数将增加0.43个百分点；而中国的城市化率每上升1个百分点，投资率就上升

0.275 个百分点。同时，中国是一个外汇储备大国，并且民间存在大量的闲置资金。中国人民银行数据显示，截至 2012 年年底，中国外汇储备余额为 3.33 万亿美元。巨额的外汇储备给人民币汇率带来了压力，也限制了国内货币政策调控的空间，更重要的是，持有的巨额外汇储备面临着巨大的保值风险。另外，民间大量的闲置资金有待合理开发利用。新开发银行的成立将拓展中国对外融资的渠道，并以此为依托，带动中国金融业"走出去"。

四　小结

金砖国家成立一个新的开发银行主要出于以下四个方面的共同考虑：第一，流向新兴与发展中国家的资本，包括官方发展援助（ODA），不足以弥补与基础设施和环保投资相关的巨大资金缺口，并且全球危机与发达国家财政紧缩进一步削弱了发达国家的开发性融投资能力，而设立金砖国家主导的开发银行将是弥合资金缺口的一个实质性步骤；第二，相当一部分新兴经济体的储蓄通过投资于国债和其他高信用等级资产而"逆流"至发达国家，因此利用新兴市场国家的储蓄来满足金砖国家和其他发展中国家的资金需求，便是解决这一问题的一个合理途径；第三，由于南—南国家开发银行将由以金砖国家为代表的新兴经济体主导，并决定其资金配置，因此有助于引导资金流向最需要的地方以实现资金的更有效利用；第四，在当前全球金融动荡的形势下，建立南—南国家开发银行将是新兴市场经济体迈向自强自立的重要标志，这在当前新兴经济体的稳定作用日益增强且成为全球经济增长引擎的环境下，显得非常重要。

金砖国家新开发银行的成立，是金砖国家机制化进程中的重要里程碑。它作为金砖国家的第一个机制化的机构，为新兴经济体搭建了一个中长期、开发性的国际金融平台，以促进金砖国家、其他新兴市场和发展中国家乃至世界经济的发展。但是，新开发银行并未将目标放在与世界银行等现有多边开发机构进行竞争上，也不试图挑战现有国际金融格局。关于金砖国家新开发银行的宗旨与职能，金砖国家领导人在第四次峰会上曾达成基本共识，并在第五次峰会上得到进一步确认。五国领导人指出，新开发银行旨在为金砖国家、其他新兴市场和发展中国家的基础设施和可持续发展项目筹集资金，作为对全球增长和发展领域的现有多边和区域金融机构的补充，而不是对已有的多边开发机构形成挑战。因此，从新开发银行的定位来看，那种认为新开发银行旨在挑战甚至取代世界银行以及改变现有国际金融结构的观点不免有些言过其实。

第十五章

金砖国家新兴产业发展与合作

2010年以来，金砖国家等多数新兴经济体经济面临增长速度下滑、增长后劲不足难题，并由此引发了“金砖失色”“金砖陨落”等唱衰金砖国家的论调。毋庸讳言，除了受外部环境变化的影响，金砖国家经济增速整体下行的根本原因在于产业结构不合理和增长方式落后。发展新兴产业、培育新的增长源头、优化经济结构成为金砖国家摆脱困境、实现持续赶超的重要抓手和支撑。通过比较发现，金砖国家在确立新兴产业发展战略、促进新兴产业发展的政策措施及成效方面各有特色，在推动产业结构转变、提升自身国际价值链地位等方面的努力也不尽相同，因此能够提供相互经验启发并推进相关理论的发展。

一般认为，新兴产业是指随着新的科研成果和新兴技术的发明应用而出现的新的部门和行业，如因电子、信息、生物、新材料、新能源、海洋、空间等新技术的发展而产生和发展起来的一系列新兴产业部门。因新兴产业对于一国经济发展往往具有全局性、引导性和前瞻性宏观性意义，往往也被称为战略性新兴产业。战略性新兴产业应该是对一个国家经济的长期发展具有支柱性和带动性、能够聚集和吸引世界先进技术和资金等生产要素、占据国内外市场制高点的产业。[①] 新兴产业的发展可以对经济产生很强的引领作用。新兴产业既要对当前经济社会发展起到重要支撑作用，更要引领未来经济社会可持续发展的战略方向的重大战略选择。对于

① 郭连强：《国内关于“战略性新兴产业”研究的新动态及评论》，《社会科学辑刊》2011年第1期。

后发国家，其产业结构往往比较落后，通过培育新兴产业，减少与发达国家的产业落差，优化产业结构，不仅能产生新的增长点，驱动经济持续快速发展，还能提升国际竞争力和影响力。世界银行研究显示，宽带服务普及率每增长 10 个百分点，能带动 1.3 个百分点的经济增长。① 一个或几个新的制造业部门的迅速增长是经济转变的强有力的、核心的引擎，经济增长的过程就是新旧主导部门连续更替的过程。主导产业因具备较强的发展前景、较大产业关联性和庞大就业效应而成为经济发展的核心动力。拥有竞争能力的产业其生命力也会更持久，对社会经济的影响也更大。

目前，学界从不同视角和层面论证了新兴产业的内涵及其对于一国经济社会发展繁荣的重要意义，特别是对后发新兴大国升级产业结构、维持赶超发展的强劲动力所具有的革命性作用。与此同时，还对新兴大国建立新兴产业发展战略、通过吸引发达国家技术与资金培育和发展新兴产业的基本路径，以及发达经济体发展新兴产业的基本经验等给予了关注。但是，现有研究对于新兴大国代表性经济体金砖国家的新兴产业发展战略与政策，新兴产业发展状况尤其是相互间开展合作的机遇、条件和可能性等较少触及。在金砖国家加快经济增长转型、增强合作实现经济引领性发展和崛起大背景下，金砖国家等新兴大国如何选择新兴产业发展方向，如何在发展新兴产业方面开展合作，对于有效地推动产业调整、促进发展转型与成功崛起至关重要。

新兴产业的快速发展和繁荣正成为全球经济的新引擎。新兴经济体尤其是金砖国家也都基于自身发展需求和从各自产业和技术优势出发，加快新技术开发和新兴产业发展布局，积极推动本国新兴产业的成长，提高国际竞争力，努力实现稳定持续的赶超发展。对于新兴产业发展战略、政策、管理及其成效的观察与比较，有助于更好地理解金砖国家等新兴经济体的赶超发展动力、潜力与前景，进而，也有助于更好地掌握世界经济发展的新趋势。

一　金砖国家新兴产业发展战略与政策

作为新兴经济体的代表性国家，金砖国家在赶超发展过程中，不仅努

---

① 参见王忠宏、石光《发展战略性新兴产业，推进产业结构调整》，《中国发展观察》2010 年第 1 期。

力追求经济全面发展，而且根据全球产业发展趋势、国家长期经济发展战略和自身禀赋资源优势，选择并优先发展一些新兴产业，作为提升产业结构、加速经济发展与崛起的重大战略性举措，并取得了不同程度的成功。在2008年各国极力推出战略性新兴产业发展计划，应对全球危机和确保未来增长竞争力的大背景下，金砖国家也审时度势，及时推出了未来产业重点发展新方向，作为后危机时代加速本国经济发展和提升国际竞争力的强大动力。

（一）巴西新兴产业发展战略与政策

巴西依据自身禀赋资源优势，将新能源、环保汽车作为具有重大关联性和核心竞争力的两大战略性产业，还将民用航空和现代生物农业等作为新兴战略产业。

多年来，巴西大力发展乙醇燃料取得了巨大成就，成为全球最大的乙醇燃料生产国，并计划继续加大乙醇产业发展速度。除了拥有发达的玉米乙醇制造技术外，还从甘蔗渣、植物纤维、秸秆及其他农产品加工废弃物中提取纤维素乙醇，加快第二代生物燃料乙醇研发生产。同时，巴西开始研究深海区块盐下层大型油气田开发技术和深海石油开采碳捕捉和储存技术，抢占全球碳治理核心技术和制高点。与此相关联的是，巴西利用自身生物能源优势，把生物燃料汽车技术开发作为其提升汽车工业国际竞争力的核心，成为世界上最早掌握生物柴油技术的国家和生物能源应用领军国家。为推动电动汽车和氢能源汽车（氢内燃机汽车）研发生产计划网络，2009年8月，巴西国家环境委员会规定，自2013年柴油车排放减少33%、自2014年国内市场销售的汽油车和乙醇燃料车排放平均减少33%，以尽快与欧美排放标准接轨。

巴西对战略支柱产业给予大力扶持，制定明确的大型企业研发创新公共扶持政策，积极开展国际合作，推动新型产业发展。除了与美国等发达国家建立合作关系外，还倡导建立拉美地区一体化科技合作机制，即由科技部科研项目信贷局、巴经济社会发展银行和国家石油公司共同组成支持国家创新生产链，为拉美地区建立联合研发中心提供信贷支持。

2012年5月，巴西宣布了旨在振兴巴西汽车产业的新政策，包括：为在该国投资设厂而且国产化率达65%以上的汽车减免税收。国产化率低于60%的汽车，发动机排量在1升以下者，工业产品税从37%减到30%。对国产化率未达60%，而发动机排量在1—2升的汽车，使用清洁燃料如乙醇或混合燃料者，工业产品税从41%减到35.5%；使用汽油者税率从43%降至36.5%。所有国产化率不足60%的生产用车，税率从34%减至31%。巴西政府的新政策力图以税率优惠减轻汽车产业的税收负担，从而刺激消费，其拦路虎是通胀高企和消费信贷短缺。

此外，为加快人力资本积累，巴西从2008年开始将硕士生和博士生的奖学金额度上调20%，将科学和工程类学生从9.5万名增加到16万名，以吸引更多的学生申请高级学位。

（二）俄罗斯新兴产业发展目标与举措

20世纪90年代中期以来，俄罗斯先后通过了一系列的创新发展战略规划和设想文件，如1998年7月24日俄联邦政府通过《1998—2000年俄联邦政府关于创新政策的构想》、2006年2月15日俄联邦科学创新政策委员会批准《2015年前俄联邦科学和创新发展战略》、2006年7月6日俄联邦政府通过《研究和制定2007—2012年俄罗斯科技综合体发展的优先方向》、2009年11月2日俄联邦教育和科学部通过《俄罗斯创新体系和创新政策报告》（同年12月8日获得俄联邦政府批准），等等。特别是《2020年前俄联邦创新发展战略》提出了创新发展的详细战略目标：将实现技术创新的工业企业占全部工业企业的比例从2009年的9.4%提高到2020年前的40%—50%；将核技术、航天、造船、软件、武器和军事技术、教育服务、航空服务和导弹航空技术生产等5—7个俄罗斯优势领域的全球份额提高到2020年前的5%—10%，将俄高新技术产品在世界高新技术产品总出口中的占比从2008年的0.25%提高到2020年前的2%；将创新领域在GDP中的总附加值从2009年的12.7%提高到2020年前的17%—20%；将创新产品在工业产品总量中的份额从2010年的4.9%提高到2020年前的25%—35%，国内研发支出占GDP的比例从2010年的1.3%增加到2020年的2.5%—3%，俄罗斯科研人员在世界学术期刊上发表论文的份额从2010年的2.08%提高到2020年前的3%，等等。

在产业选择方面，俄罗斯将能源、航天航空、军工等作为战略性支柱产业加以保护和稳定发展，并作为克服经济转型导致的经济衰退的关键，先后出台《2010年前俄罗斯能源战略》和《俄罗斯联邦2020年前能源发展战略》，将油气产业的稳健持续发展作为经济复兴支柱产业和重新崛起的引擎。2005 年 12 月普京总统明确表示，从中期前景看，能源产业是俄罗斯力争成为世界能源强国和经济发展的火车头。2008 年 2 月俄罗斯出台的《2020 年前经济社会发展规划》提出了加快经济结构调整，重点推进科技创新和优先发展航天、航空、新材料、新能源等产业部门发展，到 2020 年使俄罗斯进入中等发达国家水平的目标。为实施新的核电工业发展计划，俄罗斯国家杜马和俄罗斯联邦委员会分别于 2007 年 1 月批准通过了俄罗斯核能工业改革法律，打造具备国际竞争力的大型核能工业集团，提高参与国际核电市场竞争力，计划占据国际核电站建设市场 20% 的份额，计划到 2030 年将俄罗斯目前核电发电量由现在占整个发电量的比重的 16% 提高到 25%，并成为世界核电站市场上的主要出口大国。2009 年梅德韦杰夫总统提出经济现代化蓝图，重点推出纳米技术和新核能发展目标，并提出了相关产业扶持政策，如俄政府决定将《2008—2010 年纳米基础设施发展国家专项计划》延长实施一年，并继续部署纳米技术研发中心和产业化基地和技术产业群。俄政府计划在 2015 年前投入 3180 亿卢布（约合 10 多亿美元）扶持纳米产业，使俄纳米产业年产值达到 9000 亿卢布，其中 1/4 将出口。作为落实俄罗斯创新技术、推进全面现代化计划的具体步骤，2010 年 3 月，俄罗斯在斯科尔科沃建立了创新科研中心（俄罗斯硅谷），重点支持通信技术、生物医药、空间技术、核能和能源节约这五个领域的企业发展。

俄罗斯政府已经投入 600 亿卢布建设经济特区和高新技术园区，还将继续投入 170 亿卢布。已经建成 24 个经济特区和 12 个高新技术园区，已有 670 家从事生物医学和纳米技术等领域的企业入驻园区。2010 年 9 月，俄罗斯联邦议会通过了《俄联邦斯科尔科沃创新中心法》，将其纳入《2013—2020 年国家经济发展与创新型经济规划》，并制定了《斯科尔科沃创新中心建立和发展子规划》。2011 年 7 月 7 日，梅德韦杰夫签署总统令，确定了俄罗斯科技优先发展的 8 大领域以及 27 项关键技术。这 8 大领域包括：安全与反恐；纳米技术；信息与通信；生命科学；未来尖端武器、军事和特种技术装备；自然资源合理利用；交通与航天系统；能效、节能、核技术，并出台了具体实施规划及配套扶持政策。2013 年 11 月 1 日，普京正式批准《2014—2020 年俄联邦信息技术产业发展战略及 2025 年前远景战略》，2014 年 1 月发布的《俄联邦 2030 年前科技发展前景预测》确定信息通信技术、生物科技、医药和健康、新材料和纳米技术、合理利用自然环境、运输和空间系统、能源效率和节能等未来科技与产业发展优先方向。

为了制定出一个实现到 2035 年进入全球创新大国目标、能够有力引领俄罗斯未来创新发展的长期战略，由普京倡导并亲自担任主席的新型智库——战略倡议中心由多个国家部委、大型工商集团以及高校、研究机构等发起和支持于 2012 年 6 月宣告成立。该中心通过发挥动员工商、实业、文化教育以及政府部门等多方力量，围绕国家长期创新发展战略和政策开展预研等活动。2015 年向总统提交的国家创新战略规划建议得到了总统普京的首肯。

（三）印度新兴产业发展目标及政策

印度政府早就形成共识，利用其人才优势和技术优势发展高新技术产业，发展一批具有战略意义的新兴产业可以进一步推动社会经济的发展。20 世纪 80 年代以来，印度将汽车制造、电子、软件、服务外包、医药等作为新兴产业部门加以重点发展，尤其是信息服务、生物技术、材料产业三个领域。

从 1984 年起，历届印度政府出台了一系列优惠政策，不遗余力地促进以软件产业为主的信息技术产业的发展。1984 年拉·甘地政府主动制定和推动了一系列促进软件产业发展的政策，提出了“用电子革命把印度带入 21 世纪”的口号，制定了发展信息产业，特别是依靠信息产业和软件业的振兴带动印度经济发展的策略。此后，历届政府出台了一系列鼓励软件业发展的优惠政策，不遗余力地促进软件产业的发展。

从 1987 年起，印度电子部开始建设班加罗尔、布巴尼斯瓦尔和普那 3 个软件技术园区，政府给每个软件园投资 5000 万卢比，并建立了相关的配套设施。通过兴建软件技术园区吸引外资，带动软件业的发展。1991 年实施《软件技术园区计划》和《电信港建设计划》，开始在班加罗尔等地建设软件科技园区和电信港。后又通过陆续兴建“出口加工区”“100% 出口导向型企业”“电子硬件技术园区”和“经济特区”等，促进电子与软件业的发展。对入园企业给予免交进出口税，允许外资 100% 控股和免征所得税等优惠政策。1992 年印度取消了设备和产品讲口许可证制度。1998 年 7 月，内阁决议通过了以政府总理为组长的国家信息技术和软件发展工作组提出的《信息技术发展计划》，提出了

“信息产业超级大国”战略目标和发展软件业的108条措施，要求在2008年印度独立60周年之际，使印度成为世界上最大的软件生产和出口国。1999年颁布的《信息技术法》建议政府各部将2%—3%的预算用于发展信息技术，1999年印度政府专门成立IT产业部。在2003年发布的《科技政策》中，政府再次强调了信息技术、生物技术和材料技术在科学研究和创新领域的优先地位。

2007年印度发布了宏伟的汽车产业发展计划，制定了宽松的吸引外资的政策，决心打造“全球汽车制造中心”。2009年印度提出了新能源促进目标。为了推进新技术开发和新兴产业发展，印度将原“非传统能源部”更名为“新能源和可再生能源部”，负责印度新能源的发展战略规划、政策制定和执行。规定2012年可再生能源发电在印度电力需求中的比重要提升到10%，在电力构成中的比重也要达到4%—5%。2011年印度可再生能源产业吸引的投资达103亿美元，投资增幅比上年的68亿美元大幅增加52%。其中对太阳能项目的投资为42亿美元，同比增幅达600%，太阳能发电装机容量由2010年的18兆瓦增加到277兆瓦，预计2012年还会增加500—750兆瓦；2011年风电领域的投资更是高达46亿美元，新增装机容量2827兆瓦，预计2012年将进一步增加到3200兆瓦。为推进创新积极性，不久前，印度出台了包括设立塔塔科技创新奖金、允许科学家可以在研发项目中按贡献进行提成、可以从企业收取科技咨询费等措施，以减缓人才外流。

（四）中国新兴产业发展规划及政策取向

中国政府依据现代科技进步、国内经济发展长期战略以及禀赋资源比较优势等，选择扶持发展新兴产业发展，如为实现九五规划提出的加快经济增长方式转变和保持国民经济快速持续发展目标，特别是为实现2006年提出的建设创新国家发展目标，制定了重点发展现代制造、电子、信息、新能源等产业规划与政策，并促进了新兴战略产业的起步与发展。

2010年10月国务院发布了《关于加快培育和发展战略性新兴产业的决定》，这是中国第一部促进战略性新兴产业发展的纲领性文件。传递出中国从战略层面布局产业结构调整的明确信号。2011年3月，十一届全国人大四次会议审议通过的《国民经济和社会发展第十二个五年规划纲要》，将培育发展战略性新兴产业作为中国“十二五”期间促进转型升级、提高产业核心竞争力的重要任务，强调要“在继续做强做大高技术产业基础上，把战略性新兴产业培育发展成为先导性、支柱性产业”。

2016 年 5 月中共中央、国务院印发了《国家创新驱动发展战略纲要》，包括战略背景、战略要求、战略部署、战略任务、战略保障、组织实施六大部分，提出 2030 年跻身创新型国家前列并规定了实现这个战略目标的三步路线图：第一步，到 2020 年进入创新型国家行列，基本建成中国特色国家创新体系，有力支撑全面建成小康社会目标的实现。创新型经济格局初步形成。科技进步贡献率提高到 60% 以上，知识密集型服务业增加值占国内生产总值的 20% 。自主创新能力大幅提升。第二步，到 2030 年跻身创新型国家前列，发展驱动力实现根本转换，经济社会发展水平和国际竞争力大幅提升，为建成经济强国和共同富裕社会奠定坚实基础。第三步，到 2050 年建成世界科技创新强国，成为世界主要科学中心和创新高地，为我国建成富强民主文明和谐的社会主义现代化国家、实现中华民族伟大复兴的中国梦提供强大支撑。《纲要》要求按照“坚持双轮驱动、构建一个体系、推动六大转变”进行布局，构建新的发展动力系统。所谓“双轮驱动”是指科技创新和体制机制创新两个轮子相互协调、持续发力。“一个体系”是指建设国家创新体系。“六大转变”就是发展方式从以规模扩张为主导的粗放式增长向以质量效益为主导的可持续发展转变；发展要素从传统要素主导发展向创新要素主导发展转变；产业分工从价值链中低端向价值链中高端转变；创新能力从“跟踪、并行、领跑”并存“跟踪”为主向“并行”“领跑”为主转变；资源配置从以研发环节为主向产业链、创新链、资金链统筹配置转变；创新群体从以科技人员的小众为主向小众与大众创新创业互动转变。

（五）南非新兴产业发展战略及政策

南非政府早就意识到促进本国的新技术研发和新兴产业发展，从而为经济的可持续发展奠定坚实的科技基础，并在某些新兴产业形成国际竞争力的重要性。南非先后出台了科技与新兴产业发展战略与政策。如 2002 年南非科技部出台的《南非国家研究与开发战略》提出了推动创新、促进科技人力资源开发、建设有效的政府科技管理体制 3 项战略重点，为南非的科学研究与技术创新体系勾勒了整体框架，明确了重点研发的领域。在此基础上，南非相继出台了《南非纳米技术战略》《南非生物技术战略》

《2008—2018：面向知识经济的十年创新计划》《面对全球变化重大挑战的国家研究计划》《南非国家航天战略》等战略规划，并实施了一系列配套政策。

2010 年 11 月南非政府还公布了《新经济增长路线》，提出要不断增加对科技研发的公共和私人资本投入。在实现新兴产业发展突破方面，南非基于自身并附资源优势。选择新能源作为新兴产业发展重点方向。南非国内缺乏石油资源，但煤炭储量居世界第五，因此南非电能结构以火电为主，而大量使用燃煤发电导致环境污染和碳排放增加。为了形成合理的能源结构，南非近年来积极推进新能源产业发展。早在 2003 年 11 月南非就发布了可再生能源政策框架文件，提出了到 2013 年可再生能源满足全国能源需求总量的 4%（约 100 亿千瓦时）的发展目标，出台了“可再生能源保护价格”“可再生能源财政补贴计划”“可再生能源市场转化工程”“可再生能源凭证交易”以及“南非风能工程”、在西开普省建造 100 兆瓦的风力发电厂等一系列政策措施。这些优惠政策大大激发了企业投资于新能源的积极性。此外，南非还利用本国生物多样性资源丰富、地理纬度较高等独特优势，积极开拓生物制药、航空航天等新兴产业领域，力图在这些产业形成一定的优势。

为加强南非的自主创新能力，让科学技术为经济发展服务，南非科技部已陆续推出并实施《南非研究与发展战略》《南非纳米技术战略》《南非生物技术战略》等战略规划。南非政府在 2010 年年底出台的“新增长路线”中提出：第一，不断增加对科技研发的公共和私人资本投入，使其占 GDP 的比例从 2007/2008 年度的 0.93%，增加至 2014 年的 1.5%，到 2018 年达到 2%；南非每年获得的专利数从 2008 年的 91 件增至 2014 年的 200 件；职业和专业技术人才要从现在的 7 名/万人增加至 11 名/万人。第二，借由多条海底光缆开通而带来的宽带费用的下降，迅速扩大信息技术的培训、接入和在社会发展、公共政策、教育等方面的应用。第三，加强技术推广和改造，以支持创造就业和经济增长。所有机构都要强化和扩大对农村发展、小型和微型企业发展以及在经济领域不断扩展的宽带网络应用的支持。第四，保持并强化南非在知识密集型产业的技术优势。2010 年 2 月，南非贸工部发布《2010/2011—2012/2013 工业政策行动计划》，提出要新建一个钛和天然纤维复合材料产业，为空客和波音等大型航空公司提供航空级钛材料、航空配件和系统集成。根据该计划，南非将在 2013

年前投资40亿兰特兴建一个商业化的2万吨钛加工厂，南非科技部支持的“钛金属能力中心”也正在进行人力培训和技术研发。南非优化能源公司也在加快电动汽车“焦耳”的批量生产步伐，南非科技与工业研究会计划在2011年中期推出电动汽车锂离子电池原型，以降低“焦耳”电动汽车的价格，使其更有竞争力。

为了吸引国际顶尖人才提升南非的科研水平，南非提出了首席科学家计划，在全球范围内招揽顶级科技人才。在首席科学家五年的任期内，每年可以获得250万—300万兰特的政府资助。南非目前已经设立了92个首席科学家席位，未来将扩展到210个席位。

可见，金砖国家均依据国际发展环境变化及本国国情与发展长期发展规划提出了新兴产业发展战略和重点发展方向，尽管不同国家会根据本国的实际情况选择各自需要发展的新兴产业和需要突破的关键技术，但先进制造业、信息技术、清洁能源和生命科学等领域成为金砖国家共同关注和选择的领域。这是因为，金砖国家大多面临着加快接近发展与减排节能的矛盾，积极发展节能技术以及新能源产业，不仅能够有效改善本国能源结构，保障能源供应安全，而且能够推动本国经济从高碳经济发展方式向低碳经济发展方式转型。同时，金砖国家多数尚未完成工业化，先进制造业是提升工业实力和国际竞争力的关键，信息产业则是带动这些国家工业化经济现代化的引擎和支撑，而生命科学进步能够有效控制疾病，提高人们生活的质量，因而也备受金砖国家的重视。

综上而言，可以发现以下几点：第一，金砖国家均深刻意识到创新发展的全球趋势及自身发展中创新不足短板、威胁性以及转向创新发展的不可回避性与迫切性。第二，金砖国家纷纷制定创新发展战略、政策框架并不断优化调整创新发展战略，如中国在2006年首次发布2020年国家创新发展战略，2016年5月再次发布2035年前国家创新发展纲要，俄罗斯于2009年发布国家创新发展战略。第三，金砖国家提出了宏伟的创新发展战略目标以及达成目标的战略步骤、路径选择和支持支撑。俄罗斯特别注重国家创新发展规划的前瞻性及科学可行性。俄罗斯动员政府、企业、官产研学多渠道、国内国外多因素开展研制，力求使规划的前瞻性、意见的广泛性和规划科学性和可行性得到空前提高。2012年开始启动的2035年前创新发展战略规划，通过政府及民间智库等双轨创新发展规划研究，力求在全面深入研讨、集思广益基础上制定出具有前瞻性和科学合理、具有执行力的创新发展规划。第四，金砖国家对创新发展的重视程度以及战略与政策规划的准备程度、充裕水平以及动员力度具有一定差别。比较而言，中国、俄罗斯和印度在推动创新发展方面决心较强、力度较大。

二　金砖国家新兴产业发展比较

金砖国家在新兴产业发展的战略目标、产业发展领域以及具体的刺激政策机制乃至发展水平及其对经济社会发展的影响等诸多方面，既有相同或类似之处，也有相异之处。对金砖国家发展新兴产业方面的异同性进行比较，有助于更好地观测金砖国家新兴产业发展趋势和吸收借鉴各国的经验。

（一）金砖国家均高度重视新兴产业发展

在新兴产业方向选择和政策鼓励方面，金砖国家依据自身禀赋资源和初始发展条件差异，在新兴产业的选择方面有一定的差异，也有相同的地方，在新兴产业促进政策方面既有相同或相近的内容，也有相异的取向。但近年来，尤其是在应对国际金融危机时期，金砖国家均特别重视新兴产业的培育与发展，将其作为抵御危机冲击扩大内需，驱动经济持续稳定增长的引擎。

（二）金砖国家新兴产业发展进展不一

总体而言，印度、中国、巴西在新兴产业发展方面各自取得了一定成就，但成效并不相同。印度在新兴产业发展方面取得了长足进展，信息技术产业、医药产业等均得到了快速发展，形成了世界级知名度和竞争力的新兴产业。如 2008 年印度软件出口超过 200 亿美元，占印度总出口的 20%多，印度占据世界离岸信息服务业份额的 65%和外包业的 46%，成为世界最大的软件和服务外包市场。印度国家软件与服务公司协会（NASSCOM）预测，2010 年印度软件和服务外包产业的规模将成长到 600 亿美元。外包服务为印度创造就业岗位逾 230 万，产值占印度国内生产总值的 7%，占印度出口总额的近四成。印度涌现出了雇员超过 2 万名，分布在全球 50 多个国家，年度收入超过 20 亿美元的 TCS，年度收入超过 10 亿美元的 Infosys、Satyam、Wipro 等在印度国内和美国上市软件业巨头公司，印度软件业成为具有国家影响力的成功新兴战略产业。印度制药业也得到迅速发展，印度非专利药的出口额从2000年的16亿美元上升到2005年的50亿美元，出现了南新（Ranbaxy，年营业收入突破15亿美元，净利润约2亿美元，2007年，进入全球十大通用名药厂行列）、阮氏（Dr Reddy's）、悉普拉（Cipla）等跨国巨头企业。市场规模达到80亿美元以上（2008年），印度制药工业产量进入全球第四，出口占产值的一半。新兴战略型产业的蓬勃发展对印度经济产生了巨大推力，是印度近10多年经济增长年均增长率超过6%，近年超过8%的主要因素之一。

巴西在生物能源、热带生物农业、民用航空等产业取得了重大进步。如巴西将国内支线飞机制造业作为战略性产业加以大力扶持，取得了很大成功，喷气式支线飞机制造业的迅猛发展和大量出口，使巴西航空工业公司跻身发展中国家航空制造业大国行列，被巴西视为桑巴舞、咖啡、足球三宝之后的第四大“国宝”。巴西在发展农业生物技术研发与产业化方面也取得了骄人的成就。巴西航空工业公司以“碳平衡增长”为理念，出产了全球第一款生物燃料飞机，该公司生产的支线飞机因油耗低和气体排放低，在全球首批获得ISO 14001环境认证成为绿色飞行的里程碑。2013年巴西乙醇出口达100亿升，为全球低碳经济发展做出了巨大贡献。巴西被联合国粮农组织评为“最具生物燃料生产条件的国家”之一。

俄罗斯在新兴产业发展方面的成就不太明显。总体而言，过去10年间，俄罗斯经济刚刚从苏联解体后的持续衰退中复苏，基于高新技术的新兴产业发展方面成就不大，只是在稳定发展传统支柱产业——能源等方面有一定成就，石油、天然气和金属等部门进行了结构与技术整合和提升；一些政府提出的高新产业部门发展规划几乎停留在酝酿阶段或打基础阶段，迄今尚未有显著进展，对经济增长的贡献不够明显。如近5—10年俄罗斯正式注册的科技园数量达到300多个，目前技术企业可以获得必要援助的真正的科技园只有70多个，大部分是“纸上谈兵”。俄罗斯集群与科技园协会的一项调查结果显示，俄罗斯着力培育的包括斯科尔科沃在内的高新产业园区、经济特区以及俄罗斯硅谷等虽然已有起步，但尚未形成大规模的产业链条和产生明显的经济拉动作用。①

① 维多利娅·扎维亚洛娃（Victoria Zavyalova）：《大力发展高新技术产业 俄罗斯科技园简介》，《透视俄罗斯》2016年4月7日，参见http：//tsrus. cn/keji/2016/04/07/582321，访问日期2016年6月10日。

中国新兴产业发展也取得了显著成果，如，“天河一号”成为全球计算速度最快的超级计算机，由大唐电信、华为技术、中兴通讯、中国移动与阿尔卡特—朗讯、诺基亚、西门子通信等跨国公司共同开发的、包含大量中国专利的第四代（4G）移动通信技术与标准 TD – LTE 已经成为国际下一代移动通信三大主流标准之一，将成为国际移动通信主流发展方向。以北斗卫星导航系统、高分辨率遥感卫星为代表的空间基础设施建设进展顺利，ARJ21 和新舟系列支线飞机研发、研制和批产能力不断提高，高速铁路工程装备与技术水平跃居世界前列，“蛟龙号”载人潜水器冲击 7000 米新深度，多兆瓦级风电机组研制、高纯硅大规模与低成本生产技术等取得突破。先进复合材料等高性能材料开始广泛应用，新能源汽车充换电服务网络迅速发展，智能电网建设全面启动实施。风电、太阳能电池生产技术进步很快，生产能力均居世界第一，光伏产品和多晶硅产品、生物、信息、节能环保等产业均快速发展。一批综合高技术产业基地、自主创新示范区以及新兴产业集聚区等逐步成型。

南非利用本国生物多样性资源丰富、地理纬度较高等独特优势，积极开拓生物制药、航空航天等新兴产业领域，成就正在逐渐展现。

（三）金砖国家新兴产业发展成效尚不理想

虽然在过去一段金砖国家在紧跟世界产业发展潮流、加速科技创新以及新兴产业发展方面取得了一定成果，但从世界知识经济发展进展迅速以及国际市场需求不断升级转型来看，尤其是与以美国、日本等为代表的发达国家科技创新及新兴产业的快速进展比较而言，进展是有限的、不够理想的，如中国居民出国大量购买诸如马桶盖、电器等日用品，国内制造业无法满足居民日益多样化及精细化需求。按照世界经济论坛的评价，金砖国家等主要新兴经济体不仅在综合指标排名明显低于主要发达国家，而且在衡量国际竞争力 4 个主要指标中，创新要素指标差距更大。

根据世界知识产权组织、康奈尔大学和欧洲工商管理学院联合发布的 2014 年全球创新指数（GII）排名，在全球 143 个经济体中整体排名及多项分指标排名中处于中后或者较为落后位置（见表 15 – 1），而依据中国科学技术发展战略研究院 2015 年 7 月初发布的《国家创新指数报告 2014》，在世界 40 个主要国家中，中国排 19 位，俄罗斯 33 位，南非 36 位，印度 38、巴西 39 位，处于落后的位置。中国知识产权费收入只有 10

亿多美元（2012 年），只有美国的不足 1%（1241 亿美元）。金砖国家科技进步及新兴产业发展差距主要表现在：跟随性发展依附性发展特点突出，如中国在电子、现代制造业、新能源等产业方面的发展和出口竞争力主要根植于吸引外资和专利技术的引进与转让，主要通过 OEM、代工等方式实现的，外资在新兴战略产业方面所占的比重高达 85% 以上（以高新产品出口占比为例），不仅严重缺乏自主创新，主要利润也不属于自己，虽然一些高新产业在中国快速成长，主要体现为一种外在式而非内生式发展。印度除了在信息、软件、外包服务等新兴产业发展有令人印象深刻的表现外，在制药、汽车、新能源等方面的建树较少，跟随性与依附性较大；巴西除了在乙醇、支线航空制造方面有较大建树外，其他新兴产业发展也缺乏重大突破。俄罗斯则主要通过重构能源等战略性产业来谋求产业稳定与扩张，利用全球能源行情上涨机会获得发展红利，而在加速培育新兴产业、推进经济结构多元化与创新化方面，因共识、决心与投入不足，迄无起色。所以，新兴产业整体十分脆弱，不成熟，对金砖国家经济增长贡献度较低，加速发展面临政策国家、人才、资金、技术短缺、市场不够成熟等瓶颈的约束。

表 15－1　**金砖国家创新指数国际比较**

经济体名称	创新指数排名		创新投入排名		创新产出排名		创新效率排名	
	得分	排名	得分	排名	得分	排名	得分	排名
中国	46.57	29	45.79	45	47.35	16	1.03	2
印度	33.70	76	36.97	93	30.42	65	0.82	31
巴西	36.29	61	41.74	63	30.84	64	0.74	71
南非	38.25	53	45.60	47	30.90	63	0.68	93
俄罗斯	39.14	49	43.77	56	34.50	45	0.79	49
瑞士	64.7	1	66.44	7	63.11	1	0.95	6
美国	60.09	6	67.92	4	52.27	7	0.77	57

资料来源：世界知识产权组织、康奈尔大学和欧洲工商管理学院：《2014 年全球创新指数报告》，2014 年 7 月 18 日。

（四）金砖国家新兴产业科技创新及环境营造能力不够强

虽然金砖国家纷纷出台新兴产业重点扶持政策，包括融资支持、研发支出和人才培育和配置等，但迄今金砖国家在新兴产业技术创新及技术管理，如政府引导与市场主导关系、一般产业与新兴产业关系等的处理等方面，尚未走出具有自身特色的成功之路。个别国家强调过分的国家干预及其主导作用，但在市场对新产品开发技术与产品市场需求及资源配置方面的主导作用不强，如日美等国的可见开发费用的70%来自产业界，而金砖国家政府仍然是研发投入的主体，在调配全国研发资金、调整研发投入方向上起到决定性的作用。如印度研发总投入中企业研发投入只占28%，政府投入则占到了2/3以上；俄罗斯创新战略要求，到2020年企业研发支出在国内总研发投入中所占比重提升到50%以上，中国的情况也类似。发达国家的产业发展经验表明，只有企业作为研发主体，才能更有效地完成新技术的商品化和产业化。国家过度包办，往往事倍功半，甚至容易出现投资失误和损失。同样，也存在政府放任自流、获得的支持力度弱而使新兴产业发展缓慢的情形。金砖国家还需要摸索出一条能够发挥自身优势的新兴产业成长的激励与引导模式。

行政壁垒多和垄断程度高的行业创新动力不足，而本应作为创新主体的中小企业则面临税费高和融资难等问题不愿意参与高风险的创新活动。从投资主体转化速度来看，俄罗斯科技产业产、学、研有机整合的创新体系还未完全成熟加之俄罗斯商业和投资环境不佳缺少创新激励体系，特别是竞争不足。目前参与创新最为积极的是食品行业，因其竞争激烈，投入的科技创新技术成本相对低廉，可以迅速转化为产品和收益。今年中国的科技研发投资快速增长，2014年已经超过欧盟总规模。但科研成果转化和产出效率并不如意。关键因素在于部门分割严重、各个环节协调不够、“中梗塞”严重以及政府采购、市场推广应用刺激不足等。

三　深化新兴产业发展合作基本方向

金砖国家都在致力发展新兴产业以推动经济持续稳定快速增长。各国都有发展新兴产业的机会，也面临着培育新兴产业的困境，借助国际合作促进新兴产业发展是各国的既定方针，其中，面向金砖国家之间的合作在金砖国家整体合作框架日益成型的背景下正被提上日程。近年，金砖国家在应对全球金融危机过程中越走越近，在多方合作日益活跃的条件下，实业界的合作尤其是新兴产业领域的双边与多边投资合作也面临难得机遇。

（一）金砖国家需要抓住巨大合作发展潜能

金砖国家都在追求赶超发展，需要创造强劲而经久不衰的动力引擎。过去依靠资源开发和投资驱动的粗放模式面临持续扩张的天花板，为此，加快科技进步及其生产力转化，调整产业结构，培育高技术产业、高附加值产业走内涵式扩张成为金砖国家未来继续保持快速稳定增长的首选。同时，在应对全球金融危机过程中，各国都把培育新兴产业作为摆脱外部冲击，扩大内需、为经济增长注入新的活力的重要选择。但同时，在培育新兴产业过程中各国都面临技术、人才、资金和市场等诸多方面的挑战，展开合作有利于借力发展。此外，金砖国家各自在新兴产业发展方面各有短长，可以互相借重。首先，金砖各国在新兴产业发展各有优势，可以通过合作实现优势互补。如俄罗斯在航空航天、生物、核能、纳米材料等领域领先，印度信息、生物医药、精密制造、核能应用、信息产业等行业技术实力较强，巴西在生物医药、绿色能源、先进农业、航空、汽车制造等领域具有很强竞争力，南非在矿石开采与冶炼、核能和煤转换油、农业和生物技术、电力等领域具有技术优势，中国在先进加工制造、新材料、新能源、航天、信息产业等领域具有一定的国际竞争力。金砖国家可以寻求在能发挥彼此比较优势的领域开展双边或多边投资合作。其次，金砖国家需要突破西方国家的技术壁垒。虽然与西方国家的合作是过去和现在金砖国家发展新兴产业国际合作的主流，但发达国家不会转让最新技术和关键技术，中国多年来以所谓的市场换技术战略，并未在新兴产业引进—合作—自主发展这条道路上获得很大成功就是一个旁证。在此情况下，金砖国家除了需要继续与发达国家开展新产业与科技合作外，也要着力开展彼此间的平等合作，力争合力打破发达国家的技术封锁。金砖国家开展科技开发与新兴产业合作，利于各自掌握世界科学技术发展新成果，有利增强科技创新和产业开发能力。

（二）充分利用现有良好合作基础

进入 21 世纪，金砖国家之间在新兴产业开发领域的合作开始起步，但尚限于双边个别合作，多边合作几乎没有破题。

中俄高科技产业合作势头良好。中俄产业合作既有政府层面的，也有民间层面的，总体上属于政府主导。2000 年 11 月在中俄两国签署的《创新领域合作的谅解备忘录》以及历次总理会晤框架下达成的一些具有技术先进性科技与重大投资项目合作协定等均是政府层面的合作，如核电、航天、军工、海洋深潜技术、纳米、炼化等领域的合作，大致均属于政府主导的高新产业合作，而企业层面也有一些实业合作，如中国一些汽车生产企业在俄罗斯投资组装生产汽车合作项目；中国一些企业在俄罗斯经济特区研究科技研发合作项目。部分俄罗斯高新技术生产在中国投资合作生产机电产品、加工金属等项目。自 1999 年以来，中俄双方先后在中国的烟台、衢州和哈尔滨建立了旨在将俄罗斯的科研成果在中国实现产业化的中俄高新技术产业化基地。如 2001 年批准设立的“浙江巨化中俄科技合作园”是两国企业联合创建的第一家以企业为主体，市场化运作的中俄科技合作基地，有中俄合资企业、国家级、省级高新技术企业、中俄合作实验厂等企业多家运转。2007 年 1 月长春中俄科技园股份有限公司成立，2008 年 7 月，长春中俄科技园开始在长春高新区建设占地 2 万平方米的工程。截至 2012 年年底，入园企业达到 45 家，整个园区实现工业产值 15 亿元，园区先后被授予国家级国际引智示范基地、国家级国际联合研究中心、国家级科技企业孵化器、国家技术转移示范机构、吉林省国际科技合作基地、长春市科技企业孵化器等多项称号。[①] 目前，最成功的要数中国浙江巨化集团公司和俄罗斯应用化学研究院负责实施的 3000 吨聚四氟乙烯建设项目。根据中俄两国企业的现实状况和优势互补，以俄方技术参股，中方出资金和场地，将俄方科技成果在中国进行产业化运营的模式越来越受到中俄企业界的欢迎。2007 年 11 月在中俄总理第 12 次定期会晤框架之下，两国签署了《中华人民共和国科学技术部和俄罗斯联邦科学与创新署关于在科技优先发展领域开展共同项目合作的谅解备忘录》，双方同意在一些高科技领域开展实质性大项目合作。在 2010 年中俄科技合作分委会例会上，双方讨论了从政府层面推动开展一些中长期、大规模科技合作项目的问题。“做共同创新的科技合作伙伴”已成为两国战略协作伙伴关系

---

① 吕阳：《中俄科技之花绚丽绽放——长春中俄科技园发展纪实》，新华网，http：//www.jl.xinhuanet.com/2014gxq/2014－02/25/c_ 119489387.htm，访问日期：2016 年 6 月 15 日。

的重要内容。2014 年 5 月 20 日长城汽车宣布，拟在俄罗斯图拉州设立全资子公司，投资建设生产基地，预计总投资约为 180 亿卢布（折合人民币约为 32 亿元）。中俄双方还积极开展高铁技术合作。2014 年 10 月李克强访俄期间，双方签署近 40 项重要合作协议，其中包括航天、高铁机车、核电、火箭发动机、电子元器件、卫星导航、对地观测、月球研究和开发及深空探测、远程宽体客机、重型直升机等高新技术领域合作。2015 年 6 月 18 日，在中俄投资合作委员会第二次会议框架下，由中国中铁二院工程集团有限责任公司参与投标的莫斯科—喀山全长 770 公里的俄罗斯首条高速铁路的规划设计合同正式签署，双方为此次竞标专门成立了紧密的强强联合体，并为此开发时速 400 公里的新型高速列车。高铁合作将推动中俄高新技术及产业的深度合作和发展。

中国与印度合作积极发展绿色产业。2006 年 9 月，中印两国科技部在北京签署了《科技合作谅解备忘录》，成立部长级中印科技合作指导委员会，主要任务是协调解决双边合作中的战略性问题，指导和促进两国科技合作的发展。2006 年双方发表了《联合宣言》，其中一项重要内容就是促进科技领域合作，同意在地震工程学、气候变化和天气预报、以先进材料为主的纳米技术、以生物纳米为主的生物技术和制药等领域开展合作。目前，中印科技合作已经涉及农业、生物技术、化工、医学、电子和新材料等领域。2010 年，两国签署了《中印关于绿色技术合作的谅解备忘录》。2012 年 11 月 26 日两国就开展清洁技术合作以及寻找环境问题的解决之道“联手共迎绿色未来”事宜达成共识。2012 年 5 月 17 日，由中国国家发展和改革委员会和印度能源与资源研究所（TERI）共同牵头的中印低碳发展合作研究项目正式启动，旨在研究低碳发展道路上的障碍，并对为实现低碳未来的政策工具效果进行评估。2014 年 3 月 18 日第三次中印战略经济对话北京举行期间中印双方与联合国开发计划署共同发布的《中印低碳发展研究：问题与挑战》研究报告确定了中印技术合作的若干重点部门和领域，包括清洁煤及发电技术、工业、建筑及交通节能技术、风能及太阳能利用及碳捕捉技术等。

中国与巴西大力发展新能源技术与产业。20 多年来，中巴双方签署的科技合作协定、协议和议定书等文件有 20 多个，对口部门的合作文件就更多。2001 年，双方签订在信息、生物技术、新材料合作的备忘录，2009 年签署《中国科技部和巴西科技部科技与创新合作工作计划书》。2010 年双方宣布建立“巴—中技术革新、气候变化及能源中心”，该中心宗旨是面向目前共同的挑战，包括环境污染、气候变化、清洁能源、能源效益、核能等。目前，中巴科技合作领域涵盖了航天航空、信息技术、通信、水电、农牧业、林业、医学医药、环保、地质、交通能源、化工、生物技术、水产养殖和新材料等。中巴充分发挥各自在空间技术方面的优势，大力推进航空航天领域的合作。中巴双方政府签署了《两国关于和平利用外层空间科学技术合作协定》等多个重要的科技合作协议。最近10余年中巴共同研制多颗地球资源卫星并成功发射，2003年1月中巴有关企业共同投资组建了哈尔滨安博威飞机工业有限公司，组装生产居世界先进水平的ERJ145系列涡扇支线飞机。同年12月，在中国制造的首架ERJ145飞机下线试飞成功，并开始批量进入中国民航市场。2012年，中国纳米技术研究中心与巴西国家纳米实验室共同宣布启动纳米技术合作计划，发展两国纳米技术在农业和气象上的应用，以及在环境、节能减排和新材料上的长期研究。为共同应对气候变化和粮食安全等挑战推动农业科技合作，中国在海外设立的首个农业联合实验室“中巴农业科学联合实验室”2012年在巴西揭牌。中国与巴西还开展汽车联合生产，2013年以来，奇瑞、江淮、力帆等先后在巴西投资合作生产汽车。2013年联想集团宣布斥资1亿美元在巴西著名的坎皮纳斯大学科技园内建立研发中心，专注于企业软件和高端服务器研发。同年，中国国家电网公司与巴西政府就在特高压输电技术的输出、电气设备生产、智能电表开发等展开合作达成协议。在信息产业发展和技术开发合作方面，2014年，百度公司发布了百度葡语版搜索引擎，华为公司捐赠的云计算技术与设备被巴西应用于亚马逊国家研究院数据中心以及全国教育与科研网数据共享中心。奇虎360公司与巴西电脑安全技术公司合作，提供了新一代互联网安全系列产品的核心技术。2015年6月19日中巴两国科技部签署了科技园区领域合作谅解备忘录，标志着中巴合作进入高新轨道。

中国与南非探索可再生能源等合作。1999年3月，中国与南非政府在南非比勒陀利亚正式签署双边科技合作协定。2000年10月，中国和南非政府科学技术合作联合委员会第一届会议在北京举行，双方一致同意进一步发展和深化两国科技合作，支持双方开展长期研究开发项目合作。目前双方已经共同支持了47个合作项目，促进了两国的科技进步和经济社会发展，并将生物技术、采矿和冶金、环境和可持续发展、可再生能源、本土知识体系五个领域确定为重点合作领域。2013 年 10 月 15 日，中国—南非科技合作联委会第五次会议暨中南国家双边委员会科技分委会第五次会议商定了第七批中南联合研究计划项目，同意将通过共建高水平联合实验室或联合研究中心、开展旗舰项目、中南联合研究计划、短期访问项目、共同组织科技展和企业对接活动、共建科技园等合作形式，深入推进中南科技合作。中南双方积极探索在电信领域的合作，2015 年 6 月 8 日中国南非在比勒陀利亚签署了《中国工业和信息化部与南非电信与邮政服务部开展信息通信技术领域合作的行动计划》。

俄罗斯与印度偏重航天与军工科技合作。1994 年 12 月，俄印双方签署了内容涉及经济、贸易、航天科技和军事技术的合作协议，加强核技术和航天领域的合作。近年来，双方加强了军事技术合作。俄印两国军事技术合作的内容比较广泛。

俄罗斯与巴西空间、光电和生物科技合作。1997 年，两国发表联合公报，宣布成立俄罗斯巴西高级合作委员会（CAN），它下属的俄罗斯巴西政府间经贸和科技合作委员会（CIG）主要通过 6 个工作组开展工作：经济贸易合作组、科学技术合作组、能源领域合作组、民用空间技术合作组、战略技术合作组和农业合作组。俄巴两国技术合作已经在许多领域取得成绩，包括光电子学、生物技术、激光技术等。

俄罗斯与南非开展太空科技合作。2006 年，两国签署了合作协议，同意开展太空领域的合作，包括开发运载火箭和发射服务。目前，两国的科技合作领域涉及太空研究、探测器、从外太空监视地球、相关信息技术与服务、材料科学、太空医学与生物学、通信与相关技术和服务。两国还在共享信息、试科技与管理金砖国家科技合作模式及平台构建研究检测数据，培训人员，交换科学家和专业人员，保持在全球太空技术与服务市场方面的合作。

印度和巴西致力电子信息产业合作。1990 年巴西与印度签署科技合作协议。1996 年卡多佐总统访问印度期间，强调了双方科技交流与合作的重要性。2000 年 11 月巴西科技部与印度信息技术部签署了谅解备忘录，2001 年双方组建了“巴印专题研究组”，首要任务是探讨在先进的信息技术方面进行合作研究、设计和开发的可能性，探讨开拓第三国市场、开展电子贸易，并在电子管理、信息安全、计算机监控犯罪、银行自动化，以及通过教育手段开发人力资源等方面进行合作，主要是在信息领域相互提供技术与服务。

印度、巴西、南非积极推进三边科技合作。巴西、印度和南非在2003年就创办了“伊巴斯”论坛（IBSA），旨在加强三国的交流与合作。科技合作从一开始就被IBSA确立为主要的合作领域。2004年2月，设立了IBSA科技日。UBSA科技部长每年举行一次会议，讨论有关合作事宜。通过对话，IBSA确定的科技合作重点为生物技术、替代能源、外层空间、航空、信息技术和农业方面。此外，三国还分别确定了每个国家主导的合作研究领域：巴西为疟疾和海洋学、南非为肺结核和生物技术、印度为艾滋病和纳米技术合作。

虽然金砖国家之间在某些新兴产业领域的合作已经启动，例如中国华为和中兴两家较大的信息企业，与印度有一些合作，如华为在印度信息之都班加罗尔开设了较大规模的软件开发中心，雇用了数以千计的印度雇员，印度软件企业在中国上海等也开设了一些企业，中国与巴西在生物燃料、航空航天、先进农业等领域都有合作，但迄今尚未形成规模，更未形成产业优势。

总体上，金砖国家之间的合作主要还集中在经贸合作，在产业特别是高新产业领域的投资合作还很少，多边合作几乎是空白。依据2013年3月26日联合国贸易与发展会议发布的报告，尽管金砖国家对外投资规模占全球对外投资总规模从2002年的1%上升到2012年的10%，但金砖国家还是更多地与发达国家以及邻国进行贸易和投资，彼此间还不是主要投资者，而且十分有限的投资也主要集中在采掘、农业、中低端制造等领域，高新产业领域的合作特别是成功的有影响力的合作尚不多见。这不仅不利于强化和提升金砖国家之间的合作，提升国际价值链，还容易导致彼此间的产品市场细分，产生替代和恶性竞争。如中国对巴西的直接投资从2010年的1500万美元猛增到2010年的170亿美元，但是，负责中巴贸易的巴西—中国商务委员会在2011年3月30日发布的一份报告指出，中国企业已宣布投资巴西将近300亿美元，但能源和矿业部门占90%。中国投资者还以直接或间接方式收购农地，尤其是生产大豆的土地，希望在巴西寻求一个“自然资源的供应基地”。报告认为，中国对巴西的出口和投资集中在商品领域特别是矿产资源领域，这就抬升了巴西产生“荷兰病”的风险，而且很多额外的附加值很可能最终会流回中国。

（三）克服诸多合作阻碍

培育和发展新兴产业既需要立足内部努力，如新兴技术开发、产业扶持、市场推广等，也需要国际合作，包括产业协调、产能合作、投资、市场共享等。金砖国家之间强化合作是发展新兴产业的重要方面，但目前深化新兴产业方面的合作还面临诸多的困难。

一是产业发展战略协调难度大。金砖国家各有产业发展比较优势和比较劣势，金砖国家可以而且应该根据自身发展条件和发展总体目标，按照比较优势原则等，有选择性地加速培育某些战略性新兴产业，通过重点发展和率先突破，促进经济技术提升，引领产业结构优化和驱动整体经济快速持续发展。在这个过程中为避免产能过剩和恶性竞争，最好能够在一定层次，如金砖国家元首峰会、工商峰会等机制，相互通报各自新兴产业的发展规划，以及讨论合作协调设想，以利于未来各有侧重发展，促进互补性发展。但在现实中金砖国家现有合作机制还难以涉及更遑论调节各自产业发展规划，因而，促进各自新兴产业协调发展遭遇规划协商瓶颈。

二是直接投资合作瓶颈。培育和发展新兴产业需要大量投资，包括吸引外资。金砖国家在推动新兴产业发展方面均面临投资不足难题，以往解决这个短板的途径主要是面向西方发达国家，目前及今后，金砖国家应该同时更多聚焦面向彼此间的直接投资合作。涉及新兴产业投资，由于其具有一定的投资风险以及回报不确定性，加之金砖国家当前处于经济下滑(印度除外)、资本外流压力大的不利情形，扩大彼此间投资显然困难不小。而且，一些金砖国家直接投资环境不够良好，如汇率变动风险大、市场需求不确定性，融资体系、劳工保护、避免双重征税、投资保护法律体系不够完善、社会秩序不佳等，均严重威胁直接投资活动，如中国汽车企业对俄罗斯的投资、营销活动因近年俄罗斯卢布贬值严重、市场需求剧减而面临困境。金砖国家要构建与国际接轨的资本市场、民间资本与风投支撑体系，设立共同的风险投资基金，以便为新兴产业合作项目融资。需要充分利用亚投行以及金砖国家新开发银行这些机制，协商推动各自新兴产业的培育与发展。还应大力改善法律与执法环境、外资保护、劳动纠纷调解机制等，创造良好的投资氛围。

三是技术开发合作困难。新兴产业的发展对先进技术有巨大的需求。但金砖国家作为技术后发国家，面临巨大的技术短缺瓶颈。过去金砖国家都将目光盯住西方国家技术，形成了对西方技术的严重依赖，而西方国家处于自身利益，对于可能通过竞争对手的技术潜力的技术转让和合作，往往保持较高的技术壁垒，特别是对中国和俄罗斯两个转型国家更带有严重的提防甚至封锁。加强金砖国家内部的技术研发和推广合作是繁荣新产业技术较少兴产业必须直面的问题。但在金砖国家之间找到有效技术开发合作的途径很难。首先，金砖国家整体技术水平较低，彼此间合作空间与需求有限；其次，技术合作互信不足；最后，联合技术开发和应有面临巨大的知识产权保护难题。如中俄技术合作中就屡屡遭遇知识产权保护分歧和矛盾。

四是市场准入环境优化面临障碍。市场需求与消费是新兴产业发育成熟的催化剂，缺乏科技成果转化和市场应用基础，将导致新兴行业的发展如无源之水。新兴产业发展必然面临产品推广问题，新产品、新产业的扶持和激励，要求各国开放市场。因此，需求侧关系到新成果转化与产品销售，除了要按照市场供求关系外，还需要政府促进科技发明与商业化的政策、包括加大政府采购力度，国际市场相互开放是培育新产品、新市场以及共同推动新兴产业合作繁荣的重要方面。但是，目前金砖国家之间还没有将建立自贸机制提上日程。关税偏高、市场准入门槛较高以及反倾销、反特保调查等将威胁高新企业、高新产品、高新产业的发展与合作。

五是有影响力的企业、企业家、产品品牌培育、扶持与成长难题凸显。新兴产业的繁荣与发展有赖大批新一代企业家、新型企业、创新企业的培育和成长，新产品、新品牌的创造和维护等。但在金砖国家迄今不仅缺乏全球 TOP100 的产品，在全球 500 强企业中的身影也还不多见，真正跻身国际顶尖的创新企业家、企业、产品、品牌和行业更是凤毛麟角。而对新兴产业发展壮大至关重要的这些核心元素的培育土壤、激励机制和保护环境在金砖国家还很不到位，如企业家脱颖而出、新型企业迅速发展、高新品牌健康成长、新兴产业繁荣壮大的相关资源配置机制、市场竞争机制，创新价值认同等均不够成熟、完善。

四　小结

在总结现有新兴经济体新兴产业研究成果基础上，通过对金砖国家发展新兴产业的战略选择、政策取向以及成效等进行初步比较，得出以下基本结论与启示。

第一，金砖国家均意识到培育和发展新兴产业是优化经济结构、培育新增长点、强化新增长动力、实现经济稳定持续快速增长的关键。纷纷制定新兴产业振兴战略规划和采取一系列激励政策。

第二，金砖国家在新兴产业培育和发展方面需要取长补短，合作发展高新产业，如在航空航天、核能、新能源、绿色技术、5G、量子通信、新一代计算机、云计算、电商、高铁等一系列关系到未来国计民生的重要新兴产业联合投资和技术攻关以及市场推广，共享发展，避免在新一轮产业创新发展中再次亦步亦趋落后于发达国家。

第三，金砖国家可以相互借鉴各自发展新兴产业的成功经验。如中国擅长集中国家资源以及强有力的政府规划引导新兴产业部门超前发展；印度善于以市场化方法促进新兴产业发展。2009 年 3 月，印度政府批准了由科学和工业研究部提交的有关鼓励发明和创新发展及商业化的提案，允许研究人员在科技型企业中拥有平等股权；建设知识基地，作为平等资产；鼓励科学机构建立孵化中心；为研究人员在企业和科研单位之间流动提供便利。这种以市场为导向的高新技术激励机制值得其他金砖国家借鉴。俄罗斯坚决果断推进政府革新，大力改善经营环境，成就突出。自 2012 年以来，俄罗斯通过政府治理创新迅速提高其国际营商环境指数国际排名，从 120 多位急剧上升到 2015 年的第 62 位，也是金砖国家的前列，受到世界银行的表彰。按照普京总统的要求，俄罗斯的排名要在 2020 年前进入全球前 20 位。营商环境的改善和进入国际先进水平，将极大地优化新兴产业的发展动力。俄罗斯的经验值得其他金砖国家借鉴。

第四，金砖国家可在新兴产业合作过程中达到协调战略、政策互动、改善体制机制、环境、创新技术、培育与开放市场，鼓励和培育一批有国际影响力的企业、产品、品牌、技术、产业，促进共同繁荣、崛起。

总之，新兴产业的培育与发展是金砖国家调整产业结构，转变发展模式，实现持续赶超发展的倍增器，也是金砖国家强化合作的新领域以及相互借鉴的参照器。通过相互借鉴彼此在新兴产业发展方面的经验以及强化新兴产业发展合作，有助于各自的经济繁荣、提高整体合作水平和质量。

国别篇

第十六章

巴西战略中的中国与金砖国家

虽然长期以来巴西偏安南美一隅、以“潜在大国”著称于世，但巴西精英一直对实现大国梦想孜孜以求，努力在国际事务中获得战略影响力。与国内追求依附式发展、进口替代战略再到地区合作等战略轨迹吻合，巴西在国际舞台上也经历了与盟国共同创建第二次世界大战后世界秩序、在两极格局中寻求战略独立以及在冷战后世界中把握多极化的历史机遇等战略变迁。巴西对包括中国在内的金砖国家合作的重视反映了进入 21 世纪以来巴西精英全球战略观的转变，体现了巴西对国际体系力量格局转变的深刻洞察与把握。巴西在金砖国家合作机制的初创阶段发挥了领导作用，并在该机制的演变中持续发挥了重要的促进作用。巴西国内目前正在遭受严重的政治经济困扰，该国对于金砖合作机制的战略投入正面临着重大考验。巴西与中国的关系在金砖合作机制中独特而富有代表性，在金砖国家的机制性合作日趋深化的形势下，处理好中巴关系对于处理金砖国家间关系、增强金砖国家合作具有一定的启示意义。

金砖国家合作是当今国际体系转型的重要进展，既反映了新兴大国群体性崛起的态势，也为全球治理和制度设计注入了新的内涵。作为金砖国家合作的重要代表，中国和巴西的战略伙伴关系引起国际社会越来越多的关注。自 1993 年中巴建立战略伙伴关系以来，两国合作长期局限于经贸关系为主的格局。随着巴西国际战略的优先在卢拉总统执政时期转向南南合作，中巴战略伙伴关系得到深化和拓展，已超越双边范畴，逐渐具备战略性和全球性影响。在这种形势下，2012 年中巴战略伙伴关系正式升级为全面战略伙伴关系。

中巴两国力量成长迅速、双边合作日趋全面、多边合作态势积极，在金砖国家合作中扮演着重要的角色。中巴两国在以金砖国家合作机制、20国集团和基础四国合作机制等较有代表性的多边机制中开展了广泛的合作。作为正在成长中的、不完全的大国，中巴两国的战略合作不仅有利于实现各自的大国目标，而且有利于推动国际体系的积极变革。随着战略合作的深化，中巴关系中的深层次挑战开始显现，经济关系的可持续性与战略上相互认知的差异需要通过加强战略协调予以解决。在经济全球化深入发展的条件下，中巴的战略合作基础和战略互信仍有待加强，寻求两国关系的可持续发展之道成为最重要的任务。作为金砖国家合作机制中规模最大的两个经济体，中巴战略合作在金砖国家合作中具有代表性，其走势对于巩固金砖国家合作具有重要影响。

一　巴西在金砖国家合作中的角色评估

（一）巴西在金砖国家中的位置

在通常的国际经济评论中，巴西被定位为金砖国家中以铁矿石和大豆为代表的原材料出口国，并以此作为巴西主要的国际比较优势。然而，这并不是对巴西经济准确和全面的解读。巴西的经济实力体现在国民收入水平、工业实力水平、产业结构多元化和深入参加全球化等诸多方面。即便经历了近年来的低速增长乃至衰退，根据世界银行的数据，2014 年巴西按现价美元计算的 GDP 为 2.346 万亿美元、贫困人口比例为 7.4%、人均国民总收入为 11530 美元，也仍属于中高等收入国家。[①] 根据美国中央情报局最新的数据，巴西消费结构中家庭消费占 63.2%，政府消费占 20.7%，固定资本投资率为 17.6%，产业结构为服务业占比 71.9%、工业占比 22.2%、农业占比 5.9%，工业品产出以支线飞机和汽车为主。[②] 巴西是世界第七大经济体，也是金砖国家中仅次于中国的第二大经济体，与中国同属中高收入国家。巴西在与以拉美地区为代表的发展中国家市场和以美欧

① 世界银行集团巴西的国别数据，http：//www. worldbank. org/en/country/brazil，访问时间：2016 年 2 月 8 日。

② 美国中央情报局的巴西数据，https：//www. cia. gov/library/publications/the－world－factbook/geos/br. html，访问时间：2016 年 2 月 8 日。

为代表的发达市场的贸易中，工业制成品占据较高的比重。巴西的对外经济关系分布较为均衡，在保持与欧美传统的经济纽带基础上，21 世纪以来重点拓展了与亚洲、非洲和中东的经济联系。巴西经济是偏重内需和消费为主的模式，这是我们理解巴西国际经济影响的重要出发点。

巴西已经成长为国际体系中具有系统重要性的国家，日趋用全球性眼光看待和参与重要的国际议题，其重要新兴经济体地位和金砖国家成员身份较少争议。通过 21 世纪以来奉行较为积极、稳健和进取的国内外政策，伴随经济实力的成长，巴西不仅仅是一个地区性大国，也是一个正在崛起的全球性大国。连续获得 2014 年足球世界杯和 2016 年奥运会的主办权是巴西国际地位提高的重要象征。巴西在 G20、WTO、可持续发展、气候变化谈判和联合国维和任务中都扮演着重要角色，以布鲁金斯学会为代表的美国主要智库均将巴西作为重要的新兴大国来进行研究。以 2010 年与土耳其联合为伊朗核危机提出替代性解决方案为标志，彰显了巴西试图在海地维和之外的国际安全议题上发挥重要作用的信号，尽管这是一次失败的尝试，但它在某种程度上为当前达成的美伊核协议提供了重要启示。在欧洲为叙利亚难民问题困扰之际，巴西尽管自身经济处于衰退之中，但仍然基于人道主义和国内缺乏英语人才的考虑，在国内接受黎巴嫩和海地难民经验的基础上，成为世界大国中为数不多的宣布愿意接纳来自叙利亚难民的国家。

巴西在金砖国家中拥有较强的国际话语权，其外部影响力在国际社会较少产生争议，享有较高的国际合法性，这体现在可持续发展、保护当中的责任、互联网治理等多个方面。与中俄印等作为核武国家和军事大国不同，巴西的军备建设较为有限，在放弃发展核武后还推动建设了地区无核区，在国际社会的影响力主要体现在国际谈判和规则塑造上。作为一个重要的新兴发展合作伙伴，巴西不仅在国内发展方面成就斐然，而且是推动国际发展合作特别是可持续发展的重要力量。尽管在该国北部和东北部地区不尽如人意，但就国家整体落实千年发展目标而言，巴西在八项目标上均有较好表现。巴西的家庭补助金计划和母乳银行等做法在拉美和非洲有很多仿效者，获得了国际社会的积极肯定。① 巴西还积极推动国际发展合

① See Jonathan Tepperman, "Brazil's Antipoverty Breakthrough", *Foreign Affairs*, January/February 2016, pp. 34 – 44.

作，是重要的可持续发展理念的倡导国。过去20年间，巴西在推动有关可持续议题的国际讨论方面扮演了重要角色，特别是该国在1992年和2012年于里约分别承办了联合国关于环境与发展议题的两次重要国际会议。这两次会议不仅是国际社会在可持续发展领域付诸努力的重要见证，也是发展中国家支持可持续发展事业的重要体现。巴西向60多个国家提供发展援助，并在与不发达国家开展国际发展合作上得到了国际组织和发达国家的广泛参与和支持，形成颇具推广价值的三方发展合作模式。

巴西针对“保护的责任”实施中存在滥用武力的情形，提出了颇具影响力的“保护当中的责任”这一规范。“保护当中的责任”强调：预防性外交可以减少武装冲突及人员伤亡；国际社会须考虑所有的可用于保护平民的和平手段；在包括保护的责任在内的情形下使用武力须有联合国安理会或者例外情况下由联大授权；使用武力的授权必须在法律、操作和临时性上受限，军事行动的范围须遵守安理会和联大及国际法的条文与精神；武力使用须产生尽可能小的暴力和不稳定，在任何情况下都不能产生多于授权预防的危害等。[①] “保护当中的责任”概念有利于国际社会在运用“保护的责任”这一规范时，尽可能优先考虑和平手段并减少保护当中的危害，防止类似北约军队在解决利比亚危机中的滥用联合国安理会授权的现象重演，这显然是一次有意义的重要尝试。虽然“保护当中的责任”尚未成为主流的国际规范，但该规范的提出反映了发展中世界的关切，也显示出来自全球南方的新兴大国试图在全球议程中提出自己偏好的国际规范的日益增长的雄心。[②] 巴西的努力显示出金砖国家不仅仅要做国际规则的接受者，也是国际规则的创立者。

在2013年斯诺登揭露美国监控巴西总统罗塞夫及其顾问的通信往来，入侵巴西矿产与能源部、巴西石油公司的官网后，巴西针对互联网安全议题进行了一系列公共外交活动，通过召开全球网络治理大会，推动在全球范围内就网络行为准则以及监管达成多边协议，成为首个在全球互联网治

---

① Government of Brazil, “Responsibility While Protecting Elements for the Development and Promotion of a Concept”, *UNRIC Library Backgrounder*, 11 November 2011, http: //www. un. org/ga/search/view_ doc. asp? symbol = A/66/551，访问时间：2016年2月10日。

② Andres Serbin and Andrei Serbin Pont, “Brazil's Responsibility while Protecting: A Failed Attempt of Global South Norm Innovation?” *Pensamiento Propio*, Vol. 20, January - June 2015, pp. 171 - 192.

理中开展重要国际多边努力的金砖国家。此后，中国逐渐成为开展此类努力的最重要的金砖国家。巴西的互联网用户数量相当可观，通过国家推行的数字包容计划，信息安全备受民众关注。2014 年巴西固定电话用户总计 4400 万，而手机用户达到 2.8 亿，超出了其人口数量，每 100 人中有 139 台手机，居世界第 6 位；巴西的网民 2014 年约为 1.08 亿，约占人口总数的 53.4%，排名世界第 6 位。在金砖国家中，巴西的互联网享有很高的自由度，西方国家常常对此无缘置喙。最近，巴西互联网治理引发较大争议的是，基于网络空间主权和就业影响等考虑，巴西政府要求脸谱提供数据协助国内案件侦查，以及对影响巴西出租车行业的优步公司业务的管控。

在斯诺登事件曝光美国国家安全局监听巴西石油公司高管和罗塞夫总统的信息后，罗塞夫总统不仅推迟了 2013 年对美国进行国事访问的计划，而且发起了全球性的制定国际互联网规则的努力，对于在巴西运行的包括谷歌、脸谱等互联网巴西分公司提出服务器设置在巴西境内的要求。巴西政府的互联网治理强调两点：一是强调互联网治理的国家安全；二是保护互联网用户的隐私权。围绕此目标，巴西在硬件和软件两个方面做了努力。硬件方面，巴西与欧盟达成协议合作铺设一条从里斯本到福塔莱萨的海底电缆，将巴西和欧洲之间的互联网数据独立于美国；巴西还加入了金砖国家之间的海底光缆建设计划，试图通过多元化获得网络空间的战略独立性。软件方面，通过国内立法《互联网民法》，努力平衡用户、政府和企业的权利与义务，竭力保持互联网开放、去中心化的特性，强调互联网管理的系列原则，包括隐私保护和网络中立等，受到国际社会的较好评价。

在提及上述巴西作为金砖国家成员的优势之余，毋庸讳言的是与发达国家相比，金砖国家并非完全的全球大国，巴西存在贫富分化、基础设施薄弱、党派林立和教育质量不高等弊病。巴西是一个在文化、地理等方面与西方更为接近，但在经济和政治主张上与发展中国家更为一致的新兴大国。总体而言，巴西在金砖国家中的位置比较特殊和重要，其影响力主要集中在经济实力和软权力上。2014 年，在金砖国家经济减速、乌克兰危机等相对不利的政治经济环境之下，以新发展银行和金砖应急储备安排为代表的金砖国家巴西峰会成果却显示出金砖国家的合作渐入佳境。因此，巴西尽管面临经济减速和国内形势动荡的挑战，但仍不失为金砖国家合作中的重要领导力量之一。

（二）巴西在金砖国家合作中的利益诉求

巴西从金砖国家合作机制酝酿建立以来，一直是该机制的积极支持者。这种积极支持的态度背后的利益诉求是巴西对本国大国地位长期的孜孜以求。在巴西外交精英看来，金砖国家合作机制是新兴的重要全球性倡议和多边主义的新发展，巴西身处其中可以凸显本国的新兴大国身份，同时获得参与国际政治经济治理的重要平台，帮助实现巴西加入联合国安理会常任理事国的目标。尽管巴西国内也有亲西方势力对金砖国家合作的前景不太乐观，但巴西总体上维持了积极参与金砖国家合作的态势。巴西对金砖国家合作的利益诉求可以分为前总统卢拉和现任总统罗塞夫两个时期来分析，虽然总体利益诉求未变，但对合作的着眼点和优先关注有所变动。

卢拉总统时期，巴西的大国外交在国际舞台上非常活跃，巴西是成立金砖国家合作机制的坚定支持者。除了争取国际政治舞台上的平等与国际地位之外，金砖国家的经济在 2008 年金融危机之后仍然能够保持快速增长，特别是中国在 2009 年取代美国成为巴西最大贸易伙伴，这些经济面的因素也支撑了巴西对金砖国家合作的政治投入。追求对外经济关系的均衡和多元也是卢拉总统的外交目标。巴西前外长阿莫林在总结卢拉政府十年外交成就的文章中指出，巴西对金砖国家机制化的有力支持是巴西参与国际力量重组的重要例证，而金砖四国（当时南非尚未加入）已经在全球经济和政治事务中显示了其重要性，成为国际关系中新的重要力量。① 在国际金融危机需要共渡时艰的背景下，金砖国家合力推动的国际金融机制改革获得了发达国家的支持，这进一步巩固了巴西对金砖国家合作的支持。在这一时期，金砖国家的机制性合作成为巴西追求大国外交的重要支撑因素。

罗塞夫总统时期，国际金融危机导致的外需减少效应开始显现，巴西经济增速出现急剧下降，金砖国家推动的国际金融机制改革随着发达国家经济出现复苏迹象而动力减弱。相应的，罗塞夫的政策重点转向国内，外交政策转而强调为国内经济发展服务。自然禀赋良好的巴西始终把追求以

① Celso Amorim, "Brazilian Foreign Policy under President Lula (2003 - 2010): An Overview", *Revista Brasileira de Politica Internacional*, Vol. SE, No. 53, 2010, pp. 214 - 240.

工业文明为核心的现代化作为强国之基，而不愿沦为经济强国的原材料供应国和消费市场。罗塞夫在赴华参加金砖国家领导人三亚峰会前夕，提出中巴两国关系超越互补性的主张，反映了巴西对初级产品在对华出口中比例过高的担忧。这也为2014年巴西将金砖国家峰会主题设置为可持续发展埋下了伏笔。巴西国内经济增速下降后，新兴的中产阶级对国内基础设施匮乏、医疗和教育服务质量不高的不满情绪增加，出现大规模的社会抗议事件。国际上，巴西则面临着美联储退出量化宽松货币政策后的资本外逃压力，以及拉美太平洋联盟的竞争和南方共同市场内部保护主义浪潮和凝聚乏力的挑战。在这种形势下，巴西对金砖国家机制能否给巴西带来新的发展动力更趋关注，政治和安全合作的动力相对匮乏。

巴西主办第六届金砖峰会的2014年，适逢罗塞夫总统第二任期的大选。在以较为微弱的优势连选连任后，罗塞夫政府仍然对金砖国家合作寄予厚望。其一，在巴西于2015年进入衰退之后，国内发展议题比外交议题更为重要，而发达国家市场也在缓慢复苏之中，难以为巴西经济增长提供切实的帮助。金砖国家务实合作提供的经济机遇和发展机会更符合罗塞夫政府的利益需求。其二，面对以跨太平洋伙伴关系协定、跨大西洋贸易与投资协定、中美双边投资协定和拉美太平洋联盟等为代表的新一轮国际贸易和投资协定的发展趋势，巴西担忧被孤立于该趋势之外的情绪上升，以新发展银行等为代表的更具实质性的金砖国家经济合作对巴西参与国际经济事务有利。其三，鉴于拉美地区经济整合面临相互竞争和不够开放的挑战，巴西希望金砖国家合作机制能够向拉美地区提供更多发展机遇，2014年峰会期间巴西作为主席国邀请南美领导人与会并与金砖国家领导人开展对话，借此提升巴西的地区领导地位。巴西期望新开发银行能够为南美地区的发展贡献力量。其四，面临美国退出货币宽松政策和进入升息轨道的新形势，罗塞夫总统曾致电金砖国家领导人协调立场，试图借助金砖国家合作的影响力促使美国奉行更加负责的货币政策，而金砖国家建设的“紧急储备安排”有利于维护成员金融安全的保障网络符合巴西的战略需求。

（三）巴西在金砖国家合作中的战略选择

在政治与安全议题上，巴西持续推动金砖国家合作机制对其追求联合国安理会常任理事国席位努力的支持。第六届金砖国家峰会重申了对巴西等国在联合国发挥更大作用的支持，但巴西等国谋求安理会常任理事国席位的努力还是没有得到金砖国家机制的明确支持。巴西是联合国创始会员国，美国总统罗斯福于 1944 年曾建议巴西获得安理会席位，但该动议遭到俄罗斯和英国的反对。巴西卡多佐政府曾短暂将增常作为巴西的外交政策优先，卢拉政府则于 2004 年加入由巴西、德国、日本和印度组成的增常四国集团，并坚持至今。可见，巴西增常的战略设想将会继续，同时坚持多轨并进，在坚持四国集团战略的同时，不放弃通过金砖国家合作机制谋求安理会常任理事国中俄两国的支持。

巴西有选择地支持金砖国家合作机制在国际政治安全议题上的合作。巴西在 2010 年就伊朗核问题与土耳其的联合倡议遭到联合国安理会常任理事国的反对，这是巴西在国际安全努力上的一次重挫。这一挫折促使巴西对国际安全合作采取一种有选择的、实用主义的态度。巴西在乌克兰危机中与金砖国家保持了立场协调，在联合国大会的相关决议案上投了弃权票，并在主办金砖国家第六次峰会上淡化了这一问题，峰会声明表示同意通过协商达成长期解决办法。与中国、印度和俄罗斯的安全处境不同，巴西比较好地处理了与周边众多邻国的关系，而且没有重大的外部安全威胁。这种地缘战略环境使得巴西在国际安全问题上相对超脱，不愿在国际安全争端解决中持明确和强硬的立场。但在涉及巴西战略安全的互联网议题上，巴西则表现得很积极，不仅推动第六届金砖峰会宣言通过确保和平、安全和开放的网络空间，而且强烈谴责在全球范围内实施的大规模电子监控和个人数据搜集行为，以及侵犯国家主权和人权，特别是隐私权的行径的共同立场。

在经济议题上，巴西更加重视能反映其经济关切和优势的发展议题，突出金砖国家合作对提升经济发展与软实力的促进作用，这集中反映在巴西主办的金砖国家第六届峰会的议题选择和议程设置上。第六次金砖峰会议题为“包容性增长：可持续的解决之道”，峰会最重要的成果是新开发银行和金砖应急储备安排两项协议的签署。通常来说，峰会议题选择需更多尊重峰会主办国的意愿。该届峰会议题的选择反映了之前提及的巴西在可持续和包容性增长方面取得的内外成就。这些成就为巴西阐释峰会主题提供了话语权支持。该届峰会宣言呼吁 2015 年后发展议程应基于并完全尊重可持续发展方面的里约原则，也凸显了巴西在国际发展合作议程上的影响力。巴西选择该主题的更深一层的考虑是以此向国际社会展示金砖国家的发展成就和软实力，进而团结金砖国家在国际社会关于 2015 年后发展议程的制定中发挥更大作用。巴西还在新开发银行协议达成的谈判过程中发挥了积极作用，利用主办方的优势促使在最后一刻就银行总部选址争执不下的中印两国达成共识。应急储备安排的达成得到了罗塞夫总统的高度评价，因为该安排为金砖成员提供了应对外部金融动荡的安全网，这也极大地缓解了受此困扰的巴西的担忧。

此外，除了备受瞩目的新开发银行和应急储备安排之外，金砖国家 2014 年峰会还签署了其他一些对巴西而言非常重要的文件。一份是金砖国家出口信贷保险机构之间的合作备忘录，另一份是金砖国家开发行签署的创新合作协议。前者是促进金砖国家相互之间加强贸易和投资的重要进展，相对而言后者强调的金砖国家在创新方面的合作则更为巴西所看重。后者涉及的创新合作涵盖科技、基础设施、可持续能源、工业、服务业和农业产业等领域的信息共享与资金支持。

在地区合作上，巴西还通过积极推动金砖国家领导人与南美国家领导人对话，来加强本国在地区的影响力。仿效金砖国家南非峰会与部分非洲领导人对话会的举措，金砖第六届峰会专门设置一天时间安排金砖国家领导人与南美国家联盟的部分领导人进行对话。这一举措不仅服务于巴西通过分享金砖发展机遇提升本国地区领导力的战略目的，也为金砖国家领导人加强与南美国家领导人互动提供了舞台。比如，罗塞夫总统还与中国国家主席习近平一道主持中拉领导人会晤，为中国—拉共体论坛的顺利成立做出了积极贡献。

在积极推动金砖国家合作之余，巴西也很注重维持自身作为大国的外交战略的多元性与自主性。从巴西在联合国增常上采取的战略，以及推动南方共同市场与欧盟达成贸易协定的努力来看，巴西尽管非常重视金砖国家合作，但也在竭力避免把金砖国家合作作为外交政策的主轴。从战略选择方式来看，尽管巴西也会提及多极化和新国际秩序等话语，但更加强调金砖国家合作对现存国际机制的补充与合作的战略定位，而不是与现存体系的挑战或者冲突。这种主张合作而非冲突的战略态势在第六届峰会宣言中显露无遗，宣言明确指出新开发银行的定位是对全球发展中多边和地区性金融机制的补充与支持，并对世界银行在发展的金融支持和知识分享方面的贡献给予高度评价。峰会宣言对 WTO 巴厘岛成果的强调以及对区域性贸易协定的开放、包容和透明度的关切基本反映了巴西对国际贸易秩序的看法。峰会对跨国有组织犯罪、反腐败、反海盗、生物多样性以及国际毒品问题的关注，则反映了包括巴西在内的金砖国家安全视野的扩展。

二 中巴战略合作的成就

在金砖国家合作机制中，中国与巴西的关系具有一定的特殊性。与印度、俄罗斯不同，中巴两国没有很强的地缘竞争因素，也不存在历史遗留的领土纠葛。虽然政治制度、文化观念和发展模式都不尽相同，但中巴两国的战略伙伴关系不断发展，两国已然发展出相互尊重、平等互利且较具战略性的新型大国关系。自 1993 年建立战略伙伴关系以来，中巴两国关系在各自实力增长和活跃外交的支撑下，表现出较高的战略契合度，有力的机制支撑和丰富的全球性内涵，成为南南合作的典型，代表了冷战后大国关系的发展趋势，成为建设高水平金砖国家间关系的典范。

（一）中国和巴西作为新兴发展中大国，其战略合作表现出较高的战略契合度

中巴战略伙伴关系服务于两国试图在维护世界和平与发展、推动国际体系转型中扮演更重要角色的雄心。中国提出了走和平发展道路和推动建设和谐世界的国际战略，巴西在卢拉时期也力图强化自身在建立国际新秩序中的影响力。中巴两国分享身为发展中大国、地区性大国和世界事务中的主要国家等共同的身份认同。在这种相似的身份界定基础上，中巴两国对于国际体系的看法相近，在实现各自国家崛起的进程中均重视参与经济全球化，重视维持与主要大国的合作关系，注重借助新兴大国的合力来推动国际关系的民主化并实现各自的大国目标。作为发展中大国，中巴两国的国际影响力近年来获得显著提升，但也面临着作为“不完全大国”能力不足的困境，因此需要在战略上相互借重。

正是由于上述战略上的契合，自 1993 年建立战略伙伴关系以来，两国领导人持续关注双边关系的战略重要性，从互补与合作的角度看待两国存在的差异，为构建和巩固双边战略合作提供政治支持。巴西承认中国的市场经济地位，中国在 2009 年超越美国成长为巴西的第一大贸易伙伴国。中巴两国的合作已经成为南南合作的典型。作为发展中大国之间建立的第一对战略伙伴关系，中巴致力于发展持久、稳固和战略性的双边合作，为

其后国际上战略伙伴关系的兴起起到了示范和带动作用。作为后冷战时期新型大国关系，战略伙伴关系的实质并非为了冲突和霸权，而是致力于合作应对全球性挑战，推动国际关系的民主化，谋求更为多元、平衡和具有全球性的对外关系。中巴战略伙伴关系代表了后冷战时期大国关系的发展趋势。

（二）中巴战略合作的基础得到了国家实力提升、经济合作密切和战略规划细致的有力支撑

在国家实力方面，中国是世界第二大经济体，巴西 2011 年成为世界第七大经济体。在后冷战时期的国际关系中，经济实力是基础，经济外交盛行。中巴经济实力的提升为两国开展战略合作、发挥大国作用提供了良好的基础和更多的可支配资源。在世界经济复苏乏力的大环境下，中巴两国的经济近两年都出现了减速，特别是巴西的经济增速从 2010 年的 7.5% 骤降到 2011 年的 2.7% 和 2012 年的 0.9%，并于 2015 年陷入衰退引发金砖失色或者破裂论。[①] 中国经济增长也告别了高速增长阶段，迈入以中高速增长为主要特点的新常态。鉴于金砖失色论可能危及国际社会对金砖国家合作的信心，如何客观公正地看待当前金砖国家遭遇的经济增长困难非常重要。

巴西经济近期遭遇的困难更多与外部经济环境恶化、国内经济转型和政治环境等因素有关，其经济长期发展的潜力仍然存在。巴西政府近 10 年来大力推动兼顾发展、稳定和社会公正的经济政策，推进财税和社会福利等多项改革，培育了一个主要由国内消费市场带动的大型经济体，巴西经济中长期增长的潜力仍被看好。与俄罗斯遭遇外部制裁和过于偏重能源产业不同，巴西经济结构较为多元且内需市场强大，因此对其近年来遭遇的经济困境需要更为全面的解读。在 2008 年国际金融危机爆发后，巴西经济一度表现出较强的抗压性，但随着世界经济环境的持续恶化，困扰巴西经济发展的内部结构性因素开始显现，其经济在罗塞夫政府第二任期伊始表现出陷入衰退的不良势头。与单纯的经济减速不同，巴西经济遭遇了政治危机、腐败丑闻和经济下行的共同冲击。除外部因素外，巴西经济陷

① Ruchir Sharma, "Broken BRICs: Why the Rest Stopped Rising", *Foreign Affairs*, Vol. 91, No. 6, November/December 2012, pp. 2 – 7.

入困境的原因大致包括下述方面：经济增长过度依赖消费需求，投资和贸易偏弱；财政对社会保障和福利支出负担过重；经济政策失当带来消极影响；巴西多党制联盟支撑下总统制的脆弱性和缺乏长远战略的规划与执行力；居高不下的营商成本。[①] 一些结构性因素的制约以及巴西政府未能在经济增长较好时期大力推动结构性改革共同导致了巴西经济的困难。在内部结构性改革难以快速推动的情况下，中国加强了对巴西的投融资支持，中巴经贸水平仍然维持在高位。

在经济合作方面，中巴经贸关系日趋密切，经济合作的科技含量较高，金融合作的内容增多，成为推动世界经济均衡、健康发展的重要驱动力量。巴西是世界排名前十位经济体中为数不多的承认中国市场经济地位的大国之一。2009 年中国超过美国成为巴西的第一大贸易伙伴和第一大出口市场，此前美国保持该位置长达 80 余年。巴西是中国在全球的第十大贸易伙伴。据中国海关统计，2015 年双边贸易额为 715.97 亿美元，其中中方出口 274.3 亿美元。巴西在华投资主要涉及支线飞机制造、压缩机生产等项目，中方主要出口机械设备、计算机与通信技术设备等工业制成品，进口铁矿砂、大豆、原油、纸浆、豆油和飞机等。[②] 在 2013 年金砖国家南非峰会期间，中巴签署了一项价值 300 亿美元的货币互换协议，金额相当于中巴年度贸易额的一半，对于人民币的国际化具有积极影响。巴西成为当时与中国签订此类货币协议的最大经济体，推动此类协议超越了中国的周边地区，此前主要的签署方是中国香港及韩国、澳大利亚、马来西亚和新加坡。中巴两国作为世界主要经济体开展此类货币合作对于国际货币体系多元化也具有重要推动作用。在 2013 年 6 月美联储酝酿退出量化货币宽松政策的形势下，中巴两国领导人就此事对国际金融形势的影响与应对交换了意见。

在机制保障方面，中巴战略合作得到了机制建设和长期规划的保障。2004 年双方建立中国—巴西高层协调与合作委员会。2007 年两国建立并启动战略对话机制。2010 年两国签署《2010—2014 年共同行动计划》。2012 年双方签署两国政府 10 年合作规划。2013 年两国决定建立中巴工商

① 牛海彬：《当前巴西经济困境的政治经济学视角》，《拉丁美洲研究》2015 年第 5 期，第 50 页。

② 中国外交部网站：http：//www. fmprc. gov. cn/web/gjhdq_ 676201/gj_ 676203/nmz_ 680924/1206_ 680974/sbgx_ 680978/，访问时间：2016 年 3 月 1 日。

论坛，并确定两国外长年度会晤机制。2015 年 5 月，中巴两国政府签订了 2015—2021 年共同行动计划。中巴两国还在高等教育、空间技术、通信卫星和产能合作等诸多关键领域签订了合作备忘录。两国在新开发银行、G20 和世界贸易组织等多边机制下的协调也有利于推动两国经济关系走向深入。特别是在中方筹建亚洲基础设施投资银行的过程中，巴西成为唯一一个来自美洲的经济体，彰显了巴西对推进与中国经济合作的政治意愿和机制承诺。

（三）中巴战略合作在多边框架中发展迅速，成为各自参与国际体系和全球治理的重要支撑

在战略伙伴建立之初，中巴两国已认识到双边关系具有产生全球性影响的前景。实力资源或者主要行为体间力量分布的任何明显变化，都有可能改变国际体系的运作。[①]随着中巴两国综合国力的大幅提升，这些预期的潜力正在逐步转化为现实的国际影响力。国际社会已经经常性地把两国看作重要的全球性行为体，进而要求两国在解决诸如世界经济、气候变化、环境保护、国际安全等主要全球性议题上发挥影响力。例如，美国对外关系委员会的研究报告早在 2011 年即建议美国决策者认真对待巴西的全球性大国地位，加强与巴西的全方位合作，支持巴西成为联合国常任理事国。[②] 国际上也兴起中国责任论，希望中国在广泛的全球性事务中发挥领导作用。[③] 面对国际社会的期待和本国海外利益的拓展，多边性或全球性议题成为中巴高层对话的重要内容。根据两国《2010—2014 年共同行动计划》，诸如武器控制、气候变化以及在联合国、世界贸易组织和 20 国集团峰会内开展协作等被纳入双边合作议程，以确保两国以及更广泛的发展中国家的权益，并推动亚洲与拉美之间的跨地区合作。巴西支持中国成为美洲国家组织观察员并加入美洲开发银行，中国也支持巴西加入亚洲开发银行。2013 年金砖峰会期间，巴西总统罗塞夫表示巴西支持成立拉中合作论坛，这是中方自 2012 年 6 月倡议成立该论坛以来取得的最重要进展。更

---

① 约翰·罗尔克编著：《世界舞台上的国际政治》，宋伟等译，北京大学出版社 2005 年版，第 90 页。

② Council on Foreign Relations, "Global Brazil and U. S. —Brazil Relations", *Independent Task Force Report*, No. 66, July 2011.

③ 牛海彬：《"中国责任论"析论》，《现代国际关系》2007 年第 3 期，第 46—50 页。

为巧合的是，2014 年巴西主办金砖峰会期间，罗塞夫总统亲自参与了习近平主席与部分拉美国家领导人在巴西利亚举行的中拉领导人峰会。

中国和巴西作为两个重要的新兴发展中国家，在从联合国到金砖国家机制等多边框架内开展了广泛的合作。[①] 巴西在担任安理会非常任理事国期间与中国在 2011 年就利比亚问题和叙利亚问题通过金砖国家合作机制进行了协调。两国的弃权票使得联合国安理会第 1973 号决议通过。在 2011 年 10 月 4 日关于叙利亚问题决议草案的投票中，中国投了反对票，巴西投了弃权票，反映了双方主张通过和平方式解决危机的共同立场。中巴两国在联合国维和行动上态度都比较积极，在不少项目中保持了密切合作，如中方参与了由巴西军官领导的联合国海地稳定特派团。中巴两国支持对联合国进行广泛改革，包括优先扩大发展中国家在安理会的代表性，以使其更加高效、有力地应对当前全球性挑战，中国理解并支持巴西希望在联合国中发挥更大作用的愿望。[②] 中巴两国还在“基础四国”、联合国可持续发展大会以及联合国气候大会等多边框架下，就国际气候变化谈判、可持续发展政策等议题加强协调与合作。作为最具影响力的新兴经济体，中巴两国通过金砖国家合作机制和二十国集团等多边机制，就主要国际金融机制改革、合作应对全球金融危机以及推动联合国千年发展目标等议题保持了战略协作。中巴两国成为 2010 年世界银行和国际货币机制投票权与份额改革最大的获益方。在包括中方在内的金砖国家共同努力下，巴西人罗伯托·阿泽维多当选世界贸易组织总干事。

中巴战略合作的成果正在外溢至各自所在地区之外的区域，并借助金砖国家峰会等多边机制平台提供国际公共产品，中巴战略合作的全球性内涵初步显现。以两国战略合作对非洲地区的影响为例，作为早期南南合作的典范，中巴联合研制地球资源卫星项目成绩斐然，至今已发射 4 颗卫星，并免费向非洲国家提供图像服务。国际社会通常关注中国和印度在非洲影响力的上升，然而巴西在非洲影响力的上升也很明显，特别是卢拉政

① 金彪：《浅析中国和巴西多边框架内的合作》，《拉丁美洲研究》2012 年第 2 期，第 47—52 页。

② 中国外交部网站：《中华人民共和国政府和巴西联邦共和国政府联合声明》，2012 年 6 月 21 日。http：//www. mfa. gov. cn/chn//pds/ziliao/1179/t944304. htm，访问时间：2016 年 2 月 16 日。

府时期的巴非关系获得了全方位提升。[①] 巴西与非洲大陆发展包括政治和军事在内的全方位关系体现了其战略抱负，即担当南大西洋区域乃至发展中世界领袖和争取联合国安理会常任理事国席位。过去10余年，非洲在中巴两国对外战略中的重要性均有大幅提升，两国在非洲已经形成了一种合作加竞争的关系。为了更好地对这种新的关系进行管理，中巴两国已经在副外长级官员层面开展非洲事务磋商。[②] 2013年金砖国家南非峰会把非洲议题作为主题，不仅体现了金砖国家集体对非洲地区重视程度的提高，也为中巴两国提供了一个协调对非政策的多边机制平台。在新开发银行顺利运行之后，中巴届时能借助这一多边机制合作向非洲地区提供机制化的公共产品，深度参与非洲的发展议程，提升两国在国际发展领域的话语权。

三　中巴战略合作的挑战

在取得上述进展的同时，中巴战略合作的进一步发展面临着更加深层次的挑战。这些挑战包括全球化和多极化深入发展条件下两国如何化解战略差异、加强战略协调和增加战略合作的可持续性。

（一）多极化进程加快可能导致两国的战略契合度降低、差异性的消极影响上升

学界通常认为其他金砖国家比中国更需要金砖国家合作机制，因为其他成员在经济上更依赖中国，而中国更具备在国际上独立行动的能力。[③]然而，随着多极化格局的进一步推进和巴西对外战略伙伴多元化趋势的进一步发展，巴西在未来国际体系中的战略自主和独立程度将进一步提升，对中国的战略需求可能有所降低。中巴两国在追求多极化这一国际战略上的高度契合为克服两国差异性，或者从积极和互补角度看待差异性提供了有

① Niu Haibin, "Brazil and Africa: Partnership for Sustainable Growth", *Global Review*, Spring 2013, pp. 6 - 10.

② 中国外交部网站："China, Brazil Hold Consultations on African Affairs", December 11, 2012. http://www.fmprc.gov.cn/eng/zxxx/t998088.htm，访问时间：2016年3月1日。

③ Glosny, M. A., "China and the BRICs: A Real (but limited) Partnership in a Unipolar World", *Polity*, Vol. 42, No. 1, pp. 100 - 129.

利条件，这种情形在国际体系高度单极化的世界是容易维持的。然而随着全球金融危机后西方力量的相对衰落和金砖国家的相对崛起，国际格局在未来 10 年将变得更为均衡，大国的权力组合随着议题变换进行转换的可能性上升，中巴两国维持战略合作的结构性基础面临削弱的风险，两国差异性的消极影响可能会上升。

欧美在意识到其实力地位相对下降的前景后，已经着手从战略上加强与新兴大国的合作，这为巴西对外战略合作提供了更为多元的选择。欧盟 2007 年和巴西确立战略伙伴关系，双方领导人在 2014 年欧盟和巴西峰会上讨论了全球经济复苏特别是欧盟与南共市经济协定进展，互联网安全和包括乌克兰、中东与非洲在内的国际安全等广泛而重要的议题。① 美国也正在与巴西构建更为平等的伙伴关系，两国已经在经济和金融、战略性能源、全球伙伴关系和防务合作 4 个议题上形成总统对话机制。② 其中，巴西和美国把在世界范围内推进民主和尊重人权作为巴美全球伙伴关系的重要内容，带有鲜明的价值观外交色彩。从现实可行性来看，国际体系改革需要既有大国与新兴大国通力合作，因此巴西等部分金砖国家希望在价值观外交等方面加强合作，以迎合国际社会特别是欧美对这些国家国际地位的战略认可。"印度巴西南非对话论坛" 作为另一个具有代表性的新兴大国合作机制，并没有随着金砖国家合作机制的兴起而衰亡，其成员国除了在争取联合国安理会改革和支持国际发展的议题上有共同立场外，还特别强调成员国的民主国家身份，凸显了该论坛坚持价值观外交的立场。

有鉴于此，中巴合作的战略性和政治基础在未来面临的利益分歧和地缘竞争压力趋于增加，巴西对中国在其外交战略中地位的认知也处于不断调整之中。随着巴西在多极化世界的选择增多，中巴在政治层面合作的议题需要解决的紧迫性上升，比如中国对巴西"入常"的态度面临更加明确化的压力。俄罗斯政府早在 2002 年就已经对巴西"入常"表达了支持立场，中国成为金砖国家合作机制中对巴西"入常"态度不明确的唯一成

① 欧盟委员会网站：" EU – Brazil Summit Iooks at Economic Issues and Global Challenges"，February 24，2014，http：//www. european – council. europa. eu/home – page/highlights/eu – brazil – summit – looks – at – economic – issues – and – global – challenges? lang = en，上网时间：2016 年 3 月 10 日。

② IIP，*White House Fact Sheet on U. S. – Brazil Partnership*，April 10，2012，http：//iipdigital. usembassy. gov/st/english/texttrans/2012/04/201204103591. html#axzz2PxDIAYqR，访问时间：2016 年 2 月 8 日。

员。在过去几年的战略互动中，巴西与中国在一些重要外交议题上的分歧已经有所表现。比如，在国际贸易领域的二十国集团中，巴西主张在多哈回合谈判中加入工业议题，但是中国和一些国家拒绝了这项提议；巴西战略界对中国2005年因“四国提案”包括日本而强烈反对安理会进行改革感到沮丧，因为巴西在2004年为争取中国对其“入常”支持而启动了承认中国市场经济地位的进程。[①] 2010年巴西和土耳其为避免伊朗遭受安理会制裁提出一项解决倡议，但中国和美国坚持在安理会投票支持制裁伊朗的决议，中国没有采纳巴西的提议。中国和巴西在非洲、拉丁美洲等第三方市场的制造业贸易中正在形成竞争，这对中国发展与巴西在上述地区的深入合作形成了制约。虽然中国在巴西对外战略中的重要性不断上升，但是2008年的民调显示，巴西国民认为中国对巴西国家利益的重要性不及阿根廷和美国。[②] 面对中巴战略合作中的隐忧，巴西前外长阿莫林曾表示，巴西缺乏对中巴关系的全面评估，认为对华关系将是巴西未来的重要挑战之一。[③]

中国和巴西的硬实力对比在未来10年维持现状的可能性较大，但巴西认为其在软实力上保持领先的可能性更大，两国的软实力竞争可能对两国战略合作的基础产生一定的消极影响。在一份重点考察国家在非经济和军事领域国际影响力的“全球软实力测评报告”中，巴西2012年在全球软实力排名中位居第17位。[④] 巴西政府自卢拉执政以来倡导的以既坚持自由主义经济政策，又注重增进社会公平的社会政策为核心的巴西模式在拉美和非洲拥有较大的影响力，与国外学者概括的“北京模式”形成了某种竞争关系。2014年2月，在美洲理事会和美洲协会于纽约举办的一次活动上，一度较为推崇中国发展经验的巴西前总统卢拉声称巴西并不追求对劳

---

① Carlos Pereira and Joao Augusto de Castro Neves, “Brazil and China: South – South Partnership or North – South Competition?” *Policy Paper*, No. 26, March 2011, Foreign Policy at Brookings.

② Amaury de Souza, *Brazil's International Agenda Revisited: Perceptions of Brazilian Foreign Policy Community*, Brazilian Center for International Relations, 2008, p. 24.

③ Paticia Campos Mello, “Celso Amorim: ‘Precisamos Repensar Nossa Relacao com a China’”, *O Estado de Sao Paulo*, 27 de novembro de 2010.

④ UV10, *Brazil Jumps in “Soft Power” Survey*, December 19, 2012, http://www.uv10.com/brazil – jumps – in – soft – power – survey – _ 801509948/，访问时间：2016年3月1日。

工福利重视不够的中国发展模式。①此外，巴西近年来的对外援助颇具特色，注重双边、三边、多边、区域内和跨地区等多种援助方式，巴西借此在拉美、加勒比、非洲等地区的亲和力获得显著提升。鉴于巴西在非洲独具特色和日趋扩大的影响力，巴西在支持金砖国家合作机制发展对非合作的同时，也坚持该国业已形成的对非合作模式，中巴两国在金砖国家机制内的对非政策尚待进一步磨合。

（二）中巴经济合作的可持续性问题成为未来两国亟须解决的关键问题

巴西在对华经贸关系中近年来的一个重大目标是推动对华贸易结构的多元化，增加高附加值产品的对华出口，以切实增强该国经济发展的竞争力和可持续性。巴西在很大程度上是一个内需主导的大型经济体，出口只占该国 2.5 万亿美元国内生产总值的约 10%，但是巴西政府非常看重出口部门和制造业在巴西经济中的地位，自 2004 年起宣布实施新的工业发展政策以增进其工业竞争力。②尽管巴西的初级产品、飞机制造业和石油开采业近年来极大地受益于对华经济关系，但是巴西对华出口以铁矿石、大豆等初级产品为主，进口以工业制成品为主的带有“南北关系”色彩的中巴贸易结构仍然引发了巴西战略界的担忧。受到大量质优价廉的中国制成品冲击的巴西国内制造业部门对此颇有怨言，认为这是巴西“去工业化”的主要原因，极力向巴西政府施加压力要求增加对华出口产品的附加值或者增强该国对华制成品进口采取的贸易保护措施。巴西政府也倾向于采取一定的贸易保护措施来扶持本国工业。例如，奇瑞、江淮等中国自主品牌受到巴西进口车工业产品税税率大幅上调的严重影响，不得不选择在成本更高的巴西国内设厂的战略。随着中国国内制造业成本的不断上升，中国商品进入巴西市场的难度在增大。

中国与巴西在第三方市场工业制成品贸易的竞争加剧了两国已有的经贸摩擦，并可能危及两国在拉美等地区的战略合作态势。巴西国家开发银行的研究报告认为，中巴贸易的深化出现了两个不利于巴西的趋势：一是

① “Lula da Silva tries to convince top US corporations and banks to invest in Brazil”, February 15, 2014. http://en.mercopress.com/。

② “Brazilian Industrial Production Continues to Struggle Despite All the Incentives”, *MercoPress*, April 4, 2013, http://en.mercopress.com/2013/04/04/，访问时间：2016 年 2 月 8 日。

巴西从中国进口的产品正在从劳动密集型产品向知识和技术密集型产品升级；二是巴西的知识和技术密集行业不但在国内受到中国同类进口产品的竞争，而且在全球市场也受到冲击，这加重了巴西对出口初级产品的依赖。[①]2003年以来巴西对阿根廷的出口显著下降，巴西认为其原因是阿根廷为了降低国内通货膨胀压力而选择降低对中国部分制成品的进口限制，这对巴西制成品出口到阿根廷市场造成了压力。[②]巴西政府在对发达国家搞货币量化宽松政策表达不满的同时，对人民币汇率政策也颇有微词。巴西前财长曼特加在20国集团首尔峰会前夕曾表示，汇率战争已经存在，国际货币基金组织应该建立汇率操纵指数机制来评估那些操纵汇率的国家，并通过世界贸易组织对这些国家实施制裁。此外，巴西政府部门对中国国有企业在巴西的大规模买地行为及中国在支线飞机制造过程中可能借鉴巴西技术等现象日趋关注。鉴于上述形势，巴西政府虽然正式承认中国的市场经济地位，却没有修改国内相关法律、法规，仍然根据1995年的第1602号法令的规定，把中国作为非市场经济国家，以第三方出口产品价格为基础确定中国产品的正常价值。[③]

（三）中巴两国在彼此对外战略中的地位有待进一步提高

巴西10余年来外交战略的核心目标是提升其国际地位和成为世界大国，参与金砖国家合作机制也服务于这一战略目标。随着金砖国家合作机制的启动，巴西在中国外交议程中的重要性也有所上升，2010年中国驻巴西大使的级别从局级调整为副部级。[④]中国领导人对于巴西的全球性影响也有非常深刻的认识，习近平主席在金砖国家南非峰会期间与罗塞夫总统会晤时指出，中巴关系已超越双边范畴，战略性、全球性影响日益凸显，

---

① Fernando Puga and Marcelo Nascimento，"The China Effect on Brazilian Imports"，*Development of Vision*，No. 89，2010，http：//www. bndes. gov. br/SiteBNDES/export/sites/default/bndes _ pt/Galerias/Arquivos/conhecimento/visao/visao_ 89. pdf，访问时间：2016年8月6日。

② "Brazil Claims Trade Situation with Argentina Is 'Less than Satisfactory'"，*MercoPress*，April 6，2013，http：//en. mercopress. com/2013/04/06，（上网时间：2016年2月1日）。

③ 左晓园：《中国与巴西：战略伙伴关系的建立与深化》，《拉丁美洲研究》2011年第2期，第40页。

④ 王俊生：《巴西大选后新政府的紧要外交议程》，《拉丁美洲研究》2010年第6期，第30页。

愿推动中巴关系成为经济全球化深入发展条件下新型国家关系的典范。[①]尽管如此，巴西能否被作为世界大国来看待在中国战略界尚无共识，金砖国家中只有俄罗斯享此殊荣，这与巴西对中国的期望有一定的差距，也不及欧美对巴西全球大国的定位。随着欧盟与美国在政策层面提升巴西在其对外战略中的重要度，巴西在如何看待其大国地位问题上对中国的期望将会水涨船高，在一直未能得到中国在巴西联合国“入常”等问题上的支持后，中巴战略互信的基础可能会因此遭到削弱。

在金砖国家合作机制走向深入的形势下，中巴两国战略合作在相互认知上的均衡性需要进一步提升。在一些中国学者看来，金砖成员中的巴西和印度具有比较强烈的“身份渴望”，但与其实力有较大差距，而中国对于二十国集团等非正式的集团机制相对理性和冷静。[②]这些观察试图表达如下观点，即中国在依靠金砖国家合作机制等平台来提升本国国际地位方面不如巴西等国迫切，巴西在评价金砖国家机制中中国的作用时有时也持类似看法。巴西前外长阿莫林曾对金砖国家合作机制创建之初的中巴协作略表失望，他曾撰文指出巴西与俄罗斯的积极态度是促使金砖国家合作机制提上议事日程的关键，因为“中国的态度较为保守”，“如果当时存在互动的话，也仅限于我与俄罗斯外长谢尔盖·拉夫罗夫两人之间”。[③] 金砖国家首轮峰会的前两次分别由俄罗斯和巴西承办，这也从侧面反映出俄、巴两国在金砖国家合作机制创建之初发挥的引领作用。巴西学术界也很关注中巴两国在对方重大关切问题上的不对等态度，对两国在国际事务中开展战略协调的有效性存疑，并倾向于强调两国在战略合作中的相对获益问题，担忧产生和加剧巴西对中国的单方面、不对称依赖。[④]客观而言，巴西与中国发展战略合作，固然有谋求经济利益的考虑，但更重要的是谋求在战略上相互借重。中国提升巴西在中国对外战略中的重要性，有助于加强巴西各界对中巴战略协作重要性的认知与共识。

---

① 《习近平会见巴西总统：中国乐见拉美地区发展壮大》，2013 年 3 月 28 日，http：//www. china. com. cn/。

② 洪邮生、方晴：《全球经济治理力量中心的转移：G20 与大国的战略》，《现代国际关系》2012 年第 3 期，第 43—44 页。

③ Celso Amorim，“Ser Radical e Tomar as Coisas”，em *Carta Capital*，Abril de 2011，http：//www. cartacapital. com. br/economia/ser－radical－e－tomar－as－coisas/，转引自周志伟《当前巴西与俄罗斯的关系：内涵及问题》，《拉丁美洲研究》2013 年第 1 期，第 48 页。

④ 周志伟：《巴西崛起与世界格局》，社会科学文献出版社 2012 年版，第 263—264 页。

四　小结

巴西过往的战略支持对金砖国家合作深化起到了非常正面和重要的促进作用。巴西国内目前正在遭遇严重的政治经济困扰，准确展望巴西在金砖国家合作中前景颇为重要。中巴关系在金砖国家合作机制中独特而富有代表性，两国的经济实力最为接近、地缘政治矛盾最小、经济关系最为密切，但遭遇的挑战也是涉及金砖国家合作的深层次问题。在金砖国家的机制性合作日趋深化的形势下，处理好中巴关系对于处理金砖国家间关系、增强金砖国家合作具有一定的启示意义。

（一）巴西在金砖国家合作中的影响力

巴西作为一支新兴的重要发展力量，其实践经验有利于帮助金砖国家在实现2030年发展目标的国际议程中发挥积极作用。巴西在国内推动的社会包容实践，在国外发展出的一套多方参与、尊重合作伙伴需求的国际发展合作模式仍然具有生命力。巴西发展合作实践体现了下述指导原则：不干涉内政的原则，不设置政治条件；尊重合作方的自主性和需求导向的路径；优先推动技术合作项目，强化巴西与其外交政策优先关注国家的关系；强调项目的关联度，最好项目与接受国的国家发展优先有联系；注重项目社会效应的广泛性；希望与合作国的国家性机构发展合作；不排斥三方合作。发展合作被视为巴西贡献的国际公共产品。巴西虽然没有跟随西方国家的援助政策，但是由于巴西主要投入社会项目和农业，西方国家的担忧较少。巴西的上述经验对于金砖国家在国际发展合作领域的政策选择具有一定的启示意义。

巴西的经济减速和衰退部分地影响了巴西在金砖国家合作中的影响力，但巴西的外交仍然活跃，国内的结构性改革仍在继续推动，巴西经济的影响力和发展潜力仍然不可忽视。世界银行预计巴西在2018年将会走出衰退，开始出现温和扩张。以巴西为代表的一批新兴经济体长期徘徊在中等收入阶段，难以进入高收入国家群体。在经历了10余年的社会政策和快速经济增长之后，巴西虽然产生了一批新兴的中产阶级，但这个阶层的财富并不多，购买力有限，而且比较脆弱。小政府、大社会的模式也导致财政资源面临僧多粥少的窘境。巴西政府推动公立大学的科研与企业接轨，以及以“科学无国界”“更多医生”和基础设施建设等为代表的结构性改革，试图为巴西长期增长创造条件。巴西的外汇储备仍然比较充分，对外来直接投资仍保持较高的吸引力。从中长期的角度看，在巴西政局稳定之后，基于巴西自身的经济转型、人口红利和市场规模效应，结合改善的外部经济环境，其经济前景值得期待。

巴西的多元国际身份也有利于推进金砖国家与西方国家之间的建设性互动。巴西兼具西方国家与南方国家的双重身份，同时拥有发挥大国作用的意愿与实力，这使得该国成为欧美与金砖国家都极力争取的合作对象。符合巴西战略利益的最佳选择就是与双方搞好关系。巴西坚持新开发银行和应急储备安排对布雷顿森林体系的补充性，这种战略态度实际上是巴西与欧美密切社会与经济联系的自然反映。从国际体系转型需要既有大国与新兴大国合作推动的角度看，巴西强调合作的国际战略从长远来说有利于保持国际体系转型的和平性与建设性，也有利于金砖国家机制演变成为真正具有合作性和全球性的机制。

（二）中巴关系对金砖国家合作的启示

首先，须从推动国际体系转型和完善全球治理机制的战略高度、积极与互补的角度看待金砖国家在国际地位、经济结构、政治制度和价值观等方面的差异性。中共十八大报告明确指出中国将积极参与多边事务，支持金砖国家和二十国集团发挥积极作用，推动国际秩序和国际体系朝着公正合理的方向发展。由此可见，中国高度重视金砖国家合作机制在中国多边外交和国际体系转型中的重要作用。金砖国家合作机制的战略重要性要求中国切实地从战略高度来看待金砖成员的大国追求，防止出现在金砖国家中按影响力大小区别对待的错误倾向，本着求同存异的精神最大限度地凝聚金砖国家的合力，推动金砖国家合作机制在多边舞台上发挥更大作用。

中巴两国合作的进展表明，金砖国家的差异性显示出各国的战略禀赋不同，这既可以成为金砖国家合作的战略资源，也可以成为金砖国家合作的战略障碍，差异性对相互合作产生何种效应取决于金砖国家的战略选择。如果选择战略合作的视角，那么金砖国家合作就会创造出不同政治制度、文明和意识形态的国家之间和谐相处的新型国家关系。相反，如果战略合作的意愿和基础不够坚实，金砖国家就会人为地、自私地利用这种差异性，进而导致它们在贸易、人权、气候变化与核不扩散等议题上的合作难度上升。金砖国家之间的实力差距需要客观看待，不能在合作中过于关注相对获益而忽视绝对获益。过于关注相对获益，就会在合作中盲目要求形式平等，导致合作按照实力最小者的能力标准展开，从而降低了合作的整体影响力。新开发银行面临的正是此类困境，需要从战略合作的高度推动建立一个具有实质性影响的银行。只有从积极、互补、共进的思路出发，中巴两国才能更好地处理中巴关系中的挑战，也才能更好地引领金砖国家合作机制走向深入。

其次，须提升可持续发展议题在金砖国家合作中的重要性，加强金砖国家合作的经济基础和社会基础。巴西关于发展对华经济合作中存在的去工业化担忧也是其他金砖成员国关注的问题。中国既要说明这是全球化深入发展条件下制造业重心向中国转移的客观结果，这种情况将随着中国劳动力成本上升等因素有所缓解，同时切实地、正面地对金砖国家的这种关切进行回应也很必要。中巴经济合作目前已经做了一些比较有益的探索，比如强调发展贸易与开展投资不可偏废，投资的领域从矿产、能源向基础设施、技术和资金密集型产业扩散，以及开展高科技项目合作研发，等等。作为世界第二大经济体，中国如何向金砖国家进一步开放消费市场与投资机会也是一个值得思索的战略性课题。

相对中国而言，巴西和南非等金砖国家是比较典型的移民国家，其移民大多来自本国所在地区或者欧美等发达国家，其高校、科研院所与发达国家同行的联系非常密切，有力推动了这些国家与欧美国家发展战略合作的社会基础。巴西学术界对中巴合作的关注度不如对该国与欧洲、美国合作的关注度高，或者对中巴两国合作的分歧与消极影响关注较多，这具有相当的警示意义。巴西国内专门研究中巴关系和中国问题的智库只有一家，而中国专门从事巴西研究的机构也数目寥寥。这种研究力量的配备远远落后于中巴战略伙伴关系日趋深化的现实进程。金砖国家南非峰会创建了金砖智库委员会，这为改善金砖国家智库和人才的交流创造了有利条件。

最后，须从国际合作的角度把金砖国家建设成开放、合作与进步的新型国际力量。中国与巴西的崛起都是在深入参与全球化和国际合作的进程中实现的，两国的战略合作也不是针对第三方的冲突性战略，而是为了谋求更加深入和平等地参与全球化与国际合作，并将合作成果外溢出去。中国和巴西均与发达国家保持了紧密的经济联系和政治上的战略互动。这启示金砖国家合作要奉行开放、合作与进步的精神。缺乏这种精神，金砖国家与发达国家之间的竞争就易于成为恶性竞争，而全球性问题的应对和实现各自的发展都离不开两者的合作。

面对新一轮的全球经济合作规则制定浪潮，金砖国家首先应该在成员国之间推动贸易和投资的便利化，降低成员之间存在的贸易保护主义和投资壁垒，为将来在更高层次上的国际经济合作预做准备。作为各自所在地区的主要政经力量，中巴两国应该协助推动金砖成员国与各自所在地区发展全方位的经济合作。金砖国家南非峰会把金砖国家合作与非洲发展联系起来是一次有益的努力。中巴战略合作的经验启示我们，金砖国家合作的全球性内涵并不会自然而然的产生，它是一个需要随着合作深入而不断进行战略调整和构筑战略共识的开放过程，而中巴两国也有能力在其中发挥更加重要的作用。

第十七章

俄罗斯的金砖国家外交

从严格意义上讲，金砖国家不是高盛集团概念的产物，而是在某种程度上的俄罗斯外交努力和智慧的“成果”。正因为如此，俄罗斯对金砖国家，以及对自身的金砖国家外交有着深入的思考。可以说，金砖国家外交既是俄罗斯在21世纪一次典型的“智慧外交”，也是俄罗斯传统的大国均势外交思维的体现。对于俄罗斯的金砖国家外交思想和行动值得加以关注。关于金砖问题，在金砖国家中都有相关的研究机构，但无论是从机构的数量还是从举行学术活动的频率和质量上看，俄罗斯都要明显高于其他四国。而且，俄罗斯是唯一一个提出参加金砖国家构想的国家，2013年，俄罗斯总统批准了“俄罗斯联邦参加金砖国家的构想”。这是一个比较全面体现俄罗斯对金砖构想的文件。文件的内容进一步体现在2015年乌法峰会上批准的《乌法宣言》《乌法行动计划》和《金砖国家经济伙伴战略》等文件中。在俄罗斯外交部发布的俄罗斯担任金砖主席国期间行动的总结报告中指出：“这些文件确定了金砖国家的主要任务和长期发展方向。”俄罗斯大有引领金砖国家发展的抱负。

金砖国家从高盛集团的投资概念到国际政治的现实存在，在这一过程中俄罗斯所起的推动作用最为突出。在俄罗斯一系列举动的背后，有必要探究其针对金砖国家的外交战略。“战略”这个词，在严格意义上，通常是指为了实现某种目标（如政治、军事、经济或国家利益方面的目标）而制订的大规模、全方位的长期行动计划。俄罗斯有无针对金砖国家的外交战略？在一些西方学者眼中，“克里姆林宫的官员推动金砖国家机制的举动，很可能是机会主义的做法，而不是一个经过深思熟虑的战略举措”①。但从2009年金砖国家在叶卡捷琳堡的第一次峰会，到2015年乌法的第七次峰会，可以看出俄罗斯外交中许多长期的主张，也体现了俄罗斯外交中的实用主义原则，是俄罗斯清醒评估自身力量以及充分抓住国家间竞争的机会，以“俄—印—中”三边机制为核心，发起组织的一个有利于自身的国际平台。俄罗斯金砖问题权威专家达维多夫（Давыдов В. М.）从金砖国家身上看到，“目前出现了最有可能改变对俄罗斯不利的国际力量对比的机会。虽然这个进程才刚刚开始，但是俄罗斯应该积极参与，以便在将来取得有利的地位”②。俄罗斯金砖国家研究国家委员会主席、俄罗斯国家杜马教育委员会主席尼克诺夫指出：“俄罗斯针对金砖国家的战略考虑是认真的、长久的。”③

无论金砖国家能够走多远，它都已经成为国际政治中的现实，并在俄罗斯的外交中占有了重要的地位。金砖国家之间的交流机制日益丰富和充实，但在俄罗斯的考虑中，金砖国家联合起来形成的政治与外交影响是核心。正如普京在2015年乌法金砖峰会总结上的发言所说：“乌法峰会是在二战胜利和联合国成立70周年之际召开的。这提醒我们，国际社会需要联合起来保障世界和平、稳定和安全，保证联合国中心地位的重要性，尊重主权原则，不干涉别国内政……五国首脑在金砖框架内，在外交政策方面加强联系，紧密协调。”④

一　俄罗斯的金砖国家外交研究

西方已有一些学者发表文章分析俄罗斯在金砖国家中的地位，以及俄罗斯的金砖国家外交，但多数带着批评和嘲讽的口气。如，认为俄罗斯虽

① Cynthia Roberts，“Building the New World Order BRIC by BRIC”，*The European Financial Review*，February – March 2011.

② Давыдов В. М. Пробуждающиеся гиганты БРИК// Свободная мысль. №. 5. Май 2008. С. 131 – 142.

③ Участие России в БРИКС рассчитано всерьез и надолго？ – политолог Вячеслав Никонов. 26. 03. 2013. http：//www. russkiymir. ru/russkiymir/ru/fund/press/press3772. html.

④ Заявление Президента России Владимира Путина для прессы по завершении саммита БРИКС. 09 Июля 2015. http：//brics2015. ru/transcripts/20150709/386781. html.

然积极，但是不够资格；[①] 西方学者在谈论国际治理时，更倾向于使用刺激俄罗斯的“BIC”（没有“R”）；[②] 也有将俄罗斯称为“后金砖国家”（Post - BRIC Russia）这样讽刺性的话语；[③] 瑞典学者赫德兰认为，在金融危机之后，俄罗斯已经跟不上金砖国家的发展步伐了，虽然俄罗斯在2009年6月主办了第一届金砖国家首脑峰会，但是东道国不再有资格充当这一杰出团体的成员了。[④] 然而也有部分西方学者认为这是俄罗斯的一次“聪明外交”，指出，当高盛集团提出“金砖国家”这个概念以后，克里姆林宫敏锐地感受到了其背后的意义，并巧妙地加以利用。[⑤]

中国学者的研究主要是关注金砖国家的整体问题，对于俄罗斯金砖国家外交的分析相对较少，总体而言，有如下的一些特点：（1）大量研究集中在金砖国家的金融和经济方面，其中涉及一些俄罗斯的经济问题；[⑥]（2）关于金砖国家定位，代表性观点认为，金砖国家是当代南南合作和南北对话的重要载体[⑦]，也有涉及金砖国家全球治理这个议题的[⑧]；（3）对各国参与金砖国家的动机、战略有一些分析文章，其中包括对俄罗斯金砖国家外交的初步分析。[⑨] 总体而言，分析俄罗斯金砖国家外交的文章相对缺乏。但中国学者对金砖国家，包括俄罗斯金砖国家外交的关注度在不断提升。在2011年3月举行的金砖国家智库会议（北京）期间，《当代世界》编辑

---

① S. Neil MacFarlane, “The ‘R’ in BRICs: Is Russia an Emerging Power?” *International Affairs*, Vol. 82, No. 1, Jan. 2006.

② Amrita Narlikar, “New Powers in the Club: The Challenges of Global Trade Governance”, *International Affairs*, Vol. 86, No. 3, May, 2010.

③ Ben Judah, Jana Kobzova and Nicu Popescu, “Dealing With A Post - Bric Russia”, ECFR, November, 2011.

④ 斯蒂芬·赫德兰：《金融危机之后的俄罗斯》，《俄罗斯研究》2010年第6期。

⑤ Cynthia Roberts, “Building the New World Order BRIC by BRIC”; Тома Гомар. Два ориентира для России// Россия в глобальной политике. №. 6. Том. 008. 2010. С. 113 - 121.

⑥ 林跃勤：《金砖四国：经济转型与持续增长》，《经济学动态》2010年第10期；张国强、郑江淮、崔恒虎：《中国服务业发展的异质性与路径选择——基于金砖四国比较视角的分析》，《世界经济与政治论坛》2010年第4期；张聪明：《金砖四国：国家竞争力比较》，《俄罗斯中亚东欧市场》2009年第10期；王信：《金砖四国国际金融实力提升对国际金融及其治理的影响》，《国际经济评论》2011年第1期。

⑦ 杨洁勉：《金砖国家合作的宗旨、精神和机制建设》，《当代世界》2011年第5期。

⑧ 黄仁伟：《金砖国家崛起与全球治理体系》，《当代世界》2011年第5期。

⑨ 蔡同昌：《俄罗斯人如何看待“金砖国家”?》，《俄罗斯中亚东欧研究》2012年第1期；徐国庆：《南非加入金砖国家合作机制探析》，《西亚非洲》2011年第8期；王永忠：《金砖国家经济利益的交汇与分歧》，《亚非纵横》2011年第3期。

部形成了一份整合金砖国家学者文章的英文版论文集。[①] 但整体而言，中国学界缺乏从政治和外交的层面体任金砖国家，特别是俄罗斯对金砖国家的战略诉求方面的研究。在金砖国家的经济合作中，中国无疑是最为重要的；但是在金砖国家外交、金砖构想和长期发展战略的思考方面，俄罗斯方面的工作显得更超前。

相比而言，俄罗斯学界对于其金砖国家外交问题的关注，起步早，参与研究的机构水平高，也形成了较为丰富的思考和成果。

在俄罗斯，针对金砖国家的主要研究机构和部门有俄罗斯世界基金会（фонд Русский мир，以该基金会主席、杜马议员尼科诺夫为代表，В. А. Никонов）、俄罗斯外交部下属国际关系学院（МГИМОМИД）、俄罗斯科学院远东所（Институт Дальнего Востока РАН академик，以季塔连科所长为代表，М. Л. Титаренко）、俄罗斯科学院拉美所（Институт Латинской Америки РАН，以达维多夫所长为代表，В. М. Давыдов）、俄罗斯国立高等经济研究大学（以该校国际组织和国际合作研究所所长拉利奥诺娃为代表，М. В. Ларионова）等。这些部门在金砖国家问题以及俄罗斯金砖国家外交的研究上非常活跃，且与政府立场比较一致。他们大多对俄罗斯参与金砖国家持积极态度，认为金砖国家不是一个“虚拟的现实”（не виртуальная реальность），俄罗斯参与这个机制十分有利，金砖国家的机制在形成之中，而且制度化水平正在不断上升[②]，俄罗斯有很好的机会来塑造和影响金砖国家机制。[③] 这些机构也发起、组织了一系列高水平的针对金砖国家问题的学术会议。[④] 2011 年 3 月在北京召开的金砖国家智库会议上，应邀前来的大都是这些机构的代表。这些机构和学者著书

① 《“发展合作共享——金砖国家智库会议”会议论文集》，2011 年 3 月 24—25 日。

② Marina Larionova，Mark Rakhmangulov，Andrey Shelepov，“BRICS in the System of Global Governance”，27 March 2012，http：//www. hse. ru/org/hse/iori/news/50107827. html.

③ Новая российская структура займётся исследованиями БРИКС. 13. 09. 2011. http：//www. russkiymir. ru/ usskiymir/ u/news/fund/news0686. html.

④ Международная конференция Россия в группе БРИК：проблемы，перспективы，проекция на внешний мир，организованной совместно Институтом Латинской Америки РАН и Российским университетом дружбы народов（ноябрь 2009 г.）；Круглый стол：БРИК Как Новая Концепция Многовекторной Дипломатии организован Институтом международных исследований МГИМО（У）МИД России при содействии журнала Международная жизнь（12 ноября 2009）.

立说，发表研究成果和观点。[①] 特别是俄罗斯国立高等经济研究大学，其网站上有比较丰富的金砖国家研究资料信息。[②] 在俄罗斯，对金砖国家研究的积极与政府的支持有密切的关系。

2011 年 9 月 13 日，根据俄罗斯总统的指令，在莫斯科成立了“金砖国家研究国家委员会”（Национальный комитет по исследованию БРИКС）。该机构由俄罗斯世界基金会和俄罗斯科学院牵头，俄罗斯外交部协助成立。任务是协调分散在俄罗斯各地、各部门和研究机构中的研究力量，以及国外学者的力量，开展针对金砖国家在国际政治与经济中的地位与作用的研究，并希望借此机制，凝练出俄罗斯的立场和专家建议。该委员会的主席是俄罗斯科学院远东所所长季塔连科；[③] 执行主席是东方学家、外交官、莫斯科国际关系学院教授托洛拉娅（Г. Д. Толорая），他关于金砖国家有很多重要的思考，值得关注。

在俄罗斯也有反对将金砖国家机制化的声音，如叶夫根尼·亚辛（Е. Ясин）。这位俄罗斯著名的自由派经济学家，同时也是俄罗斯国立高等经济研究大学的学术带头人认为：“金砖国家的差异过大，特别是存在着文明上的障碍，无法形成一个类似于八国集团那样有效的联合。另外，不能以经济的增长速度来判断说新兴国家超越了发达国家。金砖国家可能在经济上成为世界的火车头，但是金砖国家未必能成为举足轻重的国际组织。”[④] 虽然这是比较典型的西方自由主义的观点，但在俄罗斯国内具有一定的代表性。

本章一定程度是建立在对已有资料研读的基础上，围绕着几个问题进行的初步思考：首先，俄罗斯如何看待金砖国家；其次，俄罗斯的金砖国家外交是如何展开的；最后金砖国家外交与俄罗斯内政、与八国集团外交的关系如何。

---

① 例如 BRICS：The 2012 New Delhi Summit，*The Inargural Publication of the BRICS Research Group*，published by Newsdesk，Edited by John Kirton and Marina Larionova，2012，London；Давыдов В. М，Мосейкин Ю. Н. БРИК：предпосылки сближения и перспективы взаимодействия；Пробуждение БРИК. The Awakening of BRIC。

② http：//www. hse. ru/org/hse/iori/bric.

③ России создан Национальный комитет по исследованию БРИКС. 14 сентября 2011. http：//www. hse. ru. org/hse/ori/news/35140813. html；В Москве создан Национальный комитет по исследованию БРИКС// Российская газета. 13. 09. 2011. http：//www. rg. ru/ 2011/09/13/brics – anons. html.

④ Евгений Ясин. Страны БРИК очень разные для создания международной органи – зации. 10 июня 2009. http：//www. hse. ru/news/8364926. html.

二 俄罗斯眼中的金砖国家

2014年以前，俄罗斯同时是八国集团（富国、发达国家俱乐部）和金砖国家（新兴、发展中国家组织）的成员。俄罗斯如何看待自己以及其他金砖国家，是一个值得关注的问题。

（一）俄罗斯对自身的定位

国家的身份定位，历来都是困扰俄罗斯的重要问题，其根源在于俄罗斯的文明属性与地理空间之间的反差。不论怎样，俄罗斯总在摇摆之中。

金砖国家身份给俄罗斯提出了另外一个定位问题：俄罗斯是发达国家还是新兴市场国家？叶利钦把俄罗斯带入了西方八国俱乐部，可以说是其与西方关系中的主要功绩之一。俄罗斯也认为自己是“欧洲”“发达”国家；特别是2007年以来直到金融危机之前，俄罗斯甚至提出了要成为世界金融中心的口号。即便是在金融危机之中，俄罗斯虽然遭受重创，但是在一些俄罗斯著名的经济专家和学者以及俄罗斯领导人看来，俄罗斯仍然是与其他金砖国家不同的“向国民负责的”，“西方式的福利、民主和发达国家”。

一个很有意思的现象是，金砖国家日益成为俄罗斯在讨论国内问题时的一个参照，但其形象，或者用于形容的言语，大多是“发展中国家”，是“落后”于俄罗斯的。2011年2月，普京总理与俄罗斯国内知名专家学者就2020年前俄罗斯社会经济发展战略中的紧迫问题进行了讨论。俄罗斯国民经济研究院院长、俄罗斯著名经济学者马乌（Vladimir Mau）说：“现在，所有的发达国家，我想强调的是发达国家，不是发展中国家，也不是金砖国家（俄罗斯除外），即所有的发达国家和俄罗斯，正在进行着新的发展模式的讨论。”俄罗斯国立高等经济研究大学校长库兹明诺夫（Yaroslav Kuzminov）在发言中认为：“俄罗斯的主要开支是用于承担社会责任，这一点与金砖国家不同，金砖国家承担的社会责任要远远小于俄罗斯。俄罗斯正在朝着社会福利国家的方向发展。而其他金砖国家很容易集中资金，投资于现代化的更新中。”普京在回应发言中说：“其他金砖国家还是发展中国家，俄罗斯在居民福利、保险和城市化等方面，远超过金砖国家；他们（金砖国家）面对自己的民众没有这些义务和责任，他们可以牺牲民众的利益来达到目标，但俄罗斯不能……我们不完全是一个金砖国家，虽然我们在形式上是金砖国家，但我们与巴西和中国不同。”①

从这些对话中可以感受到，俄罗斯并不甘心与金砖国家为伍，俄罗斯更认为自己是一个欧洲的、文明的发达国家。这种观点在俄罗斯国内有很大市场。当有声音说要把俄罗斯开除出金砖国家的时候，俄罗斯认为自己并不是金砖国家的薄弱环节，相反，俄罗斯不属于这个国家集团，俄罗斯是一个比其他金砖国家更发达的国家。② 一些俄罗斯学者指出，中国、印度、巴西和南非，这些国家在近代以来，一直处于落后的状态，只是近几十年来才发展迅速。对于俄罗斯而言，更确切地讲，是恢复刚刚失去的曾经的地位。俄罗斯经济问题专家海费茨（Б. Хейфец）指出：“俄罗斯与中国、印度和巴西不同，这些国家进入金砖国家是由于近15—20年的快速发展，而俄罗斯则是从超级大国‘跌入’这个由发展中国家组成的集团之中的。早在20世纪80年代初，俄罗斯的国内产值在世界中的比重，就超过了今天中国在世界上的份额了。只是从20世纪90年代开始，才逐渐落后于中国。”③

俄罗斯一方面表现出对其他金砖国家的优越感，另一方面又以自己是金砖国家为荣。这与金砖国家的特殊性，以及俄罗斯对金砖国家的整体定位有关。

（二）俄罗斯如何看待其他金砖国家

总体而言，俄罗斯方面主流的认识是：金砖国家不是“南南合作”；金砖国家之间虽然存在分歧，但是有稳固的合作基础。

俄罗斯之外的金砖国家，基本上视金砖国家为发展中国家的联合，是某种程度上的“南南合作”。但在俄罗斯看来，俄罗斯加入的不是一个南南合作的组织，对于这一点俄罗斯有非常清楚的认识和定位。俄罗斯外交

---

① Председатель Правительства Российской Федерации В. В. Путин встретился с руководителями экспертных групп по подготовке предложений по актуальным проблемам стратегии социально – экономического развития России на период до 2020 года. 16 февраля, 2011. http://www. premier. gov. ru/events/news/14155/.

② Выгнать из Брикса! // Профиль. 08. 04. 2012. http://www. mid. ru/brics. nsf/WEBNovstart/ C325786100462DFE 432579DA0048EC69.

③ Хейфец Б. Брик: Миф Или Реальность? // Мировая экономика и международные отношения. № . 9. Сентябрь 2010. С. 72 – 80.

部部长拉夫罗夫说："俄罗斯希望金砖国家成为一种新型的国际组织，超越以往的'东—西'或'南—北'的障碍；金砖国家的总人口近30亿，这样一个组织，不能被南北之间桥梁的角色或者是被南南政治空间所限制；如果这样定义金砖国家，那么会限制金砖国家在国际政治事务中追求独立政策的目标和机会。"① 也就是说，在俄罗斯看来，金砖国家不是南南合作，也不是南北之间的桥梁，而是独立的、不被意识形态和经济地位所束缚的新型国际组织。

关于金砖国家之间的差异和合作的基础，尼科诺夫的观点比较有代表性。他指出："能否认为金砖国家是天然的盟友？从外表看，是不能的，因为他们的差别实在太大：没有共同的文化和文明背景；地缘政治和地缘经济的情况十分不同；政治体制、金融体制和经济模式不同；每个国家的外交战略重点也不同。虽然整体而言，金砖国家在同美国的关系中都有紧张的因素，但是金砖国家不可能形成一致的针对西方的议事日程。然而，金砖国家也有共同点，即都想成为有影响力的世界大国。"② 此外，相当大部分的俄罗斯学者，从"中、俄、印"三边机制来看待金砖国家的合作基础，认为中、俄、印之间的三边合作机制已经走过了10余年的历程，相当具有建设性，是金砖国家合作的核心与基础；这是俄罗斯看待金砖国家的重要视角。英国肯特大学萨科瓦教授在追溯金砖国家起源的时候，也特别提及了由普里马科夫所倡导的俄、印、中"三国集团"（the RIC Bloc），认为这是国际政治多元主义新时代的标志。萨科瓦将普里马科夫的平衡战略称为"普里马科夫主义"，即通过与俄罗斯相似命运的国家结盟，来强调俄罗斯需求的路径。③

以上这些看法，大致代表了俄罗斯对于金砖国家整体上的观点，相对比较超脱，能够抓住合作中的关键因素。但在面对每一个具体的金砖国家的时候，也就是说从内部来看金砖国家之间的关系就不那么容易了。

俄罗斯很清楚自身的优势在于政治、军事、资源等领域：安理会常任

① Sergey Lavrov, "BRICS: A New – Generation Forum with a Global Reach", in John Kirton, Marina Larionova ed., *BRICS: The* 2012 *New Delhi Summit*, pp. 12 – 13.

② Пробуждение БРИК. The Awakening of BRIC. М., 2009. Текст подготовлен В. А. Никоновым по итогам первой конференции экспертов и политологов БРИК, состоявшейся в Москве в декабре 2008 г.

③ R. 萨科瓦：《金砖国家和泛欧洲的终结》，《俄罗斯研究》2015年第5期，第98—99页。

理事国；在核武领域内与美国平起平坐；丰富的资源；等等。这些不是其他金砖国家所同时具备的。也有俄罗斯学者据此指出，俄罗斯是金砖国家中的领头羊。[①] 劣势在于经济方面。俄罗斯在整体上的实力（经济方面）实际上要逊色于其他国家，特别是在金融危机之后。有俄罗斯学者甚至指出，中国成为世界力量的一个中心毋庸置疑，印度也会因自己的经济、人才和文化的资源，成为一个有影响的大国；而俄罗斯需要现实地衡量自己在未来世界的格局，甚至是在金砖国家中的地位。[②] 还有俄罗斯经济学家从其他方面比较金砖国家。例如，认为在金砖国家之中，俄罗斯的人口最少（南非除外），俄罗斯的经济也更依赖于外国的投资，在国际上的竞争力不如其他三国，腐败程度高，商业环境差。在一些创新指标上，俄罗斯也落后，特别是相对于中国而言。在国际刊物上发表文章的数量，中国远远超过俄罗斯，印度和巴西也超过了俄罗斯。2008 年，美国在国际刊物上发文 33.29 万篇，中国 11.23 万篇，印度 3.84 万篇，巴西 3.09 万篇，而俄罗斯只有 2.76 万篇。[③]

关于中国，西方学者的观点认为，虽然中国的上升令俄罗斯不舒服，但是俄罗斯除了接受之外，很难有别的选择，俄罗斯只能把中国作为其外交的优先方向之一。[④] 这种观点有一定的道理，但俄罗斯的金砖国家外交显然不是以中国为中心的。俄罗斯外交部门对金砖国家的通常说法是：金砖国家是俄罗斯推行多边外交、实现多极世界构想的重要途径和工具。显然，俄罗斯无意通过金砖国家机制成就中国，而是为了达到自身的目的。面对中国不断上升的地位，俄罗斯的不安也是存在的。俄罗斯学术界，也包括俄罗斯外交部门的一个基本共识是，金砖国家内潜在的领导国，只可能是中国。俄罗斯也承认，中国已经成了金砖国家的参照系（reference point）：俄罗斯在金砖框架内的行动，在很大程度上是依托于中国的；对于巴西而言，最重要的也是中国；中国对于印度来说也很重要；考虑到中

① Сергеев В. М., Алексеенкова Е. С. Перспективы институционализации БРИК (включая расширение повестки дня). Институт Международных Исследований Мгимо (У) Мид России, 03/20/2011. http://www.mid.ru/brics.nsf/WEBforumBric.

② Кива А. В. Института востоковедения РАН. Страны БРИК в мечтах и реальности// Общественные науки и современность. №. 5. 2009. С. 26－36.

③ Хейфец Б. Брик: Миф Или Реальность?

④ Adam Balcer, Nikolay Petrov, *The Future of Russia: Modernization or Decline*, Warsaw: demos EUROPA, Centre for European Strategy, 2012.

国在非洲大陆的影响力，南非无疑会把中国视为参照系。[①] 俄罗斯远东所副所长卢贾宁明确提出："中国在金砖国家中将逐渐成为客观上的主角。俄罗斯应该努力不要让金砖国家变成'中国项目'（китайский проект），不要让中国因素主导一切。"[②]

俄罗斯面对中国，心态比较复杂。一方面，金砖国家需要中国的力量，缺了中国，就几乎不会有什么意义；另一方面，俄罗斯需要面对中俄实力对比的不断拉大，而且这样的趋势可能还会持续较长时间。目前看来，俄罗斯还是能够比较平静地看待中国的地位。首先，中国对俄罗斯的尊重，使得俄罗斯较为坦然。其次，俄罗斯方面对中国的短板很清楚，即中国在很大程度上受制于美国，印度也在金砖国家"内部"制约着中国。最后，用俄罗斯前外交部部长伊万诺夫（Игорь Иванов）的话说，俄罗斯的优势是智慧，俄罗斯要在国际关系中承担设计者的角色，这样即或生产者（中国）人数多、阵势大，主导权仍在设计者那里。[③]

关于巴西和印度。俄罗斯方面高度评价巴西在金砖国家中的积极表现。俄科学院拉美所所长达维多夫指出，在金砖国家中，俄罗斯和巴西最为积极，当俄罗斯提出金砖国家的合作倡议之后，在巴西得到了积极正面的回应。[④] 特别是在俄罗斯承办第一次金砖国家峰会之后，巴西同意在本国举行第二次峰会，俄罗斯对此感激不尽。俄罗斯对巴西参与金砖国家的动机也分析得很清楚：巴西领导人希望借助金砖国家机制实现自己的外交抱负，使其地区领导国的地位得到国际上的承认，从地区大国走向世界大国，并寻求在联合国安理会中的位置。俄罗斯方面也明白，巴西在金砖国家范围内的活动，不会牺牲与西方，特别是与美国的关系。关于巴西的实力，俄罗斯学者总体上认为在金砖国家之中，巴西不如俄罗斯，金砖国家

① Итоги семинара Роль и место БРИКС в современной международной системе и перспективы ее развития в контексте внешних вызовов и долгосрочных приоритетов российской внутренней и внешней политики. 17 ноября 2011 г. http：//www. hse. ru/org /hse/iori/news/38513291. html.

② Китай в мировой и региональной политике. История и современность. Вып. XVI ежегодное издание/ отв. Редактор – составитель Е. И. Сафронова. М. ИДВ РАН，2011. С. 24.

③ Игорь Иванов. Какая дипломатия нужна России в XXI веке? // Россия в глобальной политике. № 6. Ноябрь/Декабрь 2011.

④ Цветкова Н. Н. Страны Брик：30 Лет Спустя// Восток. Афро – азиатские общества：история и современ ность. №. 1. 2011. С. 157 –160.

的薄弱环节和“另类”是巴西，而非俄罗斯。[①]

在俄罗斯学者看来，金砖国家这个术语，对于印度而言，首先是政治意义上的，即体现了发展中国家不再被发达国家任意宰割的历史性进步。俄罗斯专家认为，印度取得金砖国家的地位，是帮助其从地区大国走向世界舞台的难得机遇。但印度实现金砖国家计划的政治意愿，仍然有很大的摇摆，取决于其政治领导人，以及印度与金砖国家之外的其他大国的关系。[②] 俄罗斯学者对印度的判断是，印度目前太过于分化，加之与中国存在矛盾，因此在短期内无法成为金砖国家的重要推动力。然而，印度在金砖国家中的特殊之处，在于它巨大的潜在实力，以及与俄罗斯的传统友好、与中国的长期纷争；印度的这些特点，可以帮助俄罗斯维持金砖国家内部的某种有利于俄罗斯的微妙局面。但是俄罗斯也无意为平衡中国而扶持一个强大的印度；未来印度的走向如何，对于俄罗斯是好是坏，俄罗斯也不清楚。

虽然俄罗斯宣称支持巴西和印度成为安理会常任理事国，但这未必是它的真实想法。在 2011 年 3 月举行的金砖国家智库会议上，俄罗斯的一位学者指出：“巴西和印度，他们把金砖国家看做是走向安理会常任理事国的重要一步，但是中国和俄罗斯却不希望如此。”[③]

俄罗斯也不希望中国与印度的关系紧张化，在俄罗斯的战略构想中，“俄—印—中”是金砖的核心。在 2013 年 3 月 21 日俄罗斯总统批准的“俄罗斯联邦参加金砖国家的构想”[④] 中指出，“金砖国家内部合作的范围、深度与动力，还会受到本组织内部存在的离心力以及外部的消极因素的影响”，“俄罗斯针对金砖国家的外交目标之一，是尽一切可能加强金砖国家的凝聚力，同时消解负面的因素”。可以认为这是俄罗斯的认真表态：

---

① Мартин Гилман. БРИК: почему Россия может стать ? восходящей звездой. 15 декабря 2009. http://www. hse. ru/news/1163619/13386855. html.

② Давыдов В. М. Особенности сотрудничества в формате БРИК и роль России., in Давыдов В. М., Мосейкин Ю. Н. БРИК: предпосылки сближения и перспективы взаимодействия. М., ИЛА РАН. 2010. - 232с.

③ Georgy Toloraya, “Global Governance Dilemmas and Russia's Place in BRICS”, “发展合作共享——金砖国家智库会议”会议论文集。

④ Концепция участия Российской Федерации в объединении БРИКС, http://news. kremlin. ru/media/events/files/41d452a8a232b2f6f8a5. pdf; Concept of participation of the Russian Federation in BRICS, http://eng. news. kremlin. ru/media/events/eng/files/41d 452b13d 9c 2624d228. pdf.

俄罗斯并不希望金砖国家内部分裂和争斗，俄罗斯与金砖国家的双边关系都很好，没有大的利益冲突，是一个比较合适的调和人。

以上初步分析了俄罗斯对自身和其他金砖国家的定位与判断，下面将探讨俄罗斯的金砖国家外交。

三　俄罗斯的金砖国家外交分析

（一）内政与外交的关系

关于俄罗斯国内转型、发展及其与对外政策之间的关系，中国国内已经有了一定的研究基础。[①] 独立以来的俄罗斯，其内部发展，看起来总是与西方密切联系在一起的。梅德韦杰夫总统提出的“俄罗斯现代化”战略，其外部依托仍然是西方，特别是欧盟。卡耐基莫斯科中心主任特列宁在评价梅德韦杰夫总统的外交时指出：“在梅德韦杰夫担任总统期间，俄罗斯的外交政策，明显地体现出要为国内现代化服务的迹象。”[②] 标志性的举措是俄欧现代化伙伴关系计划。在2010年的瓦尔代俱乐部会议上，俄罗斯方面进一步推出了与欧洲结盟的计划，这个联盟的基础，是俄罗斯的自然资源加上欧洲的技术，[③] 目标也是指向俄罗斯的现代化。

但是大多数欧洲国家对此反应不积极，他们更认同的是大西洋联盟，而不是与俄罗斯的联盟。有学者直接指出：“到2011年年底，俄罗斯与欧盟的现代化伙伴计划，基本上是失败的，仅仅是一些多边或者双边的宣言而已，只有个别的小项目在进行。”[④] 在面对俄罗斯时，欧洲分裂为两种观点，一种认为应该更深地接纳俄罗斯，另一种认为必须限制俄罗斯，因此很难就俄罗斯问题形成统一的政策。[⑤] 普京总统在2012年2月发表的《俄国与变动中的世界》一文中，没有提及与欧洲的现代化联盟，也在某种程

---

① 其中比较有代表性的作品参见冯绍雷《制度变迁与对外关系——1992年以来的俄罗斯》，上海人民出版社1997年版。

② Dmitri Trenin, “True Partners? How Russia and China See Each Other”, Center for European Reform, February 2012.

③ Sergei Karaganov et al., “Towards an Alliance of Europe”, Valdai Discussion Club, October 2010.

④ Arkady Moshes, “Russia's European policy under Medvedev: How Sustainable is a New Compromise?” *International Affairs*, Vol. 88, Issue 1, Jan. 2012, pp. 17 - 30.

⑤ Ibid..

度上反映了俄罗斯的失望。此后，俄罗斯强力推进的欧亚经济联盟，与欧盟的东方伙伴计划迎头相遇。可以认为，乌克兰危机的背后是俄欧矛盾。[①]

欧俄关系的紧张，客观上推动着俄罗斯的战略“东进”。欧洲改革中心主任格兰特的看法是：“俄罗斯领导人看到了国际权力和影响重心向亚太地区的转移，他们想把俄罗斯经济的现代化与亚太发展中国家联系在一起。虽然言语多于行动，但俄罗斯还是加入了许多亚洲的外交机制。”[②] 金砖国家从某种程度上，也可以视为一个亚太机制，因为两个主要的大国中国和印度都在这个区域。俄罗斯外长拉夫罗夫在俄罗斯的新闻频道中说，“金砖国家是俄罗斯在亚太地区一个非常有前景的合作方式”，同时强调，“俄罗斯的外交政策从属于整个俄罗斯现代化战略，必须为之服务”[③]。拉夫罗夫明确提出：“俄罗斯高度重视金砖国家机制，希望充分利用这种合作，加快俄罗斯经济的现代化进程。”[④] 法国学者戈马特（Thomas Gomart）也认为：“莫斯科积极地加强金砖国家合作，其用意是解决国内问题；俄罗斯内部的现代化，需要一个对俄罗斯而言更良好的国际环境。”[⑤]

金砖国家与俄罗斯现代化战略之间的关系如何？俄罗斯的金砖国家外交，是服务于俄罗斯的现代化战略吗（从金砖国家吸引资金、技术；拓展金砖国家市场等）？在综合阅读俄罗斯学者关于金砖国家的文献之后，本章认为，俄罗斯对金砖国家的期盼，除了经济因素之外，更主要的是获得政治支持。政治方面的支持，分为在国际政治中对俄罗斯地位与立场的支持，以及在某种程度上，对俄罗斯国内政治体制和主权的认同。这两点，都是俄罗斯急需的。

俄罗斯展开金砖国家外交，主要还不是俄罗斯现代化战略所推动的，也不仅仅是为了使本国脱离经济困境。金砖国家也未必能够很好地服务于

---

① 参见 R. 萨科瓦《乌克兰的未来》，《俄罗斯研究》2015 年第 1 期。

② Charles Grant, “Russia, China and global governance”, Centre for European Reform (CER), February, 2012.

③ Сергей Лавров. Внешняя политика не может оставаться вне сферы задач по модернизации стран. Из интервью министра иностранных дел России С. В. Лаврова телеканалу Россия-24, опубликованного на официальном сайте МИДа РФ. 31. 12. 2010. Фонд Русский мир. http://www.russkiymir.ru/russkiymir/ru/publications/articles/article0660.html?print=true.

④ Sergey Lavrov, “BRICS: A New-Generation Forum with a Global Reach”, in John Kirton and Marina Larionova (ed.), *BRICS: The* 2012 *New Delhi Summit*, Newsdesk, London, 2012, pp. 12-13.

⑤ Тома Гомар. Два ориентира для России.

俄罗斯的此项国家战略，金砖国家相互之间甚至还存在直接的竞争关系。关键在于，其他的金砖国家有意愿在一定程度上支持俄罗斯的国际地位和主张；同时，不追随西方批评俄罗斯的内政，尊重俄罗斯的主权和政治制度选择。俄罗斯《全球政治中的俄罗斯》（*Russia in Global Affairs*）杂志主编卢基扬诺夫在2012年4月的一篇文章中指出："普京认为，金砖国家联合的基础，不仅仅是这些国家对多极世界有着共同的观点，最重要的是金砖国家都认为当今世界体系的基础仍然是主权国家，这才是金砖国家联合的基础。"①

除非俄罗斯和其他金砖国家的内部体制发生大的变迁，否则俄罗斯与金砖国家的合作，可能将有一定的持续性动力。金砖国家之间在经济上的竞争，不足以构成俄罗斯金砖国家外交的羁绊。

（二）俄罗斯21世纪的"智慧外交"

俄罗斯前外长、现任俄罗斯国际事务委员会②主席伊万诺夫撰写的《21世纪俄罗斯需要什么样的外交》一文，发表在《全球政治中的俄罗斯》2011年第6期上③。伊万诺夫在此文中的观点，基本上也是俄罗斯的官方立场，以下摘译部分要点。

第一，伊万诺夫认为，俄罗斯很难确定外交的优先方向是欧洲还是亚洲，因为俄罗斯的利益点实在太多了，在世界的不同地区，对于俄罗斯这样的大国来说，都有自己的利益。

第二，在回顾俄罗斯的外交政策时，伊万诺夫指出，俄罗斯所关切的问题没有得到西方的重视，这不能不引起俄罗斯的失望。普京的慕尼黑讲话在某种程度上是俄罗斯无可奈何的选择，大部分的责任应由西方负责。俄罗斯已经渡过了最羸弱的阶段，俄罗斯采取积极外交的资源与日俱增，最终，莫斯科能够与西方平等对话。

第三，伊万诺夫承认，在过去的二十年里，俄罗斯有的时候被迫采取

---

① Fyodor Lukyanov, "Sovereignty as the Foundation of BRICS Unity", *RIA Novosti*, 5 April, 2012.

② 俄罗斯国际事务委员会（Российский Совет по международным делам），2010年2月由俄罗斯总统下令成立，是非商业性的研究机构，由俄罗斯外交部和国防部出面建立，联邦政府拨款，目标是进行科研，同时培养外交和地区事务专家。参见 http：//kreml in. ru /news/6779。

③ Игорь Иванов. Какая дипломатия нужна России в XXI веке? // Россия в глобальной политике. №. 6. Ноябрь/Декабрь. 2011.

过一些机会主义的做法，这是因为没有别的选择，或者无力进行别的选择，但是例外的做法不应成为习惯和原则。

第四，伊万诺夫也在这篇文章中提到了俄罗斯外交中的一个重要任务，就是如何使用软实力。伊万诺夫指出，从世界发展的现实情况来看，俄罗斯使用传统外交工具的能力，如军事和经济，将逐渐降低。原因很简单，其他的世界政治参与者正在以超越的速度发展；俄罗斯在欧亚大陆上，数百年来第一次遇到了超过自己的对手，主要是中国和印度，他们比俄罗斯更具有发展的态势，也更成功。这就意味着，俄罗斯外交政策物质向度的力量在相对下降，因此，俄罗斯不得不发掘自己非物质向度的优势。俄罗斯的未来外交应是"聪明型的、智慧型的"，而不是建立在对军事力量和能源工具的运用上。伊万诺夫指出，聪明、智慧的外交政策（умная внешняя политика）能够在很大程度上弥补俄罗斯的不足。伊万诺夫还举了一个例子，"iPad"和"iPhone"是在中国组装的，但是其概念却是苹果公司提出的，因此，市值为世界头号的是苹果公司，而不是中国的组装企业。在全球政治中也完全相同，即理念，而不是物质资源，将成为决定一个国家地位的主要因素。

从俄罗斯前外长的文章中可以看出，俄罗斯将更为主动地发挥软实力并开展"智慧外交"，以消弭由于其他国家迅速发展而造成的俄罗斯实力的相对下降，金砖国家外交就是例证之一，部分西方学者也对此表示认同。发表在《欧洲财经评论》上的一篇文章①认为："金砖国家被证明是一个精明的设计，成本极低，机制灵活，可能也是莫斯科近年来最为聪明的外交政策之一。"这篇文章的作者还指出："俄罗斯发动组建了一个团队，来实现改革国际机制的目标；这种方式与莫斯科依靠武力和强权对待邻国的名声大不相同。金砖国家外交也巧妙地利用了中国的经济实力，来帮助提升四国的地位，特别是俄罗斯的地位，并把俄罗斯自身置于一个发展中的明星的地位。"是俄罗斯把高盛集团的金砖国家概念，通过外交智慧和行动演绎成了一个政治现实。

第一次金砖峰会于2009年6月在俄罗斯叶卡捷琳堡举行，正值金融危机之际。事后的很多研究表明，是金融危机成就了金砖国家，但不可否认

① Cynthia Roberts, "Building the New World Order BRIC by BRIC", *The European Financial Review*, February – March 2011.

的是，俄罗斯抓住了机遇。当然，俄罗斯此前的外交准备与铺垫也很重要，毕竟机遇对于有准备者更垂青。[①] 第一次峰会之后，“金砖国家”这个术语开始成为国际政治中的一个新名词，但还不意味着金砖国家平台的搭建成功。俄罗斯非常清楚这一点。因此，当很多学者和观察家纠缠于金砖国家中谁的经济发展得更好、谁更好地渡过了金融危机、谁是金砖国家中的领头羊等问题的时候，俄罗斯领导人却清醒地指出，“这不是值得去比较的问题”。[②] 俄罗斯领导人真正关注的是平台的成功搭建。事实上，2009年6月在叶卡捷琳堡举行首次峰会之后，俄罗斯最关心的不是谁成为金砖国家的领袖，而是金砖国家能否持续下去，即俄罗斯的主动倡议能否得到中国、印度和巴西的支持。很多人质疑，在俄罗斯举行了第一次峰会之后，金砖国家也就结束了。俄罗斯对此也没有信心。2010年第二次金砖国家峰会举办之后（巴西承办），梅德韦杰夫在回答俄罗斯记者提问时指出，他对于金砖国家的第二次峰会，“非常，非常满意”。他不仅对峰会的结果感到满意，甚至峰会能够召开这件事情本身就令他很满意。梅德韦杰夫还特别指出：“中国主席胡锦涛邀请金砖国家领导人在2011年到中国开会。”在梅德韦杰夫看来，“当胡锦涛邀请在中国举行第三次峰会的时候，金砖

① 俄罗斯学者很热衷于谈论金砖国家的形成过程。如尼科诺夫的叙述：“金砖国家的实际合作开始于2006年9月，当时在普京总统的倡议下，在纽约的联大会议期间，举行了四国外长的第一次会议。这次会议的结果是，四方都对发展四方会谈表示了兴趣。2008年5月16日，在俄罗斯叶卡捷琳堡举行了四国外长的正式会晤。这次会议之后发表了共同宣言，这是金砖国家第一次就国际问题发表宣言。2008年7月，在日本举行八国集团会议期间，在俄罗斯方面的倡议下，举行了四国领导人的首次会晤，只有短短的20分钟，但是却达成了在2009年举行正式的首脑会议的决定。在巴西方面的倡议下，2008年11月7日，在圣保罗市举行了金砖国家第一次财长会议。2009年6月在叶卡捷琳堡举行了四国的首脑会议。”参见 Пробуждение БРИК. The Awakening of BRIC. М., 2009. Текст подготовлен В. А. Никоновым по итогам первой конференции экспертов и политологов БРИК, состоявшейся в Москве в декабре 2008 г。季塔连科的叙述：“金砖国家的前身和基础，是俄罗斯、中国和印度的三边关系。金砖国家的机制是逐步形成的。起初是在俄罗斯科学院远东所的提议下，俄罗斯的专家同印度的中国学研究所、中国国际问题研究所进行对话。经过3年的准备和协商，从2001年开始进行专家会谈，2002年开始有外交官加入。2005年开始了外交部部长的会见，是在联合国的平台上进行的非正式会见，之后是独立的会见。然后是普京的连续出访。应该注意到俄罗斯在金砖国家组织中的积极作用。苏联解体造成了俄罗斯的衰弱，但这种衰弱在一定程度上被俄罗斯的外交经验和艺术所弥补。俄罗斯发起的金砖国家组织的倡议，以及俄罗斯学术界对金砖国家计划的支持，都体现出了外交的艺术和经验。”参见 Давыдов В. М., Мосейкин Ю. Н. БРИК: предпосылки сближения и перспективы взаимодействия. М., ИЛА РАН. 2010. - 232 с。

② 梅德韦杰夫总统回答记者问，俄罗斯总统网站，http://news.kremlin.ru/transcripts/10940（2011年4月14日）。

国家的某种机制形成了"[①]。2012 年 3 月新德里峰会成功举办，南非也于 2013 年承办第五次峰会。而早在 2011 年 7 月 7 日，俄罗斯就以总统令的形式，组建了俄罗斯 2014 年承办金砖国家会议的组委会，主席是总统顾问普里霍季科（Сергей Приходько）[②]，俄罗斯方面的热切和推动可见一斑。2015 年的金砖国家首脑乌法峰会以及俄罗斯在 2015—2016 年担任金砖国家主席国，其积极的程度与组织的活动之多，远超过其他国家担任主席国期间的作为。

金砖国家这个平台的搭建，俄罗斯付出的代价很小，却是最大的获益者之一（或者说就是最大的获益者）。可能在某种程度上，金砖国家之于俄罗斯，类似于上海合作组织之于中国，只要能够继续存在和发展下去，无论谁是领头羊，无论组织内部的等级次序如何，本身就是利益所在。关于这一点，在 2011 年 11 月 17 日举行的一次有俄罗斯副外长里亚布科夫（С. А. Рябков）、俄罗斯外交系统的研究部门以及俄罗斯科学院知名学者参加的研讨会所形成的会议纪要中，明确提及："即便金砖国家的行动仅仅是在具体的金融和经济领域内，金砖国家在可见的未来，对俄罗斯非常重要；金砖国家的存在，本身就是俄罗斯的巨大财富。"[③] 接下来的问题是，俄罗斯如何使用这笔财富。

（三）俄罗斯的大国协调（Concert）

俄罗斯是"多极世界"口号的主要推动者之一；俄罗斯所构想的多极世界，是由主要大国主导的、其中有俄罗斯位置和发言权的世界秩序。但是显然，与美国、欧盟相比，俄罗斯的实力远远落后，特别是美欧的战略压力和态势，使俄罗斯感到自己的声音和利益不被重视；同时，在欧亚大陆上，中国和印度的实力也超越了俄罗斯，对此俄罗斯也有不安。因此，如何在实力有限的情况下成为有影响力的世界一极，缓解战略压力，有效地维护自身的利益，是俄罗斯面临的棘手问题，更是对俄罗斯外交智慧的

---

① 参见 Дмитрий Медведев ответил на вопросы российских журналистов. 16 апреля 2010 года. http：//kremlin. ru/news/7479。

② Указ Президента РФ от 07. 06. 2011 N 708 Об Организационном комитете по подготовке и проведению саммита БРИКС в Российской Федерации.

③ Итоги семинара. Роль и место БРИКС в современной международной системе и перспективы ее развития в контексте внешних вызовов и долгосрочных приоритетов российской внутренней и внешней политики. 17 ноября 2011 г.

考验。

2012 年 2 月，普京在《莫斯科新闻报》上发表了文章《俄国与变动中的世界》。[①] 这篇文章特别提及了中国和金砖国家，用了与形容西方国家不同的语句，带有某种期望的意味。这至少表明，金砖国家已经进入了俄罗斯大国外交的视野之中。显然，对于俄罗斯这样谙熟均势的国家而言，其外交是不会错过这个由自己一手“栽培”出来的、可以平衡西方压力的“金砖”的。

俄罗斯金砖国家问题专家达维多夫指出，对于俄罗斯的外交人员而言，需要明白的一个逻辑是，“美国及其西方盟国对俄罗斯的政策越消极，俄罗斯将越积极地推动金砖国家的机制；俄罗斯与金砖国家的合作越推进，华盛顿和西方对俄罗斯的态度会越客气”[②]。俄罗斯《政治研究》（ПОЛИС. Политические исследования）2016 年第 1 期发表了俄罗斯外交部下属的莫斯科国际关系学院尼基京（Александр Никитин）教授的一篇文章，文章称：“俄罗斯与西方大国之间的关系显著恶化，同时，就如在历史上一样，当俄罗斯与一个大国集团关系不和时，就会推动其靠近其他的盟友和伙伴——非西方的大国，如中国、印度；俄罗斯对非西方国际组织的政策，如金砖、上合、欧亚经济联盟，也会更加积极。”[③]

俄罗斯对金砖国家的兴趣还在于，客观上国际权力重心正转向亚太地区，西方力量相对下降，中国、印度、巴西、俄罗斯和南非不断增强在地区和国际上的影响力；因此，俄罗斯希望借助金砖国家的平台，促进一个新的建立在大国势力与利益均衡基础上的世界和平秩序。美国国家情报委员会和欧洲安全所曾于 2010 年 9 月发表了《2025 全球治理》报告，其中提出未来世界的四种前景：（1）保持现状；（2）地区主义上升（全球化受阻）；（3）欧洲协调再现（Concert of Europe Redux）；（4）全球冲突（冲突超过合作）。[④] 俄罗斯世界基金会主席尼科诺夫认为：“在这四种未来场景中，对于俄罗斯而言，最佳的情况是第三种，即欧洲协调再现。”

---

① Путин В. В. Россия и меняющийся мир// Московские новости. 27 февраля. 2012.

② Давыдов В. М. Пробуждающиеся гиганты БРИК.

③ Никитин А. И. Новая Система Отношений Великих Держав XXI Века: “Концерт” Или Конфронтация? // ПОЛИС. Политические исследования. №. 1. 2016. С. 44 – 59.

④ “Global Governance 2025: at a critical juncture”, National Intelligence Council and the EU Institute of Security Studies, September 2010.

尼科诺夫认为，这实际上是“全球协调”（global concert），而且存在实现的条件。尼科诺夫指出：“全球协调之下的和平，是建立在主要权力中心之间的权力和利益平衡的基础之上；而每个金砖国家都是一个权力中心。”①

需要指出的是，《2025 年全球治理》报告中所提及的全球协调者，是美国、中国、欧盟和印度；而在俄罗斯世界基金会主席尼科诺夫观念中的全球协调，显然要有俄罗斯的地位，金砖国家是其依托。俄罗斯科学院远东所副所长卢贾宁也明确指出，俄罗斯有很大的机会来参与建立新的世界秩序，在地区层面可以通过“俄—印—中”机制和上合机制；在全球层面，是依托于金砖国家。② 问题是其他金砖国家很少有俄罗斯的这种大国协调的动机和经验。③ 但是俄罗斯方面很清楚，只要金砖国家的机制能够继续下去，全球性的政治问题就一定会被列入其议事日程之中。④ 俄罗斯对金砖国家的构想和期盼，体现在其对金砖国家的功能定位上：（1）限制美国和其他国家在联合国框架及国际法准则之外的行动自由；（2）在国际组织中协调立场，以一个声音说话；（3）解决世界上的冲突与危机；（4）对世界经济和金融秩序施加影响；（5）帮助解决发展中国家的问题，如粮食安全等；（6）通过南非这个窗口进入非洲大陆，不仅是援助，同时也与非洲国家开展互利的合作。⑤ 从中可见俄罗斯希望借助金砖国家的实力所达成的目标。

此外，俄罗斯借助金砖国家进行全球协调，还有其他的考虑，即希望以和平的方式实现其大国抱负和国际体系的转型，降低俄罗斯的风险和代价。在俄罗斯一些战略家的构想中，金砖国家“可以使得朝向多极世界的

---

① Vyacheslav Nikonov，“Main Trends in Global Development and the BRICS”，《“发展合作共享——金砖国家智库会议”会议论文集》。

② Китай в мировой и региональной политике. История и современность. Вып. XVI ежегодное издание/ отв. Редактор – составитель Е. И. Сафронова. – – – М. ИДВ РАН，2011. С. 24.

③ Charles Grant，“Russia，China and global governance”.

④ Georgy Toloraya，“Global Governance Dilemmas and Russia's Place in BRICS”，《“发展合作共享——金砖国家智库会议”会议论文集》。

⑤ Итоги семинара. Роль и место БРИКС в современной международной системе и перспективы ее развития в контексте внешних вызовов и долгосрочных приоритетов российской внутренней и внешней политики. 17 ноября 2011 г. http：//www. hse. ru/org/ hse/iori/news/ 38513291. html.

转化，能以最小的代价和风险来完成。因为历史反复证明，从一个体系向另一个体系的转换，通常是伴随着严重的全球危机和战争。金砖国家是一个减少从一种国际体系转换到另一种国际体系的风险的工具。另外，该机制也有助于消除金砖国家之间的矛盾”①。俄罗斯方面的意图是，通过金砖国家，而不是自己，来表达自身对国际制度改革的声音②，以此降低俄罗斯的代价和风险。

四　小结

俄罗斯对金砖国家的诸多期望，使得俄罗斯特别支持金砖国家机制的稳定性与制度化。在金砖国家首脑峰会机制基本固定下来之后，俄罗斯方面考虑的是制定金砖国家的长期发展战略。

俄罗斯金砖国家研究国家委员会执行主席托洛拉娅（Г. Д. Толорая）认为：“制定金砖国家的长期发展战略，以及使金砖国家制度化、组织化，符合俄罗斯的利益。俄罗斯的使命是，整合共同的利益点，提出金砖国家的日程，巩固金砖国家合作机制。”③ 托洛拉娅指出：“金砖国家正处于从对话机制转向合作机制建设的阶段，金砖国家最终应该朝着建立一个完整的国际性联盟（полноформатный международный союз）的方向发展④，这符合所有金砖参与国的利益；俄罗斯应该表现出积极性，首要的是在制定金砖国家长期发展战略和机制化方面，做出智力上的贡献。”

俄罗斯之所以非常积极地提出金砖国家发展战略构想、建立机制，也与俄罗斯对金砖国家合作机制发展前景的担忧有关，特别是对于西方国家

① Vladimir Davydov, “The BRICS factor in the development of the international relations polycentric regime”,《“发展合作共享——金砖国家智库会议”会议论文集》。

② Итоги семинара. Роль и место Группы восьми в современной международной системе и перспективы ее развития в контексте внешних вызовов и долгосрочных приоритетов российской внутренней и внешней политики. 9 декабря 2011 г.

③ Толорая Г. Д. Проблемы Стратегии Развития Брикс Как Межгосударственного Объединения Нового Типа// БРИКС и Африка: сотрудничество в целях развития. М.: РУДН, 2013. С. 6.

④ 俄罗斯外交部对此的说法是：俄罗斯支持，逐步把金砖国家从一个仅就有限的议题进行协商的对话机制，转变为一个全方位的、针对主要问题进行合作的、完整的机制。参见 Внешнеполитическая и Дипломатическая Деятельность Российской Федерации В 2012 Году. Обзор Мид России. Москва, март 2013 года. С. 16。

可能的阻碍有所担忧。托洛拉娅认为，金砖国家未来几年发展的可能情景是：（1）维持现状，没有特别的发展动力，金砖国家之间的合作水平没有进一步的发展，仅仅是在一些基本的金融经济问题上协调立场。这样的情况可能是西方容易接受的。（2）西方在很大程度上，仍然会限制金砖国家的合作，使其仅仅维持在首脑峰会和其他一些形式的活动上而已。托洛拉娅认为，俄罗斯应该积极地把金砖国家转化为一个全面的战略合作机制，从而能有效地在关键的国际政治和经济问题上进行合作；当然，金砖国家不会有军事政治联盟的色彩。为此，需要建立五个国家联合的制度化基础。

在2015年的乌法峰会期间，俄罗斯方面积极推动通过了《乌法宣言》《乌法行动计划》和《金砖国家经济伙伴战略》等文件。在俄罗斯外交部发布的俄罗斯担任金砖主席国期间行动的总结报告中指出："这些文件确定了金砖国家的主要任务和长期发展方向。"

2016年2月12日，俄罗斯发布了2015年4月—2016年2月担任金砖国家主席国的总结报告。这是一个相当丰富的日程清单和总结。① 在俄罗斯担任主席国期间，除了2015年7月的第七次乌法首脑峰会之外，还有多达102次的各类级别的金砖国家联合活动，其中的82次是在俄罗斯举行的。议会论坛，工业部长、能源部长、环境部长、文化部长会议，禁毒工作会议、移民问题会议等，都是第一次召开。俄罗斯外交负责金砖事务的一位官员卢卡希克（Александр Лукашик）在总结俄罗斯担任主席国期间的作为时，直言："俄罗斯担任金砖主席国是金砖国家发展的一个重要的里程牌，巩固了金砖国家间的关系，提升了金砖国家在国际事务中的作用。"②

针对金砖各国经济增速下降、经济困难会否影响到金砖国家间的合作，俄罗斯金砖国家研究国家委员会执行主席托洛拉娅在2016年1月底接受塔斯社采访时指出："金砖国家面对的形势越复杂，金砖国家越希望互相支持、互相合作，以共同的立场参与全球治理。"托洛拉娅认为："经

① Доклад по итогам Председательства Российской Федерации в Межгосударственном Объединении БРИКС в 2015－2016 гг. Москва，12 Февраля 2016.

② Александр Лукашик. БРИКС：итоги российского председательства и векторы дальнейшего развития// Международная жизнь. №. 2. Февраль 2016. С. 52－62.

济上的困难、国家间的冲突，只会让金砖更强大。”①

本章的研究主题是俄罗斯的金砖国家外交，作为结语，摘译俄罗斯金砖国家研究国家委员会执行主席托洛拉娅一篇文章中的部分观点，可以认为，这些观点基本体现了俄罗斯方面对金砖国家的思考和看法。这篇文章发表在2014年4月的《俄罗斯评论》（*Russian Reviw*）上，题目是《金砖国家走向何处?》② 文章中的主要观点如下。

跨越文明的项目

实际上，金砖国家是第一个跨越文明的项目。金砖国家存在的理由，是改变“二战”后形成的地缘经济和地缘政治体系。

除了经济和生态问题，安全和国际问题的议题也应该被纳入金砖集团的日程。即便金砖国家不会在所有问题上达成一致，重要的是金砖国家机制是一个可以代替西方来讨论地缘政治进程的平台。但是，不能把金砖国家简单化地视为“反西方”，对于所有金砖成员国而言，西方国家是其技术、投资的主要来源地，也是主要的销售市场。一些人把金砖集团看作南方国家，必然会与北方发生冲突。但是金砖集团只能在与西方合作而非冲突的情况下，才能实现自己的发展目标。俄罗斯，在基本的特质上，更接近西方，而不是金砖国家伙伴，在此情况下，俄罗斯的使命是寻找到公分母，推出金砖日程，在组织上巩固金砖联盟。

金砖的前身实际上是“俄—中”轴心，后来出现了“俄—印—中”。中国和俄罗斯目前仍然是金砖国家的主要推动力量。有观点认为，中国是金砖中的中心，因为其他国家与中国的关系都更深广。在经济上是如此，全世界的经济都与中国相关联。但是北京在政治上完全不想（至少是目前）主导金砖集团，因为北京明白，不仅西方国家，就是金砖国家成员，也不会同意“改造世界的中国项目”。

符合国际社会的利益

为了保证生命力，金砖国家应该成为“绅士俱乐部”，每个国家

---

① Георгий Толорая: Председательство России способствовало дальнейшему развитию БРИКС. 29 Января 2016. http: //brics2015. ru/news/20160129/872066. html.

② Георгий Толорая. Куда идет БРИКС? //Russian Review. No. 1. Март – апрель 2014 г. http: //www. russianview. com/1 – march – april/materialy – nomera/kuda – idet – briks.

都有平等的发言权，即在实际上限制中国采取不考虑伙伴利益的单方面行动的可能。这不仅符合金砖国家的利益，也符合全世界的利益。

要逐步把金砖国家从非正式的对话平台和在有限的范围内协调立场的工具，转变为一个健全的机制。金砖国家机制建设中的第一个重要的步骤是金砖发展银行的成立。不排除金砖的扩员，特别是，要考虑代表伊斯兰世界的印度尼西亚。

俄罗斯外交战略的中心

俄罗斯在金砖集团中的任务是什么？一些俄罗斯学者和新闻媒体认为，俄罗斯列入这个发展中国家的集团，是人为的；俄罗斯在经济结构上与其他金砖国家都不同，俄罗斯更接近东欧国家的经济模式。但问题的实质在于地缘政治方面：金砖国家是俄罗斯外交战略在21世纪初的一个重大创新。对于俄罗斯而言，加入金砖国家意味着使自身在全球治理体系中有了一席之地。在俄罗斯总统2013年2月批准的俄罗斯联邦参加金砖国家构想中，特别强调，金砖国家是“21世纪初的一个重大地缘政治事件”，“该组织在很短的时间里，成为国际政治中的一个有分量的因素”。

实际上，金砖国家可以被视为一个新的国际关系模式：超越了旧有的、以“东、西”“南、北”划分世界的藩篱。俄罗斯同时是南、北国家代表，可以利用这个优势，推动国际经济和谐发展，保障世界的安全与稳定。

第十八章

印度大国战略中的金砖国家

冷战时期，印度是不结盟运动的重要国家之一，在发展中国家有较大的影响和较高的声望，但由于印度自身实力有限，加上东西方对抗，印度的国际影响力受到很大的限制。冷战结束后，印度开始进行经济改革，经济增长迅速，军事实力也有了极大的提升，并于1998年连续进行核试验，成为事实上的核武器国家。印度成为联合国安理会常任理事国的诉求得到很多国家的理解或支持，但安理会改革具有复杂性，印度的诉求要取得实质性突破面临很大困难。领导不结盟运动、拥有核武器、跻身联合国安理会，是印度走向全球大国的“三步曲”。但印度要成为真正的全球大国，还存在很多局限和不足，还有很长的路要走。通过参与金砖国家合作，或将为印度实现政治大国梦另辟蹊径。

成为全球政治大国一直是印度憧憬的目标。尼赫鲁在《印度的发现》一书中明确写道：“印度以它现在的地位，是不能在世界上扮演二等角色的。要么做一个有声有色的大国，要么销声匿迹。”[①] 跻身世界大国行列是印度国家战略的最高目标，是印度领导人制定内外政策时最深层的意识。然而，世界大国并不仅仅是一种权力、地位和影响，也意味着更多的义务、责任和贡献。从这个意义上说，要真正成为世界大国，印度要做的还有很多，真正实现愿望前可能还有很长的道路要走。通过金砖国家合作，也许能为印度走向政治大国另辟蹊径。

---

① 尼赫鲁：《印度的发现》，齐文译，世界知识出版社1956年版，第70页。

一　印度走向政治大国的“三步曲”

早在印度摆脱英国殖民统治获得独立之前，贾瓦哈拉尔·尼赫鲁就提出印度要做一个“有声有色的大国”，在印度洋地区，从东南亚一直到中亚和西亚，印度要发展成为“经济和政治活动的中心”。[①] 以尼赫鲁为代表的印度精英认定印度是注定要在世界舞台上扮演重要角色的。独立后，他又提出要把印度建成一个强大、统一、受国际社会尊重并发挥重要作用的世界大国。[②] 作为印度独立后的首任总理和外交部部长，在长达 17 年的时间里，尼赫鲁确立并主导了印度的外交政策，而且事实上，尼赫鲁的政策并没有随着他的离世而被新的政策所取代。由他所开创的印度外交使印度在冷战时期的全球政治中获得了远超其实际国力的地位。冷战结束后，随着经济的快速增长、军事能力的稳步提升、区域和全球外交的渐入佳境，印度更加坚定了其走向世界政治大国的决心。

综观印度独立以来 60 多年的外交历程，领导不结盟运动、拥有核武器和争取入常是其走向世界大国的“三步曲”。

（一）领导不结盟，积累印度成为政治大国的经验和影响

1956 年 7 月，尼赫鲁同铁托、纳赛尔就发起不结盟运动进行了磋商，迈出了不结盟国家开展国际合作的第一步。[③] 在尼赫鲁等人的积极推动下，1961 年 9 月，首届不结盟国家政府首脑会议在贝尔格莱德举行，之后其规模逐步发展壮大，成为国际社会中一股不可忽视的力量，对国际事务产生了越来越大的影响。

印度不结盟政策的基本含义就是要奉行独立的外交政策，不依附于任何国家和国家集团，这充分体现了尼赫鲁对印度在国际体系中世界大国地

---

① 尼赫鲁：《印度的发现》，齐文译，世界知识出版社 1956 年版，第 57、712 页。

② 见 V. M. Hewitt, *The International Politics of South Asia*, Manchester: Manchester University Press, 1992, p. 195; Jawaharlal Nehru, “Speech in the Constituent Assembly on 4 December 1947”, A. Appadorai, *Select Documents on India' s Foreign Policy and Relations*, 1947 – 1972, New Delhi: Oxford University Press, 1982, pp. 10 – 11; Stephen Philip Cohen, *India: Emerging Power*, Washington D. C.: Brookings Institution Press, 2001, p. 69。

③ 王绳祖总主编，卫林等主编：《国际关系史：第 9 卷》，世界知识出版社 1995 年版，第 69 页。

位的理想。尼赫鲁认为，印度在国际事务中必须“作为一个自由的国家奉行自己的政策，而不是去当其他国家的卫星。……因此，独立后的印度要尽可能脱离集团强权政治，不走与一个集团结盟反对另一个集团的道路，这种结为集团的做法过去给世界带来了战争，今后可能引发更大的灾难”。① 印度外交长期秉持不结盟的理念，开展了一系列较有成效的实践。

一是积极参与朝鲜战争问题的解决。在朝鲜战争中，印度独立自主地参与国际事务，没有一味盲从美国、屈服于大国压力，而是从自身的战略利益出发，在促成朝鲜战争和平谈判时起了很大的作用。朝鲜战争爆发后，才取得独立不久的印度就做出了积极的反应。1950 年 7 月 13 日，尼赫鲁分别致电斯大林和艾奇逊，要求早日开展斡旋，以图和平解决朝鲜战争，避免更大的流血冲突。印度还强烈谴责美国在朝鲜战场上的大肆狂轰滥炸。

二是提倡和平共处五项原则。1954 年 6 月，周恩来总理访问印度，尼赫鲁和周恩来发表了载有“和平共处五项原则”的联合声明，为两个邻国如何相处找到了全新的方式。为了推动亚非国家合作的进一步发展，印度与锡兰（今斯里兰卡）、缅甸、巴基斯坦和印度尼西亚等国共同发起，于 1955 年召开了著名的亚非国家万隆会议，并抵住美欧等国压力，邀请中国参加。这在很大程度上提高了印度在亚洲民族解放运动中的地位和作用。

三是支持中国恢复在联合国合法席位。印度是非社会主义国家中最早承认新中国并与之建交的国家，它还长期主张恢复中华人民共和国在联合国的合法席位。1950 年 12 月，印度在联合国大会提出“13 国提案”，主张要在联合国框架内解决朝鲜战争问题，就必须驱逐“台湾当局”代表并恢复中华人民共和国在联合国的合法席位。此后印度连同苏联、阿尔巴尼亚等国以各种方式不断提出这一问题。1971 年 10 月第 26 届联合国大会就“恢复中华人民共和国在联合国组织中的合法权利问题”进行表决，印度对此表示支持并投票赞成。

四是推动七十七国集团的发展。1964 年 6 月，在日内瓦召开的联合国第一届贸易和发展会议上，77 个发展中国家和地区发表《七十七国联合宣言》，要求建立新的、公正的国际经济秩序。不结盟运动积极支持七十七

① Sarvepalli Gopal ed., *Selected Works of Jawaharlal Nehru: Second Series*, Oxford and Delhi: Oxford University Press, 1991, pp. 404 – 408.

国集团的主张，要求维护发展中国家独立和主权、建立国际经济新秩序，加强发展中国家在国际经济领域的合作。作为不结盟运动的领导国家，同时也是七十七国集团的重要成员，印度在其中发挥了重要作用。

发起、共创和长期领导不结盟运动是独立之后印度在外交政策领域的最重大成果之一。长期以来，它是印度外交政策的基本框架和重要内涵，也是当今印度外交的基本特点之一。尼赫鲁通过不结盟运动使印度获得了与其国家实力不对称的、较高的国际地位和国际影响力，为印度在国际体系中谋求一个新的地位，即努力塑造印度在后殖民主义国家及广大的第三世界国家中的某种领导地位，开创了所谓“第三条道路”，成为独立于以美国和苏联为首的东西方两大阵营的重要国际力量，开拓了印度走向全球政治大国的独特路径。

尼赫鲁领导下的印度实行不结盟的外交政策，虽然不能弥补自身力量的不足，但毕竟是印度对实力有限的现实的一种调适，维护了印度在对外关系中的独立性。同时，印度在不结盟运动处于领导地位，为其逐步走向政治大国、承担更多的国际责任、发挥更大作用积累了诸多领导经验。

（二）拥有核武器，增加印度成为政治大国的实力和资本

核能研究在独立后的印度科技发展政策中具有特殊的地位。尼赫鲁强调：“核能开发具有政治上的含义……如果在这一领域太依赖别人，那么，不可避免地，这种依赖将影响我们，也就是别人可能企图通过这种依赖来影响我们的外交政策或其他政策。”① 基于对核技术尤其是核武器在大国外交和大国地位中所体现的独特地位和作用，尼赫鲁发展了一种“两面性”核政策：一方面，印度提出和平利用核能，反对核军备竞赛，抵制核武器；但另一方面，印度成立国家原子能委员会，加大对核技术的投入，保持在核技术领域的先进地位。20 世纪 60 年代，印度已经具备了制造核装置的能力。

1974 年，英迪拉·甘地首次进行了实验室级的核武器试验，宣称“是印度和平利用核能的绝对重要的一步”。面对由于核爆所带来的政治、经

---

① Jawaharlal Nehru, *Speeches*, Vol. Ⅲ, New Delhi: Government of India, 1980, pp. 517 - 518.

济压力，以及来自核武器大国和国际社会的压力与制裁措施，[①] 印度政府仍然认为，拥有核武器是成为世界大国的必然途径，印度必须拥有开发核武器的权力。

1998 年 5 月印度连续进行了五次核试验，印度政府终于决定选择使用自己的核武器开发权了。[②] 这标志着印度核武器发展政策的一次根本性转变，也在印度走向全球大国的道路上写下了浓重的一笔。印度以《不扩散核武器条约》非签署国的地位强行启动核试验，完成了从核门槛国家到事实上的核武器国家的进程，短期内遭到了国际社会的强烈谴责和制裁，但是很快遣责和制裁就结束了，国际社会对印度核国家地位也逐步默认，随着 2005 年印美核协议的签署，美国在事实上接受了印度拥有核武器的现实。

在确保印度已经取得的事实核武国家地位的前提下，获得国际社会的认同，使印度成为和联合国安理会五大常任理事国一样的所谓“合法的”核武器国家，在这个基础上，印度将可以实现其梦寐以求的世界大国地位。印美核技术协议的签署为印度跨越实际拥核国到合法拥核国的质变打开了大门，为印度追求世界大国地位奠定了基础。

印度的核武器对印度全力追求的大国地位有着毋庸置疑的重要作用，加速了印度成为军事大国的步伐，拥有核武器本身成为印度建设现代化军事强国的重要基础，印度在追求世界大国地位的道路上更加自信满满。[③]

长期以来，印度将核武器国家身份同世界大国地位紧密相连，但是，正如印度著名经济学家、诺贝尔奖获得者阿玛蒂亚·森所说：“倘若一个国家能够凭借核爆炸进入理事会，那就会刺激其他国家如法炮制。”[④] 在国际社会成员看来，一个世界大国或安理会常任理事国，首先应该是一个负责任的大国，需要遵守和维护国际制度、国际规范，而核不扩散机制是当前国际体系的重要组成部分。如果印度因为核不扩散机制对其政策目标有所约束而拒不加入，对其塑造负责任大国的努力将是一个重大冲击，从而

---

① 宋海啸：《印度对外政策决策——过程与模式》，世界知识出版社 2011 年版，第 180—182 页。

② Stephen Philip Cohen, *India: Emerging Power*, Washington D. C.: Brookings Institution Press, 2001, p. 78.

③ 赵恒：《印度核政策的历史分析》，安徽大学出版社 2007 年版，第 114—115 页。

④ 阿玛蒂亚·森：《关于争鸣的印度人——印度人的历史、文化与身份论集》，上海三联书店 2007 年版，第 201 页。

无法被国际社会所接受，也有可能成为印度大国战略今后面临的重要挑战之一。

（三）跻身安理会，实现印度成为政治大国的目标和梦想

1945 年联合国成立时，印度还没有独立。但英属殖民地印度是世界反法西斯战争的组成部分，是 1942 年 1 月 1 日《联合国家宣言》的签署国，也参加了 1945 年 4—6 月在美国旧金山召开的联合国成立大会。因此，印度也是联合国的创始会员国。此外，从人口、面积和历史传统来看，印度可以称得上是一个大国。在独立之初，印度的人口已达 3 亿以上，仅次于中国。

联合国成立之初的印度，相较于当时其他很多国家而言，享有独特的优势，在世界范围内都算得上是一个强国，它“具备了大国的所有特点：它的幅员、它的自然资源、它的充足的硬通货储备……为印度提供了雄厚的资金基础，以及更重要的是印度的军事力量”。①

上述因素，成为印度追求大国地位的完美注脚。但上述因素并没有整合和转化为一种政治力量，印度在联合国并不享有大国地位。当时，“联合国多数成员国更倾向于把印度视为英国前殖民地之一”，② 在国际上代表它的是英国，印度根本不可能在这个当时具有伟大创新意义的国际机构中争取一个安理会常任理事国的地位。尼赫鲁对于印度是否应力争联合国安理会常任理事国席位的看法典型地反映了当时印度精英对印度大国地位的想法，他坚定地认为：“无论印度目前的地位如何，它肯定是一个潜在的大国……印度的重要性对亚洲的任何安全设想都是不可或缺的。从这个角度看，把印度当成小国来对待是荒谬的。无论我们能否成功进入安理会，我认为我们在一开始就应该坚持这个态度，因此，印度在任何关于安全问题的委员会中都必须占有一个主要的位置……印度之应该成为安理会的成员乃是理所当然的事。”③

---

① Baldev Raj Nayar, T. V. Paul, *India in the World Order*, New York: Cambridge University Press, 2003, p. 128.

② Swadesh Rana, “The Changing Indian Diplomacy at the United Nations”, *International Organization*, 1970, 24, 1, Winter, 1970, p. 53.

③ S. Gopal ed., *Selected Works of Jawaharlal Nehru: Second Series*, New Delhi: Oxford University Press, 1991, pp. 439 – 440.

虽然当时印度更重要的使命是争取摆脱殖民统治取得独立，而不是在国际舞台上追求大国地位，但印度精英已经认识到，印度如果要成为一个真正的大国，就必须立刻树立起大国意识，要求其他国家把印度当作大国来看待，无论当时情况如何，印度的大国地位必将获得世界的认可。

刚刚取得独立的印度表示对联合国“全心全意的合作和毫无保留的支持”。[①] 在联合国成立早期成为亚非国家在联合国的代言人，加上对联合国的财政贡献和语言优势，印度在联合国具有很高的地位。

印度积极参加联合国的行动，支持联合国的多项议题。印度大力支持联合国采取集体行动和多边方式应对全球性问题。印度曾经是联合国全面和彻底裁军目标的积极支持者。印度是联合国维和行动最早、最大和最积极的参与者之一。印度自 20 世纪 50 年代就开始参加联合国维和行动，迄今已参与了 40 多项维和行动，派遣了近 10 万名维和士兵，[②] 目前派遣的联合国维和人员数量居世界第三位。

印度虽不是安理会常任理事国，但曾 7 次担任非常任理事国。当然，印度在联合国也有一些失败和不愉快的经历，如 1996 年竞选安理会非常任理事国失败、1998 年谴责印度核试验的安理会第 1172 号决议、2006 年沙希·塔鲁尔竞争联合国秘书长失败、2007 年未能推动印地语成为联合国官方语言之一、多年来争取成为安理会常任理事国的努力受挫。[③] 但是，作为世界大国的一个重要表征，安理会常任理事国始终是印度寻求的一个目标。

二　印度的入常努力及其前景

自联合国成立之日起，联合国改革的问题就被提上了日程。联合国改革内容非常丰富，涉及秘书处的改革、工作领域的调整、重要组成机构的改革等多个方面，而安理会改革以其对全球安全问题的特殊重要性成为其

---

① The Indian Council of World Affairs, *India and United Nations*, New York: Manhattan Publishing Company, 1957, p. 28.

② 截至 2013 年 4 月 30 日，印度派遣 7795 名维和士兵和警察，居世界第 3 位，仅次于孟加拉国和巴基斯坦，见 http://www.un.org/en/peacekeeping/resources/statistics/contributors.shtml。

③ Ramesh Thakur, "India and the United Nations", *The Hindu*, 15, August 2007, http://www.hinduonnet.com/af/india60/stories/2007081550521400.htm.

中的焦点内容。印度和日本、德国、巴西等国要求成为安理会的常任理事国，以反映世界范围内实力分配和权力格局的调整与变化。①

在1994年的联合国大会上，印度总理拉奥首次正式提出印度要争取成为联合国安理会常任理事国。印度领导人宣布，印度已经具有成为世界大国的重要条件，理应得到国际社会的承认。随着印度1998年进行核试验成为事实上的核国家，印度加快了争取安理会常任理事国席位的步伐，成为日本、印度、德国、巴西组成的“四国集团”中最为积极的行动者。但是，由于国际社会对于安理会如何改革存在较大分歧，安理会改革一直是“雷声大，雨点小”。

印度孜孜不倦地寻求加入安理会常任理事国，是其立志于做有声有色的全球大国的一个反映。而印度自身国力相对快速的增长及其对国际政治经济可能产生的影响，以及由此带来的国际地位的提升，则是印度朝向世界大国目标逐步前进的基础。而印度经过多年的外交努力，其在联合国和国际舞台上发挥更大作用的愿望也到了多个大国的理解和支持。英国和法国领导人先后明确支持印度成为安理会常任理事国的努力。2010年11月，奥巴马总统访问印度时首次高调表示美国支持印度入常。但是，美国是现有体制的受益者，安理会改革并不是美国外交优先考虑的议程。而且，鉴于印度外交独立性的传统和发展中国家的身份，美国是否真的希望印度入常还要打上一个很大的问号。因此，美国的表态更多是一张“空头支票”。

相对于美国的表态，中国对于印度入常的立场中肯而一致，即重视印度在国际事务中的地位和作用，理解并支持印度希望在联合国发挥更大作用的愿望；愿与包括印度在内的其他联合国成员国就联合国及安理会改革问题保持接触。由此可见，中国对安理会改革以及印度申请入常的态度是明确的，即最根本的还是需要印度练好内功，通过发展增强自身实力，更积极地参与国际事务并承担国际责任，为国际社会做出更多贡献，赢得国际社会特别是广大发展中国家的尊重和支持。

印度的确具有成为世界大国的某些条件。客观地说，虽然从目前的发展水平看，还不能说它已经是名副其实的世界大国，但在某些方面具有优势、潜力和条件也是不争的事实。

首先，印度是文明古国和人口大国。印度是四大文明古国之一，形成

① 莫里斯·贝特朗：《联合国改革努力的历史发展》，《南开大学学报》2008年第5期。

了文化多样性的特点。印度人口接近 13 亿，且有超过中国成为世界第一人口大国的势头。在“人”的要素重要性越来越凸显的全球化时代，人口数量无疑是一个重要的战略资源。

其次，印度具有独特的地理条件。印度所在的南亚次大陆北有喜马拉雅山，南临印度洋，东靠孟加拉湾，西连阿拉伯海，既相对独立又交通方便。印度居于南亚次大陆的中央，面积占南亚地区总面积的 3/4，是南亚的“超级大国”。印度洋作为连接太平洋和大西洋、世界经济最活跃的东亚和石油资源最丰富的中东之间的交通纽带，是世界上最繁忙的海上贸易通道之一。这种独特的地理条件可以为印度带来一定的地缘政治优势。

再次，印度是新兴经济体和崛起中的亚洲大国。印度是重要的发展中大国，随着 20 多年的快速发展，也成为新兴经济体的代表之一。2012 年印度国内生产总值达到 1.9 万亿美元，跻身世界前十。如果按照近几年的增长速度发展，印度经济规模很快将超过俄罗斯，甚至英国和法国这样的安理会常任理事国。由中国、俄罗斯、印度、巴西和南非组成的金砖国家作为新兴经济体和发展中国家的代表，不仅在世界经济而且将在国际政治中发挥更重要的影响。

最后，印度具有一定的政治和外交优势。印度自称是世界上最大的民主国家。尽管印度特色的民主制度还有这样或那样的问题，但还是得到西方国家和许多发展中国家的认可与赞扬。印度与主要大国都保持着良好的合作和伙伴关系，在发展中国家也有较高的声望。近年来，印度积极推动南亚地区一体化建设，积极参与地区内、地区间和地区外的对话与合作，正产生良好的效果。

可见，印度的综合国力日益增强，无论是经济、军事还是外交等方面都在向成为世界大国的目标前进，国际地位继续提高，印度成为安理会常任理事国的努力也得到了世界大国的理解和支持。但是，印度成为安理会常任理事国的道路仍然面临诸多困难和障碍。

首先，安理会改革的复杂性。安理会的组成同变化了的国际力量对比较现实出现了越来越大的偏离，需要进行必要的改革，以加强其代表性和公平性，这是国际社会的基本共识。但安理会改革涉及类别（常任理事国和非常任理事国）、否决权、地区代表性、规模及工作方法、安理会同联大关系等问题。常任理事国的安排是历史形成的，而国际力量对比也是会变化的，因此，在安理会改革问题上，四国集团、非洲国家、团结谋共识运动、五常、小五国[①]等都有自己的利益、考虑和方案。安理会构成改革涉及现任五大常任理事国各自的战略考量、现任常任理事国与潜在候选国之间、潜在候选国之间、潜在候选国与其竞争者之间，以及上述大国与联合国其他中小会员国之间的错综复杂的关系。[②]

其次，印度自身存在的局限性。一是国内问题。其中最主要的是消除贫困和实现社会进步。印度仍有近 1/4 的人口处于贫困线以下，而土地问题、女性地位、种姓制度、教派冲突等都是较为严重的社会问题。二是地区问题。印度和巴基斯坦长期处于对立状态，曾经多次兵戎相见，与南亚其他小国也存在这样或那样的矛盾和争端。印度未能利用优势地位和独特影响为南亚的稳定和发展发挥建设性作用，与邻国的关系成为其外交上的一个“短板”。三是国际问题。印度拒绝签署《不扩散核武器条约》和《全面禁止核试验条约》，长期游离于国际防扩散机制之外，印度的核武器国家地位也很难获得国际社会的认可。这对印度的国际形象和国际地位带来消极影响。

最后，地区性国家的反对。巴基斯坦公开强烈反对印度成为安理会常任理事国。在印度同德国、巴西、日本组成四国集团共同争常的过程中，巴基斯坦、意大利、阿根廷、韩国等国组成名为“团结谋共识”运动，提出自己的安理会扩大方案，反对增常，得到许多中小国家的支持。因此，印度的捆绑式入常反而造成了其意想不到的阻力。印度申请入常的梦想要实现，可能需要调整方案另辟蹊径，而加强同新兴大国的合作、强化发展中国家的身份和认同是最为重要的有效途径。

三　金砖国家合作助力印度走向政治大国

印度寻求世界大国地位的努力取得了很大进展，其主要原因在于印度建立了较为稳定的民主政体，经过几十年的经济建设尤其是 20 世纪 90 年代开始的经济改革和对外开放，经济迅速增长，综合国力稳步提升，为印度追求大国地位奠定了坚实的基础。而印度也通过与世界主要大国建立形式多样的战略伙伴关系，开展全方位外交，在世界舞台上处于一种左右逢

① 包括瑞士、新加坡、约旦、哥斯达黎加和列支敦士登。

② 陈东晓：《美国国际体系观的演变及其内涵》，《现代国际关系》2008 年第 1 期。

源的有利地位。

但是，作为南亚地区居主导地位的国家，印度未能对南亚的稳定和发展起到应有的建设性作用，反而同多个邻国存有争端，导致次大陆局势稳定面临一定的挑战。印度长期游离在国际防扩散机制之外，并公开进行核试验，给国际防扩散和地区安全带来消极影响，受到国际社会的强烈谴责和制裁。各种国内问题也是影响印度走向全球政治大国之路的障碍。

印度在地区和多边合作领域一直比较低调，但对参与金砖国家合作非常积极。金砖国家合作机制是在应对全球金融危机、改革国际经济秩序以及参与全球气候变化谈判的过程中形成的。作为新兴经济体和发展中大国的代表，金砖国家已成为国际力量格局转型的重要一环和全球治理机制的重要组成部分。金砖国家合作是印度走向政治大国的一个重要机遇。

第一，金砖国家合作有助于印度重拾在发展中国家的地位和影响。冷战时期，印度作为不结盟运动的发起国和领导者，在发展中国家有相当的地位和影响。但是，一方面因为印度自身综合实力有限，无法为其他发展中国家提供必要的技术、资金和援助等，也未能把发展中国家真正团结起来，在国际经济领域争取应有的权利；另一方面，在东西方冷战、美苏争霸的全球格局下，印度专注于国内问题和本地区事务，特别是陷于与巴基斯坦的直接对抗和多次武装冲突之中，未能为地区的安全和发展发挥建设性的作用，因此印度在发展中国家的地位和影响缺乏坚实的基础。金砖国家合作机制已成为南南合作的重要平台和南北对话的重要桥梁。在不结盟运动和七十七国集团的影响相对下降的情况下，通过金砖国家这一新的平台和桥梁，印度可以携手其他新兴经济体和发展中大国，共同应对全球金融危机对发展中国家带来的挑战和困难，改革国际经济秩序以更好地体现发展中国家的力量和利益，在全球问题的治理中彰显发展中国家的话语和优先议程。

第二，金砖国家合作有助于印度把经济力量转化为政治和战略力量。印度是世界第十大经济体，有人预测到 2050 年印度将成为仅次于中国、美国之后世界第三大经济体。在主要经济体中，印度近 20 年的经济增长名列第二。但印度人口庞大，可能在 2020—2030 年超越中国成为世界人口最多的国家，印度仍是低收入经济体，且有近 1/4 人口属于贫困人口。印度经济发展的不平衡和政治、社会的结构性因素制约着印度成为一个真正的经济强国。金砖国家机制不仅是经济合作和交流的平台，也日益成为全球治理中政治协调和战略协作的重要舞台。印度可利用这个平台和舞台，一方面发挥其经济优势和潜力，另一方面弥补其在多边外交领域的不足，把经济力量转化成为全球治理过程中进行谈判、增强话语、设置议程的能力，从而对地区和全球的安全和发展施加自己的影响。印度在发展中国家具有较好的政治基础，与主要发达国家有较好的外交关系，这有利于印度在发展中国家和发达国家之间发挥桥梁作用，成为连接东方和西方、南方和北方、发展中世界和发达世界、强国与弱国的“黏合剂”，印度缺乏的是金砖国家这样的平台机制和战略机遇。

第三，金砖国家合作有助于印度利用集体的力量扩大其全球影响。印度长期实行不结盟政策，外交上强调独立自主，与其他大国保持一定的距离，同时对地区和多边合作保持低调，加上印度在南亚长期与巴基斯坦对抗，限制了印度在更大范围的亚洲和世界上运用其力量，因此，印度很少对其他地区事务和全球问题发挥其应有的影响。金砖国家代表国际社会的一种新兴力量，在全球竞争中可以抱团取暖，在国际力量格局转换和国际秩序重建中互相支持。金砖国家既有发展上的共同特点和诉求，又有各自的优势和难题。印度可借助金砖国家机制进一步挖掘发展潜力，拓展发展空间、提升发展能力，从而增加自己在南南合作和南北对话中的分量，扩大自身在国际竞争和全球治理中的话语权和影响力。冷战时期，印度通过不结盟运动和七十七国集团等获得超过其经济实力的国际政治影响，正是利用集体和整体的力量。金砖国家合作机制同样可以为印度扩大其全球影响提供机会和途径。

第四，金砖国家合作有助于印度实质性地参与全球经济治理。传统的不结盟理念强调国家的独立性和自主性，造成印度对全球治理和全球制度的怀疑。但印度外交的理想主义传统又倡导国际关系的民主化，支持联合国为主导的多边全球治理，印度提出全球核裁军倡议、在世贸组织多哈回合谈判中表现活跃、积极捐助联合国开发计划署、是联合国维和行动的主要派遣国、寻求联合国安理会改革等。不过这些全球治理活动要么进展缓慢，要么多集中在政治和安全领域，金砖国家合作是印度参与全球经济治理的新机制，使印度在全球议程设定上拥有更多的发言权，特别是在国际货币基金组织份额和决策、国际经济组织领导职位人选、国际能源和气候问题谈判等方面。与二十国集团（G20）相比，金砖国家合作更为务实；与“印度巴西南非对话论坛”（IBSA）相比，金砖国家合作对全球治理的影响更大。金砖国家合作更有利于印度从一个规则遵守者转变为规则制定者，从“搭便车者”（free - rider）变为一个“利益攸关者”（stake - holder）。

第五，金砖国家合作有助于印度在入常之路上另辟蹊径。联合国安理会需要进行必要和合理的改革，这是国际社会的共识。但如何改革特别是是否需要增设常任理事国、新增常任理事国是否应拥有否决权、安理会应有多少成员国、什么样的国家可以成为安理会新成员国等，国际社会还有很多分歧。印度与德国、日本、巴西组成“四国联盟”抱团争常，但其增常方案遭到以“咖啡俱乐部”（又称“团结谋共识”运动）为代表的许多国家的抵制，其入常之路越走越窄。印度作为新兴经济体和发展中的大国、人口大国，其入常努力也得到不少发展中国家和多个主要大国的理解和支持，通过加入“四国联盟”争常反而一定程度上削弱了支持基础。印度申请入常的最主要支撑力应是其发展中大国的身份。金砖国家是新兴经济体和发展中国家的代表，其中中国和俄罗斯是常任理事国，印度、巴西和南非都有成为安理会常任理事国的诉求。因此，金砖国家在联合国及安理会改革问题上的潜在作用举足轻重。如果印度能够赢得其他金砖国家的理解和支持，并促成金砖国家在安理会改革问题上形成共同立场，那么印度在入常问题上将会赢得更多有力的支撑。

从2009年叶卡捷琳堡至2013年德班的历次峰会，金砖国家领导人会晤发表的《联合声明》和《宣言》均关注了联合国及安理会改革问题，并对巴西、印度、南非等国的诉求做出了回应和表态。金砖国家在联合国及安理会改革问题上已达成三点重要共识：一是支持联合国在应对全球挑战和威胁中的核心作用，在全球治理和多边主义中的中心位置；二是支持联合国包括安理会进行全面改革，使之更有效力、效率和代表性；三是中国和俄罗斯作为拥有安理会常任理事国席位的金砖国家，理解并支持印度、巴西和南非在联合国发挥更重要的作用的愿望。

金砖国家合作进程始于国际金融危机的大背景之下，经贸、财金等合作先行一步，取得了更多成果，开展经济合作、参与全球经济治理在金砖国家合作中居于突出地位，包括联合国安理会改革在内的政治议题尚未成为金砖国家合作的优先议程。但随着金砖国家日益夯实合作基础，其合作领域也逐步拓展。《德班宣言》提出，五国亦将致力于将金砖国家发展成为就全球政治领域的诸多重大问题进行日常和长期协调的全方位机制。考虑到安理会改革的复杂性和重要性，金砖国家必将在这一议题上加强沟通与协商，寻求解决潜在分歧的有效途径，增强发展中国家在安理会的代表性，充分反映国际政治经济格局发生的重大变化，体现新兴大国和广大发展中国家的利益与诉求。

金砖国家合作为印度追求其大国梦想提供了一个平台和机遇，使其可以在这样一个合适的时间和空间参与全球经济治理，并逐步在全球经济和政治领域同其他新兴大国进行全方位、长期性、机制性的协调。

四　小结

为了能赢得国际社会对其世界大国地位的认可，印度通过领导不结盟运动提高了在第三世界国家的地位，扩大了影响，这是其走向政治大国的第一步。拥有核武器引起大国对印度的重视，增加了印度成为世界大国的砝码。随后，印度把眼光转向了联合国安理会，因为“印度把获得联合国安理会常任理事国席位当作衡量世界大国的一个尺度”。[①] 但是，受制于自身仍相对有限的国力、复杂的国际形势等诸多因素，印度追求成为世界政治大国的梦想之路崎岖不平。金砖国家合作为印度实现这一梦想另辟蹊径，提供了难得的机遇。通过积极参与金砖国家合作，印度可以进一步提升自身国际影响，积累政治资源，为其走向全球政治大国之路夯实基础。

① George Perkovich, “Is India a Major Power?” *The Washington Quarterly*, Vol. 27, No. 1, 2003 - 2004, p. 142.

第十九章

中国国际战略中的金砖国家

金砖国家合作是全球化发展的产物，也是21世纪中国战略调整的产物。在全球化浪潮推动下，新兴经济体国家群体性崛起，成为国际政治经济体系转型的重要推动力量。尽管某些战略界人士鼓噪“金砖褪色论”，事实上金砖国家非但不会褪色，其战略影响力反而将日益提升，成为新兴经济体国家战略协调的载体和抓手。中国是推动金砖国家合作的重要战略力量，金砖国家合作既属于新时期中国对发展中国家外交的实现形式，也是多边外交的重要实现形式。随着中国成为世界第二经济大国，金砖国家合作在中国奋发有为的国际战略中居于更加重要的地位，金砖国际合作在中国外交中的地位将进一步凸显。适应此种变化，中国将坚持正确义利观，积极推进金砖国家合作，通过体制机制创新，不断增强金砖国家的战略影响力。

进入21世纪以来，国际形势发生了深刻复杂的变化。在全球化和信息技术革命推动下，以中国、印度等为代表的新兴大国力量不断壮大，“东升西降”成为21世纪最重大的世界历史事件之一。[①] 西方国家首先认识到新兴经济体的战略价值，2001年，美国高盛公司首席经济师吉姆·奥尼尔首次提出“金砖四国”（BRIC）的概念，用来指巴西（Brazil）、俄罗斯（Russia）、印度（India）和中国（China）。[②] 后来，高盛公司在2003

① 自全球金融危机以来，“东升西降”“南兴北衰”成为中国学界的一种主流认识。杨洁勉：《当前国际形势发展，中国外交战略调整》，《新民环球讲坛》2013年6月1日；方钧、赵青海：《我国战略机遇期所面临的国际格局演变》，《前线》2012年第2期。

② Jim O'Neill, "Building Better Global Economic BRICs", http://www.content.gs.com/japan/ideas/brics/building-better-pdf.pdf.

年发布的一份题为《与“金砖四国”一起梦想》的研究报告中预测，到2050年，世界经济格局将重新洗牌，“金砖四国”将超越包括英国、法国、意大利、德国在内的西方发达国家，与美国、日本一起跻身全球新的六大经济体。① 这一报告出台后，受到世界关注。美国著名政论家法里德·扎卡里亚在2008年出版了《后美国世界：大国崛起的经济新秩序时代》，书中强调随着中国、印度、俄罗斯和巴西等新兴经济体的崛起，美国的领先优势将大幅缩窄，世界正阔步从美国一国独大的世界进入群雄并立的“后美国世界”（post - American World）。② 这一结论在金融危机背景下日益成为西方战略界热议的观点，普遍的看法是世界力量对比正在发生具有世界历史意义的变化，基辛格甚至比作“五百年未有之大变化”。

的确，如果金砖国家真正形成一个声音，其对世界战略格局的影响力是不容小觑的，金砖国家占据世界26%的国土面积，拥有40%的人口，经济规模占全球经济规模20%。2013年3月，社会科学文献出版社发布的《新兴经济体蓝皮书：金砖国家发展报告（2013）》指出，去年金砖国家除巴西外，增长率均超过全球平均水平。未来几年，金砖国家对全球GDP增长的贡献将超过60%。③ 国际战略界对新兴大国的重视，也引起了新兴大国彼此协调与合作的强烈兴趣，金砖国家也在寻求形成一个“政治俱乐部”，努力将不断增长的经济力量转化为更大的政治影响力。自2008年5月起，金砖国家外长会频繁召开，决定在国际舞台上协调立场，努力在联合国千年发展目标、气候变化、南南合作、国际金融体系改革、能源、粮食安全和农业政策等方面进行讨论，并在2010年12月一致商定吸纳南非作为正式成员加入该机制。尤其是2011年4月三亚金砖国家合作峰会顺利达成了《三亚宣言》，在推动国际经济改革、实现经济社会包容性发展以及一系列国际和地区议题上达成广泛共识，金砖国家合作机制正在凸显日益强大的竞争力。然而，在金砖国家合作如火如荼的时刻，一股唱衰金砖国家合作的“金砖失色论”甚嚣尘上，认为金砖国家存在很大分

---

① Dominic Wilson, Roopa Purushothaman, Dreaming With BRICs: The Path to 2050, http://antonioguilherme.web.br.com/artigos/Brics.pdf.

② 法里德·扎卡里亚：《后美国世界：大国崛起的经济新秩序时代》，赵广成、林民旺译，中信出版社2009年版。

③ 林跃勤、周文主编：《新兴经济体蓝皮书：金砖国家发展报告（2013）》，社会科学文献出版社2013年版，总报告部分。

歧、经济不稳定、在联合国安理会改革上立场分歧以及中国与印度存在严重的领土分歧等问题，决定着金砖国家合作缺乏基础，没有什么战略影响。①

针对国际社会中的一些唱衰金砖国家合作的言论，中国表现出极强的战略坚定性。在2012年的十八大报告中，明确把金砖国家合作作为重要的外交平台。2013年3月27日，在中国的支持下，第五届金砖国家峰会通过了《德班宣言》和行动计划，签署了多项合作文件，决定设立金砖国家开发银行，筹备设立外汇储备库，宣布成立金砖国家工商理事会、智库理事会，并就共同应对全球及地区热点问题、改革国际货币金融体系、促进全球发展事业等达成广泛共识，金砖国家合作机制向着实质性领域推进。中国外交部部长王毅认为，关键是把金砖国家合作做实，“只要把这些合作项目做好了，金砖就做实了，自然就会让金砖失色等论调不攻自破。”② 显然，从中国对外战略角度来看，金砖国家居于十分重要的战略地位，特别是随着中共十八届三中全会和中央周边外交工作座谈会的召开，金砖国家合作在中国外交中的战略地位进一步得到提升，金砖国家合作不仅是新时期发展中国家外交的重要实现形式，更是中国奋发有为国际战略中的重要组成部分。

一 质疑“金砖褪色论”

2012年以来，“金砖褪色论”在欧美国家日益升温，认为金砖国家增长乏力，实力下降，不仅经济结构中存在深层问题，彼此的战略协调与合作也缺乏牢固的基础。③ 还有人鼓吹“金砖威胁论”，认为金砖国家实力增长，“野心”膨胀，认为德班峰会是金砖国家在非洲乃至发展中世界构筑“势力范围”进行的铺垫。④ 事实上，这些看法都是没有根基的浅薄评论，决定金砖国家的力量基础不是一时一地的经济表现，而是一种在全球化时

① Ruchir Sharma, “Broken BRICs: Why the Rest Stopped Rising”, *Foreign Affairs*, Vol. 91, No. 6, November/December 2012, pp. 4 - 5.

② 王毅：《把金砖做实，金砖失色论就不攻自破》，新华网联合国2013年9月26日电。

③ Ruchir Sharma, “Broken BRICs—Why the Rest Stopped Rising”, *Foreign Affairs*, Vol. 91, No. 6, November/December 2012, pp. 4 - 5.

④ Howard Schneider, “BRICS Nations Try to Boost Economic Clout”, *The Washington Post*, March 27, 2013.

代基于共同发展阶段所形成的战略需求，金砖国家面临着共同的国家发展任务，在应对全球性挑战上形成了利益均沾、风险共担的命运共同体，金砖国家合作不仅有着坚实的利益基础，也有着明确的战略需求，金砖国家尽管不能建成有着明确盟约义务的盟友，但仍然在经济、金融、发展气候等领域有着广阔的合作空间。

首先，金砖国家均属于处于经济起飞阶段，发展潜力大，前景广阔。

金砖国家是由中、印、俄、巴、南非组成，这些国家的特点是能源资源丰富，具有相对独立的经济体系，发展速度很快，潜力很大。除表现抢眼的中国外，俄罗斯是世界面积最大的国家，人口超过1.4亿，拥有世界最大储量的矿产和能源资源，石油探明储量82亿吨，天然气探明储量48万亿立方米，是当今世界最大的石油和天然气输出国。特别是2012年加入世界贸易组织后，俄罗斯经济在2012年实现了3.4%的增长，尽管在2013年增长放缓为1.3%，但俄罗斯的通货膨胀率保持低位运行，发展前景广阔。[①] 巴西是南美洲最大的国家，国土面积居世界第五，人口超过2亿，铁矿、石油、森林、水利资源丰富，2013年经济增长2.3%，潜力很大。[②] 印度也是人口大国，人口规模超过12亿，有丰富的煤矿、铝土、云母等资源，在软件、金融和服务业等领域有着较强的竞争力。可见，金砖国家都是上亿人口规模的新兴经济大国，且在全球化的推动下正处于经济起飞阶段，有着广阔的市场容量和庞大的劳动力资源，其经济发展潜力巨大，有着明显的“后发优势”。即便受到结构转型、全球经济不景气等因素的制约，这些国家在发展过程中也不可避免遭遇种种挑战，但其长期增长的势头是不可逆转的，也是不容低估的，构成了金砖国家的核心竞争力基础。

其次，金砖国家均属于地区大国，有着强烈的大国意识，地区影响力不断上升。

金砖国家都是一些地区大国，均对所在地区事务有着很强的影响力。中国是亚太地区大国，对亚太地区事务一直保持着很大的影响力。尤其是在东北亚、东南亚地区，随着中国经济规模超过日本成为世界第二经济大国，逐渐取代了日本在该地区事务中的地位，在东北亚和平与合作、中

① 谢亚宏：《俄罗斯处于“交叉路口”需要寻找经济增长点》，人民网莫斯科2013年9月28日电。

② 中国驻圣保罗总领馆经商室：《巴西经济发展前景广阔》，网络来源中国驻圣保罗总领馆网站，http://ccn.mofcom.gov.cn/spbg/show.php?id=3676。

国—东盟自由贸易区等问题上显示出了与日俱增的战略影响力。作为世界第二军事大国，俄罗斯在独立体国家尤其是外高加索地区和中亚地区有着不可替代的战略影响力，普京再次当选俄罗斯总统后，致力于推进欧亚联盟，在叙利亚问题、乌克兰危机以及中亚国家问题上都表现出显赫的影响力。尽管与中国、俄罗斯在地区事务上的影响力还有很大差距，但作为南美洲最大国家的巴西、作为南部非洲重要国家的南非以及作为南亚和印度洋地区影响力日益上升的印度，都具有强烈的大国意识，在地区和国际事务上十分活跃，能够带动一批国家，是一些令全球性大国不可小觑的战略支点国家。因此，即便这些国家经济上短时间还难以真正与美国这样的全球经济体相媲美，但其对地区事务的战略影响力都不能低估。

此外，金砖国家面临着共同的内外问题，在参与世界经济治理和国际制度改革上面临共同的挑战，能够在一些议题上保持“一个声音”。

在全球化背景下，金砖国家内部都面临经济结构转型的艰巨任务，也共同面对来自发达国家在经济发展、气候变化、知识产权、保护主义等形形色色国际标准和规则的压力。在 G20 峰会、WTO 多哈回合谈判等多边框架内，金砖国家都保持了密切的互动和磋商，在督促西方发达国家取消农产品补贴问题上，就取得了积极进展，发达国家已承诺大幅度削减农产品补贴，欧盟承诺削减 80% 以上，从 2200 亿美元降到 220 亿美元，美国承诺削减 70%，从 1100 亿美元降到 145 亿美元，降的幅度较大。[①] 在联合国气候变化大会中，金砖国家也相互支持，彼此呼应，分担了压力，赢得了发展空间。多哈回合谈判和联合国气候变化大会的案例均表明，欧美国家主导世界经济贸易规则的时代已经改变了，新兴经济体和广大发展中国家完全可以通过加强协调，推动国际制度向着公正合理的方向发展，金砖国家的战略影响力还有很大的提升空间。

当然，金砖国家合作机制仍然处于发展过程的初期，还存在许多有待于解决的问题，尤其是不同国家对金砖国家合作机制的期望存在较大差异。俄罗斯希望借金砖国家合作提高同西方打交道回旋的余地，想搞成牵制美国和西方的安全平台，并希望扩大俄罗斯在能源资源领域中的话语权。印度虽然看重金砖机制，希望在能源资源和环境变化领域中分担压力，但是存有顾虑，不想搞得太积极，怕得罪美国，顾忌美国与印度的关

① 笔者对中国首任驻 WTO 大使孙振宇的访谈，2012 年 3 月。

系，态度相对比较谨慎和低调。巴西希望通过金砖国家合作获得金融和投资支持，提升巴西在资源能源领域中的话语权，增强巴西提升在南美地区中的影响力。南非则希望通过金砖国家合作提升自身的政治影响，获得实现国家发展的宝贵外部支持，提升南非在非洲国家的影响力。显然，由于存在不同的战略意图，金砖国家合作要想搞成类似欧盟、NAFTA、北约那样深层次的合作机制，短期内是很难的，且由于不同国家在不同问题上的目标各一，金砖国家合作只能建立议题性连线（Coalition of Issue），在性质上属于合作伙伴，而非盟友或国际组织。

与八国集团等发达国家合作机制不同，“金砖国家合作”不是新的大国集团，不是政治同盟，而是发展伙伴。该机制集中于经济、金融和发展领域，是新型全球发展伙伴关系的积极倡导者和实践者，是南北对话与合作的一座桥梁。作为策略性的议题连线，自金砖国家合作机制建立以来，发展势头比较快，已经举行了三次领导人会晤，还有大量涉及安全事务特别代表、外长、专业部长、使节和二轨合作的机制，甚至在常驻多边机制中的使节都有会晤机制。实践证明，金砖国家合作不仅有利于各自经济社会的发展，更有利于整个世界的和平与稳定，是新兴经济体国家战略协调的载体和抓手。显然，金砖国家合作机制能够有此出众表现，绝非仅凭内部经济发展因素使然，也非相关国家心血来潮的一厢情愿，更非来自外部威胁的强大压力的结果，而是有着强大的价值驱动力，即强调发展为纲，包容为旨和稳定为基，这是一些国家谋求走出危机之路的新探索，提供了国际合作的新范式，拓展了国际秩序的新价值，代表着后危机时代国际秩序重建的新模式。正因为金砖国家合作倡导了众多符合世界潮流的新价值，它的生命力将是十分强劲的，它的政治潜力和发展前景恐怕还要一段时间才能更加清晰地显现出来。所谓的“金砖褪色论”之所以是错误的，就在于其没有跳出现有国际秩序的框架，仍然用传统国际合作的眼光观察问题。在可预见的未来，这一机制必将对G20、联合国、IMF、世界银行、WTO等一系列国际政治经济制度改革产生重大而深远的影响。

二　中国战略中的金砖国家合作

战略定位就成为中国处理与金砖国家外交的前提和出发点。毫无疑问，在金砖国家合作的框架内，中国是一个至关重要的角色。尽管中国并非金砖国家的“盟主”，但如果中国不能从战略高度看待这一机制，金砖国家合作也很难有大的作为。自从金砖国家概念被西方提出后，中国表现出十分积极的态度。在2009年的叶卡捷琳堡会议上，中国就积极参与的磋商和筹备工作，并在2010年作为主席国，推动南非加入金砖国家合作机制，在2011年4月举办三亚峰会，发表了《三亚宣言》，首次推行本币贸易结算，加强金融合作，正式签署《金砖国家银行合作机制金融合作框架协议》，为金砖国家合作注入了强劲的发展动力。显然，没有中国的积极参与，金砖国家合作不会在短时间内取得如此重大的进展。

问题是如何理解金砖国家合作在中国对外战略中的定位？从性质上来看，金砖国家属于发展中国家的一部分，又是多边外交的重要舞台。金砖国家合作既属于新时期中国对发展中国家外交的实现形式，也是多边外交的重要实现形式。要想准确理解金砖国家的地位和前景，必须将其置于中国的发展中国家战略和多边外交战略的双重坐标系中进行考量，从中把握金砖国家对中国对外战略的重要意义。

首先，从其作为发展中国家外交的实现形式角度来看，金砖国家合作是新时期中国发展中国家外交的重要抓手。

传统上，巩固和发展同发展中国家的关系，是中国对外政策的出发点和落脚点。作为一个脱胎于半殖民地半封建社会的国家，中国与其他发展中国家一样，在历史上都曾深受帝国主义侵略掠夺政策之苦，在独立后也面临着巩固独立、发展民族经济和争取经济独立的共同任务。因此，从20世纪50年代开始，中国就把加强与第三世界国家的团结合作作为中国外交政策的立足点。毛泽东、邓小平、江泽民等三代领导集体都重视加强与广大发展中国家的外交关系，形成了一系列永远与第三世界同呼吸、共命运的独特外交传统。在十八大政治报告中，对中国的国家定位做出了明确的界定，认为“我国是世界最大发展中国家的国际地位没有变”，在处理与广大发展中国家外交关系上，“中国致力于缩小南北差距，支持发展中国家增强自主发展能力”，“我们将加强同广大发展中国家的团结合作，共同维护发展中国家正当权益，支持扩大发展中国家在国际事务中的代表性和发言权，永远做发展中国家的可靠朋友和真诚伙伴。”① 习近平主席进一

① 胡锦涛：《坚定不移沿着中国特色社会主义道路前进为全面建成小康社会而奋斗》，新华社北京2012年11月17日电。

步强调，在同发展中国家交往中大力弘扬正确义利观，坚持义利并举、义重于利，构建与发展中国家的命运共同体。所有这一切均表明，作为发展中国家的金砖国家在中国外交全局中的战略基础地位更加重要，为新时期中国的发展中国家外交开辟了新的发展空间。

因此，作为发展中大国，中国要坚定不移地站在发展中国家一边，通过金砖国家合作代表发展中国家的立场，为发展中国家争取更多的合法权益。在地区和国际热点问题上，中国会通过金砖国家合作，反对霸权主义和形形色色的新干涉主义，推动国际关系民主化和发展模式多样化。在全球事务治理上，中国将以更加积极的姿态参与国际事务的处理，通过金砖国家合作积极发挥负责任大国的作用，维护国际公平正义。在应对气候变化、贸易摩擦、金融改革等问题上，将通过金砖国家合作与其他新兴经济体保持密切的磋商，协调立场，设定议题，增加发展中国家在国际事务中的代表性与发言权，一道推动国际体系和国际秩序朝着公正合理的方向发展，让新兴经济体在其中扮演更大的角色，推动建立更加均衡的全球发展伙伴关系。

其次，从其作为中国多边外交的实现形式角度来看，金砖国家合作作为中国参加全球经济治理结构重组的主要战略平台。

随着中国综合国力的壮大和国际化程度的提高，如何参与多边外交事务和履行大国责任逐渐成为中国外交的新课题。十八大报告指出，在过去的五年内，中国致力于“推动全球治理机制变革，积极促进世界和平发展，在国际事务中的代表性和话语权进一步增强，为改革发展争取了有利国际环境”。这一论述表明过去五年中国在参与多边外交中十分积极，取得了比较好的成效。十八大报告在总结以往成功经验的基础上，更是明确指出，“中国将坚持把中国人民利益同各国人民共同利益结合起来，以更加积极的姿态参与国际事务，发挥负责任大国作用，共同应对全球性挑战。”[①] 在报告中谈到参与多边外交事务时，无论是经济领域，还是安全领域和生态文明领域，都多次强调“积极参与”“积极姿态”“积极作用”等字眼，集中强调中国在多边外交舞台上积极有为的新要求。

因此，为了提升金砖国家合作的水平，中国将积极推动扩大与金砖国

① 胡锦涛：《坚定不移沿着中国特色社会主义道路前进为全面建成小康社会而奋斗》，新华社北京2012年11月17日电。

家的贸易、投资和金融合作，深化在全球治理改革中的磋商和合作，提升金砖国家的影响力。一是加强金砖国家间的互利合作，特别是在贸易、投资、金融、环保等领域中的合作，实现互利共赢，反击一些国家的“金砖褪色论”，维护和巩固金砖国家强势发展的势头。二是加强金砖国家合作机制建设，逐步建立健全理事会、委员会、秘书处以及各级各层次的对话，提升金砖国家合作的机制化水平，提升金砖国家合作的自由化和便利化。三是加强金砖国家在全球治理改革框架内的磋商与合作，在世界经济制度改革、全球气候变化、缓和地区热点局势等问题领域加强沟通，协调立场，推动国际体系向着公正合理方向发展。

无论是作为发展中国家外交的抓手，还是作为多边外交的主要战略平台，都意味着金砖国家合作机制是新时期中国国际战略的重要支柱。尤其是面临后金融危机时代欧美国家形形色色的保护主义，中国需要积极拓展与广大发展中国家的互利合作，维护和巩固发展中国家的整体权益，推动国际体系向着公正合理的方向发展。对于中国而言，维护发展中国家的合法权益，就是维护中国的合法权益，提升发展中国家在国际制度中的话语权和影响力，就是提升中国在国际事务中的话语权和影响力。从这个意义上来说，金砖国家合作意味着中国对外战略的再一次重大调整。在新中国成立之初，中国在以毛泽东为代表的第一代领导人的带领下实行“一边倒”的战略，加入了苏联东欧人民民主主义国家组成的“东方世界”，实现了中国在国际舞台上站起来的战略目的。改革开放以来，在以邓小平为代表的第二代领导人带领下，中国实行改革开放的重大政策，积极融入西方社会，实现了在国际社会富起来的战略意图。

党的十八大以来，国际国内形势均发生了深刻复杂的变化，中国成为世界第二经济大国，中国与世界关系发生了历史性的变化，在国际社会中出现了“中国傲慢论”“中国新殖民主义论”“中国责任论”等论调，很多发展中国家领导人也担心一个强大的中国是否仍然坚持发展中国家的定位。如何定位中国在世界中的角色，已经成为事关中国战略全局的重大问题。党的十八大以来，以习近平为总书记的新一届中央领导集体积极运筹外交全局，谋大势、讲战略、重运筹，提出了“人类命运共同体”“中国梦”“突出互利共赢”“国际公平正义”“新型大国关系”“正确义利观”“顶层设计”等新理念，正在探索一条中国特色的大国外交之路。2013 年 6 月 27 日，中国外交部部长王毅在第二届世界和平论坛午餐会上发表演讲，宣布当代中国正在积极探索走出一条有中国特色的大国外交之路，标志着中国外交进入了大国外交的新阶段。[①] 构建与中国国家地位相适应的大国外交格局，开展积极有所作为的强外交，将是今后一段时期中国外交的核心。在奋发有为的国际战略中，中国不仅把自己看作是发展中国家的一部分，而且将自己定位为一个发展中大国，在与发展中国家开展外交关系时更加进取担当，更强调履行积极有为的国际责任，为广大发展中国家提供更多经济、政治乃至话语权上的支持。因此，正确义利观很可能是继改革开放以来中国与发展中国家外交的又一个分水岭，意味着“向南进”可能成为今后中国对外战略的一个大走向，发展中国家在中国外交中的战略地位更加重要，所扮演的角色更加清晰，将会对中国外交乃至整个国际关系产生重大而深远的影响。从这一战略高度出发，金砖国家合作对中国外交就具有了非同一般的战略意义，金砖国际合作机制的进展如何，将决定着中国特色大国外交道路的成败。

当然，强调金砖国家合作对中国国际战略的重要意义，也并非意味着中国要“另起炉灶”，在现有国际体系之外另建一套国际体系。中国要做的，既不是从现有西方主导的国际制度中退出，也不是立刻建立起新的国际秩序，而是通过金砖国家合作这一平台巩固和提升与广大发展中国家的团结与合作，共同推进国际体系向着公正合理的方向发展。在这一战略框架中，中国既要努力做中小发展中国家的可靠朋友，敢于为广大发展中国家秉承公道，伸张正义，维护国际公平正义；也要做新兴发展中大国的真诚伙伴，在双边合作、多边协调和国际体系与国际秩序改革上真诚合作，同舟共济。

三　战略理念：正确义利观

关于如何处理国与国之间的关系，国际社会存在各种各样的理论。这些理论尽管花样繁多，但归结起来无外乎两类理论：一类是服务于大国和强国的理论，比如西方国家奉行的现实主义理论和自由主义理论等主流理论，都是服务于大国主宰世界的理论。另一类是服务于小国和弱国的理

① 王毅：《探索中国特色大国外交之路——王毅部长在第二届世界和平论坛午餐会上的演讲》，2013 年 6 月 27 日。

论，比如马克思主义国际关系理论，毛泽东的三个世界理论以及其他发展中国家提出的不结盟理论等。中国在处理一切国与国之间的关系问题上，提出了和平共处五项原则，坚持在和平共处五项原则基础上，发展同一些国家的友好合作关系。邓小平明确指出，“处理国与国之间关系，和平共处五项原则是最好的方式，其他方式如‘大家庭’方式、‘集团政治’方式、‘势力范围’方式，都会带来矛盾，激化国际形势，总结国际关系的实践，最具有强大生命力的就是和平共处五项原则。”“运用和平共处五项原则，甚至可以消除国际争端中的一些热点，爆发点。”[①] 在处理同发展中国家关系问题上，中国强调国际道义，正确处理义利关系，以正确义利观指导中国与发展中国家的外交关系。

义利问题，是中国传统文化中的一个核心问题，即道义和利益的关系问题。所谓“义”，其本义为“适宜”，“正当合理”，是一种建立在天理和事理基础上的客观行为准则，后被泛指公共道德和人伦大义，《大学》有云：“国不以利为利，以义为利也。”现代学者往往把“义”等同于普遍性的道德原则。[②] 相比之下，“利”则一般指物质利益或物质功利，“利”在任何时候、任何情况下都是个别的、特殊的，即便是国家公利，也总是特殊的“利”。在中国历史上，围绕义利之辨，形成了重义轻利、重利轻义、义利并重三种观点，[③] 各自拥有一批拥趸者群体，成为影响中国政治与外交的重要力量。“我国外交秉持什么样的义利观，如何处理自身发展与世界共同发展的关系，不仅关系我国的国际形象，而且关系世界的和平与发展。”[④] 因此，正确处理“义”和“利”的关系问题，不仅是指导个人为人处世的重要原则，也是指导国家处理国际关系的重要原则。

十八大以来，以习近平为总书记的新一届中央领导集体在秉承中华文化中的“义利观”和新中国外交的优良传统基础上，针对我国外交面临的新形势和新任务，提出了树立“正确义利观”，强调只有坚持正确义利观，才能把工作做好、做到人的心里去。所谓正确义利观，就是中国在处理外交时所坚持的基本原则，核心是坚持义利并举、义重于利。习近平认为，

---

① 邓小平：《建设有中国特色的社会主义》（增订本），人民出版社1987年版，第84、85页。

② 参见（宋）朱熹撰《四书章句集注》，中华书局1983年版，第12、13页。

③ 张岱年：《中国哲学大纲》，中国社会科学出版社1982年版，第386页。

④ 王毅：《坚持正确义利观 积极发挥负责任大国作用》，《人民日报》2013年9月10日。

"义，反映的是我们的一个理念，共产党人、社会主义国家的理念。这个世界上一部分人过得很好，一部分人过得很不好，不是个好现象。真正的快乐幸福是大家共同快乐、共同幸福。"① 可见，习近平所强调的"义"是与中国传统文化中的道义原则是有区别的，不是特殊的道义，而是普遍的道义，更强调普遍道义原则基础上的公平正义，"我们希望全世界共同发展，特别是希望广大发展中国家加快发展"。同样，习近平认为，"利"也是基于共同利益基础上的互利共赢，"利，就是要恪守互利共赢原则，不搞我赢你输，要实现双赢"。因此，在开展同发展中国家外交关系时，要有原则、讲情谊、讲道义，多向发展中国家提供力所能及的帮助。对发展中国家提供帮助，不是单方面的施舍，而是基于互利共赢基础上的帮助，而且将此种帮助看作大国的义务，要重义轻利、舍利取义，而不是唯利是图，以邻为壑，更不是搞"新殖民主义"。显然，习近平提出的正确义利观，不是单纯强调追求一国私利，而是基于共同利益基础上的互利双赢，也不是单纯强调单方面的特殊道义，而是强调基于普遍道义基础上的国际公平正义，是一种与传统义利观不同的新型义利观。

此后，中国国务委员杨洁篪和外交部部长王毅纷纷撰文，对正确义利观进行了解释。杨洁篪在《求是》杂志撰文，对正确义利观做了简要解释，认为正确的义利观，就是"政治上坚持秉持公道、道义为先，经济上坚持互利共赢、共同发展"。同时，"对那些对我国长期友好而自身发展任务艰巨的周边和发展中国家，要更多地考虑到对方利益，不要损人利己，以邻为壑。"② 外交部部长王毅在第二届世界和平论坛午餐会的演讲中也认为，正确义利观是中国外交得道多助的一个重要基础。9月10日，王毅在《人民日报》撰文，进一步系统地诠释了正确义利观的内涵，认为正确义利观是新型义利观，体现中国特色社会主义的内在要求，体现了新一届中央领导集体对中国未来国际地位和作用的战略谋划，强调"中国将从世界和平与发展的大义出发，以更加积极的姿态参与国际事务，坚持不懈做和平发展的实践者、共同发展的推动者、多边贸易体制的维护者、全球经济治理的参与者，为推动人类进步事业发挥更大作用"。③ 不难看出，习近平

① 王毅：《坚持正确义利观 积极发挥负责任大国作用》，《人民日报》2013年9月10日。
② 杨洁篪：《新形势下中国外交理论和实践创新》，《求是》2013年第16期。
③ 王毅：《坚持正确义利观 积极发挥负责任大国作用》，《人民日报》2013年9月10日。

所倡导的正确义利观，释放出中国选择走新型大国之路的明确信号，在外交和国际事务中承担更多的责任，尤其是对发展中国家特别是最不发达国家提供更多的支持和帮助。

从习近平主席、杨洁篪国务委员和王毅外长的解释来看，正确义利观已经成为新时期指导中国发展中国家外交的基本方针，它包括三层含义：一是义利并举。在与发展中国家开展外交关系过程中，中国总的方针是“义利并举”，既要牢牢把握捍卫中国国家利益的原则，又要善于弘扬国际道义，尤其是在双边外交关系中，在获取利益问题上，要坚持取利有道，兼顾道义和利益两方面的考虑，努力做到“既要好看，又要好吃”，让各方面都能接受。二是道义为先。在坚持义利并举方针的前提下，在大是大非问题上，中国坚持秉持公道，道义为先。在国家利益与国际道义出现矛盾而两者不能得兼之时，特别是在国际多边场合和国际制度框架内，中国坚持把国际道义放到第一位，积极承担作为发展中大国应尽的国际责任，始终站在发展中国家一边，敢于主持公道，伸张正义，维护国际公平正义，提供国际公共产品。特别是反对霸权主义和强权政治，反对为一己之私损害他人利益、破坏地区和平稳定。三是互利共赢。在涉及具体的国家利益问题上，特别是关于经济发展、改善民生、环境保护等发展利益和民生利益问题上，中国将坚持互利共赢，共同发展的原则，努力实现中国人民根本利益和发展中国家共同利益相统一，达到互利共赢。“对那些长期对华友好而自身发展任务艰巨的周边和发展中国家，要更多考虑对方利益，不要损人利己、以邻为壑。”当然，在具体问题的处理上，将上述三个要素统一起来并不容易，需要中国外交在实践中积极探索，开拓创新，将正确义利观在具体问题上落到实处。

金砖国家属于新兴发展中大国，正确义利观也是中国处理与金砖国家合作的指导思想。在处理与金砖国家合作的关系问题上，中国将坚持义利并举、道义优先和合作共赢的理念，为金砖国际合作开辟广阔的发展前景。

四　小结

金砖国家合作是中国国际战略调整的重要载体，中国战略影响力的上升，也直接体现为金砖国家战略影响力的上升。因此，对于中国而言，金砖国家合作绝不是某种策略性工具，而是一种战略性支点，西方战略界不时泛起的“金砖褪色论”恰恰表明其不愿看到金砖国家战略影响力崛起的前景，尽管金砖国家合作主导的 B5 体制未必能够完全替代西方发达国家经济体主导的 G7 体制，但金砖国家合作战略影响力的提升，必定会削弱甚至动摇 G7 在国际政治经济体系中的主导地位，这意味着未来的国际政治经济秩序不再是西方发达国家独掌乾坤，西方发达国家不得不面临来自代表广大发展中国家利益和要求的金砖国家秩序方案。因此，对金砖国家战略意义的认识不能停留在对经济数据和发展指标的粗浅认识上，而应当集中关注其战略影响力，要想真正释放金砖国家合作的战略影响力，必须致力于将金砖国家合作做高、做大、做新、做实。

首先，金砖国家合作的战略定位要高，要着重塑造金砖国家在国际政治体系中的战略影响力，服务于推动国际体系向着公正合理的方向发展。要转变片面从经济数据和发展指标去认识金砖国家合作的狭隘认识，金砖国家的战略影响力不是经济规模，而是金砖国家对整个发展中国家和新兴经济体的战略号召力，它所驱动的是国家数量、人口数量及其对幅员广阔的地区影响力。从经济指标而言，金砖国家之间资源禀赋各异，体制机制千差万别，无法达到经济合作与发展组织（OECD）和 G7 那样高度整合的程度，不仅发展规模和速度会受制于各种内外条件，而且发展质量和影响力更是无法与西方发达经济体相媲美。然而，一旦金砖国家合作得到及时磋商和有效协调，在 G20、联合国、WTO、IMF 和世界银行等国际政治经济体系框架内统一立场，在经济发展、贸易规则、农业补贴、环保标准等领域保持一个声音，就会动摇西方发达经济体的主导地位，有利于改善发展中国家的不利地位。因此，决定金砖国家战略影响力的不是经济，至少首要的决定因素不是经济，而是战略协调，能否以一种明确的“金砖精神”有效协调各国立场，在国际多边舞台上抵消西方的压力，维护和巩固共同的权益，是决定金砖国家战略影响力的关键。今后，金砖国家合作努力的方向是明确提出“金砖精神”，并在平等谈判和务实磋商中逐步赋予其丰富内涵，比如以开放求发展、以协作求发展、以包容求发展、以创新求发展等，不断增进金砖国家之间的相互理解，累积信任，推动金砖国家合作向着更高水平迈进。

其次，金砖国家合作的发展格局要大，要坚持开放性合作的方向，通过体制机制创新释放制度红利，将地方政府、企业、媒体、大学、智库等多种社会力量都整合进来，使之成为金砖国家合作的有生力量。与作为发达经济体俱乐部的 G7 不同，金砖国家合作在本质上是新兴的发展中经济体，一切都在发展变化之中，转型与变革是金砖国际合作的主题，故而金砖国家合作应该贯彻开放性合作的思维，不能将金砖国家合作仅仅看作五个国家之间的合作，尤其是不能将其狭隘地理解为五国中央政府之间的合作。实际上，金砖国家合作的发展格局是开放的和变化的，五个金砖国家之间的合作只是金砖国家合作的抓手，其着眼点应该是通过五国带动五个地区的其他发展中国家共同参与合作，将遍布在亚非拉的广大发展中国家带动起来，实现更多国家的合作共赢。同时，金砖国家中央政府之间的合作也只是抓手，真正的着力点是通过中央政府的顶层设计和外交驱动，充分激发社会各界之间优势互补的积极性和创造性，促成金砖国家深层合作的强大动力。要通过建立金砖国家地方政府之间的友好关系，推动地方政府之间的务实合作，逐步将金砖国家合作向纵深发展。要通过创造条件，推动企业、媒体、大学、智库等社会各方面的合作，为金砖国家合作夯实社会基础。

再次，金砖国家合作的外交平台要新，要通过外交平台创新，拓展国际合作增量，以增量合作带动存量合作，为金砖国家合作不断注入新的活力。目前，金砖国家合作平台建设发展迅速，已经初步建立起了以领导人会晤为核心，以高级事务代表、外长、财长、央行行长、协调人、常驻多边机构使节等会晤为支撑，以智库会议等为辅助的制度性框架，合作机制化已初步成型。不过，所有这些机制存在的问题是过多强调金砖国家间合作的外交平台，忽视了金砖国家在其他多边场合的外交平台建设。如前所述，金砖国家合作在本质上是议题性连线（coalition of issue），意味着金砖国家合作在不同议题上的组合不同，各个国家在不同议题合作中所扮演的角色以及积极性程度也存在很大差异。因此，仅仅强调金砖国家之间的合作机制建设可能会造成低水平重复建设和资源浪费。近年来，新兴经济体之间的多边合作非常活跃，存在每年一度的中、俄、印三国外交会晤机制，中国、印度、巴西、南非组成的“基础四国”机制以及中国、巴西、墨西哥、印度和南非组成的发展中五国领导人会晤机制等，所有这些多边合作机制对于增进彼此合作，化解西方压力，营造良好的国际环境都发挥了很好的作用，都是金砖国家合作拓展的重要平台，与金砖国家合作机制是一种相互补充的关系，而非彼此竞争的关系。因此，要善于调动在不同议题领域形成的增量合作资源，通过其他发展中国家合作机制带动金砖国家合作机制，本着相互尊重、合作共赢的精神，不断为金砖国家间合作机制化注入新的内容，提升合作水平。

最后，金砖国家合作的工作要实，要扎扎实实地推进金砖国家在各个领域中的务实合作，不贪大求全，也不贪多求快，务必将金砖国家合作打造成为对各方都具有吸引力的合作平台。新兴经济体国家能源资源丰富，发展速度很快，优势互补，有广阔的合作潜力。2012 年，中国对新兴市场和发展中国家进出口快速增长，与 2007 年相比，占进出口的比重提高 6.2 个百分点。其中，与巴西、俄罗斯、印度和南非等国家的进出口额分别增长 188.5%、83%、72%和 327%。[①] 因此，中国与新兴经济体要抓住机遇，扎实推进各领域中的务实合作，不断深化彼此的真诚伙伴关系。在政治上，加强高层交往，相互尊重和照顾对方核心关切，妥善处理两国间存在的问题和分歧，深入交流彼此治国理政的经验，共同探索符合本国国情的发展道路，首脑峰会和外交合作要管用，能够解决实际问题。在经济上，加强宏观经济政策协调，通过建立金砖国家发展银行、金砖自由贸易区、金砖国家合作数据信息中心等机制，引导贸易、投资、基础设施建设、科技进步等领域的合作，大力推动建设全球发展伙伴关系，促进各国共同繁荣和互利共赢，增强抵御国际经济风险的能力。在社会文化上，加强双边人文交流，建立金砖国家大学联盟，开启金砖智库合作委员会，举办金砖国家文化艺术论坛，推动教育、科技、文化、体育、卫生、青年、妇女、地方等各层次和各领域的交流，增进彼此相互理解，为发展国家间真诚伙伴关系夯实社会基础。

---

① 王希：《我国与新兴市场和发展中国家贸易快速发展》，新华网北京 2013 年 5 月 9 日电。

第二十章

南非的金砖国家身份认同

作为新兴经济体的代表，金砖国家在国际事务中发挥着越来越重要的作用。而媒介话语作为精英话语的重要载体之一，折射出金砖成员国对金砖当前发展和未来走向的关注，也体现了对于成员国对金砖国家身份认同感的强弱。基于2013—2014年南非主流印刷媒体对金砖国家的相关报道，本章探析了南非对于金砖带给南非机遇和挑战的理解。其中，南非在金砖框架内对本国利益的诠释以及对金砖组织的期待成为南非判断机遇和挑战的首要考量。通过对报道议题的分析，本章认为南非对于金砖组织的关注与期待主要体现在两个方面，一是金砖合作机制的建设，如：金砖峰会的开展、金砖国家银行、金砖国家工商理事会、科研中心，以及为国际事务出谋划策的智囊团的建设；二是对金砖国家能为非洲大陆国家带来的包括基础设施建设、教育等方面的发展的期待。综观南非对于金砖国家的报道可以发现，其基本呈现出南非对金砖组织的认同感较高、对金砖组织在对金砖框架下的经济议题达成共识的程度高于政治议题，以及在非经济议题中对金砖组织的有所作为有所期待这三个特点。

由中国、俄罗斯、印度、巴西和南非五个新兴经济体（emerging powers）组成的金砖国家（BRICS）正在进行由“侧重经济治理、务虚为主”的“对话论坛”（dialogue forum）向“政治经济治理并重、务虚和务实相结合”的“全方位协调机制”（full - fledged mechanism）转型。[①]金砖成员

① 朱杰进：《金砖国家合作机制的转型》，《国际观察》2014年第3期，第59—73页。

国对组织的认同感将是确保金砖国家合作充满活力与效力的重要因素，将影响到该组织创设的宏伟蓝图能否得以实现，金砖国家未来发展走向何方的问题。此项研究所指的“认同”为金砖国家的集体认同（collective identification）。

亚历山大·温特（Alexander Wendt）认为：认同是一个认知过程，在这一过程中自我与他者的界限变得模糊起来，并在交界处产生完全的超越。集体认同把自我与他者合为同一种身份。集体身份涉及共有特征，但不是所有的共有特征都涉及认同。简言之，集体认同把角色身份与隶属身份结合起来，使行为体把他者的利益定义为自我利益的一部分，亦即具有利他性。利他行为仍然可以是理性的，但是它们权衡利益的基础是团体或团队。[①]在金砖成员国把“自我”与“金砖”合为同一种身份的过程中，也是各成员国清晰界定自身国家利益，协调促成自身利益与组织利益达成一致的过程。当二者易达成共识，形成契合时，有助于集体认同的形成；反之，则逆行。深刻理解以下基本议题将有助于增强金砖国家集体认同感。议题之一，金砖成员国对自身的国家利益有怎样清晰的诠释和关切？议题之二，金砖成员国对金砖组织有怎样的期待？议题之三，金砖成员国的国家利益与金砖组织利益之间，或金砖成员国之间是否存在利益的冲突？如果有，是哪些？又应该采用何种方式化解这种由利益而产生的分歧？

此项研究以南非为个案，使用 Nexis 多语种数据库，选取南非的报刊样本《星报》和《星期日时报》，采用关键词“Brics”搜索的方法，基于其 2013—2014 年的相关报道，运用内容分析的方法，针对以上议题进行深入探讨。南非实行新闻自由和开放政策，因而其新闻媒体是在相对自由的环境下进行运作的。2002 年首次公布的全球新闻自由度指数排名显示，南非在 139 个国家中居第 26 位，根据 2015 年全球新闻自由度指数排名显示，南非在 180 个国家中仍以 22.06 分居第 39 位[②]，因此在崇尚“自由”“独立”的新闻价值观环境下，南非媒体报道相对客观公正，能够普遍代

---

① 亚历山大·温特：《国际政治的社会理论》，秦亚青译，上海人民出版社 2000 年版，第 287—288 页。

② “Reporters Without Borders：2015 World Press Freedom Index”，http：//index. rsf. org/. 2015 年 9 月 15 日。

表受过良好教育的中上层民众及社会精英观点。

一　媒体报道数据分析

在 LexisNexis Academic 数据库中，从报纸性质、发行量及媒体受众的代表性等指标考量，选取南非的报刊样本《星报》和《星期日时报》。《星报》是南非最有影响力的英文报纸之一，创刊于 1887 年，总部位于约翰内斯堡，是南非独立新闻和媒体集团下属的一家历史悠久的日报，期发行量为 18.5 万份，拥有 61.8 万读者，且其读者主要是中上阶层人士和受过良好教育、经济宽裕及国内有影响的人士。与此同时，因为其拥有自己的印刷厂和发行网络，因此在印刷发行方面占有较大主动权，发表内容较为自由。《星期日时报》创刊于 1906 年，是南非国内销量最大的周报，该报期发行量为 50.6 万份，读者超过 350 万人，其读者也主要为中上阶层人士和受过良好教育、经济宽裕及国内有影响的人士。总部设在约翰内斯堡，在比勒陀利亚、开普敦、德班和伊丽莎白港等城市有分社，其影响力不仅覆盖全国，还辐射到莱索托、博茨瓦纳和斯威士兰等国。

在这两份报纸的资料库中键入关键词“Brics”，设定的时间范围是 2013 年 1 月 1 日—2014 年 12 月 31 日，共收集到相关报道 281 篇，剔除相关度弱及报道内容重复的文章后，共收集到有效文本 178 篇，2013 年为 127 篇，2014 年为 51 篇，两年每月报道量如图 20 - 1 所示。从报道字数上看，2013 年平均每篇文章报道字数为 700 字，2014 年平均每篇文章报道字数为 629 字，可见 2013 年的报道较 2014 年更为密集、深入。其中，2013 年 3 月关于金砖的报道在数量上出现井喷式报道。这一现象勾勒出南非社会特别是社会精英对于“德班峰会”这一媒介事件的高度关注。南非作为金砖国家第五次峰会的主办国，围绕此次峰会做了非常详细的报道。同时，密集的报道数量也诠释出南非社会对于“金砖国家”发展的期待。

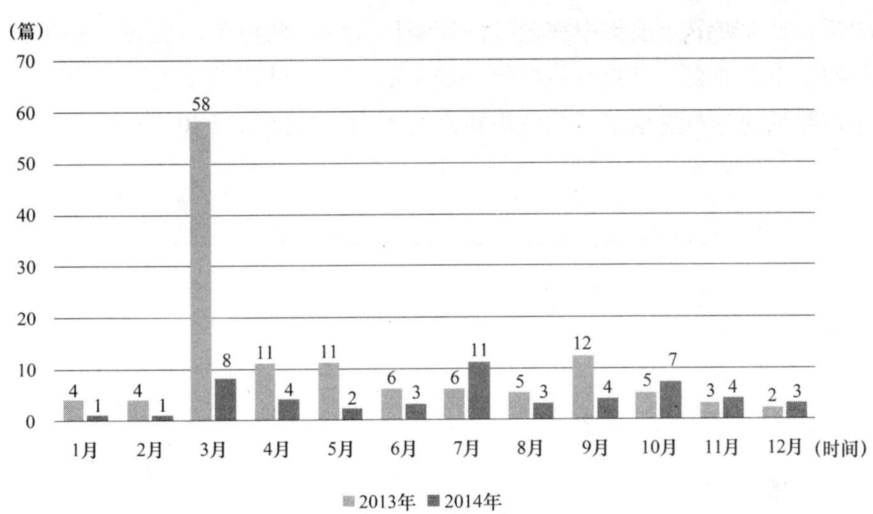

图 20-1　南非 2013 年和 2014 年每月媒体报道篇数

资料来源：笔者自制。

依据报道的关注内容，按照南非事务（以南非政府为主要行为体参与金砖相关的报道）、国际事务（国际社会中以各国为行为主体涉及与金砖国家关系的报道）和金砖事务（以金砖国家本身为行为主体，金砖国家间与金砖国家发展相关的报道）进行分类，报道篇数分布如图 20-2 所示。

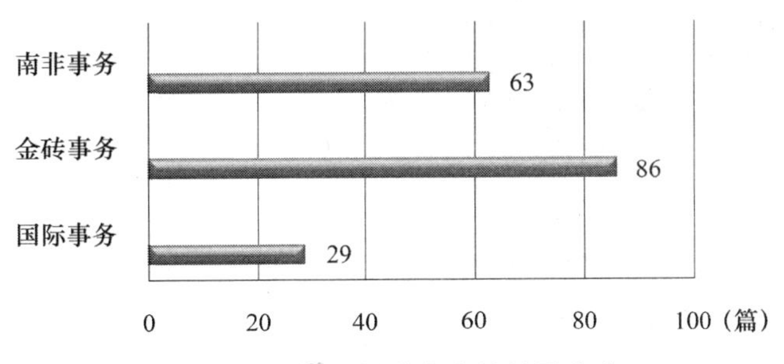

图 20-2　南非报道内容的数量分布

资料来源：笔者自制。

结合报道内容来看，南非媒体对于金砖国家的相关报道主要集中在如何协调南非国家利益与金砖组织利益之间的关系上，即金砖的发展会带给南非怎样的机遇与挑战。涉及国际事务的报道则数量较少，仅占报道总量的

16.2%，且大部分报道集中在金砖国家集体在国际政治中的表现，如在叙利亚问题、巴以冲突、乌克兰危机等问题上的态度。就南非本国事务而言，专题报道数量的分布显示了其关注侧重点之不同，具体如图 20－3 所示。

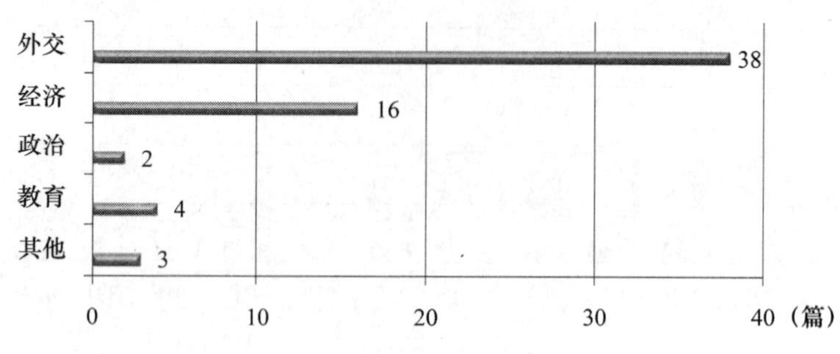

图 20－3 南非事务各议题数量分布

资料来源：笔者自制。

外交事务报道议题的数量分布在一定程度上体现了南非外交发展的区域和国别重点，具体如图 20－4 所示。

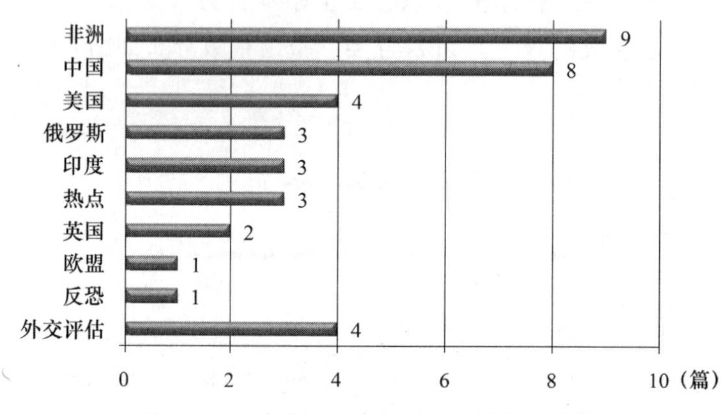

图 20－4 南非外交事务报道议题分布情况

资料来源：笔者自制。

作为非洲发展的领头羊，南非高度关注非洲发展的整体态势，同时高度重视同中国、美国、俄罗斯、印度等大国之间的关系，对国际热点议题的探讨则聚焦乌克兰和叙利亚问题。

由于本章主要是对南非对于金砖国家身份的认同感进行探究，因此综观2013—2014年南非媒体涉及金砖报道的诸多文本，对涉及金砖事务的86篇报道进行具体分析，发现南非媒体对金砖事务的86篇报道主要集中在南非在金砖国家发展中的机遇与挑战、德班峰会、新开发银行以及金砖成员国之间的关系等方面，具体如图20－5所示。

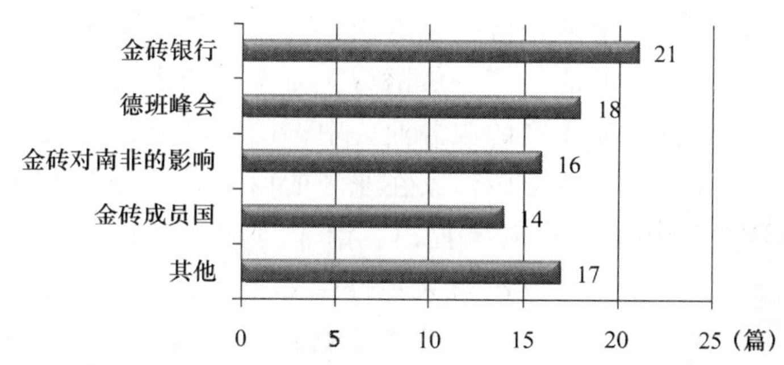

图20－5　涉金砖报道的主要议题分布情况

资料来源：笔者自制。

二　关于金砖带给南非机遇与挑战

对于南非加入金砖国家，南非政界和学界一直存在分歧与争论。在16篇涉及南非与金砖关系的报道中，8篇文章持有疑虑和消极态度，6篇文章持积极态度，2篇文章为中性报道。在2013年德班峰会召开之前，对南非加入金砖的疑虑较多。伴随金砖开发银行的建立，涉及金砖的报道渐趋积极，逐步展示出南非对金砖发展的信心，以及金砖能赋予南非发展的活力与动力。

南非对金砖的疑虑主要集中在南非加入金砖是发展机遇还是发展障碍的讨论中。尽管南非是非洲大陆上的经济领袖，但是和其他金砖国家相比，南非经济体量较小；同时，金砖伙伴之间在经济规模和增长速度上不同，在政治和经济体系中存在重大的差异和一些摩擦。[①]有分析师认

① Herman Wasserman, "BRICS through the Media's Eyes: Studies of Media Content in South Africa Have Shown a Preference for India and China When it Comes to Coverage", *The Star*, South Africa, March 26, 2013.

为：南非加入金砖只是增加了自己的商业竞争对手；南非和非洲与金砖国家的贸易还是存在不平衡，非洲国家主要购买制成品，而出口主要为原料；美国有望延长《非洲增长和机遇法案》（the African Growth and Opportunity Act），南非进入美国市场的路径畅通，南非不应该破坏自己与西方经济体的关系；此外，印度、巴西和南非均为民主国家，而中国和俄罗斯是威权国家，这亦将影响对话与交流。① 美国高盛公司首席分析师吉姆·奥尼尔认为南非经济体量有限，人口数量之少难以与其他金砖国家比较，且缺乏长期的经济发展潜力。对于南非来说，金砖国家是其政治战略合作伙伴，但印度的服务业、中国的制造业都是南非的竞争对手。因此，南非如何利用金砖国家在非洲的商业利益关系实现平衡是一个问题。② 甚至有南非左翼专家提出：南非与其他金砖国家相比像个侏儒，金砖国家只是代替西方国家来掠夺南非的资源。③ 巴西占据了家禽工业，中国占据了制造业，南非作为金砖国家中最小的国家有何收获？印度和中国是南非的重要竞争者；南非并不认同金砖带来的机会。④ 同时，南非深受其国家身份的困扰，它既是金砖国家成员，又是“脆弱五国”（Fragile Five，巴西、印度、印尼、南非和土耳其）成员⑤，E5（Emerging Five）或E6（Emerging Six）“新兴五国经济体或新兴六国经济体”更符合这一群体的地缘经济特征，且印度尼西亚和土耳其无论是GDP增长幅度还是人口均比南非更为合适加入金砖，且从地理位置的角度考量，印度尼西亚和土耳其的加盟更有助于形成新兴经济体的地缘经济扩展带。⑥

另外，有关报道力挺南非加入金砖，认为：2010年南非加入金砖是其最大的外交改变。南非处在一个充满机遇的环境，金砖国家给南非提供了

① *The Star*, South Africa, March 22, 2013.

② Martyn Davies “SA Needs to Justify Its Inclusion in BRICS”, *Sunday Times*, South Africa, March 17, 2013.

③ *The Star*, South Africa, March 22, 2013.

④ “Readers' Views”, *Sunday Times*, South Africa, April 7, 2013.

⑤ Kuseni Dlamini, “Davos can Open Ears of World to SA's Views”, *Sunday Times*, South Africa, Jan. 19, 2014.

⑥ Martyn Davies, “Indonesia and Turkey top BRICS Contenders”, *Sunday Times*, South Africa, March 3, 2013.

增强其竞争力的机会。南非成为金砖成员国将有助于其进一步促进经济增长和转型，解决贫困、不平等和事业等问题，并增加在矿业的新投资。①同时，南非应该加强自己的全球竞争力，继续和金砖国家发展良好的关系，支持新的产业的发展，帮助现有产业保持竞争力，并鼓励政府支持当地产业。② 祖马愿意邀请其他一些非洲国家领导人参加峰会也是一个积极的信号，说明南非希望优势共享，③这体现了南非作为非洲大陆领头羊的气度与胸怀。此外，南非对金砖存在期待。通过比较金砖成员国的 GDP、贸易总额、FDI 存量等，南非和非洲都希望金砖国家，特别是新开发银行，可以为其提供发展资金支持。④德班峰会之后，南非将积极响应德班会议的倡议；南非与其他金砖国家的贸易量从 11.6% 增长到 27%；25 人组成金砖商业委员会将会大有作为，金砖带来勇敢的商业新世界，如果成员国积极响应，将影响未来的南半球。⑤

三 关于德班峰会

金砖国家领导人第五次会晤于 2013 年 3 月 26—27 日在南非德班举行。此次峰会的主题是“金砖国家与非洲：致力于发展、一体化和工业化的伙伴关系”。会晤期间，金砖国家领导人就加强金砖国家伙伴关系、深化金砖国家与非洲合作以及共同关心的国际和地区问题深入交换意见；金砖国家领导人还同非盟领导人和十余位国家领导人举行对话会。国际观察人士认为，此次会晤进一步推动了金砖国家之间的务实合作，开辟了金砖国家与非洲合作的新前景。南非媒体对德班峰会的报道呈现密集态势，自 2013 年 1 月 4 日至 2014 年 5 月 17 日，共有 18 篇报道全方位展示了南非对德班峰会的期待，以及德班峰会给予南非的发展信心。在

① “Zuma Reprimands Opponents of the NDP”, *The Star*, South Africa, March 27, 2013.

② Raymond Parsons, “Cheers for Gordhan's Delicate Balancing Act”, *Sunday Times*, South Africa, March 3, 2013.

③ “Durban Summit”, *The Star*, South Africa, March 26, 2013.

④ *The Star*, South Africa, March 22, 2013.

⑤ “Brics can Bring Brave New Business World: If Member States Rise to the Occasion, They will Influence the Future of the Global South”, *The Star*, South Africa, April 2, 2013.

18 篇报道中，3 篇为涉及介绍峰会出席代表[①]、被邀请的非洲领导人[②]和会议安保情况[③]的客观报道，13 篇报道集中分析了德班峰会给予南非和非洲的信心和希望。早在 2013 年新年伊始，金砖国家德班峰会就作为年度盛事被提上媒介议程。[④]南非期待金砖国家能为非洲带来益处，推进南非国家利益，推动非洲议程，重新平衡全球政治和经济力量的失衡。[⑤]南非在金砖国家中的成员资格将成为全球经济战略的重要元素，能在设置经济合作议程中发挥重要作用。南非希望能同与会各国共同商讨金砖国家内部贸易存在的挑战，[⑥]促进在经济方面长期的互惠互利。[⑦]同时，南非珍视德班峰会的主场外交，认为可借助主场优势，展现国家魅力，吸引投资。[⑧]事实上，金砖峰会的召开，给德班带来了 2000 余名与会代表，大量的国际媒体队伍和国际及南非商务人士的涌入带动了其宾馆和其他的住宿等能力。[⑨]

南非对于金砖组织的关注与期待主要体现在两个方面。一是金砖合作机制的建设，如：金砖国家银行、金砖国家工商理事会、科研中心，以及为国际事务出谋划策的智囊团。[⑩] 南非高度评价金砖国家工商理事会，认

① Sibusiso Ngalwa, "Big Egos Play out at BRICS Summit", *Sunday Times*, South Africa, March 31, 2013.

② *The Star*, South Africa, March 22, 2013.

③ Matthew Savides and Taschica Pillay, "Security Net Tightens Ahead of BRICS Summit", *Sunday Times*, South Africa, March 24, 2013.

④ Peter Fabricius, "Global uncertainty Casts Shadow over Foreign Policy Planning; Hosting BRICS Summit will Certainly Be a Prestigious Event for South Africa", *The Star*, South Africa, January 4, 2013.

⑤ "How about a BRICS 'Outreach' to G8?; South Africa had Three Main Aims When it Joined BRICS Back in 2010", *The Star*, South Africa, January 18, 2013.

⑥ Rob Davies, "Fifth BRICS Summit will Focus on Partnership", *The Star*, South Africa, February 5, 2013.

⑦ Rob Davies, "BRICS Gathering Gives a Chance to Turn Cooperation Plans into Reality", *The Star*, South Africa, March 7, 2013.

⑧ Kuseni Dlamini, "BRICS Summit is Chance to Showcase Attractiveness Taking a Stand", *The Star*, South Africa, March 20, 2013.

⑨ Audrey D'Angelo, "BRICS Summit Brings Instant Benefits for Durban Business", *The Star*, South Africa, March 28, 2013.

⑩ Ellis Mnyandu, "All BRICS and No Mortarzz Shared Interests not Enough to Bridge Fissures that Bedevil Cooperation News Analysis", *The Star*, South Africa, March 28, 2013.

为这是“非洲发展新伙伴计划”（Nepad）的兴起，[①]可以促进金砖国家间的贸易往来，通过技术转移和发展实现更高层次的商务合作。[②]二是关注非洲大陆的发展，无论是非洲基础设施建设还是加强南非的健康研究和创新能力，均期待金砖国家能为非洲发展带来福祉。[③]

18 篇报道中有 3 篇涉及峰会中的猜忌。其一来自南非右翼的攻击，质疑如果南非的金砖伙伴是好朋友，为什么不支持南非在联合国安理会常任理事国席位。[④]其二是关于祖马将在 2013 年度第三次会见普京，德班峰会中的双边会谈引发孰重孰轻的猜疑。[⑤] 其三则关于南非印裔豪门办婚礼用军事机场迎宾而引发的印度和南非关系紧张，辛格成为德班峰会上唯一一位未能与祖马进行双边会晤的领导人。[⑥]

四　关于金砖国家新开发银行

在 86 篇南非涉金砖报道中，有 21 篇关于金砖国家新开发银行的报道，位列各议题排序之首，这体现了南非对新开发银行的高度关注。这些报道在 2013 年和 2014 年金砖峰会期间数量激增，呈较为密集的态势。综观这些报道，南非对新开发银行的认知经历了“看好”“把脉”和“拓展国际影响”三个阶段。

第一阶段是在 2013 年 3 月南非德班峰会召开之前，媒体报道一致看好

---

① Mamphela Ramphele, “What is Holding SA Back? Our Country Has Proved that It Has the Capacity to Compete with Other Developing Nations”, *The Star*, South Africa, April 5, 2013.

② “SA Argues Its Case at BRICS Business Report Interviews Sandile Zungu of the BRICS Business Council”, *The Star*, South Africa, March 20, 2013.

③ John Ouma Mugabe, “BRICS Partners can Show SA How to Fix Health System Medical Research”, *The Star*, South Africa, March 25, 2013.

④ Peter Fabricius, “Will SA's New Friends Turn Out So Different from the West? Criticism from the Right is Easily Dismissed by Pretoria – but from the Left it's Trickier”, *The Star*, South Africa, March 8, 2013.

⑤ “Protocol Isn't just a Proper Way to Do Things – It Makes or Breaks Relations; Is this the First Time Koloane's Dropped the Diplomatic Ball?”, *The Star*, South Africa, May 17, 2013.

⑥ “Those Scapegoated Officials Were Relatively Innocent; Was Undue Influence on Both Sides of the Indian Ocean a Factor in the Murky Guptagate Saga?” *The Star*, South Africa, May 10, 2013.

新开发银行的发展前景，认为南非是通往非洲大陆的一个战略性支点，[①]新开发银行这个平台将强化经济连接，为发展寻找机遇，[②]并对可能的贸易发展风险提供保证，[③]且将加快改造世界“老化”的金融基础设施，赢得更大的国际影响。[④] 伴随中国[⑤]、俄罗斯[⑥]相继提出金砖国家发展银行的初始资本问题，南非对新开发银行的认知进入第二阶段——“把脉”阶段，即从南非德班峰会到巴西福塔莱萨峰会之前。在这一阶段，南非关注新开发银行的机构建设，包括新开发银行选址、投资领域和适用范围等议题，[⑦]认为新开发银行的建立必须标明其明确的目标和意图，[⑧]期待新开发银行总部应设立在南非。[⑨] 南非对新开发银行的发展前景持乐观态度，认为金砖国家占40%的世界人口和17%的国际贸易，新开发银行有助于减少对西方的依赖[⑩]，将会有实质性的作为。[⑪]第三阶段是指金砖领导人巴西福塔莱萨峰会及之后这一阶段。在这一阶段，南非重在探讨新开发银行与原有的国际经济秩序之间的关系，常常将金砖新发展银行（NDB）与世界银行，金砖应急储备基金（CRA）与国际货币基金组织（IMF）进行比较[⑫]，认为新开发银行依然脆弱，新开发银行的风险在于

---

① Moloko Moloto, "Minister Upbeat on BRICS Bank Idea", *The Star*, South Africa, January 24, 2013.

② Wiseman Khuzwayo, "SA to Push for BRICS Bank at Summit", *The Star*, South Africa, March 19, 2013.

③ "We're Pulling Together, Now Let's Get Development Plan Rolling", *The Star*, South Africa, February 28, 2013.

④ "Russia BRICS Bank's Capital on Agenda", *The Star*, South Africa, March 19, 2013.

⑤ "China's Xi in Africa to Provide Trade Reassurance", *The Star*, South Africa, March 25, 2013.

⑥ "Russia BRICS Bank's Capital on Agenda", *The Star*, South Africa, March 19, 2013.

⑦ Ethel Hazelhurst, "BRICS Bank Expectation Runs before Preparation Feasible Concept Agreed", *The Star*, South Africa, March 28, 2013.

⑧ Pierre Heistein, "SA Needs to Understand Its Role in BRICS Bank Understanding Development", *The Star*, South Africa, March 28, 2013.

⑨ Ann Crotty, "BRICS Bank should be Based in Africa - Zuma", *The Star*, South Africa, May 10, 2013.

⑩ René Vollgraaff, "Long Way to Go before BRICS Bank Gets Going", *Sunday Times*, South Africa, May 12, 2013.

⑪ Thekiso Anthony Lefifi, "BRICS Bank more than a Glint in the Eye", *Sunday Times*, South Africa, March 31, 2013.

⑫ "Now for Real BRICS Bricks", *The Star*, South Africa, July 17, 2014; Peter Fabricius, " SA still Wins with BRICS Bank Regional Centre", *The Star*, South Africa, July 17, 2014.

是否能够获得国际影响。[①]

对于金砖应急储备基金的适用范围和领域，南非感到困惑。南非希望这一储备可以帮助非洲发展，但有分析认为它更可能集中在金砖国家本身。[②] 新开发银行的投资重点有望聚焦基础设施建设领域。[③]尽管金砖国家财政部部长也探索关于新发展银行对于金砖国家和其他新兴经济体及发展中国家在基础设施上发展项目，如金融安全网、提供资源的可能性，但新开发银行的细节结构和任务仍是外交策略的博弈。[④]

五　关于金砖国家之间的关系

在 14 篇涉及金砖成员国之间关系的文章中，金砖国家在克里米亚危机中的态度成为报道的焦点，文章认为克里米亚危机向金砖国家提出了挑战。金砖的目标是要用多极取代单极，俄罗斯的金砖朋友能否在克里米亚问题上用一个声音说话呢？印度国家安全助理说俄罗斯在乌克兰是合法的[⑤]，南非对是否支持俄罗斯表示为难，但同时又不得不考虑南非 90% 的大麦来自乌克兰和俄罗斯。[⑥] 金砖国家达成的共识是不允许在布里斯班 G20 会议上排斥俄罗斯参会。[⑦]

在 17 篇涉及教育、气候改革、通信等诸多议题的报道中，金砖国家

① Chris Hart, "The Chatter: New BRICS Bank Needs to be More than Simply Anti - West", *Sunday Times*, South Africa, July 20, 2014.

② *The Star*, South Africa, March 22, 2013.

③ Pierre Heistein, "SA Needs to Understand Its Role in BRICS Bank Understanding Development", *The Star*, South Africa, March 28, 2013.

④ Ethel Hazelhurst, "BRICS Bank Expectation Runs before Preparation Feasible Concept Agreed", *The Star*, South Africa, March 28, 2013.

⑤ Peter Fabricius, "Are Russia's BRICS Friends Secretly Delighted with Putin's Antics? After All, BRICS's Aim is to Replace the Unipolar World Order with a Multipolar One", *The Star*, South Africa, March 14, 2014.

⑥ Glenn Silverman, "Crimea Crisis Poses Challenges for BRICS", *Sunday Times*, South Africa, March 23, 2014.

⑦ "Crimean Crisis Pulling us Ever Closer to Russia's Orbit; SA Seems to Be Abandoning Its East - West Bridging Role", *The Star*, South Africa, March 28, 2014.

是否需要铺设海底电缆、确保通信安全的问题是讨论的重点之一。[①]此外，金砖国家在教育[②]、新能源[③]和文化[④]等领域的合作将为金砖合作开辟广阔前景。

六 小结

媒介话语作为精英话语的重要载体之一，折射出金砖成员国对金砖当前发展和未来走向的关注，也体现了南非对于金砖国家身份认同感的强弱。南非对于金砖国家报道的分析呈现以下基本特点。

第一，将金砖组织的利益与南非本国的利益进行仔细比对，反复权衡利弊得失，明确金砖对于南非发展的机遇和挑战。相对于金砖组织内的大国，如俄罗斯和印度更为关注金砖组织议程设置的问题，而南非则关注金砖发展为本国带来的战略机遇。因而，强化金砖国家的集体认同需扩大共同利益，理解各成员国的战略关切，协调不同意见，开创合作共赢的局面既符合金砖组织的利益，也符合各成员国的利益。目前看来，南非对德班峰会和巴西福塔莱萨峰会的议程设置，以及新开发银行的议程设置均表示肯定，对金砖未来的发展前景充满信心，尽管在具体细节上略有不同声音，但可以继续协调。因而，南非对金砖组织的认同感较高。

第二，南非对金砖框架下的经济议题达成共识的程度高于政治议题。无论是国际热点，如克里米亚、叙利亚问题上的表态，还是国内政治引发的关于人权、领导力等议题的探讨，南非均有自己的衡量标准，难以与其他金砖成员国达成完全一致。但作为新兴经济体的组合，金砖国家正在努力且逐步在 G20 的框架内发出一个声音，如不允许布里斯班 G20 会议排斥

---

① "When in BRICS, Ask Edward Snowden: Talk has been Rife of an Undersea Cable Connecting Brazil, Russia, India, China and SA, Independent of the US. But Is it True?" *The Star*, South Africa, September 27, 2013.

② Riaan Jonck, "BRICS Nations Require Education Shot in the Arm; Government Spending Isn't Translating into the Skills Needed in the 21st Century", *The Star*, South Africa, September 2, 2014.

③ "SA's Climate Reforms Still a Drop in the Ocean; SA's Message is Bound to Sound Insincere as We Build Coal – Power Stations and Ignore Renewable Energy Sources, Writes Patrick Bond", *The Star*, South Africa, November 12, 2013.

④ "Valuable Knowledge Shared at SETE Conference", *The Star*, South Africa, November 6, 2014.

俄罗斯参会，推动国际社会向多极化发展。因而，金砖国家从新兴经济体合作对话的经济论坛向“政治经济并重型”论坛的转化尚需时日，但伴随其金砖身份认同感的不断加强，金砖成员国在政治议题方面会发出更多声音。

第三，“金砖”这个称谓为南非的发展提供参照物，细化为具体的参考指标。南非在提及本国教育、能源、文化等非经济议题时，常常会提及其他金砖成员国的发展状况，或是对金砖提出希冀，期待金砖组织能在这个领域有所作为。

总之，伴随金砖峰会的机制化运行、新开发银行运作细节的逐步理顺以及金砖国家间公共外交活动的频繁，南非作为金砖成员国中的一员，对金砖的集体认同感或将呈上升趋势。

参考文献

阿尔弗雷德·马歇尔：《经济学原理》（上卷），朱志泰译，商务印书馆 1964 年版。

阿玛蒂亚·森：《关于争鸣的印度人——印度人的历史、文化与身份论集》，上海三联书店 2007 年版。

阿诺德·汤因比：《历史研究》，曹未风等译，上海人民出版社 1966 年版。

安东尼·吉登斯：《社会学》，赵旭东等译，北京大学出版社 2003 年版。

蔡春林：《金砖四国经贸合作机制研究》，中国财政经济出版社 2009 年版。

蔡春林、刘畅：《金砖国家发展自由贸易区的战略冲突与利益协调》，《国际经贸探索》2013 年第 2 期。

蔡春林、刘畅、黄学军：《金砖国家在世界经济中的地位和作用》，《经济社会体制比较》2013 年第 1 期。

蔡同昌：《俄罗斯人如何看待“金砖国家”?》，《俄罗斯中亚东欧研究》2012 年第 1 期。

曹广喜：《“金砖四国”的碳排放、能源消费和经济增长》，《亚太经济》2011 年第 6 期。

陈东晓：《美国国际体系观的演变及其内涵》，《现代国际关系》2008 年第 1 期。

陈佳贵：《金砖四国发展模式比较》，《瞭望》2010 年第 3 期。

陈进主编：《金砖国家经贸合作发展报告》，对外经贸大学出版社 2013 年版。

陈凯、陈振飞、孙蒙：《中国式智能电网进入全面建设》，《人民日报》（海外版）2010 年 8 月 23 日。

陈丽萍：《能源可持续发展研究现状评述》，《国土资源情报》2005 年第 11 期。

陈雨露：《“金砖国家”的经济和金融发展：一个比较性概览——金砖国家

金融发展的特征与趋势（上）》，《金融博览》2012 年第 5 期。
陈雨露：《“金砖国家”的经济和金融发展：一个比较性概览——金砖国家金融发展的特征与趋势（下）》，《金融博览》2012 年第 6 期。
陈拯：《金砖国家与保护的责任》，《外交评论》2015 年第 1 期。
崔小明：《俄罗斯投资印度西部建丁基橡胶厂》，《橡胶技术与装备》2013 年第 12 期。
崔志楠、邢悦：《从“G7 时代”到“G20 时代”》，《世界经济与政治》2011 年第 1 期。
达尔文：《人类的由来》，潘光旦等译，商务印书馆 2009 年版。
戴维·赫尔德、凯文·扬：《有效全球治理的原则》，朱旭译，《南开学报》（哲学社会科学版）2012 年第 5 期。
单文华、张生：《美国投资条约新范本及其可接受性问题研究》，《现代法学》2013 年第 5 期。
道格拉斯·C. 诺斯：《制度、制度变迁与经济绩效》，刘守英译，上海三联书店 1994 年版。
杜尚泽、鲍捷：《提高金砖国家全球经济治理话语权》，《人民日报》（海外版）2014 年 11 月 17 日。
樊莹、陈阳：《后金融危机时期的国际贸易治理》，载朱立群等主编《全球治理：挑战与趋势》，社会科学文献出版社 2014 年版。
樊勇明：《金砖国家合作与亚洲多元发展》，《复旦学报》（社会科学版）2013 年第 6 期。
樊勇明：《贸易便利化：金砖合作的共识》，《国际市场》2014 年第 6 期。
樊勇明：《全球治理新格局中的金砖合作》，《国际展望》2014 年第 4 期。
樊勇明、贺平：《“包容性竞争”理念与金砖银行》，《国际观察》2015 年第 2 期。
冯继承：《中国参与联合国维和行动：学习实践与身份承认》，《外交评论》2012 年第 1 期。
冯绍雷：《制度变迁与对外关系——1992 年以来的俄罗斯》，上海人民出版社 1997 年版。
高尚涛：《实践理论与实践模式：中国参与金砖国家机制进程分析》，《外交评论》2015 年第 1 期。
高祖贵、魏宗雷、刘钰：《新兴经济体的崛起及其影响》，《国际资料信息》2009 年第 8 期。
格里·斯托克：《作为理论的治理：五个论点》,《国际社会科学》（中文版）1999 年第 2 期
顾云深主编：《金砖国家研究》，上海人民出版社 2013 年版。
迈克尔·A. 豪格、多米尼克·阿布拉姆斯：《社会认同过程》，高明华译，中国人民大学出版社 2011 年版。
赫德利·布尔：《无政府社会：世界政治秩序研究》，张小明译，世界知识出版社 2003 年版。
洪邮生：《现实主义国际关系理论：一种经久不衰的主流范式》，《历史教学问题》2004 年第 4 期。
洪邮生、方晴：《全球经济治理力量中心的转移：G20 与大国的战略》，《现代国际关系》2012 年第 3 期。
胡锦涛：《展望未来 共享繁荣——在金砖国家领导人第三次会晤时的讲话》，《人民日报》2011 年 4 月 15 日。
黄河：《国际直接投资规则的新变化及其对金砖国家的影响与挑战》，《深圳大学学报》（人文社会科学版）2015 年第 4 期。
黄凌云、黄秀霞：《“金砖五国”金融合作对五国及全球经济的影响研究——基于 GTAP 模型的实证模拟》，《经济学家》2012 年第 4 期。
黄庐进、梁乘：《金砖国家对外直接投资特征比较》，《商业时代》2012 年第 23 期。
黄仁伟：《金砖国家崛起与全球治理体系》，《当代世界》2011 年第 5 期。
黄仁伟：《全球经济治理机制变革与金砖国家崛起的新机遇》，《国际关系研究》2013 年第 1 期
黄薇：《金砖国家合作：基础、动力与进展》，《国际经贸探索》2014 年第 12 期。
加里·贝克尔：《人类行为的经济分析》，王业宇、陈琪译，格致出版社 2013 年版。
江时学：《如何使“金砖”更具成色》，《世界知识》2014 年第 15 期。
焦传凯：《印度大国之路的两难困境》，《南通大学学报》（社会科学版）2014 年 3 期。
焦传凯、郝海青：《论金砖国家合作的潜力及限制——基于结构现实主义视角》，《湖南社会科学》2015 年第 2 期。

金彪:《浅析中国和巴西多边框架内的合作》,《拉丁美洲研究》2012 年第 2 期。

康晓:《金砖国家气候合作:动力与机制》,《国际论坛》2015 年第 2 期。

肯尼思 · 奥耶编:《无政府状态下的国际合作》,田野、辛平译,上海人民出版社 2010 年版。

肯尼思 · 沃尔兹:《国际政治理论》,信强译,苏长和校,上海人民出版社 2008 年版。

黎兵:《金砖国家推动全球经济治理从国际体系向世界体系转型》,《国际关系研究》2015 年第 4 期。

李稻葵、徐翔:《全球治理视野的金砖国家合作机制》,《改革》2015 年 10 期。

李刚强:《从"金砖国家"峰会看中国发展之路》,《中国检验检疫》2009 年第 8 期。

李冠杰:《试析印度的金砖国家战略》,《南亚研究》2014 年第 1 期。

李国璋、霍宗杰:《中国全要素能源效率、收敛性及其影响因素——基于 1995—2006 年省际面板数据的实证分析》,《经济评论》2009 年第 6 期。

李丽:《低碳经济对国际贸易规则的影响及中国的对策》,《财贸经济》2014 年第 9 期。

李向阳:《国际经济规则的实施机制》,《世界经济》2007 年第 12 期。

李向阳:《金砖国家发展之路如何延伸》,《当代经济》2011 年第 5 期。

李向阳:《金砖国家经济面临的共同机遇与挑战》,《求是》2011 年第 8 期

李扬主编:《"金砖四国"与国际转型》,社会科学文献出版社 2011 年。

李玉梅、桑百川:《国际投资规则比较、趋势与中国对策》,《经济社会体制比较》2014 年第 1 期。

李治国、杜秀娥:《"金砖国家"清洁能源利用及能源消费结构的实证分析》,《亚太经济》2012 年第 3 期。

莉萨 · 马丁、贝思 · 西蒙斯编:《国际制度》,黄仁伟等译,上海世纪出版集团 2006 年译。

林伯强:《低碳经济全球化和中国的战略应对》,《金融发展评论》2010 年第 11 期。

林伯强:《结构变化、效率改进与能源需求预测》,《经济研究》2003 年第 5 期。

林跃勤：《金砖国家：增长问题与增长转变——国外学术界观点述评》，《国外社会科学》2013年第4期。

林跃勤：《金砖四国：经济转型与持续增长》，《经济学动态》2010年第10期

林跃勤：《金砖银行：重构国际金融新秩序》，《光明日报》2014年10月15日。

林跃勤：《全球金融危机对金砖国家的影响》，《红旗文稿》2009年第12期。

林跃勤：《新兴经济体经济增长方式评价——基于金砖国家的分析》，《经济社会体制比较》2011年第5期。

林跃勤、周文：《金砖国家崛起动力：从比较优势走向竞争优势》，《中国财经报》2011年4月21日。

林跃勤、周文主编：《金砖国家发展报告（2012）：合作与崛起》，社会科学文献出版社2012年版。

林跃勤、周文主编：《金砖国家发展报告（2013）：转型与崛起》，社会科学文献出版社2013年版。

林跃勤、周文主编：《金砖国家发展报告（2014）：创新与崛起》，社会科学文献出版社2014年版。

林跃勤、周文主编：《金砖国家发展报告（2015）：金融合作与共同发展》，社会科学文献出版社2015年版。

刘春杰：《俄罗斯对金砖国家建制的政策和研究综述》，《俄罗斯学刊》2015年第6期。

刘丰：《国际利益格局调整与国际秩序转型》，《外交评论》2015年第5期。

刘锋、朱显平：《俄罗斯能源企业"走出去"发展战略与中俄合作》，《东北亚论坛》2013年5期。

刘军梅等：《贸易便利化：金砖国家合作的共识》，上海人民出版社2014年版。

刘文革、林跃勤：《金砖国家货币合作之路》，《资本市场》2013年第1期。

刘文革、王磊：《金砖国家能源合作机理及政策路径分析》，《经济社会体制比较》2013年第1期。

刘文革、王文晓：《建立金砖自贸区可行性及经济效应分析》，《国际经贸探索》2014 年第 6 期。

柳天恩、王朝凤：《俄罗斯能源政策研究》，《黑龙江对外经贸》2011 年第 2 期。

卢锋、李远芳、杨业伟：《“金砖五国”的合作背景和前景》，《国际政治研究》2011 年第 2 期。

罗伯特·阿克塞尔罗德：《合作的进化》，吴坚忠译，上海人民出版社 2007 年版。

罗伯特·杰维斯：《系统效应：政治与社会生活中的复杂性》，李少军等译，上海人民出版社 2008 年版。

罗伯特·基欧汉：《霸权之后：世界政治中的合作与纷争》，苏长和等译，上海人民出版社 2012 年版。

吕有志：《论“金砖国家”的国际影响力及其制约因素》，《国际展望》2011 年第 3 期。

马克思、恩格斯：《马克思恩格斯选集》（第 4 卷），人民出版社 1995 年版。

马露萍：《重商主义视角下中国与巴西的贸易摩擦分析》，《北方经济》2012 年第 2 期。

曼瑟尔·奥尔森：《集体行动的逻辑》，陈郁等译，上海人民出版社 2011 年版。

毛志远：《美国 TPP 国企条款提案对投资国民待遇的减损》，《国际经贸探索》2014 年第 1 期。

门洪华：《霸权之翼：美国国际制度战略》，北京大学出版社 2005 年版。

莫里斯·贝特朗：《联合国改革努力的历史发展》，《南开大学学报》2008 年第 5 期。

尼赫鲁：《印度的发现》，齐文译，世界知识出版社 1956 年版。

宁优俊：《腐败与经济增长双高之谜——对“金砖四国”实证分析》，《中国市场》2011 年第 5 期。

牛海彬：《“中国责任论”析论》，《现代国际关系》2007 年第 3 期。

牛海彬：《巴西的金砖战略评估》，《当代世界》2014 年第 8 期。

牛海彬：《当前巴西经济困境的政治经济学视角》，《拉丁美洲研究》2015 年第 5 期。

牛海彬：《中国巴西关系与金砖国家合作》，《拉丁美洲研究》2014 年第 3 期。
欧阳峣：《“金砖四国”崛起的大国效应》，《大国经济研究》2010 年第 2 辑。
欧阳峣、罗会华：《金砖国家科技合作模式及平台构建研究》，《中国软科学》2011 年第 8 期。
庞珣：《“金砖”已成明日黄花?》，《中国投资》2014 年第 5 期。
庞中英主编：《中国学者看世界 · 全球治理卷》，新世界出版社 2007 年版。
庞中英、王瑞平：《从战略高度认识金砖国家合作与完善全球经济治理之间的关系》，《当代世界》2013 年第 4 期
齐绍洲、云波、李锴：《中国经济增长与能源消费强度差异的收敛性及机理分析》，《经济研究》2009 年第 4 期。
乔治 · 杜比主编：《法国史》（下卷），吕一民等译，商务印书馆 2010 年版。
秦淮仕：《后危机时代的“金砖国家”》，《大经贸》2009 年第 7 期。
秦亚青：《全球治理失灵与秩序理念的重建》，《世界经济与政治》2013 年第 4 期。
秦亚青主编：《理性与国际合作：自由主义国际关系理论研究》，世界知识出版社 2008 年版。
秦治来：《“金砖国家”首次峰会：奏响合作共进的新和弦》，《国际瞭望》2009 年第 5 期。
任琳：《金砖合作推动塑造中性国际制度》，《东方早报》2014 年 7 月 22 日。
任琳：《危机过后，G20 如何把日子过好》，《世界知识》2014 年第 24 期。
任琳、尹继武：《金砖国家合作的起源：一种理论解释》，《国际政治研究》2015 年第 5 期。
萨科瓦：《金砖国家和泛欧洲的终结》，《俄罗斯研究》2015 年第 5 期。
萨科瓦：《乌克兰的未来》，《俄罗斯研究》2015 年第 1 期。
桑百川、刘洋、郑伟：《金砖国家金融合作：现状、问题及前景展望》，《国际贸易》2012 年 12 期。
桑百川、郑伟、谭辉：《金砖国家服务贸易发展比较研究》，《经济学家》2014 年第 3 期。
沈逸：《全球网络空间治理与金砖国家合作》，《国际观察》2014 年第

4 期。

斯蒂芬·赫德兰：《金融危机之后的俄罗斯》，《俄罗斯研究》2010 年第 6 期。

宋海啸：《印度对外政策决策——过程与模式》，世界知识出版社 2011 年版。

苏长和：《中国与国际体系：寻求包容性的合作关系》，《外交评论》2011 年第 1 期。

苏长和：《中国与全球治理：进程、行为、结构与知识》，《国际政治研究》2011 年第 1 期。

孙凯：《参与实践、话语互动与身份承认——理解中国参与北极事务的进程》，《世界经济与政治》2014 年第 7 期。

谭崇台主编：《发达国家发展初期与当今发展中国家经济发展比较研究》，武汉大学出版社 2008 年版。

田春生：《俄罗斯"国家资本主义"的形成及其特征》，《经济学动态》2010 年第 7 期。

田野：《国际关系中的制度选择：一种交易成本的视角》，上海人民出版社 2006 年版。

田野：《全球治理中的制度供给：一种交易费用分析》，《世界经济与政治》2002 年第 10 期。

汪丁丁：《人类合作秩序的起源与演化》，《社会科学战线》2005 年第 4 期。

汪巍：《金砖国家多边经济合作的新趋势》，《亚太经济》2012 年第 2 期。

王碧珺：《中国参与全球投资治理的机遇与挑战》，《国际经济评论》2014 年第 1 期。

王殿华：《转型国家对外投资问题研究——俄罗斯对外直接投资的特征、优势及前景》，《俄罗斯中亚东欧研究》2010 年第 4 期。

王飞、吴缙嘉：《中国和巴西经贸关系的现状、机遇与挑战》，《国际论坛》2014 年 4 期。

王海峰：《国际经济和治理格局变动趋势》，《宏观经济管理》2014 年第 2 期。

王浩：《全球金融治理与金砖国家合作研究》，《金融监管研究》2014 年第 2 期。

王厚双、关昊、黄金宇：《金砖国家合作机制对全球经济治理体系与机制创新的影响》，《亚太经济》2015 年第 3 期。

王俊生：《巴西大选后新政府的紧要外交议程》，《拉丁美洲研究》2010 年第 6 期。

王明国：《国际制度研究的新进展：制度有效性研究综论》，《教学与研究》2010 年第 12 期。

王沛、刘峰：《社会认同理论视野下的社会认同威胁》，《心理科学进展》2007 年第 5 期。

王绳祖总主编、卫林等主编：《国际关系史：第 9 卷》，世界知识出版社 1995 年版。

王婷：《竞争中立：国际贸易与投资规则的新焦点》，《国际经济合作》2012 年第 9 期。

王信：《金砖四国国际金融实力提升对国际金融及其治理的影响》，《国际经济评论》2011 年第 1 期。

王阳：《拉图尔的理论定位》，《哲学动态》2003 年第 7 期。

王逸舟：《“金砖国家”共谋未来志向》，《商周刊》2009 年 6 月 22 日。

王逸舟主编：《磨合中的建构：中国与国际组织关系的多视角透视》，中国发展出版社 2003 年版。

王永中：《金砖国家经济利益的交汇与分歧》，《亚非纵横》2011 年第 3 期。

王玉华、赵平：《“金砖国家”合作机制的特点、问题及我国的对策》，《当代经济管理》2011 年第 11 期。

韦宗友：《新兴大国群体性崛起与全球治理改革》，《国际论坛》2011 年第 2 期。

吴文成：《联盟实践与身份承认：以新中国参与联合国教科文组织为例》，《外交评论》2012 年第 1 期。

吴志成、杨娜：《全球治理的东亚视角》，《国外理论动态》2012 年第 10 期。

伍源源：《直流特高压技术远嫁巴西》，《中国能源报》2011 年 4 月 18 日。

习近平：《共建伙伴关系　共创美好未来——在金砖国家领导人第七次会晤上的讲话》，《人民日报》2015 年 7 月 10 日。

习近平：《携手构建合作共赢、公平合理的气候变化治理机制》，《人民日报》2015 年 12 月 1 日。

习近平：《携手合作 共同发展——在金砖国家领导人第五次会晤时的主旨讲话》，《人民日报》2013 年 3 月 28 日。

肖辉忠：《试析俄罗斯金砖国家外交中的几个问题》，《俄罗斯研究》2012 年第 4 期。

辛仁杰、孙现朴：《金砖国家合作机制与中印关系》，《南亚研究》2011 年第 3 期。

邢广程：《俄罗斯外交新构想》，《人民日报》2000 年 4 月 6 日。

徐超：《金砖国家的金融合作：动因、影响及前景》，《国外理论动态》2015 年 12 期。

徐国庆：《南非加入金砖国家合作机制探析》，《西亚非洲》2011 年第 8 期。

徐秀军：《BRICS + N：不断扩大的金砖国家辐射圈》，《当代金融家》2014 年第 8 期。

徐秀军：《从中国视角看未来世界经济秩序》，《国际政治科学》2016 年第 1 期。

徐秀军：《金融危机后的世界经济秩序：实力结构、规则体系与治理理念》，《国际政治研究》2015 年第 5 期。

徐秀军：《金砖国家开发银行：借鉴与创新》，《中国外汇》2013 年第 7 期。.

徐秀军：《金砖国家与全球治理模式创新》，《当代世界》2015 年 11 期。

徐秀军：《金砖银行的宗旨是什么》，《当代金融家》2013 年第 6 期。

徐秀军：《金砖银行经不起过度解读》，《财经国家周刊》2014 年第 15 期。

徐秀军：《全球经济治理中的金砖国家》，《中国经济报告》2011 年第 5 期。

徐秀军：《新兴国家视角下的金砖国家与全球经济治理变革》，《当代世界》2014 年第 8 期。

徐秀军：《新兴经济体与全球经济治理结构转型》，《世界经济与政治》2012 年第 10 期。

徐秀军：《应对挑战中把握合作机遇》，《人民日报》2015 年 7 月 7 日。

徐秀军：《制度非中性与金砖国家合作》，《世界经济与政治》2013 年第 6 期。

徐秀军、沈铭辉、任琳：《全球经济治理：旧秩序 VS 新规则》，《世界知识》2014 年第 17 期。

薛荣久：《“金砖国家”货物贸易特点与合作发展愿景》，《国际贸易》2012 年第 7 期。

亚当·斯密：《道德情操论》，蒋自强等译，商务印书馆 1997 年版。

亚历山大·J. 菲尔德：《利他主义倾向：行为科学、进化理论与互惠的起源》，赵培等译，长春出版社 2006 年版。

亚历山大·温特：《国际政治的社会理论》，秦亚青译，上海人民出版社 2000 年版。

杨洁勉：《金砖国家合作的宗旨、精神和机制建设》，《当代世界》2011 年第 5 期。

杨鲁慧：《金砖国家：机制·特质·转型》，《理论视野》2011 年第 11 期。

杨挺、田云华、邹赫：《2013—2014 年中国对外直接投资特征及趋势》，《国际经济合作》2014 年第 1 期。

姚枝仲：《金砖国家在全球经济治理中的作用》，《经济》2011 年第 5 期。

叶江：《全球治理与中国的大国战略转型》，时事出版社 2010 年版。

叶祥松：《巴西国有企业管理体制及其启示》，《财经科学》1996 年第 6 期。

尹继武：《社会认知与联盟信任形成》，上海人民出版社 2009 年版。

于宏源：《巴黎气候大会成就与不足解析》，《新民晚报》2015 年 12 月 17 日。

余力、赵米芸、张慧芳：《能源金融与环境制约的互动效应》，《财经科学》2015 年第 2 期。

俞可平：《全球治理引论》，《马克思主义与现实》2002 年第 1 期。

苑基荣、裴广江、韦冬泽：《南非加快清洁能源发展步伐》，《人民日报》2011 年 6 月 29 日。

约翰·罗尔克编著：《世界舞台上的国际政治》，宋伟等译，北京大学出版社 2005 年版。

约瑟夫·奈、约翰·唐纳胡主编：《全球化世界的治理》，王勇、门洪华等译，世界知识出版社 2003 年版。

约瑟夫·奈：《没有黏结在一起的金砖》，《联合早报》2013 年 4 月 10 日。

詹姆斯·N. 罗西瑙主编：《没有政府的治理——世界政治中的秩序与变

革》，张胜军、刘小林等译，江西人民出版社 2001 年版。

詹妮弗·克莱格：《走出危机：金砖国家能否推进建立国际经济新秩序》，《海派经济学》2012 年第 4 期。

张宝艳：《俄罗斯对外直接投资：理论、现状与影响》，《俄罗斯中亚东欧研究》2009 年第 5 期。

张斌、张小锋：《气候变化〈巴黎协定〉解读》，《中国能源报》2015 年 12 月 28 日。

张聪明：《金砖四国：国家竞争力比较》，《俄罗斯中亚东欧市场》2009 年第 10 期。

张国强、郑江淮、崔恒虎：《中国服务业发展的异质性与路径选择——基于金砖四国比较视角的分析》，《世界经济与政治论坛》2010 年第 4 期。

张海冰：《世界经济格局调整中的金砖国家合作》，《国际展望》2014 年第 5 期。

张贵洪、王磊：《印度政治大国梦与金砖国家合作》，《复旦学报》（社会科学版）2013 年第 6 期。

张敏秋主编：《跨越喜马拉雅障碍：中国寻求了解印度》，重庆出版社 2006 年版。

张燕生：《金砖国家在均衡全球经济发展中的责任》，《经济》2011 年第 5 期。

张勇：《“金砖四国”的改革与发展模式比较——基于投资与制度视角的实证分析》，《经济与管理研究》2008 年第 12 期。

张幼文等：《开放升级的国际环境——国际格局变化与全球化新趋势》，上海社会科学院出版社 2013 年版。

张宇燕：《关于世界格局特点及其走势的若干思考》，《国际经济评论》2004 年第 3 期。

张宇燕：《利益集团与制度非中性》，《改革》1994 年第 2 期。

张宇燕、田丰：《新兴经济体的界定及其在世界经济格局中的地位》，《国际经济评论》2010 年第 4 期。

赵春明、赵远芳：《国际贸易新规则的挑战与应对》，《红旗文摘》2014 年第 21 期。

赵鼎新：《政治与社会运动讲义》，社会科学文献出版社 2006 年版。

赵恒：《印度核政策的历史分析》，安徽大学出版社 2007 年版。

赵可金：《中国国际战略中的金砖国家合作》，《国际观察》2014 年第 3 期。
赵庆寺：《金砖国家能源合作的问题与路径》，《国际问题研究》2013 年第 5 期。
赵庆寺：《金砖国家与全球能源治理：角色、责任与路径》，《当代世界与社会主义》2014 年第 1 期。
赵小平：《国际直接投资规则和协调机制的构建：现状和未来》，《市场营销导刊》2008 年第 5 期。
赵洋：《国家身份建构中的施动者、结构和实践：一项基于中国参与国际体系的研究》，《教学与研究》2013 年第 8 期。
赵玉焕、张继辉、赵玉洁：《中国与金砖国家贸易互补性研究》，《拉丁美洲研究》2015 年第 1 期。
郑杭生：《社会学概论新修》，中国人民大学出版社 2003 年版。
郑华、程雅青：《南非对金砖国家身份的认同感研究——基于主流印刷媒体报道的分析（2013—2014 年）》，《同济大学学报》（社会科学版）2015 年第 6 期。
郑新立：《加强金砖国家的经济合作》，《经济研究参考》2011 年第 49 期。
郑也夫编：《信任：合作关系的建立与破坏》，中国城市出版社 2003 年版。
中国银行国际金融研究所课题组：《全球能源格局下我国的能源金融化策略》，《国际金融研究》2012 年第 4 期。
钟龙彪：《国际体系转型中的“金砖国家”》，《中共天津市委党校学报》2011 年第 9 期。
周方银：《国际结构与策略互动》，《世界经济与政治》2007 年第 10 期。
周方银：《国际秩序变迁原理与奋发有为策略》，《国际政治科学》2016 年第 1 期。
周方银：《金砖合作机制能走多远？——对国家博弈过程与利益基础的分析》，《人民论坛 · 学术前沿》2014 年第 22 期。
周志伟：《巴西“大国地位”的内部因素分析》，《拉丁美洲研究》2005 年第 4 期。
周志伟：《巴西崛起与世界格局》，社会科学文献出版社 2012 年版。
周志伟：《当前巴西与俄罗斯的关系：内涵及问题》，《拉丁美洲研究》2013 年第 1 期。
朱杰进：《金砖国家合作机制的转型》，《国际观察》2014 年第 3 期。

朱立群:《中国参与国际体系的实践解释模式》,《外交评论》2011 年第 1 期。

朱立群、林民旺等:《奥运会与北京国际化——规范社会化的视角》, 世界知识出版社 2010 年版。

朱立群、聂文娟:《从结构一施动者角度看实践施动》,《世界经济与政治》2013 年第 2 期。

朱立群、聂文娟:《国际关系理论的“实践”转向》,《世界经济与政治》2010 年第 8 期。

朱文晖、李华:《中美双边投资协定谈判策略思考》,《开放导报》2013 年第 5 期。

左晓园:《中国与巴西: 战略伙伴关系的建立与深化》,《拉丁美洲研究》2011 年第 2 期。

Abdenur, Adriana Erthal, "Emerging Powers as Normative Agents: Brazil and China within the UN Development System", *Third World Quarterly*, Vol. 35, No. 10, 2014.

Alexander, R. D., *Biology and Human Affairs*, Seattle: University of Washington Press, 1979

Alexander, R. D., *The Biology of Moral Systems*, Hawthorne, N. Y.: deGruyter, 1987.

Amorim, Celso, "Brazilian Foreign Policy under President Lula (2003 - 2010): An Overview", *Revista Brasileira de Politica Internacional*, No. 53, Vol. SE, 2010.

Appadorai, A. (ed.), *Select Documents on India' s Foreign Policy and Relations, 1947 - 1972*, New Delhi: Oxford University Press, 1982.

Armijo, Leslie Elliott, "The BRICs Countries (Brazil, Russia, India, and China) as Analytical Category: Mirage or Insight?" *Asian Perspective*, Vol. 31, No. 4, 2007.

Åslund, Anders, "Why Growth in Emerging Economies Is Likely to Fall", *Peterson Institute for International Economics Working Paper*, No. 13 - 10, November 2013.

Balcer, Adam, Nikolay Petrov, "The Future of Russia: Modernization or Decline", Warsaw: demosEUROPA, Centre for European Strategy, 2012.

Beausang – Hunter, F. A. , *Globalization and the BRICs: Why the BRICs Will Not Rule the World For Long*, Hampshire & New York: Palgrave Macmillan, 2012.

Becker, Uwe, (ed.), *The BRICs and Emerging Economies in Comparative Perspective: Political Economy, Liberalisation and Institutional Change*, London & New York: Routledge, 2014.

Benkler, Yochai, "From Consumers to Users: Shifting the Deeper Structures of Regulation Towards Sustainable Commons and User Access", *Federal Communications Law Journal*, No. 3, 2000.

Borodina, Svetlana and Oleg Shvyrkov, *Investing in BRIC Countries: Evaluating Risk and Governance in Brazil, Russia, India, and China*, New York: McGraw – Hill Education, 2010.

Brown, B. , M. Chui and J. Manyika, "Are You Ready for the Era of 'Big Data'", *Intermedia*, Vol. 71, No. 2, 2011.

Brütsch, Christian and Mihaela Papa, "Deconstructing the BRICs: Bargaining Coalition, Imagined Community, or Geopolitical Fad?" *The Chinese Journal of International Politics*, Vol. 6, No. 3, 2013.

Büger, Christian and Frank Gadinger, "Reassembling and Dissecting: International Relations Practice from a Science Studies Perspective", *International Studies Perspectives*, No. 8, 2007.

Bulmer – Thomas, Victor, *The Economic History of Latin America since Independence*, New York: Cambridge University Press, 1994.

Carmody, Padraig, "Another BRIC in the Wall? South Africa's Developmental Impact and Contradictory Rise in Africa and Beyond", *European Journal of Development Research*, Vol. 24, No. 2, 2012.

Cassiolato, J. E. and V. Vitorino, *BRICS and Development Alternatives: Innovation Systems and Policies*, London and New York: Anthem Press, 2009.

Chris Hart, "The Chatter: New Brics Bank Needs to Be More than Simply Anti-West", *Sunday Times*, July 20, 2014.

Chun, Kwang Ho, *The BRICs Superpower Challenge: Foreign and Security Policy Analysis*, London: Ashgate Publishing, 2013.

Clark, William C. , Nancy M. Dickson, "Sustainability Science: The Emerging Research Program", *Proceedings of the National Academy of Sciences of the U-*

nited States of America, Vol. 14, No. 100, 2003.

Cohen, Stephen Philip, *India: Emerging Power*, Washington D. C.: Brookings Institution Press, 2001.

Coning, Cedric de, et al. (eds.), *The BRICS and Coexistence: An Alternative Vision of World Order*, Oxon and New York: Routledge, 2014.

Council on Foreign Relations, "Global Brazil and U. S. Brazil Relations", *Independent Task Force Report*, No. 66, July 2011.

Crotty, Ann, "Brics Bank Should Be Based in Africa – Zuma", *The Star*, May 10, 2013.

D'Angelo, Audrey, "Brics Summit Brings Instant Benefits for Durban Business", *The Star*, March 28, 2013.

Davies, Martyn, "Indonesia and Turkey Top Brics Contenders", *Sunday Times*, March 3, 2013.

Davies, Martyn, "SA Needs to Justify Its Inclusion in Brics", *Sunday Times*, March 17, 2013.

Davies, Rob, "Brics Gathering Gives a Chance to Turn Cooperation Plans into Reality", *The Star*, March 7, 2013.

Davies, Rob, "Fifth Brics Summit Will Focus on Partnership", *The Star*, February 5, 2013.

Dawkins, Richard, *The Selfish Gene*, Oxford: Oxford University Press, 1989.

Deutsch, Karl W., et al., *Political Community and the North Atlantic Area*, Princeton, New Jersey: Princeton University Press, 1957.

Dlamini, Kuseni, "Brics Summit Is Chance to Showcase Attractiveness Taking a Stand", *The Star*, March 20, 2013.

Dlamini, Kuseni, "Davos Can Open Ears of World to SA's Views", *Sunday Times*, Jan. 19, 2014.

Fabricius, Peter, "Are Russia's Brics Friends Secretly Delighted with Putin's Antics? After all, Brics's Aim Is to Replace the 'Unipolar' World Order with a Multipolar One", *The Star*, March 14, 2014.

Fabricius, Peter, "Global Uncertainty Casts Shadow over Foreign Policy Planning: Hosting Brics Summit Will Certainly Be a Prestigious Event for South Africa", *The Star*, January 4, 2013.

Fabricius, Peter, "Will SA's New Friends Turn Out So Different from the West? Criticism from the Right Is Easily Dismissed by Pretoria – But from the Left it's Trickier", *The Star*, March 8, 2013.

Flournoy, Michele, and Shawn Brimley, "The Contested Commons", *U. S. Naval Institute Proceedings*, Vol. 135, No. 7, 2009.

Frank, Robert, *Passions within Reason: The Strategic Role of Emotions*, New York: Norton, 1988.

Giddens, Anthony, *The Politics of Climate Change*, Cambridge: Polity Press, 2009.

Glosny, Michael A., "China and the BRICs: A Real (but Limited) Partnership in a Unipolar World", *Polity*, Vol. 42, No. 1, 2010.

Goldman Sachs (ed.), *BRICs and Beyond*, London: Goldman Sachs, 2007.

Gopal, S. (ed.), *Selected Works of Jawaharlal Nehru: Second Serie*, New Delhi: Oxford University Press, 1991.

Gopal, Sarvepalli, (ed.), *Selected Works of Jawaharlal Nehru: Second Series*, Oxford and Delhi: Oxford University Press, 1991.

Grant, Charles, "Russia, China and Global Governance", Centre for European Reform (CER), February, 2012.

Hazelhurst, Ethel, "Brics Bank Expectation Runs before Preparation Feasible Concept Agreed", *The Star*, March 28, 2013.

Heistein, Pierre, "SA Needs to Understand Its Role in Brics Bank Understanding Development", *The Star*, March 28, 2013.

Hewitt, V. M., *The International Politics of South Asia*, Manchester: Manchester University Press, 1992.

Ikenberry, John, Michael Mastanduno, and William C. Wohlforth, "Introduction: Unipolarity, State Behavior, and Systemic Consequences", *World Politics*, Vol. 61, No. 1, 2009.

IMF, *World Economic Outlook: Too Slow for Too Long*, April, 2016.

Indian Council of World Affairs, *India and United Nations*, New York: Manhattan Publishing Company, 1957.

Ivashov, General L., "BRICS and the Mission of Reconfiguring the World: An Alternative World Order?" *The 4 th Media*, June 17, 2011.

Jaccob, Dina, *Emerging Economies and Transformation of International Rela-*

tions: *Evidence from the BRICS Members*, Berlin: Lap Lambert Academic Publishing, 2013

Johnston, Alastair Iain, *Social States*: *China in International Institutions 1980 – 2000*, New Jersey: Princeton University Press, 2008.

Jonck, Riaan, "Brics Nations Require Education Shot in the Arm: Government Spending Isn't Translating into the Skills Needed in the 21st Century", *The Star*, September 2, 2014.

Jong, Sijbren de, et al., *New Players*, *New Game*? *The Impact of Emerging Economies on Global Governance*, Amsterdam: Amsterdam University Press, 2012.

Judah, Ben, Jana Kobzova and Nicu Popescu, "Dealing With A Post – Bric Russia", *ECFR*, November, 2011.

Kahler, Miles, "Rising Powers and Global Governance: Negotiating Change in a Resilient Status Quo", *International Affairs*, Vol. 89, No. 3, 2013.

Karaganov, Sergei, et al., "Towards an Alliance of Europe", Valdai Discussion Club, October 2010.

Keohane, Robert O., and Joseph S. Nye, Jr., *Power and Interdependence*: *World Politics in Transition*, Beijing: Peking University Press, 2001.

Keohane, Robert O., *International Institutions and State Power*: *Essays in International Relations Theory*, Boulder: Westview Press, 1989.

Kersbergen1, Kees Van, Frans Van Waarden, "'Governance' as a Bridge between Disciplines: Cross – Disciplinary Inspiration Regarding Shifts in Governance and Problems of Governability, Accountability and Legitimacy", *European Journal of Political Research*, Vol. 43, No. 2, 2004.

Khuzwayo, Wiseman, "SA to Push for Brics Bank at Summit", *The Star*, March 19, 2013.

Kindleberger, Charles P., *The World in Depression*, *1929 – 1939*, Berkeley: University of California Press, 1973.

Klotz, Audie, *Norms in International Relations*: *The Struggle Against Apartheid*, Ithaca: Cornell University Press, 1995.

Koremenos, Barbara, et al. (eds.), *The Rational Design of International Institutions*, Cambridge: Cambridge University Press, 2003.

Krasner, Stephen D. (ed.), *International Regimes*, Ithaca: Cornell University

Press, 1983.

Kruger, Lennard G., "Internet Governance and the Domain Name System: Issues for Congress", Nov. 13, 2013.

Kwakye, Samuel Twum, *The BRICS States and the Responsibility to Protect Norm: Dynamics of State Power and Self - Interest*, Berlin: Lap Lambert Academic Publishing, 2014.

Laïdi, Zaki, "BRICS: Sovereignty Power and Weakness", *International Politics*, Vol. 49, No. 5, 2012.

Latour, Bruno and Steve Woolgar, *Laboratory Life: The Construction of Scientific Facts*, Princeton: Princeton University Press, 1986.

Lavrov, Sergey, "BRICS: A New - Generation Forum with a Global Reach", in John Kirton and Marina Larionova (ed.), *BRICS: The2012 New Delhi Summit*, Newsdesk, London, 2012.

Lenzen, M., "Primary Energy and Greenhouse Gases Embodied in Australian Final Consumption: An Input - Output Analysis", *Energy Policy*, No. 6, 1998.

Li, Xing (ed.), *The BRICS and Beyond: The International Political Economy of the Emergence of a New World Order*, London: Ashgate Publishing, 2014.

Lo, Vai lo and Mary Hiscock, *The Rise of the BRICS in the Global Political Economy: Changing Paradigms?* Cheltenham & Northampton: Edward Elgar Pub, 2014.

Lukyanov, Fyodor, "Sovereignty as the Foundation of BRICS Unity", RIA Novosti, 5 April, 2012.

MacFarlane, S. Neil, "The 'R' in BRICs: Is Russia an Emerging Power?" *International Affairs*, Vol. 82, No. 1, 2006.

Marino, Rich, *The Future BRICS: A Synergistic Economic Alliance or Business as Usual?* Hampshire and New York: Palgrave Macmillan, 2014.

Marr, Julian and Cherry Reynard, *Investing in Emerging Markets: The BRIC Economies and Beyond*, Chichester and West Sussex: John Wiley & Sons, 2010.

Mello, Paticia Campos, "Celso Amorim: 'Precisamos Repensar Nossa Relacao com a China'", *O Estado de Sao Paulo*, 27 de novembro de 2010.

Mielniczuk, Fabiano, "BRICS in the Contemporary World: Changing Identities, Converging Interests", *Third World Quarterly*, Vol. 34, No. 6, 2013.

Mnyandu, Ellis, "All Brics and No Mortar Zz Shared Interests Not Enough to Bridge Fissures that Bedevil Co – Operation News Analysis", *The Star*, March 28, 2013.

Moloto, Moloko, "Minister Upbeat on Brics Bank Idea", *The Star*, January 24, 2013.

Morgenthau, Hans J., *Politics among Nations: The Struggle for Power and Peace*, New York: Knopf, 1949.

Moshes, Arkady, "Russia's European Policy under Medvedev: How Sustainable is a New Compromise?" *International Affairs*, Vol. 88, No. 1, 2012.

Mugabe, John Ouma, "Brics Partners Can Show SA How to Fix Health System Medical Research", *The Star*, March 25, 2013.

Mwase, N. and Y. Yang, "BRIC's Philosophies for Development Financing and their Implications for LICs", *IMF Working Paper*, WP/12/74, Washington D. C.: IMF, 2012.

Nadkarni, V. and N. C. Noonan, *Emerging Powers in a Comparative Perspective: The Political and Economic Rise of the BRIC Countries*, New York & London: Bloomsbury Academic, 2013.

Narlikar, Amrita, "New Powers in the Club: The Challenges of Global Trade Governance", *International Affairs*, Vol. 86, No. 3, 2010.

Nayar, Baldev Raj, T. V. Paul, *India in the World Order*, New York: Cambridge University Press, 2003.

Nehru, Jawaharlal: *Speeches, Vol. II*, New Delhi: Government of India, 1980.

Ngalwa, Sibusiso, "Big Egos Play out at Brics Summit", *Sunday Times*, March 31, 2013.

Niu, Haibin, "Brazil and Africa: Partnership for Sustainable Growth", *Global Review*, Spring 2013.

Nye, Joseph S., "BRICS without Mortar", *Project Syndicate*, April 3, 2013.

Nye, Joseph S., "What's in a BRIC?" *Project Syndicate*, May 10, 2010.

O'Neill, Jim, "Building Better Global Economic BRICs", *Global Economics Paper*, No. 66, New York: Goldman Sachs, 2001.

O'Neill, Kate, Jorg Balsiger and Stacy D. Van Deveer, "Actors, Norms, and Impact: Recent International Cooperation Theory and the Influence of the Agent-

Structure Debate", *Annual Review of Political Science*, Vol. 7, 2004.

Osgood, Charles, *An Alternative to War or Surrender*, Urbana, Ill: University of Illinois Press, 1962.

Panda, Jagannath P., "India's Call on BRICS: Aligning with China without a Deal", Institute for Security and Development Policy, *Working Papers*, No. 91, March 9, 2012.

Pape, Robert A., "Soft Balancing against the United States", *International Security*, Vol. 30, No. 1, 2005.

Parsons, Raymond, "Cheers for Gordhan's Delicate Balancing Act", *Sunday Times*, March 3, 2013.

Pelle, Stefano, *Understanding Emerging Markets – Building Business Bric by Brick*, London: Sage Publications, 2007.

Perkovich, George, "Is India a Major Power?" *The Washington Quarterly*, Vol. 27, No. 1, 2010

Peterson, Per F., Terry Collins, "Choosing the Sources of Sustainable Energy", *Science*, Vol. 5, No. 7, 2001.

Posen, Barry R., and Andrew L. Ross, "Competing Visions for US Grand Strategy", *International Security*, Vol. 21, No. 3, 1996/97.

Pu, Xiaoyu, "Socialization as a Two – way Process: Emerging Powers and the Diffusion of International Norms", *The Chinese Journal of International Politics*, Vol. 5, No. 4, 2012.

Puchala, Donald and Raymond Hopkins, "International Regimes: Lessons from Inductive Analysis", in Stephen Krasner (ed.), *International Regimes*, Peking University Press, 2005.

Ramphele, Mamphela, "What Is Holding SA Back? Our Country Has Proved that It Has the Capacity to Compete with Other Developing Nations", *The Star*, April 5, 2013.

Rana, Swadesh, "The Changing Indian Diplomacy at the United Nations", *International Organization*, Vol. 24, No. 1, 1970.

Roberts, Cynthia, "Building the New World Order BRIC by BRIC", *The European Financial Review*, February – March 2011.

Roett, Riordan, *Brazil: Politics in a Patrimonial Society* (Fourth Edition),

New York: Westport, 1992.

Rovere, Renata La, et al. (eds.), *Entrepreneurship in BRICS: Policy and Research to Support Entrepreneurs*, Springer International Publishing Switzerland, 2015.

Savides, Matthew and Taschica Pillay, "Security Net Tightens Ahead of Brics Summit", *Sunday Times*, March 24, 2013.

Schirm, Stefan A., "Leaders in Need of Followers: Emerging Powers in Global Governance", *European Journal of International Relations*, Vol. 16, No. 2, 2010.

Serbin, Andres and Andrei Serbin Pont, "Brazil's Responsibility While Protecting: A Failed Attempt of Global Southnorm Innovation?" *Pensamiento Propio*, Vol. 20, 2015.

Sharma, Ruchir, "Broken BRICs: Why the Rest Stopped Rising", *Foreign Affairs*, Vol. 91, No. 6, 2012.

Silverman, Glenn, "Crimea Crisis Poses Challenges for Brics", *Sunday Times*, March 23, 2014.

Smith, Jack A., "BRIC Becomes BRICS: Changes on the Geopolitical Chessboard", *Foreign Policy Journal*, January 21, 2011.

Smith, Jack A., "BRIC Becomes BRICS: Emerging Regional Powers? Changes on the Geopolitical Chessboard", *Global Research*, January 16, 2011.

Souza, Amaury de, *Brazil's International Agenda Revisited: Perceptions of Brazilian Foreign Policy Community*, Brazilian Center for International Relations, 2008.

Stuenkel, Oliver, *The BRICS and the Future of Global Order*, Lexington: Lexington Books, 2015

Tang, Shiping, *The Social Evolution of International Politics*, Oxford: Oxford University Press, 2013.

Temporary Committee on the ECHELON Interception System, and Gerhard Schmid, *Report on the Existence of a Global System for the Interception of Private and Commercial Communications (ECHELON Interception System) (2001/2098 (INI)): Motion for a Resolution, Explanatory Statement*, European Parliament, 2001.

Tepperman, Jonathan, "Brazil's Antipoverty Breakthrough", *Foreign Affairs*, Vol. 95, No. 1, 2016.

Thakur, Ramesh, "How Representative are BRICs", *Third World Quarterly*, Vol. 35, No. 10, 2014.

Thekiso Anthony Lefifi, "Brics Bank More than a Glint in the Eye", *Sunday Times*, March 31, 2013.

Trenin, Dmitri, "True Partners? How Russia and China See Each Other", Center for European Reform, February 2012.

Tudoroiu, Theodor, "Conceptualizing BRICS: OPEC as a Mirror", *Asian Journal of Political Science*, Vol. 20, No. 1, 2012

UNCTAD, *Global Investment Trends Monitor* (Special Edition), 25 March 2013.

Vasquez, John A. (ed.), *Classics of International Relations* (Third Edition), New Jersey: Prentice - Hall, Inc., 1996.

Virally, M., "Definition and Classification of International Organizations: A Legal Approach", *International Social Science Journal*, Vol. 29, 1977.

Vollgraaff, René, "Long Way to Go before Brics Bank Gets Going", *Sunday Times*, May 12, 2013.

Wallerstein, Immanuel, *The Decline of American Power: The U. S. in a Chaotic World*, New York, London: The New Press, 2003.

Waltz, Kenneth N., *Theory of International Politics*, Reading: Addison Wesley, 1979.

Wasserman, Herman, "Brics through the Media's Eyes: Studies of Media Content in South Africa Have Shown a Preference for India and China When It Comes to Coverage", *The Star*, March 26, 2013.

Wegeman, Lawrence Jr., *BRIC, An Investment Tool*, Pittsburgh: Dorrance Publishing Co. Inc., 2009.

Weiss, Thomas G., "Governance, Good Governance and Global Governance: Conceptual and Actual Challenges", *Third World Quarterly*, Vol. 21, No. 5, 2000.

Xinhua and Wikipedia, *BRICS: A Guide to Doing Business in Brazil, Russia, India, China and South Africa*, Intercultural Publishing, 2012.

Александр Лукашик. БРИКС: итоги российского председательства и векторы дальнейшего развития// Международная жизнь. №. 2. Февраль 2016.

Внешнеполитическая и Дипломатическая Деятельность Российской

Федерации В 2012 Году. Обзор Мид России. Москва, март 2013 года.

Давыдов В. М., Мосейкин Ю. Н. БРИК: предпосылки сближения и перспективы взаимодействия. М., ИЛА РАН. 2010.

Давыдов В. М. Особенности сотрудничества в формате БРИК и роль России., in Давыдов В. М., Мосейкин Ю. Н. БРИК: предпосылки сближения и перспективы взаимодействия. М., ИЛА РАН. 2010.

Давыдов В. М. Пробуждающиеся гиганты БРИК// Свободная мысль. № 5. Май2008.

Доклад по итогам Председательства Российской Федерации в Межгосударс твенномОбъединении БРИКС в 2015 –2016 гг. Москва, 12 Февраля 2016.

Игорь Иванов. Какая дипломатия нужна России в XXI веке? // Россия в глобальной политике. №. 6. Ноябрь/Декабрь. 2011.

Итоги семинара. Роль и место Группы восьми в современной международной системе и перспективы ее развития в контексте внешних вызовов и долгосрочных приоритетов российской внутренней и внешней политики? . 9 декабря 2011 г.

Итоги семинара. Роль и место БРИКС в современной международной системе и перспективы ее развития в контексте внешних вызовов и долгосрочных приоритетов российской внутренней и внешней политики? . 17 ноября 2011 г.

Кива А. В. Института востоковедения РАН. Страны БРИК в мечтах и реальности// Общественные науки и современность. №. 5. 2009.

Китай в мировой и региональной политике. История и современность. Вып. XVI ежегодное издание/ отв. Редактор – составитель Е. И. Сафронова. М. ИДВ РАН, 2011.

Китай в мировой и региональной политике. История и современность. Вып. XVI ежегодное издание/ отв. Редактор – составитель Е. И. Сафронова. – – –М. ИДВ РАН, 2011. С. 24.

Международная конференция. Россия в группе БРИК: проблемы, перспективы, проекция на внешний мир, организованной совместно Институтом Латинской Америки РАН и Российским университетом дружбы народов (ноябрь 2009 г.)

Никитин А. И. Новая Система Отношений Великих Держав XXI Века: "Концерт" Или Конфронтация? // ПОЛИС. Политические исследования. №. 1. 2016.

Пробуждение БРИК. The Awakening of BRIC. М. , 2009. Текст подготовлен В. А. Никоновым по итогам первой конференции экспертов и политологов БРИК, состоявшейся в Москве в декабре 2008 г.

Пробуждение БРИК. The Awakening of BRIC. М. , 2009. Текст подготовлен В. А. Никоновым по итогам первой конференции экспертов и политологов БРИК, состоявшейся в Москве в декабре 2008 г.

Путин В. В. Россия и меняющийся мир// Московские новости. 27 февраля. 2012.

Толорая Г. Д. Проблемы Стратегии Развития Брикс Как Межгосударственного Объединения Нового Типа// БРИКС и Африка: сотрудничество в целях развития. М. : РУДН, 2013.

Хейфец Б. Брик: Миф Или Реальность? // Мировая экономика и международные отношения. № . 9. Сентябрь2010.

Цветкова Н. Н. Страны Брик: 30 Лет Спустя// Восток. Афро - азиатские общества: история и современ ность. №. 1. 2011.

后　　记

金砖国家都是具有巨大发展潜力和活力的新兴市场国家，是全球政治经济体系中的新生力量。在很多重大国际和地区问题上，金砖国家有着相同或相似的立场和看法，都致力于推动世界经济增长、完善全球经济治理、推动国际关系民主化，并已成为国际政治经济新秩序的积极建设者。2009 年领导人会晤机制建立以来，金砖国家在各个领域的务实合作方面取得了许多可圈可点的成绩，尤其是新开发银行以及应急外汇储备库的建立，将金砖国家推向机制化合作的新阶段。

当前，面对错综复杂的地缘经济与政治形势，金砖国家合作正面临许多新的挑战。从内部来看，金砖国家经济增速总体持续放缓并出现分化，这成为相互合作保持强劲动力的掣肘因素。与此同时，随着时间的推移和合作的深入，金砖国家在新的合作领域取得重大突破的难度也会相对增加。这也是很多国际谈判和合作机制在“早期收获”后所面临的现实问题。从外部来看，一些新的不利因素正在干扰金砖国家的发展与合作进程。由于一些既得利益国家和国家集团的阻挠，金砖国家在全球治理中的地位和作用难以有效发挥。并且，发达经济体主导的新一轮大型排他性经贸协定带来的冲击将日益显现。此外，“唱衰金砖”的论调此起彼伏，不断冲击金砖国家合作的动力和信心。

在问题与挑战面前，金砖国家不是选择退缩，而是谋求合作，积极应对。正是由于面临共同的困难与问题，金砖国家才走到了一起，相互交流、相互协作、相互支持。并且，每一次合作取得的重大进展都是在应对各种风险和挑战、跨越各种障碍的过程中实现的。金砖国家加强政策协调，发挥优势互补，促进世界经济强劲、可持续、平衡增长的可行方法，既为金砖国家更加光明的合作前景奠定坚实基础和创造新的机遇，也对其他国家产生积极影响。

金砖国家发展与合作的经验教训以及合作机制的发展演进，为金砖国家研究提供了鲜活的素材。作为一个新兴经济体参与全球治理的重要平台，金砖国家是国际问题研究中的一个新生事物。无论是成绩，还是问题，都值得研究者认真探讨。金砖国家研究不仅关注一系列政策性很强的现实问题，还能够拓展理论视野，甚至激发理论创新。考虑到这一研究的议题综合性和学科多元性，我们约请了国内高校和科研机构在金砖国家研究方面已有一定积累的中青年学者共同撰写了本书，以期从理论和议题两个维度为金砖国家合作提供一个全景式的解读。

毫无疑问，本书是每一位撰稿人通力合作的成果，也是集体智慧的结晶。中国社会科学院世界经济与政治研究所所长、金砖国家研究基地主任张宇燕研究员为本书的写作提出了许多指导性和建设性意见，并欣然作序，令人感佩而备受鼓舞。各章撰稿人的积极支持和配合，有力地保障了本书的顺利出版。各章撰稿人如下：第一、二、七、十四章为徐秀军，第三章为任琳、尹继武，第四章为周方银，第五章为焦传凯，第六章为高尚涛，第八章为王浩，第九章为蔡春林，第十章为黄河，第十一章为刘文革、王磊，第十二章为康晓，第十三章为沈逸，第十五章为林跃勤，第十六章为牛海彬，第十七章为肖辉忠，第十八章为王磊，第十九章为赵可金，第二十章为郑华。全书最后由徐秀军进行统稿。作为本书框架的设计者和写作工作的协调人，我深切感受到各位学者对推进金砖国家研究这一事业的执着追求和真诚付出。

在本书的撰写和评审过程中，陈国平、丁一凡、樊勇明、冯维江、高海红、贺力平、何新华、黄薇、贾中正、李东燕、刘畅、鲁桐、蒲晓宇、任琳、宋泓、孙杰、田丰、田野、王德迅、王新、郗艳菊、熊爱宗、薛力、姚枝仲、余永定、袁正清、张斌、张明、朱杰进、邹治波等（按姓名拼音排序）提供了指导和帮助。《中国社会科学院文库》国际问题研究系列的评审专家为本书的修订提出了许多有益意见和建议。本书的部分阶段性成果已发表在《世界经济与政治》《国际政治研究》《外交评论》《国际观察》《国际论坛》《国际经贸探索》《经济社会体制比较》《人民论坛·学术前沿》《拉丁美洲研究》《金融监管研究》《社会科学研究》《湖南社会科学》《当代世界》和《同济大学学报》（社会科学版）、《深圳大学学报》（人文社会科学版）（排名不分先后）等学术期刊。这些期刊不仅直接为本书初稿提供了许多建设性意见，还为本书的修改完善提供了广泛收集意见的平台。中国社会科学院创新工程学术出版资助项目为本书的出版提供了资助。此外，中国社会科学出版社王茵博士为本书的顺利出版付出的诸多努力。在此，我们一并表示衷心感谢。

最后，值得一提的是，尽管本书的写作与出版得到了各方帮助，但错漏之处在所难免。我们期望得到读者进一步的批评和建议，以便将来修订和完善。

徐秀军

2016 年 8 月

编著者简介

（按撰稿顺序）

张宇燕，经济学博士，现为中国社会科学院世界经济与政治研究所所长、研究员、博士生导师，兼任外交部政策咨询委员会委员，中国世界经济学会会长，中国新兴经济体研究会会长。长期从事制度经济学和国际政治经济学的研究，发表了《经济发展与制度选择》《国际经济政治学》等著作。

徐秀军，国际政治博士，世界经济博士后，现为中国社会科学院世界经济与政治研究所副研究员，兼任中国新兴经济体研究会理事、副秘书长。研究领域为亚太区域合作以及新兴经济体与全球治理，发表了《地区主义与地区秩序：以南太平洋地区为例》、《中国与金砖国家金融合作机制研究》（合著）等著作。

任琳，政治科学博士，现为中国社会科学院世界经济与政治研究所副研究员。研究方向为全球治理、欧洲对外政策和网络安全治理，在《世界经济与政治》《国际政治研究》《国际政治科学》等期刊发表多篇相关文章。

尹继武，国际政治博士，现为北京外国语大学国际关系学院副教授。研究方向为国际关系理论、政治心理学、国际安全和中国外交。著有《社会认知与联盟信任形成》（2009）和《战略心理与国际政治》（2016），主编《政治心理学》（2011），在《世界经济与政治》《心理科学进展》等期刊发表中英文学术论文30余篇。

周方银，国际关系博士，现为广东外语外贸大学广东国际战略研究院周边战略研究中心主任、教授，《战略决策研究》执行主编。主要研究方向为周边外交、国际战略与东亚合作，有《大国的亚太战略》《东亚秩序：观念、制度与战略》等著作。

焦传凯，国际关系博士，现为青岛大学法学院讲师。2007 年硕士毕业于中国海洋大学法政学院，2012 年博士毕业于上海交通大学国际与公共事务学院，攻读博士学位期间曾在多伦多大学法学院访学，研究领域涉及国际法和国际政治，主要包括海洋法与海洋政治、国际政治理论、人权保护等。

高尚涛，法学博士，外交学院国际关系研究所副教授、硕士生导师，中东研究中心主任。主要从事国际关系理论和方法论研究，以及主要涉及以色列和沙特等国家的中东问题研究，先后出版了《国际关系中的权力与规范》《国际关系理论基础》《国际关系中的城市行为体》等著作。

王浩，经济学博士，公共管理学博士后，现为中央编译局世界发展战略研究部副研究员，主要从事国际政治经济学的研究，在《国外理论动态》《中国治理评论》等期刊发表论文十余篇。

蔡春林，经济学博士，现为广东工业大学学术委员会副主任委员、新兴经济体研究所所长、教授、硕士生导师，兼任中国新兴经济体研究会常务理事，中国拉丁美洲学会常务理事，广东省新兴经济体研究会会长等职。长期从事国际贸易和国际问题研究，发表了《金砖四国经贸合作机制研究》《国际贸易》等著作。

黄河，经济学博士，理论经济学博士后，政治学博士后。现为复旦大学国际关系与公共事务学院国际政治系教授、国际经济与政治研究中心副主任，中国国际经济关系学会理事。长期从事国际政治经济学的研究，发表了《跨国公司与国际关系》《跨国公司与发展中国家》《国际经济规则的经济政治学》《中国企业海外经营的政治风险及对策研究》等著作。

刘文革，经济学博士，现为浙江工商大学“钱江学者”特聘教授，互联网与新兴经济研究中心主任，博士生导师。2008 年入选教育部“新世纪优秀人才支持计划”。兼任中国新兴经济体研究会常务理事、中国数量经济学会常务理事等职。主要研究领域为新兴经济体经济，在《经济研究》《世界经济》等杂志发表论文 60 余篇，主持国家级课题十余项。

王磊，经济学博士，现为山东财经大学国际经贸学院讲师，主要研究领域为国际能源贸易、区域经济一体化，在《经济理论与经济管理》《经济社会体制比较》《国际贸易问题》等杂志发表论文十余篇，主持和参与了多项国家级及省级课题研究。

康晓，国际关系博士，北京外国语大学国际关系学院副教授，硕士生导师，长期从事气候变化全球治理研究，在《世界经济与政治》《现代国际关系》《外交评论》《国际论坛》《瞭望新闻周刊》《环球时报》等报刊发表论文和时评20余篇，出版专著《气候变化全球治理与中国经济转型：国际规范国内化的视角》。

沈逸，国际政治博士，现为复旦大学金砖国家研究中心主任、副教授，2005年博士毕业于复旦大学国际关系与公共事务学院。主要研究方向为网络安全、全球网络空间治理，发表《美国国家网络安全战略》等著作。

林跃勤，经济学博士，现为中国社会科学杂志社国际二部主任、研究员，硕士生导师，兼任中国新兴经济体研究会副秘书长、常务理事。主要研究金砖国家等新兴经济体经济发展与合作问题，发表论文60余篇，编写和翻译著作十余部。

牛海彬，国际关系博士，现为上海国际问题研究院美洲研究中心副主任，国际战略研究所所长助理、副研究员，兼任中国拉丁美洲学会副秘书长。主要从事新兴大国合作、中国拉美国家关系等问题的研究，发表有《有限的合作：美国国会与联合国》等著作。

肖辉忠，法学博士，现为教育部人文社会科学重点研究基地华东师范大学俄罗斯研究中心、上海高校智库——周边合作与发展协同创新中心助理研究员。主要从事俄罗斯外交与经济方面的研究，尤其是俄罗斯的金砖国家外交和农业经济研究。

王磊，外交学博士，公共管理学博士后，现为北京师范大学政府管理学院副教授。主要研究领域为全球治理、金砖国家、欧盟政治与外交等，在《国际管理与市场营销评论》（*International Review of Management and Marketing*）和《欧洲研究》《国际观察》等期刊发表多篇学术论文，曾获上海市决策咨询研究成果奖，著有《欧盟对外行动署的制度研究》一书。

赵可金，政治学博士，现为清华大学国际关系研究院副院长、副教授、博士生导师，兼任教育部区域国别基地专家委员会委员、中国高校国际政治研究会常务理事，长期从事中国外交和外交学研究，发表了《非传统外交理论研究》《中国外交制度的转型与定位》等著作。

郑华，现为上海交通大学国际与公共事务学院国际关系系教授、博士生导师。主要研究方向为当代中国外交、中美关系和政治传播，代表性研究成果有《首脑外交：中美领导人谈判的话语分析1969—1972》。2013年入选上海市“浦江学者”和上海交通大学“晨星SMC－B类人才项目”，曾赴哈佛大学、牛津大学等国外高校从事学术研究和交流。